装备大修精细化管理理论及应用

Equipment Depot Maintenance Meticulous Management Theories with Applications

赵德勇　古平　袁红丽　高翠娟　叶卫民　张晓良◎编著

北京理工大学出版社
BEIJING INSTITUTE OF TECHNOLOGY PRESS

内 容 提 要

本书在研究借鉴国内外精细化管理理念和方法技术的基础上，从统筹解决装备大修组织管理中存在的种种矛盾和现实问题出发，提出了装备大修领域推行精细化管理的典型组织管理模式，开展了基于精细化管理方法的装备大修单位质量管理水平和装备大修质量分析评估及控制的关键方法技术研究，设计了推行精细化管理的应用实施方案，探讨了装备大修精细化管理模式的典型应用方法，初步建立了装备大修领域推行精细化管理的实施方案和应用实践框架体系。

本书融学术性和实用性为一体，力求反映装备大修精细化管理的理念基础、方法技术与应用模式的系统化框架。本书可供从事精细化管理的装备采办人员、装备修理工厂质量管理人员阅读和参考使用，也可作为装备质量管理专业高年级本科生、军事装备学研究生教材，以及装备质量管理干部任职培训教学用书和参考资料。

图书在版编目（CIP）数据

装备大修精细化管理理论及应用/赵德勇等编著. —北京：北京理工大学出版社，2019. 1
ISBN 978-7-5682-6609-3

Ⅰ. ①装…　Ⅱ. ①赵…　Ⅲ. ①装备维修－组织管理－研究　Ⅳ. ①E145. 6

中国版本图书馆CIP数据核字(2019)第005705号

出版发行 / 北京理工大学出版社有限责任公司
社　　址 / 北京市海淀区中关村南大街 5 号
邮　　编 / 100081
电　　话 / (010) 68914775（总编室）
(010) 82562903（教材售后服务热线）
(010) 68948351（其他图书服务热线）
网　　址 / http://www.bitpress.com.cn
经　　销 / 全国各地新华书店
印　　刷 / 北京紫瑞利印刷有限公司
开　　本 / 787 毫米 ×1092 毫米　1/16
印　　张 / 16.5
字　　数 / 432 千字
版　　次 / 2019 年 1 月第 1 版　2019 年 1 月第 1 次印刷
定　　价 / 78.00 元

责任编辑 / 江　立
文案编辑 / 江　立
责任校对 / 周瑞红
责任印制 / 边心超

前　言 Foreword

精细化管理是源于发达国家的一种先进的管理理念和科学的管理方法，是一种旨在增强工作执行力、提高工作质量与效益的管理模式。精细化管理是将精细化管理理念、精准化管理技术和精益化管理过程融为一体的、众多管理理论的集大成者，是开放的、动态发展的方法体系，它以精益求精为行动的价值取向，以精心细致为过程的基本要素，以精品卓越为结果的衡量标准，通过建立科学的量化标准、合理的工作流程、规范的操作程序，使战略清晰化、目标具体化、实施流程化、工作标准化、执行规范化、信息数据化，最终实现管理各单元和要素的精确、高效、协同与持续运行。

实现持续改进和追求卓越绩效是武器装备建设的永恒主题，现代武器装备技术先进、结构复杂、集成度高，大修要求高、难度大，目前在装备大修建设领域还存在大修计划制订不科学、技术方案拟制不精细、信息反馈机制不健全、保障资源配套不完善、过程质量监管不深入等诸多问题，离现代维修理念对装备大修的精确化或精细化管理要求还有较大差距。借鉴国内外装备维修精确化或装备精益维修的理念，我们提出了装备大修精细化管理的概念。

近几年来，在总部业务机关的关心指导和武器装备技术基础项目的大力资助下，我们初步开展了我军装备维修保障领域特别是装备大修单位推行精细化管理的应用理论研究、方法技术储备、实施方案设计和初步应用实践工作。为了系统梳理阶段性的研究成果，促进我军装备大修领域精细化管理工作向深度和广度拓展，我们编著了此书，旨在引导在装备维修保障领域特别是装备大修建设中树立精细化的装备质量观，认真研究借鉴国内外精细化管理理念和方法技术，从统筹解决装备大修组织管理中存在的种种矛盾和现实问题出发，构建高效合理的目标计划体系、环节流程体系、质量标准体系、过程监控体系、考核评估体系和管理信息体系，在此基础上提出装备大修领域推行精细化管理的典型管理模式，设计推行精细化管理的应用实施方案，探讨装备大修精细化管理模式的典型应用方法，初步建立装备大修领域推行精细化管理的实施方案和应用实践框架体系，不断追求装备大修建设的"质量更好、进度更快、成本更省"，促进装备大修建设的持续改进和整体发展转型。

全书分为上篇（理论基础篇）、中篇（方法技术篇）、下篇（应用实践篇）三大部分，共11章，由赵德勇进行总体框架设计和统稿定稿，具体分工如下：第1章和第2章由赵德勇、袁红丽合作撰写，第3章、第4章由赵德勇撰写，第5章、第6章由高翠娟、叶卫民合作撰写，第7章、第8章、第9章由赵德勇、古平、张晓良合作撰写，第10章、第11章由赵德勇、袁红丽合作撰写。

本书的编著和出版工作得到了武器装备技术基础项目专项经费的资助，在此表示衷心的感谢。本书参考了国内外许多同行的论文、著作，引用了其中的部分观点、数据与结论，在撰写过程中得到余晖、王江山、杨跃进、刘源等领导和专家的悉心指导与帮助，在此一并表示敬意和感谢。

迄今为止，精细化管理理论、方法技术与应用实践的研究仍处在不断发展和完善之中，本书试图在前人研究的基础上，对我军装备维修保障建设领域特别是装备大修领域推行精细化管理的理论基础、方法技术与应用实践进行初步的系统化总结，重点介绍一些我们近年的相关研究成果和研究体会。由于编者的学识水平、研究能力以及涉及的领域有限，疏漏、不当和错误之处在所难免，真诚欢迎同仁们的批评与指正。

编著者

目 录 Contents

上篇 装备大修精细化管理理论与方法

中篇　装备大修质量分析评估与控制方法

下篇 装备大修精细化管理模式与应用

上篇

装备大修精细化管理理论与方法

精细化管理是源于发达国家的一种先进的管理理念和科学的管理方法，是一种旨在增强工作执行力、提高工作质量与效益的管理模式，通过建立科学的量化标准、合理的工作流程、规范的操作程序，使战略清晰化、目标具体化、实施流程化、工作标准化、执行规范化、信息数据化，最终实现管理各单元和要素的精确、高效、协同与持续运行。装备大修工作是一项复杂的系统工程，尤其是现代武器装备技术含量高、系统集成度高、技术难度大、专业分工细，能否有序、高效地组织和管理装备大修工作，直接关系到武器装备战备完好性和装备维修保障能力。因此，应研究探索精细化管理与方法在装备大修中的理论指导和应用实践，在装备大修组织管理、维修作业和保障训练等方面，有目的、有选择、有改进地运用精细化的思想理念和工具方法，力求精确掌握装备状态、精准调配保障资源和精细控制维修流程，从而不断提升装备大修单位的精细化管理水平。

本篇是本书的"理论基础篇"，第1章主要对精细化管理理论方法、国内外典型应用、基于精益理论的精益维修理论及其支撑技术进行系统概述，第2章从装备大修精细化管理的基本内涵、总体任务、对策思考等方面进行初步理论分析，第3章从装备大修精细化管理的总体思路、基本构想、实现途径、框架体系和主要内容等方面，对装备大修精细化管理理论与方法进行理论概括和系统总结，为本书后面两篇奠定理论分析和应用研究基础。

第 1 章　精细化管理理论与方法概述

精细化管理是社会化大生产和社会分工细化对现代管理的客观诉求。精细化管理模式是建立在常规管理的基础上，将精细化管理理念、精准化管理技术和精益化管理过程融为一体的、众多管理理论的集大成者，是开放的、动态发展的方法体系，它以精益求精为行动的价值取向，以精心细致为管理的基本要求，通过建立科学的量化标准、合理的工作流程、规范的操作程序、严密的监控过程，将任务和责任具体化、明确化、程式化，从而实现管理各单元简捷、高效、精确、可靠。

1.1　精细化管理理论与管理方法

1.1.1　精细化管理内涵与基本思想

1. 精细化管理概念内涵与外延

从现代管理模式的发展趋势来看，组织管理经历了人治管理(“规范化”，大锅饭管理、岗位责任制)、法治管理(“精细化”，精细化管理)、人本管理(“个性化”，企业文化管理、自主管理)等重要发展阶段(图 1.1.1)。

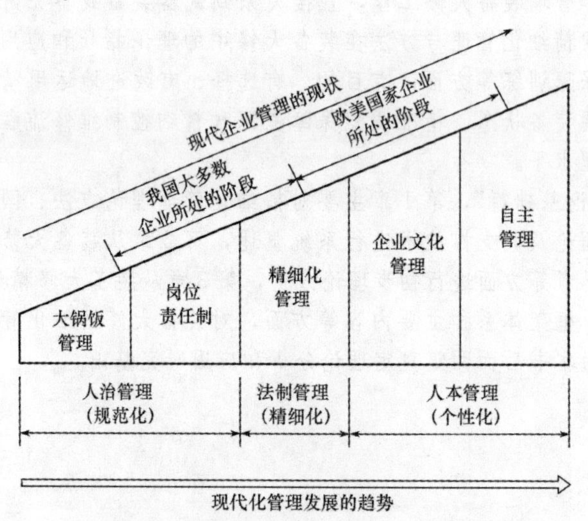

图 1.1.1　精细化管理在现代管理层次中的位置

从精细化管理的内涵来看：

(1)精细化管理不仅是一种管理理念，还是一种精益求精的管理文化，其核心就是用制度和标准规范人的行为习惯，用责任和任务的落实培养人的执行文化；

(2)精细化管理是一系列科学管理方法的集成，是利用科学的量化标准、易执行的工作程序将所做工作流程化、定量化、标准化，让工作更加具体、更加明确、可以测量；

(3)实施精细化管理的目的，就是让组织的战略清晰化、目标具体化、实施流程化、管理规范化、工作标准化、信息数据化，并在实际工作中得到切实落实；

(4)精细化管理关注的重点是管理的各单元和运行环节，是基于原有管理基础之上的改进、提升和优化，是将常规管理引向深入的一种管理思想和模式。

精细化管理的外延极其广泛，凡有助于精、细或既精又细的管理方法都可以包括其中，在理解其外延时应注意：

(1)精细化管理不等于只重视细节，而是着重培养和树立一种追求卓越的精神、求真务实的科学态度、精益求精的工作作风；

(2)精细化程度与组织发展阶段有关，并不是每一个单位在任何时期都需要精细化管理；

(3)精细化管理是一个永续精进的过程，同时又要贯彻执行现有规章制度、工作程序和标准规范，不存在统一的精细化管理模式和标准答案；

(4)精细化管理不等同于量化管理，精细化管理是在量化管理的基础上梳理与疏通流程，找到关键点以更好地解决问题，精细化管理中往往蕴含着量化管理；

(5)当心精细化管理中可能存在的数字陷阱(沉溺于数字说话，导致战略决策失误)、效率陷阱(单一追求精细化，导致工作效率降低)、执行陷阱(追求精细化管理细则，没有充分考虑执行者的反应)等问题。

综上内涵、外延所述，精细化管理是一种工作过程质量控制和改进的管理技术，也是一种管理哲学、一套管理系统和相应的管理工具集，它通过管理规则的系统化和精细化，使组织管理各单元精确、协同和高效运行，目的是推动组织内部不同人员的工作质量在稳定可靠的基础上不断持续改进。从精细化管理的发展历程可以看出，精细化管理并不是最先进的管理理念和方法，但这种理念和方法符合我们现阶段的管理实情，是一种很实在、很有效的管理模式。我们不可能一下子直接跨入个性化自主管理模式，那样会欲速则不达，很难取得实效。所以，我国精细化管理专家汪中求先生说："精细化管理是我国管理不可逾越的阶段，当务之急是导入精细化管理，练好内功，这才是最明智、最理智的选择。"精细化管理的管理理念、管理基础、管理目标、管理方法等要素的具体内涵如图 1.1.2 所示。

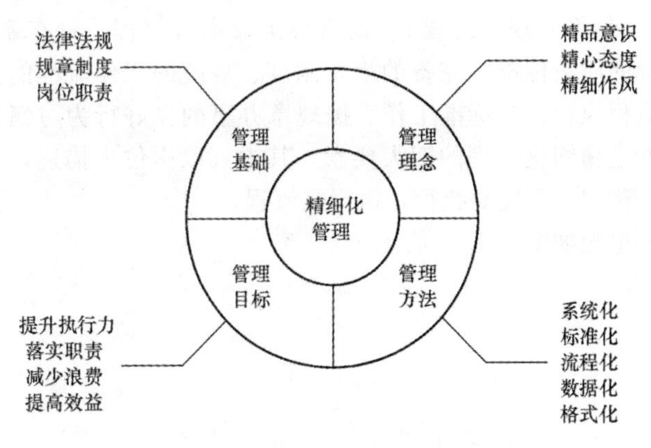

图 1.1.2　精细化管理要素的具体内涵

2. 精细化管理发展历程与基本思想

精细化管理作为一种管理理念，其起源可以追溯至“科学管理之父”泰勒的工时研究，其1911年出版的《科学管理原理》是世界上第一本关于精细化管理的著作。作为现代工业化时代的一种管理理念和方法，精细化管理产生于日本丰田公司20世纪50年代提出的精益生产模式。20世纪90年代相继出版的《改变世界的机器》和《精益思想》两部著作使得精益生产理念开始在全球引起轰动和传播。

精细化管理的思想虽然最早源于日本的精益生产理念，但第一次提出“精细化管理”这一概念则是在杨希冈、袁文刚2000年撰写的《精细化管理结硕果》一文中；舒化鲁将中国的大易理论和五行理论与源自西方的流程管理技术相结合，创造了组织流程竞争力打造技术，使组织规范化管理的系统实施有了完整的技术工具；刘先明提出了精细管理工程的概念，给出了“六精五细”(培养企业精神、运用管理精髓、掌握技术精华、追求质量精品、精通营销之道、精于财务核算；细分市场客户、细分职能岗位、细化分解战略目标、细化管理制度、细控成本)的思路与方法，并对组织的管理像实施工程一样进行了精细化改造；汪中求将精细化管理作为一种管理理念正式提出，研究如何将现有的科学管理理论与精细化管理相结合，并于2004年和2005年相继出版了《细节决定成败》《精细化管理》两本著作，系统地阐述了精细化管理的概念、内涵、原则及方法，并给出一些基本规则和操作思路。

近几年来，学术界和企业管理领域对精细化管理的认识和实践又有了进一步的发展，认为精细化管理的实质就是持续改进，需要向五个方向努力：规则意识的持续改进、发展需要的持续改进、人员训练的持续改进、考核监督的持续改进、文化建设的持续改进。

虽然精细化管理的概念和观点众说纷纭，但较为普遍和基本认同的观点是：精细化管理是通过对规则的系统化和细化，运用程序化、标准化、定量化和信息化的方法手段，使组织管理各单元和要素精确、高效、协同、持续运行的一种管理理念和管理方法。精细化管理从20世纪初提出发展至今天，已逐渐形成一个集理念、技术、方法于一体的庞大理论技术与方法工具体系，可用图1.1.3总体描述。

精细化管理的基本思想，通俗地讲就是把“复杂问题简单化，简单问题流程化，流程问题定量化，定量问题信息化，信息问题可控化”，其核心是利用规章制度和质量标准规范人的行为，强化制度意识、标准意识、质量意识，“把经验提炼为规则，把规则训练成习惯，把习惯沉淀为素养”，从“人管人”向“制度管人、流程管事”转变，旨在实现“目标具体化、实施流程化、工作标准化、信息数据化”，最终实现管理模式“物有标准、事有流程、管有系统、人有素养”的转变，使全体人员在明确的质量标准、完备的规章制度、规范的工作流程的控制下，养成一种自觉地按职责负责、按流程执行、按标准工作、按规章办事的良好行为习惯和优秀组织文化。岗位、流程、制度和标准是精细化管理的四大要素，其中人以岗位来描述，以组织来构建；事以程序来表现，以流程来构建；制度靠执行，执行靠流程。

精细化管理的主要思想如图1.1.4所示。

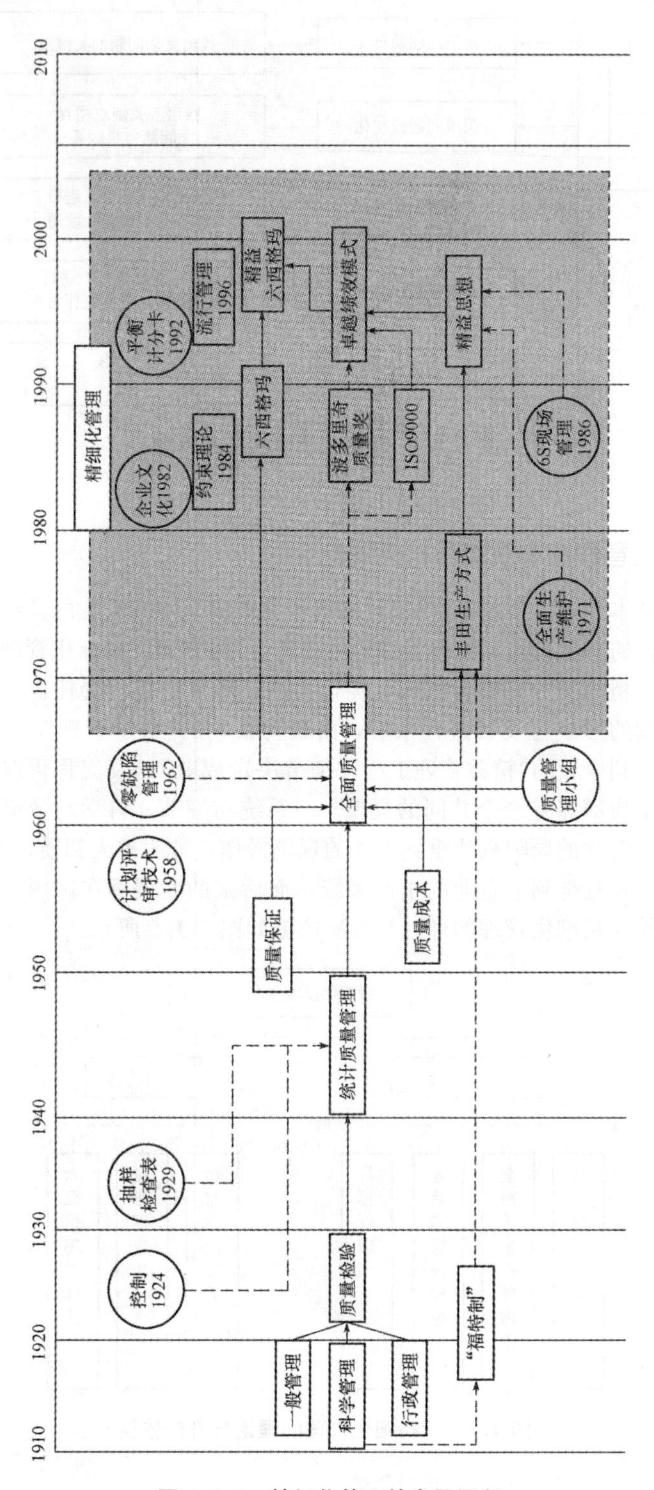

图 1.1.3　精细化管理的发展历程

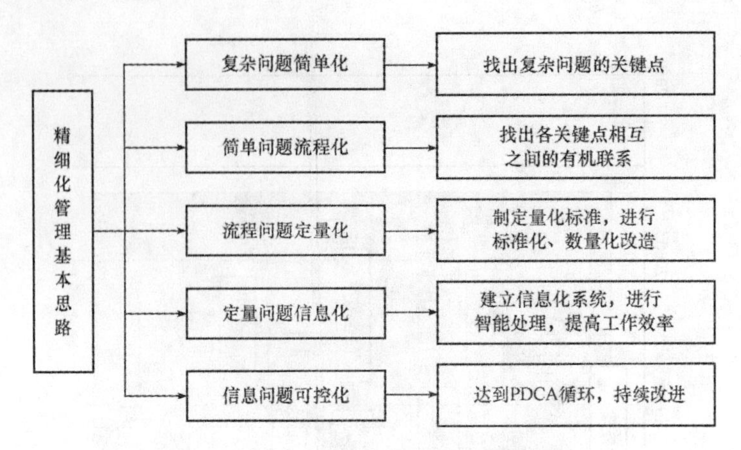

图 1.1.4　精细化管理的基本思想

1.1.2　精细化管理基本观点与相关理论

精细化管理的基本观点主要包括“明确目标的价值取向、坚持流程的持续改进、严格标准的规范执行、注重过程的科学管控、把握管理的主要特征”等方面。精细化管理过程中需要遵循的基本原则主要包括：精简细分、整合重构、优化再造、环节链接、责任执行、协同高效、精益求精。从精细化管理的形成与发展过程来看，由最初泰勒的“科学管理”、戴明的“质量管理”、丰田的“精益生产”，到今天的“精益管理工程”“细节决定成败”以及流程再造、精益思想、约束理论等演变，究其本质都拥有一个共同的灵魂——系统与细节、科学与效率、质量与效益。所不同的是，泰勒由于时代的局限只注重到工人的现场操作，戴明扩大到质量的每一根神经末梢，丰田生产方式则系统地延伸到了企业的生产系统，而后来的发展都在试图使精细化管理理论贯穿于管理的全部系统。精细化管理的理论与方法依据如图 1.1.5 所示。

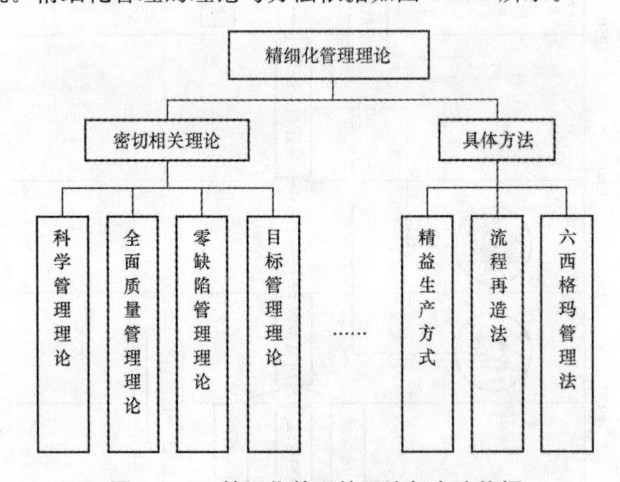

图 1.1.5　精细化管理的理论与方法依据

关于科学管理、全面质量管理、精益理论、六西格玛管理、5S(6S)管理、流程再造、目标管理、零缺陷管理、约束理论等这里不再赘述，重点就细节管理理论、精细管理工程、精细化管理等进行简要剖析。

1. 细节管理理论

细节管理又称“纳米管理”，是一种管理理念和管理文化，是社会分工的精细化以及服务质量的精细化对现代管理的必然要求，是在观念意识、战略决策、制订规划、执行任务、考核绩效、信息反馈过程中，重视细节、关注细节、体现细节、分解细化环节，把细节意识贯穿于管理的全过程。2004 年，北京博士德管理顾问有限公司首席管理顾问汪中求出版《细节决定成败》一书，提出“精细化管理时代——细节决定成败”的观点，其观点主要包括：

(1)天下大事必做于细，必须从改变观念着手，要做精益求精的执行者，对规章制度不折不扣地执行；

(2)没有破产的行业，只有破产的企业，这是细节造成的差距，竞争的优势归根结底是管理的优势，而管理的优势则是通过细节来体现的；

(3)往往 1%的错误导致 100%的失败，这是忽视细节要付出的必然代价，一个数以万计的个人行动所构成的公司经不起其中 1%或 2%的行动偏离正轨，工艺上的差异往往显示民族素质上的大差异；

(4)伟大源于细节的积累，细节改进的方向就是满足精致化的要求，人性化是产品和服务的终极目标，任何对细节的忽视都可能导致决策的失误。

2. 精细管理工程

精细管理工程是刘先明教授于 2001 年提出的，是指组织按照“六精五细”的思路与方法，对组织管理进行精细化改造的工程。

(1)六精——培养企业精神、运用管理精髓、掌握技术精华、追求质量精品、精通营销之道、精于财务核算；

(2)五细——细分市场和顾客，准确把握市场变化和顾客需求；细分组织机构中的职能和岗位，明确责、权、利；细化分解每一个战略、决策、目标、任务、计划、指令，使之落实到人；细化组织管理制度的编制、实施、控制、检查、激励等程序、环节，做到制度到位；细控成本。

3. 精细化管理

现代管理理论的发展与创新，实质是由粗放型管理向精细化管理转变，破除了以往依靠投资和需求所拉动的规模增长、只热衷于理论上的务虚而忽视方法上的探究，以及管理上的形式主义与表面化。2005 年，汪中求在其出版的《精细化管理》一书中，系统地阐述了精细化管理的内涵、前提、原则和方法，其主要观点包括：

(1)专业化——唯有专业或可精细。专业化是精细化的途径，只有做到组织内部的产业专业化、管理专业化和资本专业化，才可以集中最有效的资源打造组织的核心竞争力。

(2)系统化——成功取决于系统。一个组织想要实现自己的目标，必须建立一套以目标为导向、以制度为保证、以文化为灵魂的组织系统。要进行精细化管理，首要的工作就是从优化系统开始，考虑整个流程的各个衔接点、流程的配合，实现各块资源的最优配置等细节问题。

(3)数据化——精细见于数据。采用 MBO 目标管理、TQM 基准化办法、六西格玛管理、甘特图、PERT 网络分析等数据分析方法，全方位地解剖分析数据，以便管理者在分析历史数据过程中，找到经营管理的问题，提出改善措施。

(4)信息化——精细离不开高科技。实施精细化管理离不开信息化，其可以有效解决决策与调度的高效化、沟通与控制的实时化、检索与存储的条理化等问题，一个正确的决策需具备决策者的观念、逻辑分析能力、信息掌握数量、专业分析工具四个方面的基础。

1.1.3 精细化管理方法体系

精细化管理是一项综合集成的管理方法体系，可以分为“定目标、找环节、绘流程、定标准、定办法、建表格”六个步骤，其思维方法可以归纳为“系统架构、流程运行、标准把控、信息管理、制度规范”五个方面。从精细化管理的操作实施层面来看，主要包括“明确质量要求、提出量化标准、设计工作流程、制订规章细则、划分链接细节、严格过程执行、注重短板管理”等内容。因此，精细化管理从理念到应用可分为四个层次，即理念，基本方法，技术、工具，操作执行，这四个层次构成了精细化管理的方法体系(图 1.1.6)。

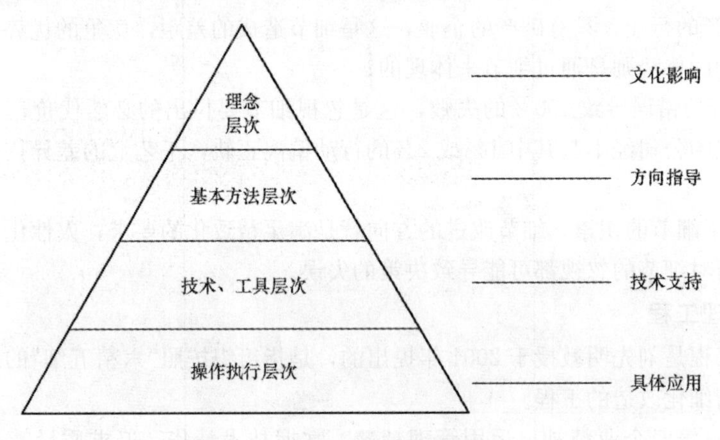

图 1.1.6　精细化管理的方法体系

其中：

第一层次是精细化管理的核心理念，即“精、准、细、严”，是管理层对做精做细的认识、决心、意志和态度；

第二层次是带有共性的、规律性的精细化管理方法，具体包括细化、定量化、流程化、标准化、精益化等方法，其中最为主要的方法是信息化、系统化、标准化、流程化，即以信息化为精细化管理的手段，以系统化为精细化管理的框架，以标准化为精细化管理的尺度，以流程化为精细化管理的状态；

第三层次是基本方法之下的更具体的操作技巧、技术和工具，是基本管理方法的展开、延伸和具体化；

第四层次是应用各种方法、技术、工具，解决各部门、各环节的具体问题，如决策工作精细化、执行过程精细化、控制纠偏精细化等问题。

总而言之，精细化管理是一种以科学方法为支撑的现代管理技术，它是通过改变管理者的观念、建立完善的管理体系、依靠科学方法和工具来实现工作过程质量的控制和改进，不论是精细化管理的第一阶段——手册化阶段，还是第二阶段——信息化阶段，仅仅依靠主观因素是无法实现的，必须借助管理理论、模型、工具方法、训练等客观要素来实现管理的持续改进。

1.2　国内外精细化管理的应用

2006年5月，美国国防部颁布《持续流程改进指南》，号召各军种向军工企业和世界顶级公司学习先进管理方法。基于时代发展、世界军事变革以及美国综合国力的同步需要和全方位的战略选择，美国空军在2006年提出了实施“21世纪空军精细化管理”的构想。2008年5月，美国空军正式颁布《美国空军21世纪精细化管理手册》，成为美国空军全面实施精细化管理、开展持续流程改进的纲领性文件，实质上就是将对核心流程、主导流程和支持流程(即为核心流程提供所需资源与能力的辅助流程)的持续改进，融入空军的整体建设之中，始终保持其空军在天空、太空、网空的非对称优势与作战能力。

1.2.1　美国空军推行精细化管理的总体构想

21世纪空军精细化管理是为美国空军量身定做的一种先进管理模式，是对精益理论、六西格玛管理、约束理论、业务流程再造等现代管理理论的综合应用。美国空军推行精细化管理的总体构想如下：

1. 指导思想

美国空军21世纪精细化管理工作的指导思想是：着眼作战能力提升，满足使命任务要求，通过建立持续流程改进机制，消除浪费，提高组织效能，确保美国空军在空中、太空以及赛博空间的非对称优势。

基本构想：建立一种持续流程改进的环境，确保全体空军人员积极投身于消除浪费和不断提高效率的流程改进活动中；这些改进活动必须紧紧围绕空军正在履行的核心使命，尤其是要保持空军在空中、太空以及信息空间的非对称优势与作战能力；必须采取有效的工具和技术来发现问题、解决问题、抓住改进的机会，从而确保能全面提高效率和实现持续改进。

2. 工作思路

(1)从消除浪费切入：消除浪费是美国空军推行21世纪精细化管理的主要内容和切入点，持续流程改进方法能够提供多种分析工具和手段，帮助其发现工作流程中的制约因素，从而科学地分析问题和解决问题，有效消除浪费；

(2)围绕关键要素展开：任何一个组织都是在工作系统(指能够为组织创造价值的所有活动的总和，以及支持这些活动展开的工具与流程、运行机制等共同构成的满足工作系统需要的软环境)、管理体制(指为确保工作系统正常运行而采取的系统组织制度)、观念与能力(指个体或集体分析问题的思维方式，以及解决问题的能力)三要素的共同支撑下运转起来的，推行21世纪精细化管理、开展持续流程改进也将围绕这三个要素展开，而不是只针对其中一项进行改进；

(3)力求预期的效果：美国空军希望通过推行21世纪精细化管理在“改进空军整体的工作成效、缩短决策响应时间、提高作战和保障资源的可用度、维持业务工作的安全性与可靠性、节约能源”等方面取得显著效果。

3. 总体要求

为了保证空军21世纪精细化管理工作顺利实施并且达到预期效果，美国空军提出三点要求：①要求全体官兵投身到持续流程改进工作中去，主动消除工作当中的浪费现象，想方设法提高工作效率；②虽然美国空军有很多单位已经开始了精细化管理方面的改革，但应该清醒地认识到实现21世纪精细化管理的总目标还有很长的路要走，要将精细化管理的原则、理念和方法融入空军的各项工作中，将其根植于空军的文化中；③要对21世纪精细化管理工作每个阶段的成效进行评估，根据评估结果拟定下一阶段工作的重点，以确保工作方向与美国空军的战略目标相一致。

1.2.2 美国空军推行精细化管理的实施步骤与方法

1. 总体规划

美国空军将实施21世纪精细化管理分为三个阶段，各阶段工作内容见表1.2.1。

表1.2.1 美国空军21世纪精细化管理实施计划表

第一阶段 起步	第二阶段 深化	第三阶段 提高
形成决心 提出愿景 理顺管理关系 任务优先级排序/确定目标 初始培训与制订标杆 选择能够在短时间内取得明显改进的工作领域进行试点	形成流程持续改进能力 扩大到所有重要领域 目标/评价标准的调整 资源重整制度化 工作绩效持续得到改进	持续流程改进得到足够重视 工作团队进行自主管理 融入美国空军文化 与美国战略伙伴共享持续流程改进工作的经验与成果 运用更多、更先进的持续流程改进工具
1～3年	2～5年	4～7年

第一阶段：起步(1～3年)，组织美国空军高级领导学习相关理论，形成实施21世纪精细化管理的决心；各级流程负责人学会使用“价值流图”和“未来状态图”来细化、规范和分析各自负责的工作流程；各级分管领导制订出相应级别的21世纪精细化管理规划。

第二阶段：深化(2～5年)，建立持续流程改进机制，为21世纪精细化管理工作的全面推开提供制度保证；对培训和试点工作进行总结梳理，提出全面实施21世纪精细化管理工作的方法和模式，用制度的形式固化下来。

第三阶段：提高(4～7年)，取得美国空军高级领导认可的改进成果，健全持续流程改进机制，实现21世纪精细化管理工作的总目标；将持续流程改进融入各项日常工作之中，由工作团队实施自主管理；运用更多、更先进的管理工具深入挖掘21世纪精细化管理的潜力，如自动错误检测和错误消除技术、增强预测和处理问题能力的技术、先进的可变性分析和削减技术等。

2. 实施方法

持续流程改进是对多种先进管理理论与工具的综合运用，主要包括精益理论、六西格玛理论、约束理论和流程再造理论。博伊德循环八步法是由美国空军上校约翰·R·博伊德于20世纪50年代在对空战决策流程进行研究的基础上首先提出的，是一种经过验证行之有效的问题解决模型，其具体内容如下：

观察：第一步——认识问题；

第二步——分析问题/确认绩效差距；

定位：第三步——确定改进目标；

第四步——寻找根源；

决策：第五步——制订对策；

行动：第六步——检视对策；

第七步——评价结果和流程；

第八步——流程标准化。

博伊德循环八步法为我们收集数据、寻找对策以及信息表述提供了标准化的方法，便于我们运用标准流程解决工作当中出现的问题。

3. 组织领导

为了将21世纪精细化管理融入部队日常指挥与控制链的各个环节中，美国空军成立了由空军副参谋长、重要流程负责人、一级司令部副司令以及相关部门领导共同组成的流程委员会，作为推行21世纪精细化管理的领导机构，其组织结构如图1.2.1所示。

空军副参谋长担任流程委员会主席，职责是审批所有持续流程改进项目的实施计划，依据“端到端价值流”确定工作展开的顺序，并确保21世纪精细化管理工作的发展方向与空军使命任务相一致；重要流程负责人在流程军官、流程团队领导的协助下开展工作，组织领导指定的重要流程改进工作；一级司令部副司令负责领导下属部门的持续流程改进工作，为便于将空军的指示精神与一级司令部和联队的实际情况结合起来，保持工作的连续性和一致性，在一级司令部和联队增设精细化管理指挥官办公室；空军部专设精细化管理部长负责21世纪精细化管理工作的组织协调，以及精细化管理方法和工具的选择或修改，可直接向空军部长汇报。

4. 成果共享和交流

在21世纪精细化管理工作推进过程中，美国空军将建立起实时快捷的信息沟通机制，加深各级领导对21世纪精细化管理工作的认识与理解，为此专门制订了“战略沟通计划”。“战略沟通计划”运用多种信息技术，建立用于美国空军人员、机构、单位之间信息传递、经验交流的通道和平台，有助于各级各类流程团队的持续改进工作顺利取得预期效果。美国空军还将国防部“持续流程改进/精细六西格玛高级指导委员会”作为外部指导机构，共享国防部主导的持续改进工作成果。

5. 培训和教育计划

美军还计划在全空军范围内，围绕21世纪精细化管理的核心理念开展规范化的培训，培训的基本要求有：

(1)参与21世纪精细化管理的重要工作人员必须进行岗前培训并取得认证；

(2)所有培训必须使用21世纪精细化管理的标准教材，负责培训的人员必须得到空军批准；

(3)参与21世纪精细化管理的普通工作人员无须取得认证，但必须接受沟通策略培训和岗前培训。

1.2.3　精细化管理在企业生产与民航维修领域中的应用

目前，国内外众多知名企业均采用了精细化管理的手段，使企业能够在日益激烈的国际竞争中不断发展壮大，因此有必要对国内外推行精细化管理的典型企业进行研究，以借鉴其成功之处，为我所用。

1. 丰田汽车公司

丰田能够在第二次世界大战以后快速崛起，靠的就是精细化管理。丰田生产方式的基本思想是杜绝浪费，主要着眼于消除浪费、降低成本，因此将浪费分为四个层次，其基本内涵及消除浪费、降低成本的过程如图1.2.2所示。

丰田生产方式把提高生产效率(降低成本)作为最终目的，图1.2.3描绘了丰田生产方式的基本体系和构成要素。

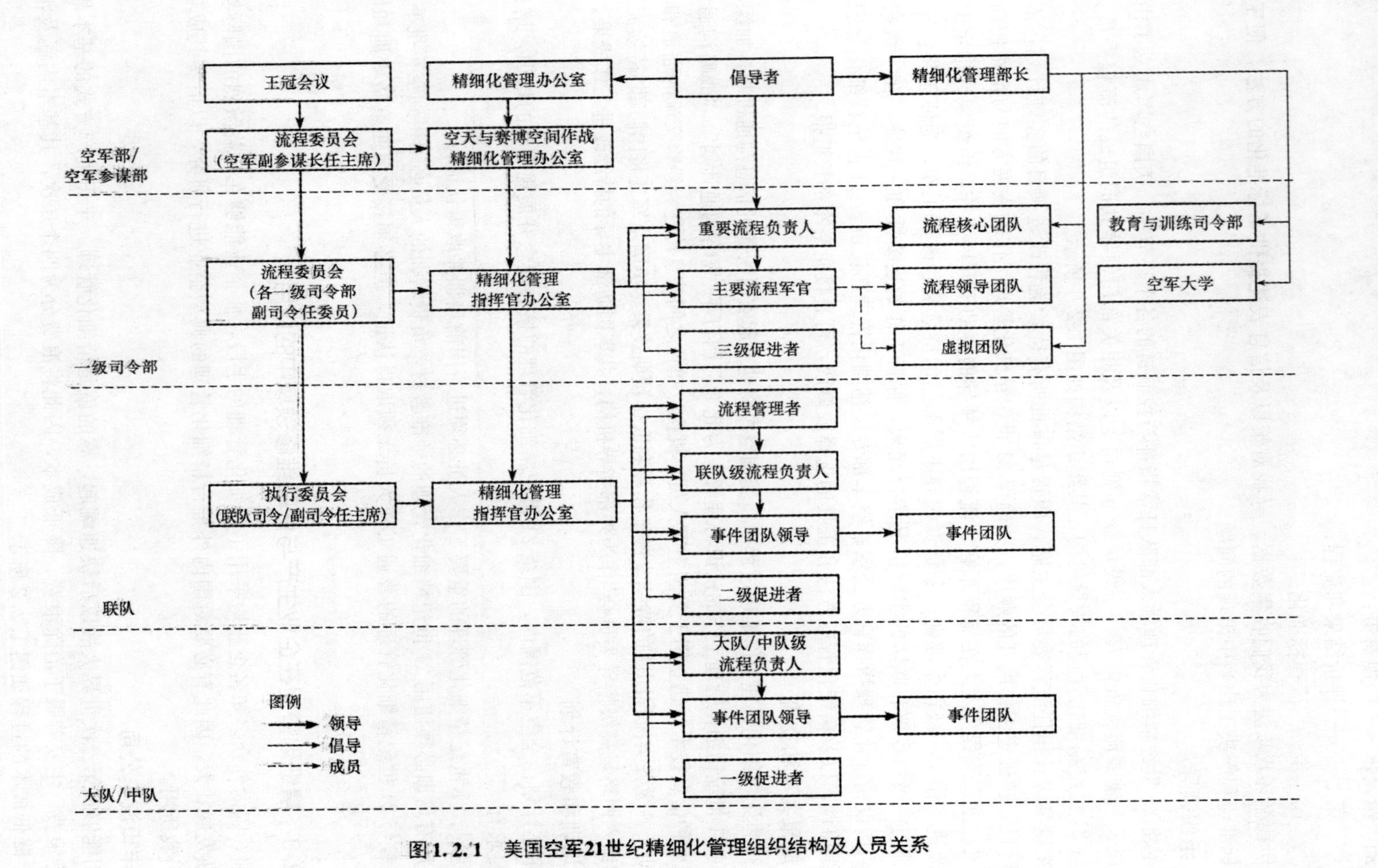

图1.2.1 美国空军21世纪精细化管理组织结构及人员关系

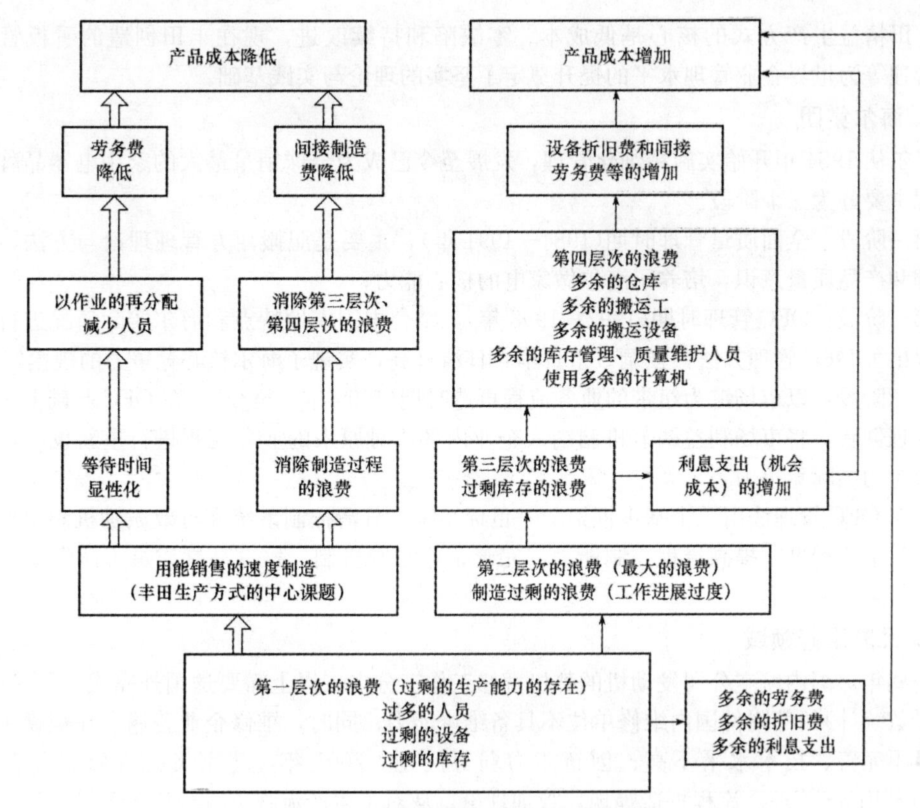

图 1.2.2　消除浪费降低成本的过程

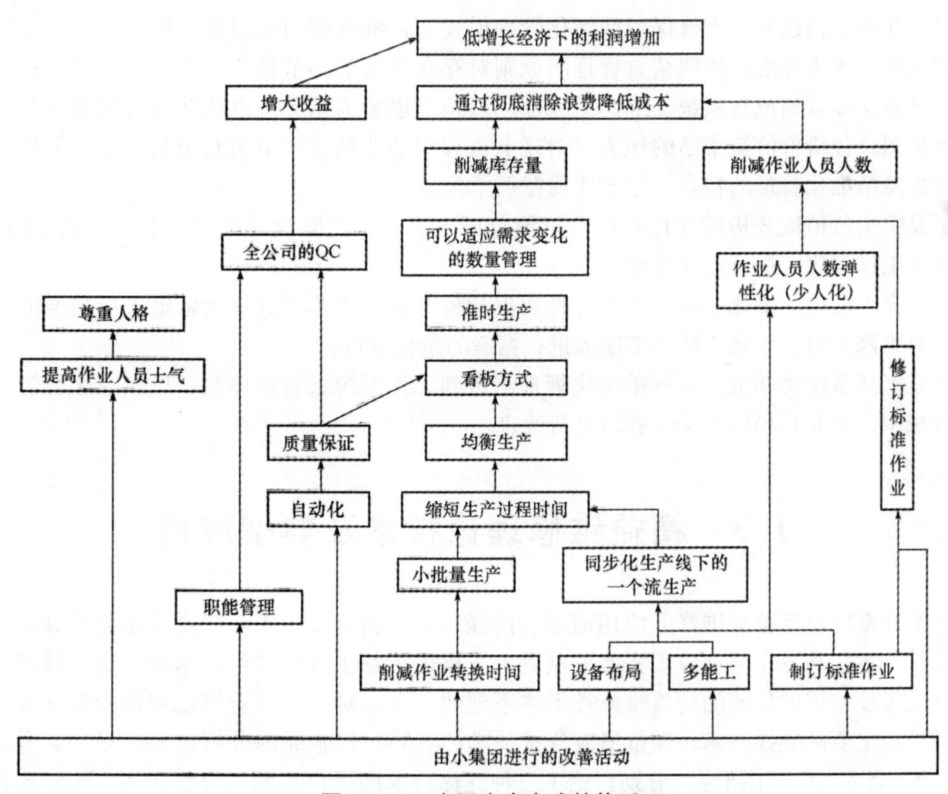

图 1.2.3　丰田生产方式的体系

丰田精益生产方式的核心是低成本、零缺陷和持续改进，现在丰田创造的看板管理、5S(6S)管理等为世界企业管理水平的提升奠定了坚实的理论与实践基础。

2. 海尔集团

海尔从1984年开始实施精细化管理，发展至今已成为全球销量最大的家用电器品牌，其发展过程主要分为三个阶段。

第一阶段：全面质量管理时期(1984—1991年)，主要是照搬西方管理理论与方法，强化企业管理和产品质量意识，培养了海尔做家电的核心能力；

第二阶段：OEC管理时期(1992—1998年)，结合中国人性特点和海尔实际情况进行管理创新，提出了OEC管理方法，强调日事日毕、日清日高，实现了海尔核心竞争力的规模经济；

第三阶段：以市场链为纽带的业务流程再造时期(1999年—至今)，在OEC基础上进行的又一次管理创新，将市场利益调节机制纳入企业内部，对原来的业务流程进行重新设计，全面提升了海尔的国际竞争力。

海尔OEC管理法由三个基本框架——目标系统、日清控制系统和有效激励机制组成，在提高管理精细化程度、提高流程控制能力、完善企业激励机制、培育高素质员工队伍等方面取得了明显效果。

3. 民航维修领域

前些年，国内航空公司发动机的整机翻修工作三分之二以上需要送国外完成，七成以上(按照件号数统计)的部附件国内维修单位不具备维修能力；同时，维修企业普遍存在规模小、设备落后且不完善、技术水平不高、创新能力弱等问题。2007年，北京飞机维修工程有限公司Ameco利用6S管理、流程再造等现代管理理论，从对主生产流程进行分析入手，开始推行公司的精益管理项目。

民航在系统构建航空维修保障精细化管理模式上，维修部门是以航空维修保障工作的技术要求和适航法规为标准，依照精益管理的原则对存在浪费的环节进行改进，建立符合精益思想的航空维修保障管理流程系统。维修保障部门以精益思想为指导，以团队思考方式绘制出流程的价值流图，分析价值流中断的地方，对现有流程中的非精益环节进行分析改进。分析民航航空维修保障精细化管理的特点，主要体现在：

一是突出价值流分析的作用，从价值流分析入手，以消除流动障碍、盘活维修保障资源、理顺维修工作程序，提升流动效率；

二是突出精确的量化分析，关注各种数据分析方法，强调以数据为依据进行精准的分析和判断，对维修工时、维修人数、工期等进行精确的量化分析；

三是坚持系统协调推进，将精细化管理渗透到工作系统、管理体制、思想观念与能力提升各个领域中，而非只局限在某一领域进行改进。

1.3 精益维修理论技术及典型应用

本节在系统总结精益维修的应用需求、内涵、外延和支撑技术，简要综述美军对装备精益维修的认知过程和各军兵种应用实践的基础上，提出了基于维修决策技术层、现场管理技术层和信息支撑技术层的集成的精益维修技术体系框架，重点对基于精益维修理论的装备大修精细化管理三项主要的支撑技术，即价值流分析技术(VSA)、根本原因分析技术(RCA)、全员生产维护技术(TPM)进行了研究，分别讨论了三种支撑技术的适用范围、分析步骤、实施流程以及在装备大修中的典型应用情况。

1.3.1　精益维修概念内涵与研究外延

1. 精益维修研究与应用需求

(1)精益理论发展层面的需求。精益理论源于日本丰田公司20世纪50年代创造的丰田生产方式，其基本思想是消除浪费、降低成本。精益理论的关键出发点是价值，它将浪费定义为“如果不增加价值就是浪费”，并归结为如下七种：过剩生产浪费、过度库存浪费、不必要的材料运输浪费、不必要的动作浪费(寻找零部件等)、下一道工序前的等待浪费、由于工装或产品设计问题使零件多次加工处理的浪费、产品缺陷浪费。精益理论包括一系列支撑技术和方法，包括单件流、利用看板拉动的准时化生产、全面生产维护、价值链管理、5S管理法、快速换模、生产线约束理论、价值流分析理论等。

从20世纪70年代起，日本丰田公司的“精益生产”模式风靡世界，但是人们很快发现按照已有的设备维修管理理论和技术来维护现代制造企业中各种复杂设备，其可靠性要求根本无法满足精益制造和精益生产的运行需求，因而需要在企业内部开展一些针对精益制造模式的设备维修管理模式，于是提出了“精益维修”的概念。但当时人们对“精益维修”的认识仅仅表述为“精益原则在设备维护、修理过程中的应用”，精益维修理论中缺少具体的维修背景和专业基础知识。

2000年以后，由于企业对设备维修优质迅捷的要求日益强烈，有的企业甚至要求“100%的设备运行时间”，已有的设备维修理论和维修技术已经不能满足市场的需要，如以可靠性为中心的维修(RCM)无法强调设备操作者的责任，而全员生产维护TPM无法涵盖备件供应模式改革需要，在这种情况下“精益维修”得到了一些管理咨询公司、科研院所包括军方的支持，开始大力推广应用，并且其理论体系也日趋丰富。

(2)装备维修应用实践的需求。目前，在军方装备维修实践中普遍存在维修范围过大、材料或零备件库存过多、维修流程未经过优化，以及维修机构臃肿、机动保障能力不足等缺陷。而在地方的一些装备制造企业当中，过大的维修范围和过高的维修频次，都将造成生产设备的停机，从而影响企业的经济效益。按照“精益思想”的原则，对于维修的最终价值——设备或者装备的可靠性和可用度而言，以上现象都是“浪费”。

同时，随着武器装备和一些大型复杂制造设备对维修的依赖性日趋增高，新的维修理论和维修技术层出不穷，出现了以可靠性为中心的维修(RCM)、基于状态监测的维修(CBM)、全员生产维护(TPM)等新的维修理念。但是，目前这些理论和技术的研究都相对分散，没有从维修管理理论的高度形成一个整体机制，从而影响了这些理论和技术在维修系统中的效能发挥。例如，我军目前正在推广的RCM技术，就没有涉及装备发生故障时，使用分队和操作人员的工作职责划分，而根据美军的研究，强调操作人员和维修人员的配合可以明显缩短装备的在修时间。

进入21世纪以来，欧美的一些工业管理学者提出了“精益维修”(Lean Maintenance)的概念，以期把当前各种维修理论和技术进行集成。精益维修理论主要用于解决以上所述的装备维修实践中存在的浪费现象和装备维修理论技术研究缺少集成的现状，强调综合运用TPM、RCM、RCA等先进的维修理论和基于状态检测的维修系统(CBM)、计算机维修管理系统(CMMS)等信息技术，以及5S过程、六西格玛技术、备件供应的准时制模式(JIT)等先进的生产管理方法，优化装备的维修过程，缩短装备停机时间，保证装备的利用效能。

精益维修理论认为：维修理论的发展过程，实质是维修系统的费效比不断优化的过程，即维修系统的“价值”不断增大的过程。精益维修是对这种发展趋势的最好阐释，利用“精益”和“价值”的观点可以集成现有的各种维修理论和支撑技术。

由于 TPM 和 RCM 都无法单独从全系统全寿命的角度描述设备的维修工程，于是近年来一种采用 RCM+TPM 的维修理论逐渐形成。该理论认为：优化维修系统的效能是维修的主要目标。这种优化体现在，在当前的使用环境中，准确定义设备的维修需求，做正确的事情比把事情做正确更为重要。RCM 理论恰好能够满足这一需求，运用 RCM 理论能够更好地选定维修项目和维修内容，消除各种过度维修。至于如何执行选定的维修任务，如何定义维修指导原则、组织方式和现场管理方法，TPM 显然更为适用。把 RCM 的要素集成到 TPM 行动当中，形成了 TPM+RCM=LM(LM 指寿命管理)的早期概念，“选择正确的事情，并把事情做正确”构成了早期精益维修的主要思想。Tennessee 大学商务管理学院的 Howard C. Cooper 认为：精益维修提供了一种减少维修保障资源要求和过度维修的方法，可实现最大的持久的非计划停机时间的减少，其追求的目标是 100%的设备运行时间和它所需要的可靠性，同时缩减 50%以上的维修费用。

2. 集成的精益维修体系

“精益维修”的本质在于把精益生产模式推广到设备维修领域，出现了一系列的新工具和技术集合，构成了精益维修的概念和理论体系。2004 年，Ricky Smith 用“金字塔”描述了“精益维修”的概念内涵，如图 1.3.1 所示。

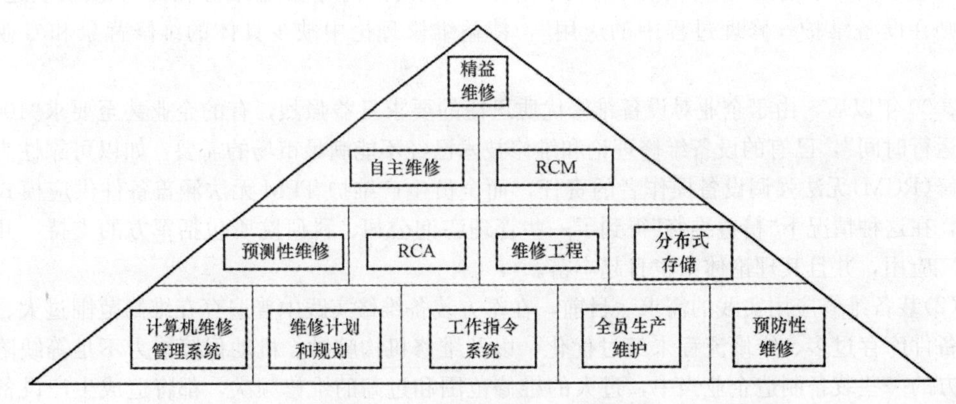

图 1.3.1 精益维修的金字塔体系

精益理论研究中，把“浪费”定义为“对产品、过程或者服务不能增加任何价值的事件”，“精益”则是一种不断消除各种浪费的行为，而“精益维修”则是为了减少或杜绝设备维修管理和维修过程中一切浪费现象而采取的一系列原则、方法和技术。精益维修是一种主动式的维修操作，它通过 TPM 实践来计划和规划维修行为，应用 RCM 逻辑决断来开发维修策略，由经过授权的、具备自我导向行为的维修团队通过 5S 过程、Kaizen 改进方法和自主维修等技术来执行维修过程。维修团队由多技能的维修技术人员组成，工作指令系统(Work Order System)、计算机维修管理系统(CMMS)、设备管理系统(EAMS)共同构成精益维修的信息化运行环境。设备维修过程中，分布式的精益维修备件仓库将按照准时制生产的模式提供备件和材料；同时，维修工作团队还可以获得专业组的支持，这些专业组将执行故障源分析、失效部件分析、维修程序和效果分析、状态监测结果的分析等过程。

结合以上讨论，我们可以理解为，精益维修是一项涉及组织管理、生产运行和设备维修等各种组织行为的系统工程，其通过一系列有关维修管理与维修技术的维修原则、维修理念和维修方法，发现和消除设备维修过程中的各种“浪费”，提高维修过程的“价值”。

1.3.2　精益维修理论研究与应用实践

在理论研究方面，美国全寿命工程公司(Life Cycle Engineering Inc，LCE)，Tennessee大学的商务管理学院、可靠性中心以及美国维修和可靠性协会(Society of Maintenance & Reliability Process，SMRP)都开设了精益维修相关的培训课程。2004年2月LCE出版了《精益维修》一书，较为系统地阐述了精益维修的形成背景、基本理论和一些支撑技术，成为精益维修研究的一个阶段性成果。

在精益维修实践领域，除了一些大型制造企业外，美国国防部对“精益维修”的重视与推广也促进了该理论的应用。2004年3月，美国国防部长办公厅召开了“加速精益原则在国防部装备维护、修理领域的应用”研讨会，对国防部及各军兵种应用精益原则开展维修工作的经验进行了总结，形成了《国防部精益维修原则草案》和《精益维修资源保障战略》两个文件，强调在装备维修体制中建立精益维修的运行环境，以适应装备维修所面临的挑战。

1. 精益理论运用于装备维修的认知过程

美军装备保障部门对此理论在军事领域的运用进行了探讨和研究，认为“精益理论”完全可以应用在军用装备的管理和维修保障上，提出了精益维修理念，正逐步付诸实践，并认识到精益维修能大大促进和优化军队装备的使用管理和维修保障工作。精益理论运用于维修领域之初，出现了维修理论和技术无法满足精益制造运行需求的问题，随后人们针对精益制造模式提出了相应的装备维修保障模式，即后来的“精益维修”理论。美军的精益维修实践概括起来可分为三个阶段：

第一阶段称为“学术精益”。主要运用制造领域案例来解释“精益”和“精益生产”等概念。有关专家认为，“精益生产”只是一个和“大批量生产”相对应的术语，是制造业历史中的一种最具现代意义的生产模式，其研究的主要对象是生产过程。为了在其他领域推广精益生产的概念和经验，使之成为普遍适应的行动理念，研究者们对精益生产又进行了理论总结和概括，提出了包括价值、价值流、流动、拉动等内容的“精益思想的基本原则”。

第二阶段称为“理想精益”。理想精益的价值是激励学术精益工具的不断更新，以适应在非制造领域推广时所面临的一些挑战。理想精益的基本目标是“消除职员行为中没有增加价值的浪费行为”，成为精益管理的基本原则。

第三阶段称为“精益实践”。美军在理想精益的研究中，提出了一系列的新工具和新技术的集合，当把这些精益工具通过裁剪应用到一个新的领域或行业以后，就会形成一个精益项目或精益实践。精益实践简单地说就是把理想化的精益思想应用到现实世界的一个可以应用精益思想的过程管理中。

美军将精益实践阶段形成的实践认识应用到装备维修管理领域即产生了“精益维修”理念。

2. 美军对装备精益维修的探索

多年来，在美国国防部所属的维修企业内部，一直在尝试采用成熟的商业管理工具改进装备的维修过程。这些改进有的由企业自发开展，有的以国防部下达任务的方式开展。尽管国防部已经注意到这种潮流，但一直缺乏宏观的战略导向和长远的资源建设规划。近几年来，国防部在对维修企业开展的装备维修过程改进项目进行调研时发现，精益理论已经成为一种很受欢迎的工具。因此，美国国防部选中精益工具箱作为维修过程改进效果的中心支持工具，希望借此全面改进装备的维修过程。

美军认为，在国防部维修行动中采用的精益管理过程实质上是一种带有创新性的实践精益。

由于装备维修同企业大规模生产有很多不同点，同时国防部对武器装备进行的有组织、有计划的维修行为也不能完全等同于商业的生产过程，一些在精益理论中常用的方法和工具可能需要改进，一些活动内容需要进行裁剪，以创造出适应于"国防部维修组织体系结构的精益实践——精益维修"。通过对精益维修进行的专题研讨和案例交流，美国国防部希望解决以下七个方面的问题：

(1)精益思想对装备维修企业而言意味着什么？

(2)怎样应用精益理论产生更多的效益？

(3)需要对哪些资源进行投资和改进？

(4)该发布怎样的政策方针进行引导？

(5)期望得到哪些益处？

(6)如何度量该理论的应用是否成功？

(7)如何在该理论应用过程中加强国防部和维修企业之间的有效沟通？

在信息技术领域，西北精益网络公司(The Northwest Lean Networks)和Salvagnini信息技术公司则开始向用户提供用于实现精益维修的计算机维修管理系统(CMMS)。

这些事件都标志着精益维修的理论和方法逐步走向成熟和系统化。

1.3.3 精益维修支撑技术

如前所述的精益维修金字塔，几乎囊括了当前所有的维修理论和维修技术，但是由于各国设备管理的理念和进展不同，不同国家对这一框架的理解有很大差异。实际上，很多人更为关心的是如何在自己的企业中推行精益维修的策略，以保证所预期的效益，而不是去更加深入地探讨精益维修的不确定的概念。从前文所给出的精益维修的概念也可以知道，该概念主要描述的是精益维修的技术体系。由于世界各国不同行业的文化氛围、管理理念、行业目标等具体要求不同，人们对精益维修的技术体系有着不同的认识和总结。

1. 精益维修技术体系

结合我国维修理论的发展现状和编者对精益维修理论的认识，本文提出一个较为简单的精益维修技术体系框架。该框架根据各种常见维修理论、维修技术在精益维修目标实现中的作用不同，把精益维修的实现技术分为三个层次，即维修决策技术层、设备现场管理技术层、信息支撑环境(技术)层，如图 1.3.2 所示。

三个层次通过价值流分析技术集成在一起，以达到精益维修所提出的零计划外停机时间、零废品、零速度损失、零意外事故、最小的寿命周期费用的系统最佳综合效能目标。

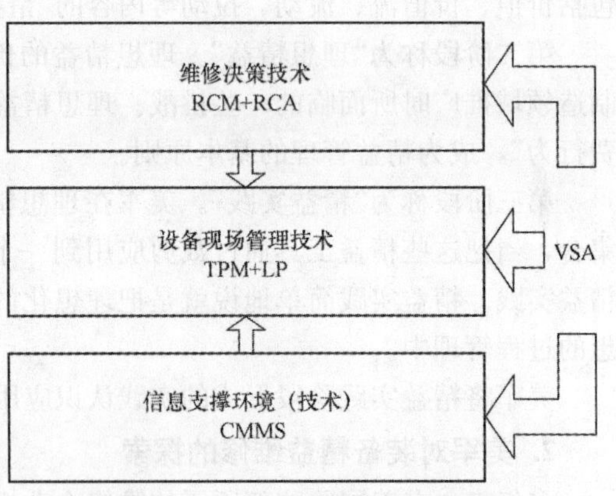

图 1.3.2 精益维修的分层结构

(1)维修决策技术层(RCM＋RCA)。这一层次的主要目标是决定设备在具体的工作环境中的维修需求。如前所述，当前的设备维修过程中存在很多不必要的重复性维修工作和浪费现象，例如同一故障的反复发生、没有经过计算的维修间隔期内频繁地停机巡检等。在精益维修理论中，一直强调"做正确的事情比把事情做正确"重要，而 RCM 则是一个非常经典的维修项目分析工具。根本原因分析技术(Root Cause Analysis，RCA)是另一个对正确的维修项目进行分析判定的技术工具，主要通过一整套系统化、逻辑化、客观化和规范化的分析方法，找出设备故障的发生机理和根本原因，并通过制订合理的纠正行动彻底消除这些根本原因，从而恢复设备功能，防止同样或者类似故障的重复发生。只有找到那些导致设备失效的真正原因，并采取措施防止这些原因再现，才能真正实现维修的精益化。

(2)设备现场管理技术层(TPM＋LP)。各种维修决策技术能够决定哪一项工作应该列入维护检修计划，但是如何具体落实和执行这些项目，当发生故障时设备的使用人员、维修人员应该如何处置，各种决策技术都没有考虑，距离设备维护现场太远使得很多先进的决策理论难以落实。全员生产维护 TPM 和部分精益生产技术 LP 在解决设备现场管理方面具有很大的优势，尤其是全员生产维护理论清楚地规定了使用人员如何在使用过程中维护设备，故障发生时的处置方案和故障信息的报送流程，已经成为当今社会设备现场管理的经典理论。

(3)信息支撑技术层(CMMS)。典型的设备维修系统主要包括维修人员、维修设备和设施、维修工艺流程、维修备件等要素，以及把这些要素集成起来进行调度的维修管理系统。随着信息技术的发展，维修管理系统在设备维修系统中的作用越来越明显，几乎所有的设备维护活动都要依赖于维修管理系统中的历史或者当前数据。例如，当我们执行以可靠性为中心的维修分析或者故障源分析时，所需要的故障数据基本都来自维修管理信息系统的记录。

2. 价值流分析技术

(1)价值流分析过程。价值流分析(Value Stream Analysis，VSA)就是运用价值流图等分析工具，对某组织或特定产品的全部业务流程周期时间、客户需求节拍和有效工作时间进行系统分析，并进行材料流和信息流分析，以发现浪费点、贬值点、断流点，区分增值时间和非增值时间。对于装备大修过程来说，通过绘制价值流图，可以使装备修理工厂的管理层、工程技术部门、生产部门、上游零部件供应商、下游装备使用部队认识和发现浪费，同时也为构建新的优化价值流图打下基础。价值流图是分析整个价值流的图形工具，它以可视化的方式真实再现了整个价值流的现状——价值流现状图，使得价值流中存在的问题显露出来，从而可以应用各种精益技术消除非增值的活动，即消除浪费。

步骤一：选定产品序列

通常根据 80～20 原则采用加权排列图等工具选择影响大的产品，将之作为价值流的分析对象。

步骤二：绘制价值流现状图

1)明确顾客要求。主要应了解顾客的需求量、种类、交付频次和要求等。

2)绘制物流图。明确工厂内的基本生产过程，将能够连续进行的过程列入一个框内，无法连接的在两框之间用三角形分开。

3)收集并记录每个生产过程的数据。在每个过程数据框下记录主要数据，包括生产节拍、切换时间、操作人数、有效工作时间、设备利用率、不合格品率等与过程改进有关的数据。

4)收集并记录库存状况。工作小组应对所有库存进行盘点，然后记载于库存三角下面。

5)掌握原材料采购和交付的情况。工作小组了解主要供应商的供货情况。

6)了解并记录顾客订货、生产计划、原材料订货过程的信息传递途径及信息，在此基础上画出信息流。

7)画出生产时间线并计算相关数据。工作小组将库存数量按照顾客需求节拍转化为时间，与生产过程时间数据一同画在时间线上，计算出生产过程时间占整体时间的百分比。

按照上述分析步骤绘制得到的某产品的价值流现状图如图 1.3.3 所示。

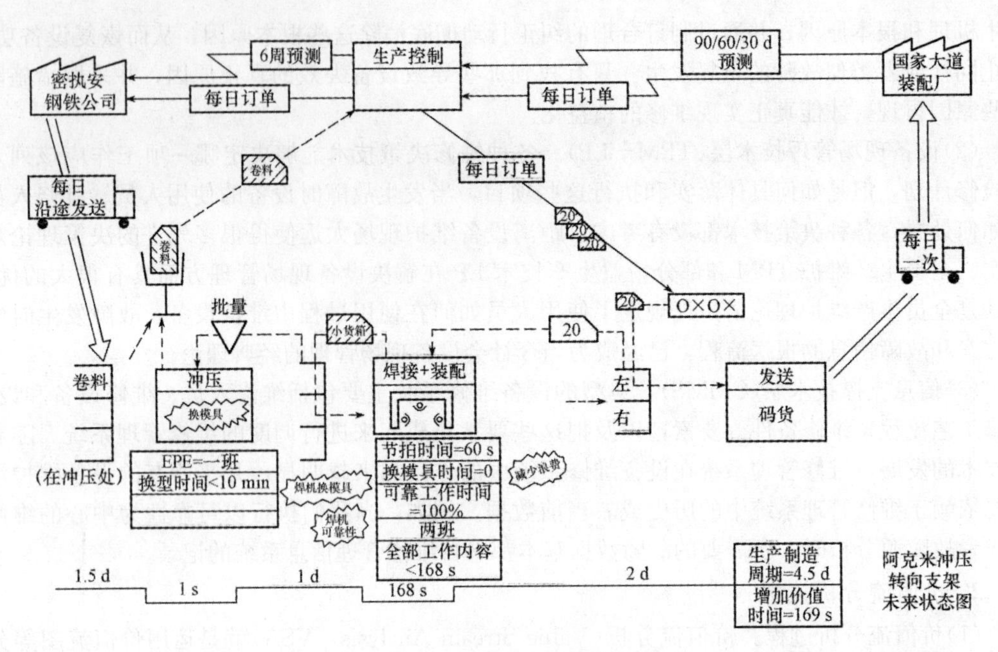

图 1.3.3　某产品价值流现状图

步骤三：分析价值流现状图

绘制价值流现状图的意义在于通过图形发现生产过程中存在的浪费，通过原因分析找出关键的浪费及其改进的方案并予以实施，即通过实施精益生产来消除产品价值流中的浪费。分析现状的目的在于解决价值流中的问题，而这些问题要在未来价值流图中通过实施精益价值流予以解决。

价值流现状图的目的在于使当前生产状况所存在的浪费用图形和计算的方式充分显现出来，找出原因并采取措施逐步完善。未来价值流图就是使得当前价值流变成精益的价值流，其基本准则如下：

1)按顾客节拍生产：使得生产过程的节拍与交付顾客节拍保持一致，实现准时化生产；

2)尽可能地实现连续流动：尽量消除和减少库存和等待，确保生产过程可以连续进行；

3)在无法实现连续流动的地方采用看板拉动管理：对与节拍相差悬殊、种类繁多的过程，如产品冲压、焊接这样的无法流动过程，采用看板管理；

4)努力使得顾客的订单只发到一个过程，保证信息的一致性；

5)在价值流启动过程按时间均匀分配多品种产品的生产，实现均衡生产；

6)在价值流启动过程通过启动一个单位的工作来实现初始拉动，这个拉动的“动力源”一定要来自顾客；

7)在价值流启动过程上游工序形成每天能够制造各种零部件的能力，实现多品种、小批量的混流均衡生产，要求上游过程通过减少换型时间和生产批量来提高对下游过程变化的反应速度，这样可尽可能地减少库存的在制品。

步骤四：绘制未来价值流图

未来状态图是进行精益转化的目标蓝图，依据精益思想和精益价值流的准则来分析前面做出的现状图，发现并消除浪费。

1)确定有效工作时间和顾客需求节拍；

2)根据单位或产品实际情况，确定产品发运过程是采用顾客拉动还是建立成品仓库；

3)确定采用连续流动的过程，如将焊接、装配这些节拍相近的过程形成一个连续流(无中间库存)；

4)确定采用拉动系统的过程，如将冲压和后续过程设计成一个拉动系统，引入看板管理；

5)确定生产需求传送到价值流的哪一个过程，即价值流启动过程，如图 1.3.3 中可确定发运过程为价值流启动过程；

6)确定如何在启动过程均衡生产；

7)根据顾客发运的频次和发运方式，确定价值流启动量；

8)为实现精益价值流而设计未来价值流图时，确定必须改进的过程。

完成以上分析工作后，就可以画出未来价值流图。上述某产品的未来价值流图如图 1.3.4 所示。

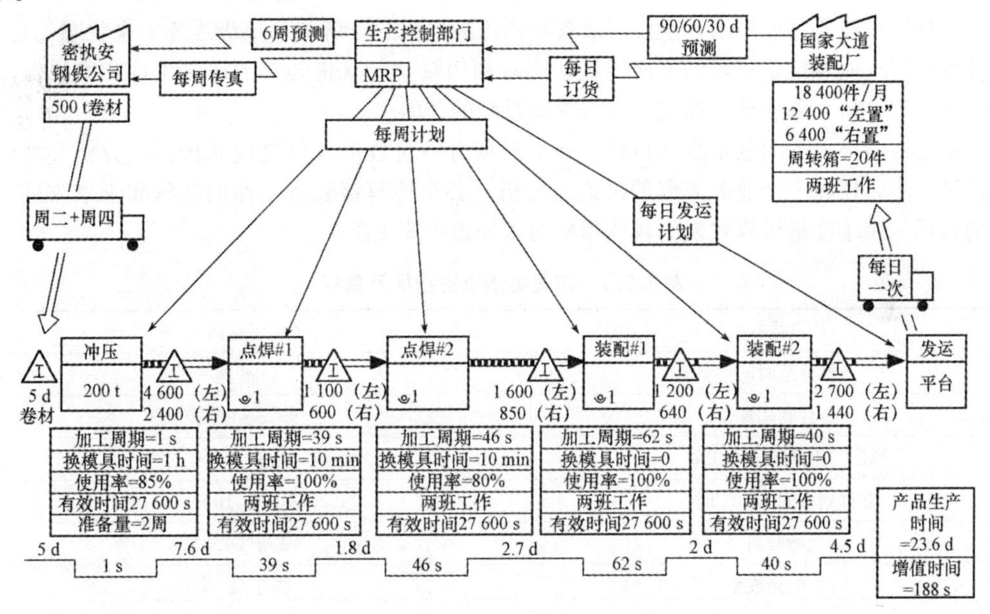

图 1.3.4　某产品未来价值流图

步骤五：制订并实施改进计划

通过上述分析，要改进的过程已经基本确定，实现过程改进可按下述步骤进行：

1)将未来价值流划分成几个分价值流循环，再考虑要实施哪些改进；

2)制订改进实施计划；

3)评估计划实施的效果。

通过描绘、分析现状所存在的问题，找到了改进点；通过绘制未来价值流图，确定了改进方向；通过实施改进计划，达到了改进目的，从而提高了组织的效率和竞争能力。

以上所介绍的价值流图分析，仅是在企业或装备修理工厂内部的一种减少浪费的方法，然而几乎所有产品包括装备大修都不可能在一个工厂内完成，其价值流一般都要经过若干个工厂、供应商，那么要使产品价值流实现精益，就要将价值流分析的范围从工厂扩展到整个产品实现的价值流。扩展的价值流图分析与工厂内价值流分析原理上是一致的，扩展的价值流图分析中实现连续流动、拉动以及均衡生产建立在每一个工厂实施的基础上，价值流分析方法、步骤基本相同。

(2)价值流分析技术在基地级装备维修中的应用。如前所述的精益维修理论中，把“浪费”定义为“对产品、过程或者服务不能增加任何价值的任何事情”。目前，在装备修理工厂维修过程中存在的浪费主要包括：

1)等待(用户等待维修服务、维修人员等待零部件的供应)。

2)运输(从装备使用现场到维修场所以及零部件运输中的不合理安排等)。

3)多余的库存(备件种类和数量不合适等)；故障的重复性发生(维修作业重复)。

4)不必要的工作(维修范围或者维修时机把握不当而造成的多余的维修活动)。

5)维修人员的行动延误(寻找维修技术文件、工具和零部件等)。

“精益维修”的目标就是采用一系列原则、方法和技术，减少或者杜绝装备维修过程中存在的上述浪费现象，其最显著的特点在于更加注重维修的“价值”，把“精益”和“价值流”的概念引入装备的维修管理和业务过程之中，以最小的投入获得较大的产出。美国空军在其装备基地级维修中，利用价值流分析技术，通过对装备维修保障目标的分解和基地级维修未来状态的规划，引导各维修基地向着精益维修的方向转化，同时利用精益工具把装备的研制生产和维修保障过程集成在一起，最大限度地提高飞机维修保障系统的效能。

1)确定精益环境下的装备维修目标。建立对所分析过程的度量是应用价值流分析开展精益维修的第一步，任何一个业务流程的价值流分析，必须理解该装备维修的现状和未来改进所要达到的目标。用于度量维修效果的具体指标通常如表 1.3.1 所示。

表 1.3.1　定量维修改进指标及目标

改进指标	最终目标
维修总时间	4～6 周
备件利用率	95%～98%
预防性维修的人力工时	减少 30%
非计划性的人力工时	不超过 10%
现场监测	高于 60%
计划的完成率	高于 90%
预防性维修计划的完成率	高于 95%
超时维修	5%
计划工作的百分比	高于 90%
紧急维修需要的人力工时	低于 2%

在美国空军的基地级维修中，则把这种目标进行了更加详细的划分。为了达到这个目标，希望在保持现有使用保障费用不变的前提下，装备的可用度提高 20%。然后在更低层次上分解为维修基地的目标和车间以及维修人员的关键维修指标，所有层次的指标上下对应形成了空军在精益环境下的维修目标阵列，如图 1.3.5 所示。

该目标阵列左面所列出的指标，反映了各个层面作为一个系统时，在保障外部顾客需要方面的效能；右边的指标集中于满足系统内部自我管理和自我评估的效能。目标阵列不仅显示了不同层次的行动和目标之间的关系，在同一层次上还同时列出了系统的外部效能和内部效能。

2)精益维修的具体实施途径。为了达到预定的精益目标，美国空军从人员、过程、组织结构和技术等各方面对现有维修保障系统进行全面改进。其中，人员的改进主要通过引导人的需求转变，包括文化、交流、培训、报酬和荣誉；过程将通过一系列的技术和工具使精益转换变

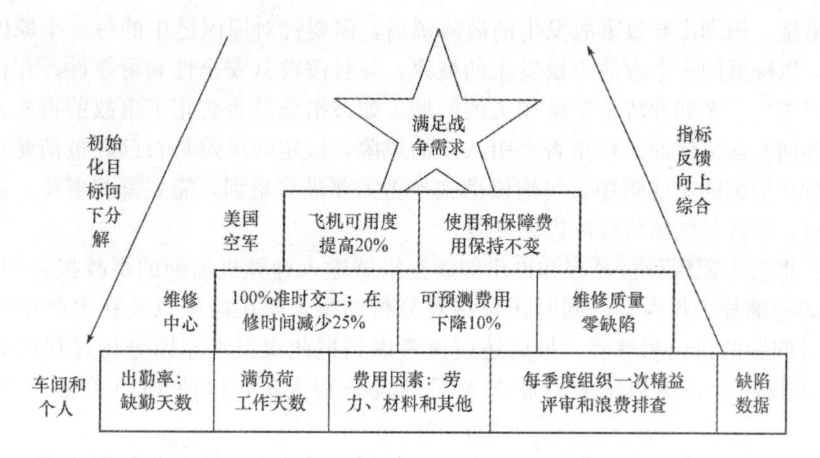

图 1.3.5　美国空军后勤部的精益维修目标阵列

得更加容易和自然；组织结构描述了维修组织中人员相互之间的关系，权威的位置以及工作怎么开展、在哪里做；技术将为方便的持续改进提供支撑作用。例如，在对精益维修的实现目标和实施方向进行明确规划的基础上，空军后勤司令部提出了精益维修的实施计划，首先建立精益示范车间，利用集成的方式对下列车间内容进行了标准化：维修过程、策略、培训、度量和技术解决方案，然后通过自适应循环，对上述内容进行螺旋式发展，并逐渐向其他车间和基地推广。

3. 根本原因分析技术

装备大修一般是在总部修理工厂或装备生产厂内，包括对送修装备及其配套设备进行全面检测、分解，对组件和部件按要求进行清洁、修理、更换等一系列活动。在长期的维修实践中发现，有些部件或零件属于易损易耗部分，并且损坏后不易修复，即使进行维修后也很快就出现问题，针对这种情况开展调查分析，到底是什么原因导致这些产品容易出现问题？其他部位故障是不是会引起同样的问题？基于此，提出运用改进的 RCA 技术彻底识别出易出问题的零件或部件。

(1)RCA 的一般步骤。尽管不同机构在 RCA 的定义表述上有着区别，但其核心内容却大致相同。这里以美国能源部 DOE Order 5000.3 A《事故报告和操作信息的处理》为基本依据，来说明 RCA 的实施过程。

1)数据收集。在事故发生以后，应立即开展根本原因分析的数据收集，以防数据丢失。在不危及安全性或者灾后重建的情况下，数据甚至应该在事故发生时就开始收集。被收集的信息包括事故发生以前、发生过程中和发生以后的情况，所涉及的人员(包括所采取的措施)、环境因素以及其他一些同事故发生有关的因素。

2)评估。评估的主要目的是把收集到的事故数据进行分析，确认各种原因因素，然后总结这些因素，直至找到导致事故发生的故障源。事故原因评估一般分为三个步骤，首先是识别存在的问题，判定这些问题的重要性；其次，围绕存在的问题识别事故原因(状态或者措施)，然后对这些原因进行分析，列出符合标准要求的各种原因因素，并给出推荐的纠正措施；最后，按照给定的表格样式，把分析过程和结果添加到 RCA 的计算机系统。按照事故原因评估程序的要求，事故原因评估的结果可以区分为直接原因、起作用的原因和根本原因(故障源)三类，这些原因形成一个导致事故发生的原因链，原因评估的过程就是按照这个原因链一步步追溯，直到找到导致事故发生的故障源为止。只有对故障源进行矫正，才会防止事故的再次发生，并且能够防止整个设备系统中类似事故的发生，找到这种故障源是评估阶段的停止点。

3)矫正措施。识别出导致事故发生的故障源后，需要针对原因链中的每一个原因采取适当的矫正措施，以降低同一个事故再次发生的概率，并且改善其安全性和可靠性。在设计矫正措施时，还需要考虑一系列和矫正措施相关的问题，如该措施是否防止了事故的再次发生？该措施的可行性如何？该措施的实行是否会引入新的风险，假定的风险是否已经被清楚地描述？如何安排不同矫正措施的实施顺序，实施该措施是否需要进行培训，需要哪些资源？以保证这些矫正措施可行、有效且能够持续改进和发展。

4)通知。把根本原因分析过程和推出的矫正措施输入计算机辅助的事故报告和处理系统，是通知阶段的一部分工作内容。同时还包括对分析结果、矫正措施以及在事故中涉及的管理问题和人员等问题的讨论和解释。最后还应该考虑到把此次根本原因分析过程的有关结论信息通知给一些跟此设备类似或者有相关关系的设备和人员，以使 RCA 在更大范围内发生作用。

5)后续行动。后续行动主要用于判断所确定的矫正措施在解决此类问题方面是否有效。首先，这些矫正行为应该被跟踪，以确保被正确实施；其次，对这些纠正措施应该有一个周期性评审，以确保这些矫正措施确实达到了预定的效果，近期发生的类似事故应该被仔细分析，以说明为什么这些措施没有达到预定的效果；再次，当分析的系统发生变化时，必须对变更部分重新进行 RCA；最后，应该充分利用计算机系统所保存的事故分析记录不断进行评审和总结，以使 RCA 达到更好的效果。

(2)装备大修中应用 RCA 技术的过程。装备大修中，针对需要重复维修的零部件应用 RCA 识别损坏原因包含以下一系列逻辑过程：明确问题的表现形式、挖掘潜在原因并估计影响、隔离主要原因、确认主要原因。应用 RCA 的分析工作包括对问题的复查和评估问题的可能原因，过程的每一步都要注重效果，关注有数据支持的目标，深入分析这些“因”怎么导出损坏的“果”，从而实施针对性的改进。RCA 过程的简单描述如图 1.3.6 所示。

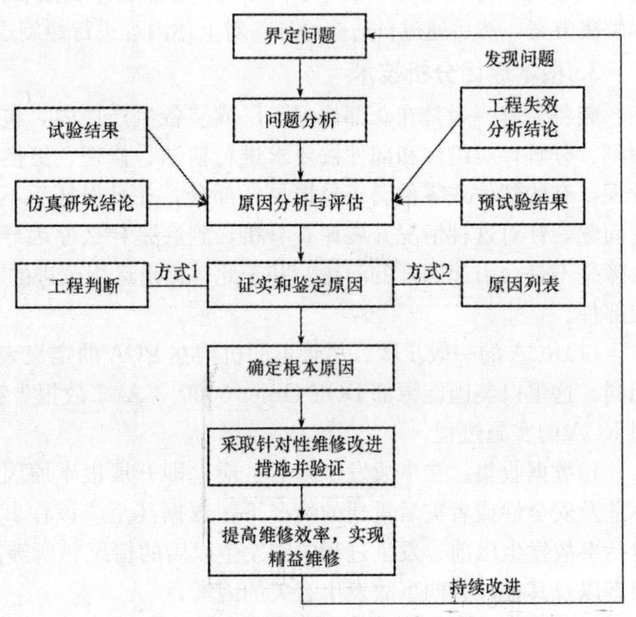

图 1.3.6　装备大修中应用 RCA 的基本过程

1)界定问题。明确与损坏相关的使用条件、使用方式等，找出可能与特定损坏有关的因素和不可能与特定损坏有关的因素。

2)问题分析。通过分析“5W”过程，梳理确定损坏基本情况，为开展原因分析与评估奠定基础。

3)原因分析与评估。通过统计分析工具或者工程判断给出可能原因列表，通过背景资料和数据(可来自 FTA、FMFA 或其他工程失效分析结论、试验结果、仿真研究结论、预试验结果等)分析每个原因。评估确定一种或几种最有可能的根本原因。

4)证实和鉴定原因。通过现场试验、实验室试验或者过程描述提供准确定位真正原因的有效信息，来证实和鉴定问题发生的原因。

5)确定根本原因。通过现场试验、实验室试验或其他手段获得的原因证实和鉴定结果，最终确定问题发生的根本原因。

6)采取针对性维修改进措施并验证。根据RCA分析结果，对问题采取针对性维修改进措施，有针对性地彻底维修，并通过试验验证改进的维修有效性，从而提高维修有效性，减少重复维修的概率。

4. 全员生产维护技术

(1)TPM定义。TPM是Total Productive Maintenance的英文缩写，中文意思为“全员生产维护”。全员生产维护是1975年以后日本企业界设备管理人士在学习美国设备后勤学管理的基础上，结合日本企业管理传统形成的设备管理与维修体系。TPM定义为：以获取设备效率的最高极限为目标，以设备为研究对象，确立其PM项目，由设备管理部门统筹，以设备使用、维护部门为主的，所有部门和生产一线人员全员参加的全面生产性维护活动。TPM的目标综合来说主要有以下两个方面：①消除六大损失，提高设备效率；②优化设备的综合效益。

(2)TPM活动内容和活动体系。

1)TPM活动内容。TPM活动内容分为八个方面，即个别改善、自主保全、专业保全、初期改善、品质改善、人才培养、环境改善和事务改善。TPM活动对象可以涉及企业经营管理的所有方面、所有部门，因此部门在完成日常工作的基础上，通过积极参与各分科的活动，就可以达到提高部门管理水平的目的。

2)TPM活动体系。一切现代化管理开展的基础是5S活动(即以追求生产现场管理水平提升为目标的活动)，TPM活动的最终目标是通过提高企业管理水平，加强竞争力，达到“3S”目标：

①员工满意(ES：Employee Satisfaction)

②顾客满意(CS：Customer Satisfaction)

③社会满意(SS：Society Satisfaction)

针对不同的行业和部门，TPM都有相应的方法，主要有自主管理、主题改善、专业保全、情报管理、事务革新、安全管理、品质保全、5S和教育培训九大活动，而5S和教育培训是其他各支柱活动的基础。如图1.3.7所示。

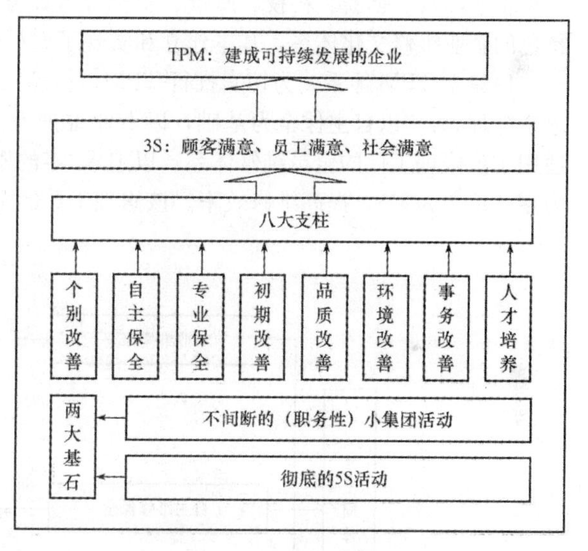

图1.3.7　TPM活动体系

(3)实施TPM技术的基本流程。总的来说，实施TPM活动可以分为4个阶段和11个步骤，每个阶段的活动步骤和活动要点见表1.3.2。

表1.3.2　TPM活动步骤

阶段	活动步骤	活动要点
准备导入阶段	1. 厂内高层宣布导入TPM活动	会议及其他场合宣布
	2. TPM培训和宣传	对干部和员工进行培训 进行必要的宣传鼓舞

续表

阶段	活动步骤	活动要点
准备导入阶段	3. 推进组织的决定	决定活动推进组织 决定活动负责人
	4. 活动方针和目标设定	活动方针的酝酿 活动效果及目标的预测
	5. 制订 TPM 活动大计划	制订活动开始至达成活动自主推进为止的大计划
启动	6. 正式启动 TPM 活动	以宣传(发表会、招待会等)形式宣告活动启动
开展活动	7. 现场彻底的 5S 活动	开展全员参与的 5S 活动，为后续活动打基础
	8. 合理化建议活动	营造改善氛围，促进全员参与
	9. 开展全员自主维修	提高工厂管理水平；提高自主维修意识和水平
总结提高	10. 活动成果总结	成果总结及报告
	11. 自主管理体制的建立	持续自主推进改善活动

(4)装备修理工厂实施 TPM 实例。近年来，某装备修理工厂引入卓越绩效管理模式，均衡考虑利益相关方，通过系统梳理、全员讨论，重新确定了工厂的使命、愿景、核心价值观，同时在企业经营、创新、科技、质量、安全等方面分别确定了支持性管理理念，构建了具有军工特色的企业维修文化体系，基本建立和实现了全员生产维护体系。

1)建立 TPM 体系。为切实推行 TPM，修理工厂结合工厂实际情况，提出全新的维修管理思想与理念："以自主保全为基础，以专业维护为重点，全员参与管理"的全新管理理念，建立适用于该修理工厂的全员维修体系，以追求"零的概念"(即事故为零、质量缺陷为零、停工时间为零、浪费为零)，提高维修效率。该修理工厂的全员维修体系如图 1.3.8 所示。

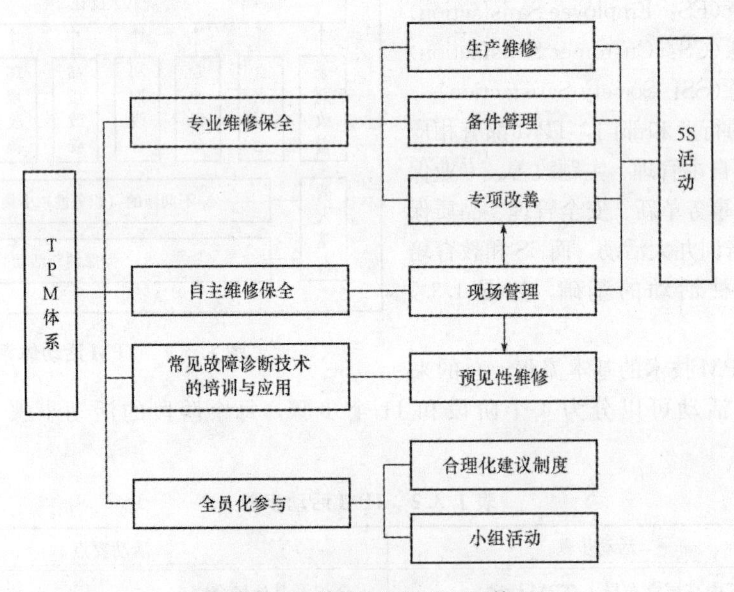

图 1.3.8　某修理工厂 TPM 体系

修理工厂推行 TPM 旨在完善现有的维修模式，加强维修的现场管理及备品备件的管理，全面提升维修效率，向"零的概念"目标迈进。

2)明确 TPM 实施目标。建立“一体化目标、二维理念、三项基础规范、四套连锁保证”的维修管理金字塔目标体系，如图 1.3.9 所示。

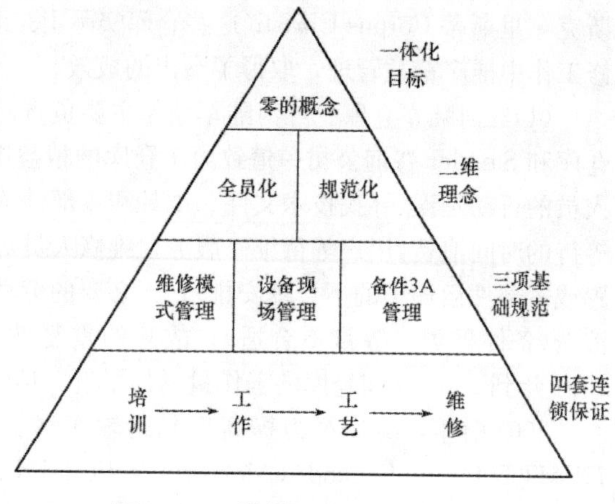

图 1.3.9　某修理工厂 TPM 目标

①一体化目标：追求“零的概念”。

②二维理念。

全员化——开展全员维修管理。

规范化——以程序文件、作业文件为标准，规范维修管理。

③三项基础规范。

维修模式管理——运用全员维修体系、RCM 技术和 RCA 技术，开展预防性、预见性、改进性维修。

设备现场管理——运用全员维修体系，调动全体员工积极性。

备件 3A 管理——运用全员维修体系实施备件管理，并逐步形成规范、动态的循环。

④四套连锁保证。以培训质量保证工作质量，以工作质量保证工艺质量，以工艺质量保证维修质量，达到“培训—工作—工艺—维修”的良性循环，确保全员参与的目的。

3)TPM 活动的推进步骤。借鉴地方修理厂、高精设备修理厂开展 TPM 的经验，该修理工厂的 TPM 推进活动主要按照 4 个阶段、12 个步骤开展。

①准备阶段：

a. 工厂高层宣布导入 TPM 活动；

b. TPM 宣传与培训；

c. 成立 TPM 推进组织；

d. 活动方针与目标设定；

e. 制订 TPM 推进计划。

②开始导入：正式启动 TPM 活动。

③实施阶段：

a. 现场彻底的 5S 活动；

b. 开展专业保全活动；

c. 开展自主保全活动；

d. 开展 TPM 小组活动。

④总结提高阶段：

a. 活动成果总结；

b. 自主管理体制的建立。

1.3.4　美军精益维修典型应用

1. 美陆军仓库的精益维修

美军的装备维修管理体制，采取的是国防部直接宏观调控、各军种具体实施的方式。陆军装备司令部 AMC(Army Materiel Command)负责陆军各种装备(包括军械、导弹、通信电子、陆航飞机、战斗车辆与通用车辆等)的全寿命管理，装备维修是其重要环节。近年来，陆军装备司令部下属的陆军仓库——红河 Red River，安尼斯顿 Anniston，莱特肯尼 Letterkenny，库珀斯克·里斯蒂 Corpus Christi(这些仓库实际上是装备储存和大修合一的后方基地)，在其装备维修工作中推广精益管理，取得了突出的成效。

(1)红河陆军仓库。红河陆军仓库主要负责轮式车辆的维修任务，2001 年到 2005 年间红河仓库和 Simpler 咨询公司一道致力于仓库的精益维修改革，主要包括查找和消除以下几种浪费：人员的行动延误(寻找技术文件、工具和零部件等)；过度维修的无效劳动(超量或者重复维修)；等待的时间浪费(用户等待维修服务，维修人员等待零部件供应)；运输的无效劳动(维修场所设置或零部件运输中的不合理安排)；不必要的劳动(维修不当所造成的多余的维修活动)；库存的浪费(备件种类、数量不合适)；故障的重复性发生(维修作业重复)。这样做的直接好处是，2001 年到 2005 年间仓库的工作量增加了近三倍。

2004 财年，美陆军为提高后勤运输车辆性能并节省经费开支，进行重型机动战术卡车 HEMTT(Heavy Expanded Mobility Tactical Truck)改造项目，对在役的 HEMTT 进行解体，检修后重新进行装配，并更换多个新型子系统，使其性能与新车基本相同。红河仓库采用精益方式，产量由最初的每周 2 辆增加到每周 6 辆，平均组装周期由开始的 120 天降低为 50 天，交货时间由 120 天缩减至 30 天。

(2)安尼斯顿陆军仓库。位于亚拉巴马州的安尼斯顿陆军仓库，其主要任务是各种重型/轻型履带式战车以及小型武器的修理和维护。2002 财年，安尼斯顿仓库在它的往复式引擎改造项目中成功引入了精益理论，涉及其所有组装流程及管理内容，具体应用了五种方法，包括 ISO 9000 质量管理体系、精益制造理论、六西格玛方法、基于业务的成本核算法及“真实总成本”法则。整个改造项目被分为四个独立的价值流项目(即装备价值的再造过程)，每一个价值流项目都配有一名项目经理，其将对全部业务流程周期时间、客户需求节拍和有效工作时间进行分析，并进行材料流和信息流分析，以及时发现浪费点、贬值点、断流点。

从前这里的劳动效率非常低，而精益改革使生产效率提高了 131%。仅 2004 财年，就节省了约 50 万美元。这一成功为其他改革事业铺平了道路，与此同时，更多的工人开始愿意接受先进的精益六西格玛培训。

AGT－1500M1 型坦克涡轮引擎的组装车间，是安尼斯顿仓库精益实践最成功的车间之一。在实施精益六西格玛之前，各车间组装均采用“堆垛式”，负责各个部件组装的工人都得从头至尾地参加完整个组装过程，显然浪费了大量人力和时间。精益团队进行了大量的改革工作，他们通过合理组织各项工作内容、设计流程、消除浪费，把过去“堆垛式”组装线“化整为零”，建立了合理有序的“一件式”流程。此举使效率大为提高，成本大幅降低，最终让每个引擎的安装劳力减少了 2.2 个，而从前需要 5 个人来完成的工作，采用新流程后现在 4 个人就足够了。另外，“一件式”流程大大提高了产品质量，因为整个流程中的不确定因素大大减少，因此出现质量问题的概率就大大降低，而且这样更便于我们排查和确定问题所在。同时也简化了流程，使培训工作更为方便有效。此外，机械工程师的工具箱也大为简化，每个工具箱大约能节约 3 000 美元，而整个仓库总共有 65 套这样的工具箱，显然单工具箱一项就可以节省约 20 万美元。

(3)莱特肯尼陆军仓库。莱特肯尼陆军仓库位于宾夕法尼亚州，同时也受命于国防部航空及导弹司令部，负责多种战术导弹系统的修理和维护，包括在伊拉克战争中经常出现的爱国者导弹和复仇者导弹等，它同时也承担陆地机动车辆等的维修任务。

莱特肯尼仓库第一个价值流项目是在 2002 年 10 月爱国者导弹发射系统中实施的。导弹发射器是导弹众多零部件中的一个关键部分，实施本项目的目标是提高生产率，减少劳动力和原材料的用量。由于服务的对象是航空及导弹司令部，因而这项工作具有一定的长期性和相对稳定性，所以成本最小化是仓库的首要目的。这里必须多了解客户的需求及其重点，因为很多时候它们是各不相同的。精益六西格玛保证了它们的成功，仓库负责人 Womack 在他的《论精益理念》一文中对此做了高度评价。仅爱国者导弹发射器一项，每年就节约了 440 万美元，整个爱国者导弹系统总共节约了 710 万美元。仓库对另外几个爱国者维修基地进行改革，也取得了不俗的成绩：每年减少 23 334 个直接工时(DLH，Direct Labor Hour)，每年为美陆军飞机和导弹司令部节省 190 万美元；为其他部门抽调出 24 名军官，每年减少出差旅程 1 155 千米，节余 1.2 英亩[①]的厂房面积用于其他项目。

莱特肯尼仓库也承担了部分陆地机动车辆 GMV 的维修任务。2004 年，他们每个星期的维修量就达到 24 辆，每辆车的平均维修周期，从起初 10 周降为 3 周，最终又从 3 周降到只有 8.8 天。为了更快捷地对受损车辆进行维修，莱特肯尼仓库还大胆地对其进行了改装。2004 财年，仅 GMV 一项就为部队节约了 100 万美元左右。由于精益方法的成功实施，特种部队司令官 Philip Kensinger 上将在对莱特肯尼仓库进行视察时，就要求他们为特种部队提供更多的"零成本"车辆。于是莱特肯尼仓库用节省下来的资金多改装了 18 辆，无偿地提供给特种部队，这些完全是预算之外的。

2005 年 1 月，M969－5000 重型机动战术卡车 HEMTT 为适应新的作战形式，结构设计进行了一些改动，这对莱特肯尼仓库提出了新的挑战。莱特肯尼仓库应用精益理念，成功地对装配流程各环节进行了改革，在短时间内成功组装了 150 辆新卡车，并且还计划改装更多。从开始接到任务到交付使用，整个过程只用了短短两个月，比预期提前了一个月，并且节省预算 100 万美元。

(4)库珀斯克·里斯蒂仓库。位于得克萨斯州的库珀斯克·里斯蒂陆军仓库，主要承担直升机和飞机引擎等维修任务。例如，T700/CT7 发动机是 25 种固定翼和旋翼机的动力装置，其中包括 AH－64"阿帕奇"直升机和 UH－60"黑鹰"直升机。通过实施精益六西格玛，该基地的 T700 发动机的大修时间缩短了 64%，发动机的平均大修间隔从 309 小时延长至 900 小时。在实施精益六西格玛之前，大修后的发动机只有 40%能一次性通过试车，返工率很高，现在发动机大修的首次试车通过率可达到 90%。

通过运用精益维修理论，美陆军仓库的工作量有了较大幅度的提高，装备维修流程中不确定因素大大减少，装备维修的周期明显缩短，维修费用也有所下降。表 1.3.3 是美陆军仓库 2003—2006 年间的工作量统计，通过精益维修改革，2003 年开始美陆军仓库的维修任务逐年大幅增加，截至 2006 年工作总量约为 2003 年的两倍。

表 1.3.3　美陆军仓库 2003—2006 年间工作量统计表

年份 仓库	2003 年	2004 年	2005 年	2006 年
红 河	20 650 000	2 752 000	4 087 000	5 563 000
安尼斯顿	3 169 000	3 965 000	5 224 000	6 318 000
莱特肯尼	1 227 000	1 537 000	2 146 000	2 825 000
库珀斯克·里斯蒂	3 270 000	3 837 000	4 176 000	4 847 000
总计	28 316 000	12 091 000	15 633 000	19 553 000

2. 美海军陆战队的精益维修

美国海军陆战队是美军重要作战力量之一，拥有陆军的绝大多数地面装备，通过精益维修

① 1 英亩≈4 046.86 平方米。

理论的应用，在维修企业和供应商之间，沿着价值流的形成过程，建立了一种频繁的、小规模的随机补给机制，实现了装备精益维修的目标。

(1)目标确定和工具选择。海军陆战队后勤司令部把装备精益维修的度量指标确定为：①增加装备的可用度和完好性；②实现装备维修更大的敏捷性，具备快速适应战场情况和改编的能力；③减少装备的全寿命周期费用，力争使采办费用减少 28%，使用费用减少 12%，维修保障费用减少 60%。

为了同时满足上述三个目标，需要在其后勤保障体制内建立一个跨越企业范围的装备全寿命周期管理系统。海军陆战队装备精益维修的实施过程中，有很多可用的工具和备选方案，如基于能力的维修、承包商装备保障、点到点运输服务、六西格玛技术、6S 技术、供应链理论、约束理论、ISO 9000 认证、精益生产、全资产可视化等。经过评审，1998 年 Albany 维修中心开始采用精益思想和约束理论进行装备维修过程的改进；2003 年 1 月，Barstow 维修中心借鉴 Albany 的经验，也开始应用精益思想和约束理论改进装备维修过程。

(2)组织实施过程。在确定目标和选定工具以后，落实组织机构是保证实施精益维修的首要任务。Barstow 维修中心首先与地方咨询公司合作拟订了精益维修实施计划，成立了由基地司令部牵头的精益团队；然后在维修中心范围内组织了对相关人员精益思想的培训。在精益工具应用方面，以水压车间为模板，利用 6S 技术进行了现场布局整理、清洁和优化，从修理车间地面上移走多余的零件；利用工作流技术停止了车间起先实行的多任务并行流程，规划了单一任务流程；利用关键线路优化技术，计算维修流程中的生产节奏和缓冲时间；对于有规律的库存消耗，实行直接的销售商供应。

经过一年左右的探索和规划后，维修中心以该车间的经验为基础，建立了精益维修的标准操作程序，然后以简报的形式分发给维修中心所有的车间，由这些车间根据自身的情况组建精益团队，根据提供的指南制订自己的精益计划，并形成定期汇总的制度，各个车间都要定期总结精益思想如何在车间内指导工作的开展。

(3)实施效果。精益思想给海军陆战队的装备维修带来了巨大的变化。根据 Essex 基地的数据统计，美海军陆战队的主要装备在实施精益维修后在修时间都有了大幅缩短。表 1.3.4 是当前部分装备的在修时间变化情况。

表 1.3.4　精益维修中海军陆战队装备在修时间的变化数据统计

装备类型	精益维修前的平均修复时间/d	关键线路长度/d	平均修复时间/d（全部完工）
MK48	167	52	58
MK48 能源车	—	11	26
LAV－25	212	99	120
LAV－AT	200	100	142
LAV－C2	147	99	118
LAV－L	190	100	128
LAV－M	158	92	117
LAV－R	194	106	154
MK14 拖车	56	23	30
MK15 拖车	229	70	94

续表

装备类型	精益维修前的平均修复时间/d	关键线路长度/d	平均修复时间/d（全部完工）
MK16 拖车	126	23	41
M931 5 吨抢救船	113	49	80
M936 抢救船	278	60	—
M970 燃料补给船	282	77	122
M149 A2 拖船	40	21	33
M88 坦克修理车	213	156	171
AAV－P7	66	66	68
AAV－C7	66	66	72
M105 拖救船	46	16	25
7.5 吨起重机	175	47	69

1.4　国内外推行精细化管理的经验、教训与启示

1.4.1　美国空军精细化管理的启示

第一，不断追求变革是美国空军保持绝对军事优势的一贯做法。美国空军持续推进变革，始终是军事理论研究的“领跑者”和军事变革的“先行者”，先后开展了以信息化为核心的新军事变革、以军事力量结构调整为重点的军事转型、以构建新军事力量体系为目标的网络中心战建设等，正在推行的精细化管理也是这些变革的重要组成部分。我们应以我军的战略转型建设为契机，坚定不移地持续推进、自我变革，实现我军装备维修保障建设的跨越式发展。

第二，紧紧围绕人员、组织和工作模式的持续改进是美国空军精细化管理的核心。美国空军开展的精细化管理，突出了人在组织中的重要作用，始终以人员、组织及工作模式优化改进为重点，通过教育训练、认证考核、信息管理、流程再造等一系列行动，实现了思想观念和能力素质的转变、组织结构与工作模式的优化。我们应借鉴美国空军精细化管理紧紧围绕人员、组织和工作模式持续改进的做法，更加坚定地把思想观念、能力素质、模式机制的改革创新持续滚动地向前推进。

第三，注重科学设计是美国空军精细化管理落到实处的有效保证。为确保精细化管理落到实处，美国空军精心进行规划设计，提出了精细化管理构想，构建了持续改进系统框架，形成了顶层要求与细节措施相结合、变革内容与具体程序相结合、先进理念与科学方法相结合、定性分析与量化考核相结合的改进方案，促进粗放型管理向精细化管理转变。我军装备维修保障是一项复杂的、庞大的系统工程，要求我们在推进装备维修保障精细化管理进程中，根据使命任务拓展的需要不断优化顶层设计，联系过程改进实际不断细化内容程序，区分不同层次部门专业开展各具特色的精细化管理活动，应用科学的理论方法解决精细化管理中的重难点问题。

第四，始终瞄准效率效益最优化是美国空军精细化管理的不懈追求。美国空军推行精细化管理，十分鲜明地将消除人员与组织的“浪费行为”，以及提高工作效率和资源利用效益作为持

续改进的聚焦点，紧紧围绕效率效益的不断提高倡导节约、改变习惯、规范行为，充分挖掘人的潜能；理顺关系、再造流程、形成目标，创新组织的运行模式；优化需求、精确保障，实现资源的合理配置。这就启示我们必须牢固树立效率效益理念，坚持用优秀的能力素质创造效率效益，用科学的模式机制提升效率效益，把一切精细化管理活动聚焦到战斗力、保障力的提升上。

第五，美国空军推行装备维修保障精细化管理的做法值得学习借鉴。美国空军在推行21世纪精细化管理过程中，运用了大量的理论、工具和方法，主要有六西格玛理论、精益理论、约束理论和流程管理理论等，并把博伊德循环作为美国空军推行精细化管理的基本途径。同时，美国空军还非常重视对人员的培训，通过制订完备的教育训练计划，针对不同层次专业类型人员的需要，将教育训练分为及时训练、精英训练和执行训练，充分利用军事院校和职业教育资源，对精细化管理专业教员依靠军事院校实行专业培训，其他人员则依靠信息化网络开展职业培训。

1.4.2 国内外推行精细化管理的经验与教训

从国内外、军内外推行精细化管理的实践来看，精细化管理的主要经验可以归纳为“八化”，即标准化、流程化、细化、量化、专业化、协同化、系统化和信息化。它们在精细化管理推行过程中各自发挥着重要而独特的支撑作用，同时又相互联系、相互依存，“标准化”的意识和方法，确保了流程化的规范，而流程化的思路使标准有了彼此清晰的联合和明确的指向；细化到了位，量化就更准确，量化同时又可为细化提供依据；专业化的深度需要协同化编织的“网”来弥补才不使之孤立，协同化的宽度需要专业化的深刻而避免肤浅；系统化防止信息网络建设“烟囱林立”，信息化确保系统各要素单元之间配合默契，协调有序。

就实施精细化管理中的教训而言，主要有以下两点：

(1)推行精细化管理的条件问题：推行精细化管理首先应全面衡量组织的基础条件和承受能力，否则再好的出发点也未必能收到好的效果。20世纪90年代，美国空军在改进维修保障模式时尝试将三级维修改为两级维修，不仅没有取得预期的效果，反而激化了航材供需矛盾，降低了飞机的战备完好率。导致这种结果出现的根本原因就是该项目超越了美国空军当时的技术条件和管理基础。取消中继级维修拉大了维修器材的运输距离，再加上信息技术条件没有及时跟上，致使备件的供应周期大大延长，从而影响了维修保障活动的有效完成。推行精细化管理，对人员能力水平、硬件条件的要求较高，特别是在复杂的组织中体现得更加突出。因此，在条件还不成熟或者推行初期，可从小项目改起，逐步积累、循序渐进。

(2)精细化管理的适用性问题：精细化管理的工具体系纷繁庞杂，其中多种工具既可独立使用，又可嵌套组合使用，如果不善加分析，而只管照抄照搬，看似精细实则粗疏，甚至适得其反。著名的全面质量管理从20世纪20年代提出后，在企业备受推崇，80年代末美国一些高校也开始尝试实施全面质量管理，但由于学校与企业的巨大差异性，使得全面质量管理的推行在美国高校举步维艰，从最初70%的高校宣布实施全面质量管理，到最后大多数都无声无息、不了了之。我军武器装备管理和维修保障体系更为复杂，装备管理机关、院校、部队、基地、科研院所的工作内容、特点相去甚远，在选择精细化管理工具时必须依据管理对象和流程特点灵活运用。

1.4.3 我军装备维修保障领域应用精细化管理的启示

1. 建立科学的目标计划体系，把装备维修保障理念转化为可操作的管理行为

装备维修保障能力的提升归根结底取决于管理，而管理的优势则是通过管理的精细化来体

现。如果装备维修保障的每一个步骤都精心，每一个环节都精细，相信每一项维修保障工作的成果也一定是精品。装备维修实时、优质、高效、精确保障等理念，需要一定的维修保障目标、管理机制等要素的支撑，需要通过建立科学的目标计划体系，将装备维修保障理念转化为可操作的管理行为，将远期发展规划转化为各阶段的具体目标。因此，建立科学的目标计划体系是开展装备维修保障精细化管理的前提，需遵循系统性、重点性、分解性原则，在此基础上从总目标出发，逐级对目标进行分解，直至分解到最低层目标。制订好目标计划体系后，要将目标的实现细化为具体的管理行为，众多的管理行为必然会有交叉重叠之处，因此需要对管理行为群进行优化整合，使管理行为成为一个有机的整体。

2. 建立协调的管理保障机制，把装备维修保障工作设计为可执行的操作行为

装备维修保障工作实施精细化管理，需要建立配套的管理保障机制，主要包括维修保障工作质量标准体系、过程监控体系和考核评估体系，并且要确保它们之间协调运行。质量标准体系主要包括单位标准、个人标准、工作环节的标准，装备维修从维修检测到修竣验收都有其相应的技术要求，在制订质量标准时必须考虑通过建立统一的技术标准、工作标准和管理标准等，使执行者的岗位责任明确化、工作实施流程化、实际操作程序化、检查考核精细化，及时用客观规则发现管理弱点，用可靠数字改善工作效益，用固定尺度衡量能力差异。细密有效的反馈，严格的检查、监控，是精细化管理最重要的一个环节，过程监控体系要以目标计划体系为方向，以环节流程为重点，以质量标准体系为依据，对装备维修保障管理活动实施全过程监控。在装备维修保障精细化管理中，如果说流程是起点，标准是基础，绩效考核才能使管理活动形成闭环。没有绩效，流程和标准都可能落空，就不会真正形成贯彻力和执行力。事实证明，科学有效的绩效管理需要建立一套完整的绩效管理体系，通过考核找出问题、督促改进，通过考核激发热情、加强沟通、提高素质，增强整个维修保障组织的凝聚力、执行力，提升装备维修保障单位的整体素质和工作绩效。

3. 建立高效的工作环节流程，把装备维修保障活动规范为精细化的运作行为

工作流程是为达成装备维修保障目标而组合不同资源共同完成的一系列活动，好的工作流程能够使各项业务管理工作实现良性展开，保证规范化、精细化运转。作为精细化管理的最重要环节，建立工作流程应当在对装备维修保障工作进行详尽分析的基础上进行，包括对每一活动的输入、输出、活动内容、过程资源、运行时间、耗费成本、流程负责人和关键绩效指标等要素进行全面研究，确保这些要素清晰、可测量、可定性。建立高效的工作环节流程，用精细化管理理念来规范装备维修保障各项工作的运行。首先，应梳理出维修保障工作的基本环节流程，按照计划、实施、检查与评估、总结的思路设计具体的工作环节。其次，在确定了基本流程后，还要进行环节流程的细化，进而转化为具体的运作行为。通过绘制流程图，明确质量标准，形成层层递进、环环相扣的管理流程，根据每个环节的特征和目标要求，对各级各类人员制订工作质量标准。最后，开展业务流程的优化再造。以信息化整合业务流程，防止人为干扰，是业务流程优化再造的基础；以法制化保障业务流程各环节的顺畅，防止管理行为失控，是业务流程优化再造的保证。

第2章 装备大修精细化管理理论基础分析

本章在对装备大修基本内涵和内容程序、大修工作组织管理现状及存在问题进行系统梳理的基础上，详细剖析了装备大修精细化管理的内涵特征与基本任务，总结提出了提升装备大修单位精细化管理水平的对策措施。

2.1 装备大修基本内涵与内容程序

2.1.1 装备大修总体原则与基本范围

1. 装备大修总体原则

装备大修送修、计划与修理方案制订、修理实施，一般应遵循以下原则：

(1)装备送大修前，应先对装备的技术状态进行评估，以确定是否满足送修条件(达到规定设计使用年限、达到首次翻修期或再次翻修期、可靠性严重下降或主要战术技术性能退化、装备技术落后需进行技术改造等)，大修装备必须有上级装备机关签发的调修通知单，送修装备应为原成套装备，各种配套设备、随机文件、专用工具、仪器仪表等应齐全；

(2)承担装备大修的单位应按照《质量管理体系要求》(GJB 9001B—2009)建立健全质量管理体系，制订实施装备修理全过程质量监督与控制的规章制度，并应具有修理装备所需的专用加工设备和工艺装备，相应的检测、调试和试验设备应齐全；

(3)装备大修时，应对装备进行全面检查，更换、修理其所有损坏或性能下降的组成部分，然后进行装配、调试和综合检测，最大限度地恢复其战术技术性能；

(4)制订装备大修总技术条件和进行装备大修时，应以装备的总技术条件和相应通用规范为主要技术依据；

(5)装备大修一般应按照首部试修、试验鉴定、批量大修的程序进行，试修鉴定通过后才可进行批量大修；

(6)承担装备大修的单位在修理过程中应按照产品规范要求选择元器件、零件、部件、组件等器材，并在更换前对元器件进行老练试验，在条件不具备时应对装备整机、部件、单元进行加点老化，以保证被修复产品的可靠性；若需要进行零部件加工或元器件、原材料代用及零部件超差使用，应确保其原有的电气、机械等性能；

(7)装备大修时，可同时实施技术改造，改造项目应采用成熟设备和技术，应得到批准并进行鉴定，其性能应符合装备大修总技术条件规定的要求。

2. 装备大修基本范围

装备大修的基本范围如下：

(1)利用成套维修设备对送修装备进行全面检测；

(2)将装备分解到可分解单元，并逐个检测；

(3)对已老化、磨损、超差和寿命到期的元器件或零部件进行更换；

(4)对装备进行全面维护保养和表面涂覆处理；

(5)对配套设备进行修理；

(6)按上级要求实施技术改造；

(7)对装备及其配套设备进行调试和全面的性能测试，并进行检验和试验，将其恢复到规定的技术状态。

2.1.2　装备大修与首部试修内容

1. 装备大修基本内容

(1)对送修装备及其配套设备进行全面检测，根据检测结果制订修理方案并对其进行评审；

(2)对装备进行分解；

(3)对组件和零部件按要求进行清洗；

(4)对组件、零部件、元器件进行质量判断，以区分可修复品、可用品和不可用品；

(5)按照维修管理文件要求，修理可修复品，更换不可用品和处于质量临界状态的元器件；

(6)完成批准的技术改造，改造部分应保持电气、机械互换性和兼容性，并应随机配备相应的使用和维修资料；

(7)对配套设备进行修理，修复和校准随机配套仪器仪表，更换损坏随机工具；

(8)对各单元进行“三防”处理，对装备进行表面涂覆处理；

(9)进行装配和调试，并按产品规范要求进行性能指标测试和规定的试验，其结果应符合产品规范要求。

2. 装备首部试修内容与程序

(1)制订装备大修方案。首部试修前，应先制订装备大修方案，提出战术技术指标要求、维修技术方案、标准化综合新要求、可靠性保证要求等，装备大修方案需经评审后实施。

(2)编制装备大修总技术条件。装备承修单位应根据装备总技术条件和装备的实际情况，按照标准要求编制装备大修总技术条件，装备大修总技术条件在装备试修鉴定审查通过后生效，是装备批量大修检验验收的依据。

(3)制订装备大修细则。装备承修单位应根据装备大修方案和大修装备进厂时的质量状况制订该装备的大修细则，大修细则是组织、实施装备批量大修的依据，一般包括以下内容：

①范围；

②引用文件；

③术语、符号、代号；

④大修流程；

⑤装备检测、分解、鉴别工艺流程；

⑥修理规程及工艺要求；

⑦软件维护及调试要求；

⑧分机(单元)调试和系统联试要求；

⑨质量控制要求；

⑩标志、包装、运输、贮存要求；

⑪保修说明及其他。

(4)试修鉴定。装备首部试修后，其性能应达到大修方案规定的要求。装备承修单位与主管军代室(若有)联合向上级业务主管部门上报装备大修试修鉴定申请，批准后由上级业务主管部门召开试修鉴定审查会，承修单位一般应向试修鉴定审查会提交以下文件：

①任务来源及大修方案；

②主要战术技术指标大修前后对照表；

③大修工作报告；

④环境试验报告；

⑤可靠性试验报告；

⑥装备大修总技术条件；

⑦装备大修细则；

⑧标准化审查报告；

⑨器材供应情况报告；

⑩质量分析报告；

⑪经济性分析报告；

⑫主管军代室(若有)对装备大修试修鉴定的意见；

⑬试修鉴定文件盖章目录清单。

2.1.3 装备大修程序与实施流程

1. 装备大修基本程序

从装备大修计划制订、大修过程控制与监督、装备修竣验收、装备修后服务等角度，可建立装备大修的基本程序，如图 2.1.1 所示。

2. 装备大修实施流程

装备大修典型实施流程如图 2.1.2 所示。

(1)大修准备。

1)大修技术资料准备。装备大修所需技术资料一般包括大修总技术条件、装备大修细则、装备(含配套设备)图样、工艺文件、元器件手册、其他相关资料等。

2)专用件。订购装备大修所需的专用件。

(2)检测与分解。

1)检测。实施修理前，应对装备及其配套设备进行检测，一般包括：外观检查、安全性检查、功能检查、性能测试、不可修理的组件和专用件鉴别测试等。

2)分解。装备及配套设备进行检测后，对确定需要修理的分机(单元)、组件首先应进行分解，分解时应使用专用的工具，一般应遵循以下原则：①分解前应清理保密件、贵重件、危险品和嵌入式软件载体，清理可继续使用的不可修理件，并对其进行详细登记，按有关规定交接保管；②分解过程应按照图样进行；③对分机(单元)、整件一般应分解到各个组件(插件、插箱和面板)，其中已经失效或即将失效的组件应继续分解；④需修理的电路板应分解到有关的元器件；⑤机柜和机械传动机构应分解到所有可拆卸的零部件；⑥分解与改造项目有关的部分；⑦不可修理的组件(如光学集成组件、微波组件等)和专用件不应分解。

(3)清洁与鉴别。

1)清洁。必要时，应对分解出来的元器件、零部件进行清洁。

2)鉴别。应按照一定的鉴别准则，对分解出来的主要元器件、零部件进行鉴别，判别其是否可用、可修，一般鉴别结果分为以下几类：①可留用件，清洁后可继续使用；②可修复件，进行全局或局部的处理、加工，更换损坏、失效和临界失效的元器件、零部件后可继续使用；③不可用件，无法修理，应被更换或替换。

(4)修理。按照鉴别结果对可修复件进行修理，一般低值元器件、零部件应予以更换，修理过程及修理结果应达到以下要求：①符合装备大修细则的规定；②保持原有的互换性和安全性；③满足装备大修总技术条件的要求。

(5)软件维护。软件维护工作应按照装备软件维护手册或装备使用维修说明书等技术文件的规定执行，软件的维护及调试内容由装备大修细则规定。

(6)表面处理。表面处理之前，应清除原件外表面的涂(镀)层、锈迹、锈蚀等，整件、部件、零件的涂漆颜色和质量应符合图样要求，对氧化、磷化、镀锌、镀铬、镀银、镀金、镀铜锡合金等的零件，一般应重新进行相应的表面处理。

(7)识别标记。装备的编号、数字等各种标记的规格和颜色应符合图样要求，装备标记牌应按原样修复或制作，电子元器件的定位标记应符合装配图规定，所有标记应清晰、明显、易读、牢固、美观。

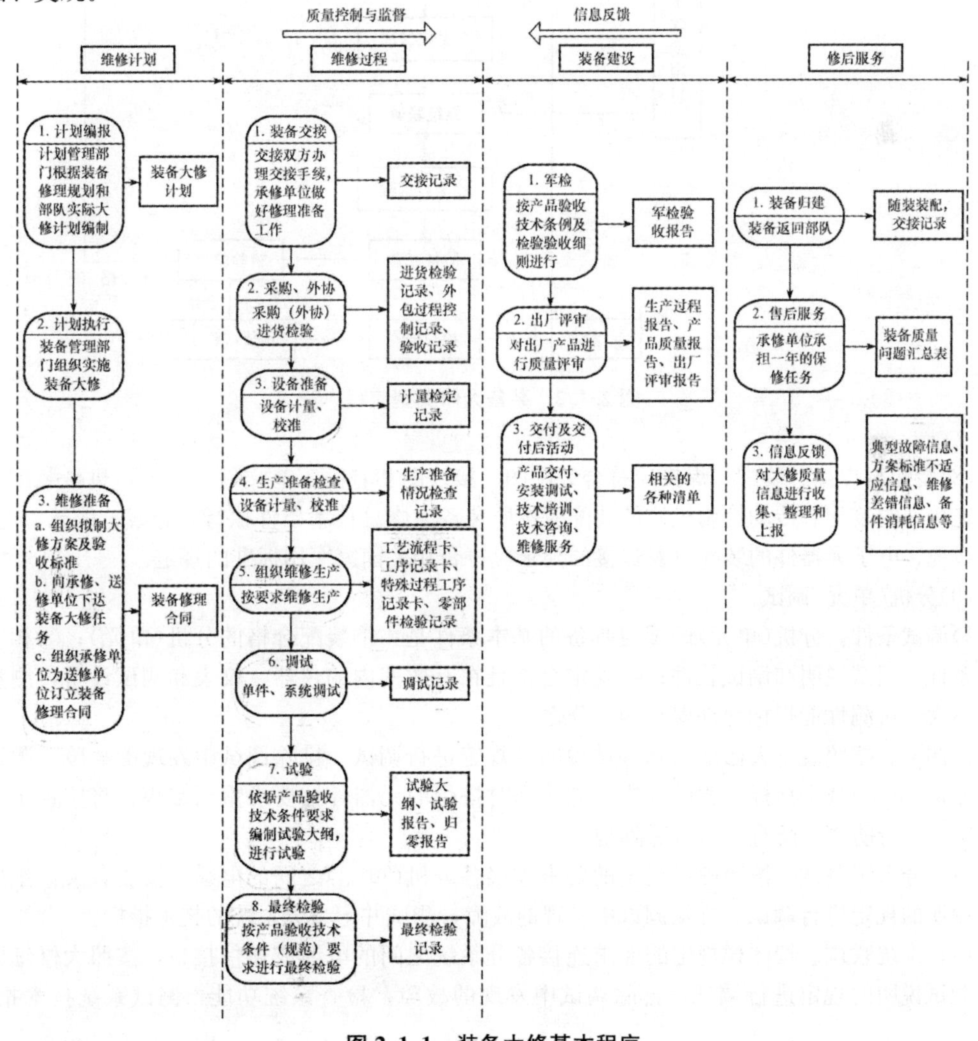

图 2.1.1　装备大修基本程序

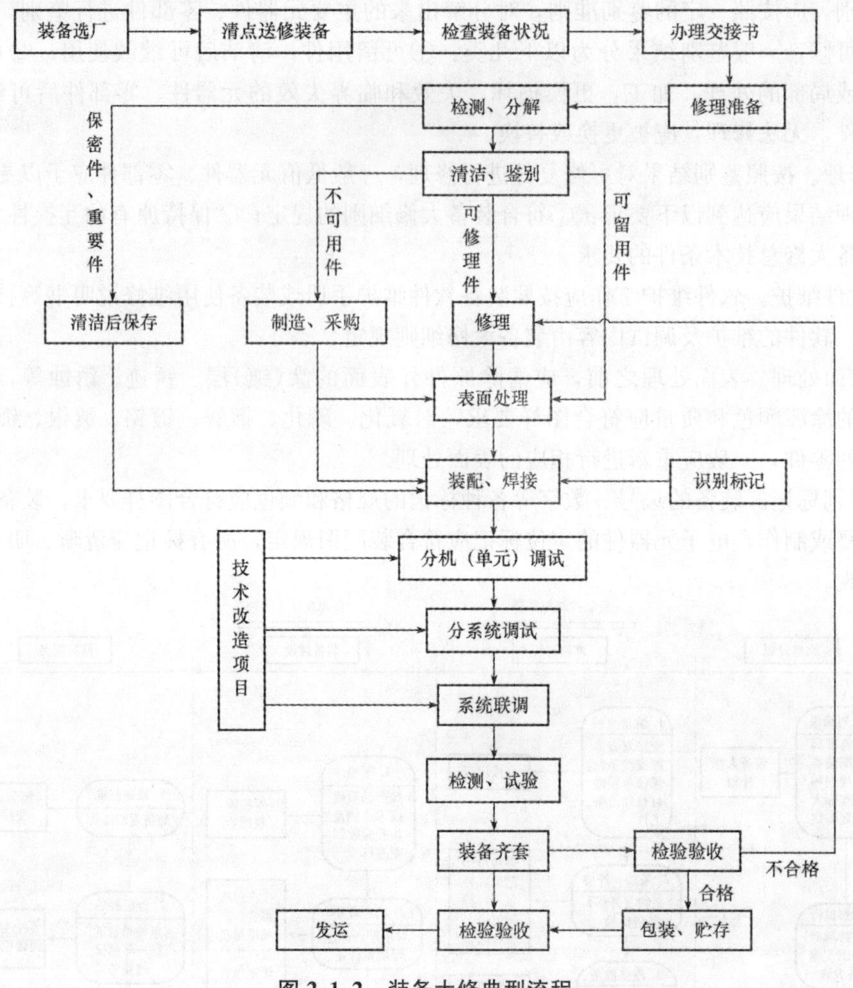

图 2.1.2　装备大修典型流程

(8)装配与焊接。装配与焊接应符合装配图、接线图和有关工艺文件的要求，机械装配、可拆卸连接件的装配、传动控制机构的装配应按照装备大修总技术条件执行，导线、线扎、电缆、自制线缆、电子元器件的装配以及焊接的要求应符合相关国家军用标准的规定。

(9)分机(单元)调试。

1)调试条件。分机(单元)调试应具备的基本条件是：①装配合格的分机(单元)；②相应的技术条件、调试说明和调试软件；③检定合格且在有效期内的仪器、仪表和测试设备，测量误差应不大于所测性能指标允许误差的三分之一。

2)调试。按照装备大修细则和调试说明的规定进行调试，排除调试中发现的故障，测试并记录分机(单元)技术指标；调试合格后应将临时搭焊的元器件按要求重新装焊，将应锁定的零件锁定，进行防潮、防霉、防盐雾处理。

(10)分系统调试。按照图样规定的要求连接各分机(单元)之间的电缆，按装备大修细则和调试说明的规定进行调试，排除调试中发现的故障，测试并记录分系统的技术指标。

(11)系统联调。按图样规定的要求连接各分系统之间的电缆或通信接口，按照大修细则和系统调试说明的规定进行调试，排除调试中发现的故障，检查系统功能，测试系统技术指标，记录检查和测试的数据，调试后的系统应达到装备大修总技术条件规定的要求。

(12)检验。

1)检验内容及方式。按照大修总技术条件的规定对装备检验项目(包括可靠性、维修性、保障性、电磁兼容性、环境适应性等)，采用规定的方法进行检验。装备大修后，装备检验分组及对应的检验方式为：①常温检验，一般采用全数检验；②环境试验，一般采用抽样检验；③可靠性试验，一般可酌情进行。

2)复验。若出现致命缺陷，应立即停止检验并做出拒收处理。对其他缺陷造成的不合格，装备承修单位应按规定对不合格品进行标识，并查明原因，采取纠正措施，将所有不合格品修复后，可重新提交检验。再次检验时，应适当提高合格质量水平(全数检验)或采取加严检查(抽样检验)，可从发现质量问题的阶段开始，补做不合格项目的检验，也可重新进行全部项目的检验。

(13)随机文件资料配套齐全。大修装备的随机文件应按相关标准的要求编制，使用的替换件应在随机文件及图纸上标识，大修装备的随机文件、资料的内容应与实物保持一致。

(14)包装、标志、运输和贮存。大修装备包装、标志、运输和贮存应分别按照装备大修总技术条件和相关标准规定的要求执行。

2.2　装备大修组织管理的现状、问题与改进策略

现代武器装备技术先进、结构复杂、集成度高，大修要求高、难度大，目前还存在计划不科学、手段不完善、机制不健全、监管不到位等诸多问题，离现代维修理念对装备大修的精确化或精细化管理要求还有较大差距。借鉴国内外装备维修精确化或装备精益维修的理念，结合目前装备大修中存在的诸多问题，我们提出装备大修精细化管理的理念。装备大修精细化管理是提高装备性能，保证质量与效益统一的主要手段，对保持装备战备完好性与提高部队战斗力具有十分重要的意义。

2.2.1　装备大修组织管理的现状及存在的问题

目前装备大修组织管理及具体实施过程中存在的问题主要包括：

1. 装备大修计划制订不科学

装备大修计划和维修技术方案，应结合装备的实际使用情况，并对其进行综合检测评估，确定其所处的质量技术状态后制订，最终达到“视情维修”的目的。目前，装备大修计划还停留在以装备研制单位给定的装备到寿时间为主要依据，按照批次性管理制订，导致大修计划不够精确，主要体现在：

一是装备寿命指标与实际使用情况不匹配。多年来，装备研制单位给出的寿命指标基本上一成不变，但事实上以下三个方面原因造成给定的寿命指标与实际情况不匹配：①制约装备寿命的指标随着技术进步在不断提高，继续沿用原来的标准造成指标与装备实际不符；②装备研制过程中因技术水平所限，对装备寿命指标的验证评估不够充分，指标本身可能不够准确；③装备研制单位给出的装备寿命指标是基于较为严酷的使用环境下得出的，这可能与装备实际使用情况相差较大。

二是“到寿大修、批次性管理”的维修方式不科学。同一批次装备到部队后，由于其使用频次、维修保养制度、储存条件等不一样，导致装备性能指标也不一样，其维修方式和时机应该

“具体装备具体分析”，否则会造成与装备大修需求不匹配。

2. 大修技术方案拟制不精细

科学的装备大修方案是确保装备大修精细化管理的重要前提之一，当前装备大修方案标准和大修细则主要参照新装备技术条件和装备验收细则等编写，还不够精细和完整，主要体现在：

一是大修项目确定不精细。装备大修项目基本上按照全面分解更换的原则，以装备的结构组成为主线，按结构组成大块进行分类，具体维修描述不是很准确。

二是大修实施方案不精细。大修实施方案原则性强，重在描述装备大修全过程中所需要开展的工作，而不是针对具体装备、具体大修环节制订的，没有体现装备的“个性化”特征，针对性不够强。

三是大修验收标准制订不精细。目前装备大修检验验收标准，一般是参照新产品出厂技术条件制订的，一方面长期服役后部分组件性能指标很难达到要求，另一方面单件产品的指标大大高于系统所需要的指标，如果都按照新产品指标的要求更换，会造成极大的资源浪费。

3. 大修信息反馈机制不健全

信息是实现装备大修精细化管理的重要保证，当前装备大修信息反馈机制还不够健全，主要体现在：

一是部队使用阶段信息采集不够。装备操作使用、维护保养、故障分析等信息的收集是制订装备大修计划和方案的重要依据，但这部分信息缺项多、数据少。

二是数据反馈利用渠道不畅通。部队平时训练过程中装备保障的各种数据信息不能直接反馈到装备承修单位，技术单位只能通过到部队调研、实物查看等方式获取，缺乏反馈机制，获取的相关信息不系统、不全面。

三是数据分析处理手段不具备。目前，如何从了解和掌握的信息中分析梳理出所需的信息，用于支撑装备大修计划和大修方案制订方面的研究和手段还不具备。

四是装备大修信息数据库不完善。由于没有建立装备大修信息数据库，在备件管控利用方面也不能实现基于信息的有效管理，无法实现大修备件与战储备件、部队训练周转备件的用旧存新和一体化管控，导致一方面库存备件没有有效发挥作用，到期报废造成浪费；另一方面大修过程又可能得不到及时的备件支持。

4. 维修保障资源配套不完善

一个完善的维修保障系统，需要人、财、物力的支持，特别是人员训练，备件及原料、材料、油料等消耗品供应，仪器设备维修及补充，技术资料的准备及供应等要素。目前装备大修维修保障资源配套还不够完善，主要体现在：

一是维修技术力量有待加强。由于装备大修单位技术基础参差不齐，人员培训和提高渠道受限，对装备技术性能的掌握不足，距离全面形成大修保障能力还有差距。

二是专用工装设施设备需配套完善。目前，大修线建设在性能检测、质量评估、试验检测等手段建设上还有一定差距，通用性、兼容性不强，难以满足大修装备型号多、批次杂、技术状态差异性大等特点的要求。

三是技术资料保障严重不足。当前，由于受到国内外装备承制单位的技术封锁等原因，装备大修单位技术资料严重不足，尤其是关键件、重要件、关键工艺的参数指标、调试细则、检定规程等严重缺乏，影响了装备大修工作科学有序展开。

5. 大修过程质量监管不深入

目前，装备大修单位质量管理体系建设和运行有效性还需大力加强，装备大修过程质量监管制度和措施还不够深入，主要体现在：

一是质量管理体系执行力不强，装备大修过程质量管控还存在较大隐患，如小零件未装到位等典型性问题。

二是修竣验收工作不充分，一方面，修竣验收技术人员能力水平有限，不能对技术质量问题做出准确评判；另一方面，各种修竣验收手段不齐全，不能对参数指标进行完整的考核，只能通过系统测试来等效检测，导致修竣验收不完备；再一方面，装备质量性能缺乏分析和评估方法，修竣验收评判标准不充分，导致修竣验收工作不精准。

三是维修过程节点管控不严，装备承修单位受承修能力、技术水平、资源条件等制约，再加上备件筹措困难等因素影响，大修进度往往严重滞后，影响了装备大修过程的节点管控。

2.2.2　改进装备大修质量水平的核心要素

承担装备大修任务的维修单位，必须从质量意识理念、质量管控机制、业务技术操作等层面出发，在建立质量体系、完善管控机制、培养技术人才、注重过程管控、强化质量意识等关键环节上下功夫，突出质量工作生命线地位，确保大修单位管理工作质量和装备大修质量。

1. 建立规范有效的质量管理体系是保证装备大修质量的根本

质量管理体系是加强装备大修单位质量管理工作和装备大修质量的科学手段与有效方法。首先，应按照《质量管理体系要求》(GJB 9001B—2009)建立、完善和实施质量管理体系，确定质量方针和目标，编制完善体系文件和作业文件，规范各项质量工作，使各部门、各要素在质量体系框架内各负其责、形成合力，促进装备大修工作按要求做、按标准干、按程序办。其次，应建设一支业务精、能力强、素质高的质量管理员队伍，一方面按照标准要求开展一系列质量管理活动，如开展体系策划与建设、质量培训、内部审核、管理评审、过程监控、数据分析，指导各部门实施纠正措施和预防措施，并验证其有效性等；另一方面加强装备大修过程的质量控制，如现场人、机、料、法、环、测等要素的检查，现场质量把关、监督、预防及报告，入库、工序和最终检验等。通过质量管理体系的建立运行和质量管理队伍的完善壮大，不断提高装备大修单位自身质量管理能力和水平，为装备大修质量提供强有力的组织和人员保证。

2. 完善长效的质量工作管理机制是保证装备大修质量的基础

质量工作虽然贯穿于装备大修任务的各个环节和要素，但却不易引起重视，如何激发全体人员参与装备大修质量管理工作的动力，需要建立和完善长效的质量工作管理机制来保证。一是要成立相应的组织机构，如装备大修工厂质量工作领导小组、质量管理办公室、不合格品审理委员会、人员专业资格认证委员会等，使各项质量工作有人管、有人抓、有人做。二是要明确各单位、各类人员的职责分工，使各级领导和全体员工清楚所分管的工作、应做的事情和需承担的责任。三是要完善相应的法规制度，如制订质量工作管理办法、产品检验验收工作办法、不合格品审理办法、质量奖惩办法等，使各项管理工作有法可依、有章可循。四是要落实责任制，严格实施质量奖惩。对没有达到装备大修质量目标，违反操作规程，不按制度和程序办事的人，要严格追究责任，加大惩罚力度。通过质量工作管理长效机制的建立、完善与严格实施，激励大家更积极自觉地参与质量工作，形成良性的质量管控局面，确保装备大修质量。

3. 培养技术过硬的大修保障人才是保证装备大修质量的关键

在装备大修技术管理、工艺、主操作手、检验等关键岗位上培养配备技术好、业务精、能力强、质量意识高的专业人员，是保证装备大修最终质量的关键。一是要建立关键岗位人员的选拔机制，明确其必备的基本条件，把好入口关；二是要建立人员培训机制，明确各修理岗位人员必须经过的理论、实践培训内容和要求；三是要建立人员考核认证机制，各类修理人员完成相应岗位技能培训后，必须经过资格考核方能持证上岗；四是要建立修理人员的成长竞争机制，如明确从实习员到操作手、从操作手到工艺和检验人员的岗位成长规划，并实行竞争上岗，引导员工快速提升装备大修技能。

4. 注重修理现场和过程质量管控是保证装备大修质量的核心

质量管理体系的建立运行、质量工作管控机制的完善，最终还是要落实在修理现场和修竣装备的实物质量上。因此，修理现场是质量管控的关键，必须按照体系要求，制订并落实现场质量管理制度，加强修理过程质量管控，严格修竣项目的检验验收。首先，要制订完善现场质量管控制度，如质量全要素检查、质量检验、质量分析会、首件鉴定、技术安全环境检查、质量问题归零、质量工作通报、质量工作总结等制度，全面规范现场质量管理。其次，要加强对修理过程的质量监控，重点加强对特殊和关键过程的控制，保证修理过程每项内容、每个动作、每个环节有人做、有人查、有人检，确保各修理过程严格受控。最后，要严格把关验收，专职检验员要认真进行入库、工序和最终检验，不符合要求的坚决不予放行，及时发现存在的质量隐患和问题，督促整改，并跟踪验证，确保质量问题归零。

5. 强化各级各类人员的质量意识是保证装备大修质量的前提

首先，要将质量教育纳入各个层次、各类人员的教育训练计划，使质量意识教育培养做到经常化、制度化和长期化，真正把“质量第一”意识根植于装备大修单位全体员工的思想深处。其次，要把质量文化建设作为质量工作长期发展的重要任务，围绕装备大修这一中心工作，制订质量文化建设方案，提炼质量文化内涵，充分发挥质量文化的导向、约束、激励、凝聚和辐射作用，为高质量完成装备大修任务提供更为坚实的基础。最后，要注重营造质量氛围，通过多种形式布置预防警示标语、标牌等，形成“人人关心质量、人人参与质量管理”的氛围，使质量工作成为全体员工的自觉行动和自然反应，继而转化为参与质量管理的自觉行动。

2.2.3 提升装备大修整体水平的总体策略

从信息化作战和装备保障角度来看，提高基于信息系统的体系作战能力，本质上要求构成作战体系的各要素、各单元、各分系统通过信息系统连接成一个有机的整体，这就对基地级装备大修工作提出了新的更高的要求，从而使装备大修工厂面对的装备不再是“独立”的装备、“孤立”的个体，而是装备体系中与其他装备、系统发生信息联系并发挥功能互补作用的一个“节点”和“链环”。因此，从这个意义上讲，为适应未来信息化战争形势要求，装备大修工作必须与时俱进，积极适应体系作战要求，与基于信息系统的体系作战能力建设同步发展。

1. 增强装备系统大修意识

信息化条件下的局部战争是体系与体系的对抗，任何一个单元、要素、分系统既都有一个庞大的体系作为支撑，同时又与其他单元、要素、分系统发生物质上的、信息上的交流和互动。装备大修不仅仅是装备大修工厂的工作，而是由装备大修业务主管机关、使用部队、修理工厂、驻厂监修军代室以及装备研制生产单位等共同承担的任务，因此按照体系作战的思想，在大修任务赋予、大修过程监控、大修装备接收等诸多环节，相关各方都应有体系结构思想和信息流转观念，尤其是装备大修工厂应建立系统大修意识和观念，并自觉运用于装备大修实践之中。

首先，装备大修业务主管部门在赋予装备修理工厂大修任务前，应将大修装备视为体系作战中的一个要素、一个单元和信息链路上的一个节点、一个链环，分析该装备在整个体系作战中的地位、作用、角色及与其他装备的信息联系，从而使赋予修理工厂的大修任务内涵有了进一步的拓展，不仅包括装备“硬件”功能恢复的内容，而且应包括与大修装备相关的技术体制、数据标准、接口协议等“软”规范。

其次，军代室在监督、检查装备大修的过程中，除了关注拆卸、清洗、换件、装配、调试等有形的关键工序与环节外，还应把握该装备与装备体系中其他单元、要素、分系统发生联系模块的情况，与信息系统发生联系接口的修复、改进甚至嵌入的情况，并据此提出针对性意见、建议和要求，同时对大修过程中出现的问题进行梳理、归集和总结，及时做好反馈工作。

最后，装备使用部队在送交大修装备入厂时，要把所属装备的技术状态交代清楚，尤其是在使用过程中出现的故障现象和需要改进修理的方面，向驻厂军代室和修理工厂进行通报；在接收修竣装备时，不仅要检查、验收装备基本功能的恢复情况，还要从体系角度考察装备与其他装备的配合、协调能力，接收、传递信息的能力，并将其作为评估装备大修质量的标准。

2. 完善装备大修评估标准

装备修理工厂是一个企业实体，追求利润是必然的，因而客观上存在以最小的成本获取最大效益的诉求，但装备大修的质量要求和体系特性又是装备大修过程必须遵循的基本要求，因此必须对大修过程进行严格控制，并依据作战体系的要求、信息系统的发展进一步修订完善相应的大修质量评估标准，使装备修理工厂在实施装备大修时有所参照和遵循，同时军代室在装备大修过程质量监督、验收把关时也有法可依、有据可查，既能确保大修装备原有功能，还能满足基于信息系统的体系作战对装备的要求。在制订完善装备大修评估标准时，应把握以下几点：

首先，装备大修评估标准不等同于装备研制生产单位在装备投入现役前的定型标准，其着力点应更多地放在所修装备与作战体系的协调以及与信息系统的融合上，例如有些战术技术指标并不需要恢复到原有状态或者说达到最优，有些可以由作战体系中其他单元、要素、分系统替代的功能也可不做更高的要求而纳入大修质量评估标准。

其次，装备大修评估标准应由装备大修主管机关、装备使用部队、修理工厂和驻厂军代室等共同制订，以使装备大修活动既服务于、满足于作战运用的需要，又兼顾装备大修工厂的维修水平、维修工艺和技术能力的实际，同时还能有效发挥军代室的桥梁和纽带作用，从而使制订出来的装备大修评估标准真正具有针对性、实际性和可操作性。

最后，修订完善的装备大修评估标准完成后，应按照规定的立法程序，由业务主管部门组织审批并正式颁布，使之具有规范性、权威性和强制性。

3. 聚合装备整体大修能力

新型武器装备结构复杂、技术含量高、集成度高，通常情况下单凭某一装备修理工厂可能难以胜任装备所有分系统和项目的大修任务，为了提升装备大修工作的整体质量管理水平，可根据需要和可能，适当聚合装备大修能力，具体对策如下：

一是集中配置装备大修力量。可考虑将具有大修能力的装备修理工厂，尽可能按照地域要求集中分布于某一区域或按照区域建设大修力量，从而在缩短维修周期、降低维修成本的同时，还可按照体系作战要求协调大修装备之间的物质、信息联系，现场检验大修效果，及时改进大修过程中存在的问题，提升装备大修工作整体质量水平。

二是实现修理工厂的综合化和通用化。装备大修虽有自身的特点和规律，但与装备的研制生产相比，其对设备设施、维修器材、人员技能等的要求相对较宽。因此，应有计划、有重点地扶持那些基础较好、维修技能相对较高的装备修理工厂，淡化其专业性和针对性，突出其综合性和通用性，最大限度地使其能承担某一类型、某一区域所有装备的大修任务。

三是应使修理工厂任务分配相对独立化。目前，装备维修保障体制的改革和优化调整不断推进，装备修理工厂承担的装备大修任务逐步向全武器型号延伸。安排修理工厂任务分工应遵循专业性、系统性和相对独立性的原则，尽量减少装备大修工作中因协调不到位造成彼此间相互干涉，而应形成修理工厂相对独立的大修过程，自成体系，这样可以科学、合理地进行大修任务的筹划、实施和交付，以克服或减少因分散带来的协调管理、交叉作业或整体推进时的困难，实现军事、经济效益的双赢。

2.3 装备大修精细化管理内涵与提升对策

2.3.1 装备大修精细化管理的基本内涵

如第1章所述，精细化管理是以精益求精为行动的价值取向，以精心细致为过程的基本要素，以精品卓越为结果的衡量标准，运用程序化、标准化、定量化和信息化的方法手段，通过建立科学的量化标准、合理的工作流程、规范的操作程序，使战略清晰化、目标具体化、实施流程化、工作标准化、执行规范化、信息数据化，最终实现管理各单元和要素的精确、高效、协同与持续运行的一种管理理念和管理方法。提高装备大修单位的管理水平也应该遵循精细化管理的思想，运用精细化管理的理念和方法，从意识理念、管控机制和业务操作等层面加强精细化管理，从而不断提升装备大修单位的精细化管理水平。

装备大修工作是一项复杂的系统工程，尤其是现代武器装备技术含量高、系统集成度高、技术难度大、专业分工细，能否有序、高效地组织和管理装备大修工作，直接关系到武器装备战备完好性和装备维修保障能力。所以应当研究探索精细化管理在装备大修中的理论指导和应用实践，在装备大修组织管理、维修作业和保障训练等方面，有目的、有选择、有改进地运用精细化的思想理念和工具方法，力求精确掌握装备状态、精准调配保障资源和精细控制维修流程。

综上所述，装备大修精细化管理是指综合运用精细化管理的理论、方法与工具，以“精心维护、精益修理、精细管理、精确保障”为理念，以持续改进提升装备大修能力为根本目的，对装备大修全系统、全过程、全要素实施科学管控的管理实践活动，即围绕“物有标准、事有流程、管有系统、人有素养”这一目标，依据法规制度和质量标准，通过健全装备技术质量标准和人员岗位能力标准、完善装备大修工作流程、拓展信息系统管理功能、培养精准细实工作作风，力求精确掌握装备状态、精准调配保障资源和精细控制维修流程，让符合标准的人员在正确的时机、用适用的工具、按科学的流程开展装备大修工作，最终实现大修组织管理各单元和各要素的精确、高效、协同与持续运行。

根据对装备大修精细化管理内涵的剖析可知，装备大修精细化管理通俗地讲是指通过精准把握装备大修需求，梳理大修工作流程，理出关键工艺环节，分析制约装备大修质量和效益的主要因素，通过建立规章制度和完善技术手段，形成装备大修精细化管理的技术标准体系，从而达到提高装备大修科学性、合理性和有效性的目的。

因此，从工作环节的角度来看，装备大修精细化管理的基本任务是：

(1)收集整理分析待修装备数、质量信息，开展装备大修前性能质量检测与综合评定，科学制订装备大修计划和维修方案(包括装备大修方案、装备大修总技术条件、装备大修细则等)，实现大修计划和方案的精细化。

(2)对装备大修工艺、修理过程监管、装备修竣验收、维修质量评估等方面研究建立精细化的管控机制，进一步梳理装备大修工作流程，完善岗位责任制，逐步建立以阶段评审为主线的质量管控机制、以风险评估为重点的检测评估机制、以可靠性为中心的维修更新机制、以信息双向沟通为基础的持续改进机制、以提高人员履职尽责能力为根本的维修训练机制，努力形成整体协调、行为规范、运转顺畅的组织管理秩序，实现装备大修过程组织管理的精细化。

(3)系统梳理并完善人员、设施设备和技术资料等需求情况，研究建立装备大修信息管理手段，通过构建装备大修信息数据平台，研发装备大修管理辅助决策、资源保障、状态监测、技术支援等系统，研究建立装备大修基础知识库、操作使用资料库、各类装备性能数据库、各种装备常见故障类型库，实现基于信息系统的装备大修精细化管理，从而为装备精细化大修提供技术支持。

2.3.2　提升装备大修精细化管理水平的对策措施

装备大修精细化管理是一项涉及管理、生产和维修等各种活动的系统工程，提升其质量效益，一方面要加强维修计划决策、统计分析、信息管理等方面的研究，提高装备维修主动性、预见性和针对性；另一方面要加强大修保障手段建设，为装备大修创造良好的维修平台和环境条件。

1. 加强前期的技术攻关和手段建设，实现大修计划、方案拟制的精细化

装备大修计划和方案不够精细，主要是装备使用阶段信息采集不全、质量技术状况掌握不准、性能检测分析评估不足等原因造成的。为实现精细化管理目的，首先，应具备全面收集装备使用和维修数据信息的手段；其次，应开展装备修前性能综合检测与评价技术研究工作；最后，应具备对装备进行性能预示与趋势分析的能力。

目前各军兵种装备修理工厂开展了部分研究和建设工作，如能在取得大量数据的基础上优化大修计划和方案，不仅能节省经费，更能提升装备大修质量和效益。

2. 健全信息收集、分析与反馈机制，实现基于维修信息的精细化管理

信息资源是科学制订大修方案、实现过程管理的重要基础。健全信息分析与反馈机制，能够实现全寿命周期的信息共享，为大修决策、方案制订、验收评估等提供信息支持。

一是制订大修信息化数据标准。适应装备信息化综合管理要求，制订装备大修信息采集、记录、分析、汇总等所需数据规范和标准，在此基础上指定专人负责完成信息收集、汇总、统计、上报工作，组织技术专家对各类信息进行综合分析，开展装备大修信息管理与使用技术研究。

二是建立大修资源信息数据库。全面收集与装备大修相关的机构信息、技术力量信息、设施设备信息、技术资料信息、备件资源信息等，建立装备大修资源信息库。在此基础上，按照用旧存新、循环使用的原则建立装备大修备件周转利用机制，实现战储备件、周转储备备件和新购备件的统筹管理，提高备件使用效率。

三是构建装备大修信息管理平台。主要包括建立装备全寿命周期数据采集和分析系统，收集整理装备在运输、贮存、维护保养及操作训练等过程中的数、质量情况，并进行统计、分析和积累，为装备大修提供数据支持。改进推广装备大修信息管理系统，实现业务主管机关、各承修单位之间的互联互通，实现对装备大修计划、任务实施、技术支持和质量监督的自动化管理。

3. 改进创新装备大修工艺流程路线，实现大修工艺保障要素的精细化

维修工艺是保证装备大修质量的关键因素，涵盖大修全过程，涉及维修人员、设施设备、器材、资料等多个保障要素，完善大修工艺实施的保障手段，是实现装备精细化大修的基础。

一是要完善大修设施设备工装配套体系。结合装备大修单位平时和战时维修需求，立足于形成军方核心维修能力，建立结构合理、规模适度的工装配套体系。

二是要注重提高维修人员专业技能。在军民融合式保障合作框架协议下，以装备大修为切入点，加强与装备研制单位的交流合作，培养锻炼提高维修人员专业技能。

三是要拓宽备件供应筹措渠道，建立备件供储机制。一方面，针对技术老化已停产、已换型备件，开展备件换型替代研究，积极拓宽获取渠道；另一方面，建立备件供储的长效机制，充分利用好战储等备件资源，实现用旧存新、有序流动。

四是要严格关键维修工艺控制。建立维修工艺控制网络图、节点表制度，并细化到部组件、关键参数，对装备大修过程进行全程确认和监控。

4. 加强大修管理和作业的统筹规划，注重大修过程质量监管的精细化

装备业务管理机关应对装备大修过程进行全方位监督，把好验收关键环节。

一是要加强机关的统筹规划和组织领导。装备业务主管机关负责装备大修质量监管指导，统一制订法律法规和标准规范，对质量监督进行指导、规范和控制；针对重要、薄弱、基础的产品和环节，采用特定措施直接进行监督；建立机构、技术和信息等质量监督的公共资源，保障质量监督的有效实施。

二是要加强对承修单位质量保证体系的管理监督。定期组织对装备承修单位大修质量体系进行审核和考评，重点对影响安全使用的重要产品、缺陷隐患、部队反馈的薄弱环节以及外协的关键产品实施认证、监督抽查、强制检验等。对大修过程和管理体制、专业人员、检测能力、生产能力等质量保证体系进行监督，从源头上预防和控制不合格品，提高其质量水平的稳定性。

三是要加强产品外协外包过程质量控制。坚持合同管理，严格质量程序，首先是确定适宜外协外包的产品项目；其次是进行外协外包单位资格认证；最后是建立外协外包产品质量控制措施，并建立下厂验收制度，做到可查询、可追溯。

5. 加强研制、使用、维修单位技术融合，促进维修精细化管理水平整体提升

提高装备大修质量和效益，绝不仅仅是装备大修工厂的事情，而是涉及装备业务主管机关、装备研制生产单位、装备使用部队等装备全寿命管理的各个环节，要提高装备大修精细化管理水平，需要加强军民融合，完善相应的法规制度。

一是加强大修工作军民融合建设的力度，争取获得装备承研、承制单位的技术支持，并以法规形式赋予相应的“责、权、利”。

二是完善装备维修过程检验评估的法规制度。首先，要完善维修质量检验标准及规范，主要包括检验组织形式、检验项目、检验内容及验收标准；其次，要完善维修质量问题的处置及评估办法；最后，要完善维修质量检验管理规定，主要包括职责权限、隶属关系、激励措施等。

三是建立健全军地一体联合检验机构。装备大修承修单位与军方技术总体、驻厂军代室、研制单位等建立联合检验机构，配备必要的检验资源，提供良好的检验环境，负责现场问题处理、状态确认、参数合格性评判、故障归零等工作，保证装备修竣验收全程可控可管。

第3章 装备大修精细化管理总体方案与内容体系

本章在系统分析推行装备大修精细化管理的基本构想和实现途径的基础上，提出了包括“基础系统、管理系统、业务系统、测量分析系统、改进系统和方法支持系统”六大子系统的装备大修精细化管理框架体系，构建了包括“目标计划体系、环节流程体系、质量标准体系、过程监控体系、考核评估体系和管理信息体系”六大要素的精细化管理 OPSCAI 模型和内容体系，为后续构建装备大修精细化管理模式和实施方案奠定了理论基础。

3.1 装备大修精细化管理总体方案

3.1.1 装备大修精细化管理总体思路

1. 装备大修精细化管理的理念方法

通过第 1 章的分析，我们认为精细化管理的理念与方法可总结为“一个价值取向、四项管理要素、五个管理环节、六项基本要求”。

(1)一个价值取向——追求高效、追求卓越、追求精品。这表明精细化管理是一种精益求精的管理理念，一种旨在提高工作质量与效益的管理模式与管理方法。

(2)四项管理要素——岗位职能、工作流程、工作标准、规章制度。这要求人员按岗位来定位，工作用环节来体现，标准靠考核来保证，制度在流程中得到落实。

(3)五个管理环节——分解目标、规范环节、确定标准、控制过程、量化考核。分解目标是将管理总目标细化分解为若干个分目标；规范环节是指确定完成任务所需的工作环节和基本流程；确定标准是指确定各工作环节的质量标准，使每个人、每项工作、每个环节都有相应的标准和任务；控制过程是指按照质量标准对各环节运行情况进行监控；量化考核是指对重要的关注点、关键环节进行考核，使全体人员养成一种自觉地把工作做对、做细、做好的良好习惯。

(4)六项基本要求——必须有一个明晰的、公认的工作目标，必须有一条环节清晰、衔接紧密的工作流程，必须有一套合适的工作标准和完善的工作职责、规章制度，必须有一套有效的维修过程质量、进度、费用和人员监管控制方法，必须有一套奖罚分明的绩效管理和量化考核评估办法，必须有一套现代化管理水平的信息化管理系统。

2. 装备大修精细化管理的内涵特征

总结而言，装备大修精细化管理是以“系统精心维护、装备精益修理、流程精细管理、资源精确保障”为管理理念，以持续提升装备大修能力、追求卓越绩效为价值取向和根本目的，围绕“修有目标、事有流程、物有标准、评有办法、控有手段、管有系统、人有素养”这一目标，通过明确人员机构岗位职能、建立装备大修工作流程、健全装备技术质量标准、完善组织管理规章制度，管住工作目标分解、管住环节流程制订、管住过程质量监控、管住行为规范考核，力求精确掌握装备状态、精准调配保障资源和精细控制维修流程的管理模式和管理方法。

装备大修精细化管理的主要特征是：

(1)组织管理的流程化。在装备大修工作的组织管理中，流程化主要表现在以下三个方面：一是流程性的组织架构，即组织的层级结构与流程的层级结构相适应，职责分工与流程(或流程节点)代表的工作相一致；二是管理的着力点聚焦于流程的持续改进，管理流程表达和所规范的是管理工作，无论是压缩自身的层级、减少管理流程运行的时间，还是扩大管理跨度以便于资源整合、减少浪费以提高业务流程的运行效率，着力点都在流程的整合优化上，都落实在流程和流程体系的持续改进之中；三是以建立标准化的流程作为落脚点，虽然每一项重要的组织管理活动都有可视化的流程支撑，但如果离开了阶段性的流程标准化，就难以将改进后的流程及时固化下来。实践证明，伴随着装备大修组织管理活动的深入，流程已不仅是一种工作交流沟通的语言、一种工作模式，同时也是持续有效改进工作的有力抓手。

(2)管理手段的信息化。信息化是精细化管理的重要特征之一，它强调通过快速、准确、真实的信息流动，优化信息采集、储存、分析与传递流程，将信息要素融入装备大修组织管理全过程，贯穿到装备大修的计划决策机制、组织领导体制、过程管控机制和评价监控控制的各领域，从而强化信息沟通，消除部门壁垒，促进协同配合，使装备大修计划、方案制订的依据更充分、内容更系统。装备大修管理手段信息化主要表现在两个方面：一是从信息的载体看，它以装备大修信息管理网络平台作为基本的条件支持，信息节点形成对装备大修诸系统、各单元和关键岗位的全面覆盖，以此保证作业及管理信息的快速采集加工和及时的传输发布；二是从信息化的结果看，它以信息流主导资源流，即通过准确、可靠的装备大修信息流动，引导维修保障人员、各类维修保障资源的合理配置、投放与调整。

(3)过程管控的精细化。装备大修过程管控的精细化主要表现在三个方面：一是在管控要素和管控环节的确定上，强调采用细化、量化与系统优化相结合的方法，对装备大修组织管理与作业活动的全过程进行全面、客观、准确的分析，抓住关键要素与关键环节，以此作为制订计划和做出决策的依据；二是在管控方式的选择上，强调采用标准化、规范化的控制流程以及科学的控制标准，确保管控效果持续稳定；三是在管控结果的处理上，强调具体问题具体分析，及时监督反馈改进成效，固化成功经验，纠正管控偏差，为后续改进措施的出台奠定基础。

(4)资源保障的集约化。集约化中的“集”是指集中人力、物力、财力等要素进行统一配置与保障，“约”是指在集中统一配置保障要素的过程中，以节俭、约束、高效为价值取向，通过精确控制达到降低成本的目的，使竞争优势得到快速巩固和持续增强。在装备大修精细化管理实践中，资源保障的集约化主要体现在以下三个方面：一是在资源流动上，在特定时期或不同阶段，管理着力点不同，维修保障资源投放的数量、类型和时机就不同，要体现出“集”的要求；二是在维修保障资源使用上，强调以最少的投入换取最大的回报，体现“约”的要求；三是在资源总体配置上，加强“集”和“约”的有机融合，避免对质量、安全以及整个系统运行造成负面影响。

3.1.2 推行装备大修精细化管理的实现途径

1. 建立装备大修精细化管理组织指导机构

在装备大修领域推行精细化管理是一项复杂的系统工程，工作头绪多、参与人员多、涉及领域多，因此必须依托现行组织架构成立专门的组织指导机构，专责规划、处理、协调推行精细化管理的各项工作。为了确保装备大修精细化管理推进工作取得实效，可在军委和军兵种机关(如各军兵种装备部所属工厂管理部等)层面成立装备大修精细化管理指导委员会，还可下设负责对下业务指导的专家委员会；在装备修理工厂层面成立装备大修精细化管理领导小组和精细化管理办公室，可由各级的副职担任相应组织机构的负责人。

2. 建立装备大修精细化管理法规制度体系

推行精细化管理，需要建立专门的法规制度，主要包括总体规划、指导手册和体系文件三部分内容。总体规划属于宏观层面的法规性文本，对装备大修领域实施精细化管理进行总体说明，如《美国空军21世纪精细化管理》就是这样的文体；指导手册属于中观层面的法规制度，是各级组织指导机构开展精细化管理工作的依据；体系文件是各个工作领域的操作规程，无论是决策层、管理层，还是装备大修一线作业层面，都需要按照流程性组织运行的特点和规律对工作领域进行划分，建立起相应的体系文件。同时，还应随着装备的更新换代、管理和技术人员的构成变化、装备维修保障模式的改革要求做出相应调整，实现动态和持续改进的精细化管理。

3. 建立装备大修精细化管理网络信息平台

推行精细化管理，需要切实发挥信息技术在管理方式变革中的推手作用，必须科学搭建装备大修精细化管理网络信息技术平台，至少应包括四个子系统：一是指令分发系统，用于各级机构之间按照计划安排与绩效指标要求布置任务、反馈信息、交换意见建议，并预留与部队装备管理自动化系统交联的网络接口；二是作业管理系统，按照作业流程展开顺序，将计划管理、修理作业、备件供应等工作领域串接起来，使整个管理链条上的相关人员都能及时掌握大修装备技术状态；三是技术质量管理系统，实时采集信息，判断作业流程的输出结果是否符合技术质量标准，具有控制作业流程关键节点和环节的权限；四是知识管理系统，以策略和流程的形式对所涉及领域专业知识和技能进行识别、获取并加以运用，细分为信息获取、协作交流和推广应用三部分，该系统将推动整个装备修理工厂转型为学习型组织。

4. 建立装备大修精细化管理专门人才队伍

精细化管理之所以能够引领组织持续改进、走向卓越，一个很重要的原因是它将运筹学、统计学、博弈论、系统工程等学科理论引入管理活动中，从宏观决策到微观操作靠的是信息、数据，其庞大的工具体系中大多具有很强的专业性，因此实施精细化管理必须培养建立一支具备精细化管理能力素质的专门人才队伍。首先，应根据人员构成及其角色定位分类、分级进行培训。其次，在精细化管理推行的不同阶段，确定不同的培训重点和要求，在精细化管理推行之初主要开展理念培训，重在提高思想认识；在改进项目实施前，主要开展项目培训，重在掌握与改进项目和工具相关的专业知识；在项目实施过程中，主要开展操作培训，重在进行操作技能和方法的培训。最后，培训必须严格规范，不仅要对承训单位、培训内容和标准做出明确要求，还必须对培训效果进行跟踪和评估，建立相关人员的资格认证机制。

3.2　装备大修精细化管理框架体系

2006年美国空军启动了“21世纪精细化管理”计划，提出五项改进重点，包括改进空军的整体工作成效、缩短决策响应时间、提高装备战备完好性、提高安全性和可靠性、节约能源。这其中有三项具体指标，一是各业务流程周期缩短一半；二是工伤率下降75%；三是节约能源5%。总体来看，实施精细化管理能够较好地解决组织管理粗放、维修质量不稳、保障效能不高等装备大修中的“短板”和“瓶颈”，但是在装备大修领域全面推行装备大修精细化管理，需要制订切实可行的方案构想，开展细致周密的顶层设计，必须科学统筹、通盘谋划。

装备大修精细化管理不是孤立的、某一具体层级或单元的精细化，而是体系性的，一个具备持续改进能力的装备大修精细化管理框架体系至少应包括六个子系统：基础系统、管理系统、业务系统、测量分析系统、改进系统和方法支持系统。其管理框架体系设想如图 3.2.1 所示。

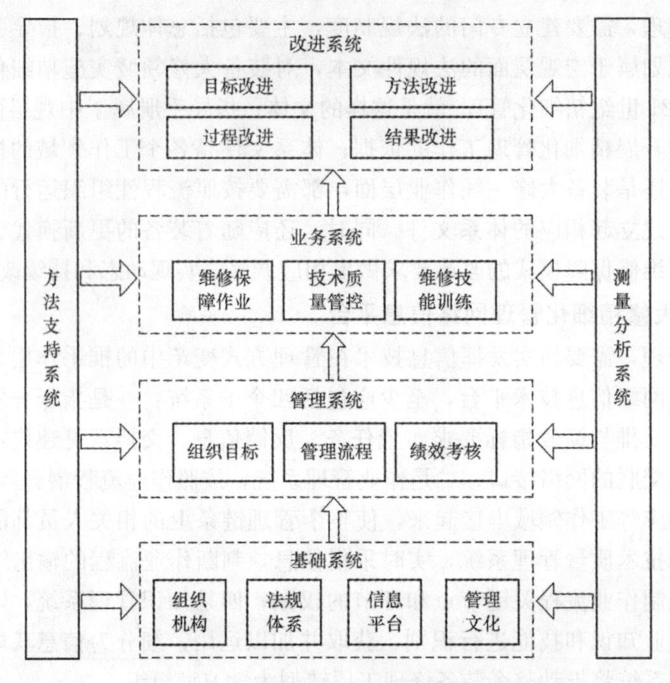

图 3.2.1　装备大修精细化管理框架体系图

3.2.1　基础系统

基础系统主要包括组织机构、法规体系、信息平台、管理文化四个模块。

1. 组织机构

组织机构是装备大修领域实施精细化管理的载体，基地级装备大修保障系统的组织机构在纵向上主要分为三级，分别是各军兵种装备部工厂管理机关、装备修理工厂、各修理分厂或修理车间；从装备大修工作的职能作用来看，可分为决策层、管理层、作业层。按照精细化管理体系的要求来衡量，可通过压缩管理层级、缩短管理路径，保持合理的管理幅度，实现管理组织的扁平化，从而使系统的管理效能达到最佳状态。

2. 法规体系

法规制度是规范工作秩序和提高工作效率的基础，也是装备大修领域推行精细化管理的客观要求。装备大修系统中的法规体系，既包括各类管理法规，也包括操作层面的规章制度，以及为保障精细化管理顺利推行的相关制度。精细化管理的法规体系建设，不仅要体现精细，还要强调全面，应使装备大修的各项工作、保障人员、保障装备和现场秩序都纳入法规体系的管控范围内，从而实现管理过程的正规化、控制的精细化。

3. 信息平台

精细化管理依托现代管理和信息技术手段，运用程序化、标准化和数据化方法对管理过程进行计划、协调、控制和监督，使得信息平台成为推行精细化管理的必要条件。我军自 20 世纪

90年代以来已经建立了部分维修管理信息系统，积累了大量翔实、完备的维修保障数据，目前还需结合新形势下装备大修的管理实践改造或重建信息平台，使其涵盖装备大修管理、作业、训练等方面，最为关键的是要使这些信息系统通过网络互联形成一个整体平台。

4. 管理文化

精细化管理本质上是一个“把经验提炼为规则，把规则训练成习惯，把习惯沉淀为素养”的文化培育过程，精细化管理的落地生根离不开管理文化的土壤，精细化管理文化的形成不仅要靠大量的教育、培训、宣传等活动，更需要在实际工作中逐步培育。现在在各军兵种装备修理工厂开展的“零缺陷管理”“卓越绩效管理”等，都具有精细化管理的精神内涵，目前已经融入装备大修各项工作中，维修保障人员基本具备了“第一次就把事情做正确”的精确意识，这为装备大修精细化管理的顺利推行提供了有利的文化保证。

3.2.2　管理系统

管理系统主要包括组织目标、管理流程、绩效考核三个模块。

1. 组织目标

目标是精细化运行的前提，装备大修各项管理活动以及每一项具体业务和操作都要建立可测量的精细化目标，这种目标不仅能反映结果，而且更要反映过程的规范和效率，如装备维修功能恢复率、修竣后的战备完好率、维修器材供应的满意度和及时率、维修资料齐全率等。组织目标的设定要合理，组织各级、各部门的目标应是装备大修领域总目标的逐层分解，总目标的实现依赖于各级、各部门分目标的实现。

如某装备修理工厂设定的总目标为“提高基地保障能力”，具体内涵为：①根据装备发展需求和保障要求，进一步巩固装备修理线建设成果，提高综合保障能力；②加快新装备基地保障能力建设，形成重点型号装备的批量修理能力；③扩大装备修理深度，拓展部件修理范围，提高原件修复水平；④逐步减少外协外购，提高器材配件加工和部件生产制造能力；⑤高标准、高质量完成年度装备修理、器材配件加工和巡修服务保障等任务。从该组织总目标可以看出，可以分解为现有修理能力、新装备批量修理能力、原件修复能力、器材部件生产制造能力、巡修服务保障能力等分目标。

2. 管理流程

决策管理的基础是职责的清晰合理。建立精细化的管理体系，首先要系统地梳理每一项业务的流程，明确流程中每一环节的职责，按照精细化的要求进行职责的再分配，确保所有的事有人管，所有的岗位有事管。对冗余的流程进行删减，消除重叠；对不合理的流程进行系统优化，去除无效活动，改进低效活动；明确流程的归属，确保岗位与流程节点对应，彻底解决各层级、部门间各自独立、相互推诿的弊端，提升运行效率。

对于装备大修流程的管理，要按照装备大修技术条件，进一步完善技术文件、配套设施、设备工装、人力资源、原材料外购外协、质量保证体系、生产调度等管理要素和基本流程，建立完善质量追溯流程和装备大修信息档案，不断扩大装备修理深度和范围，提升装备大修的综合效能和效益；对于装备应急支援保障过程的管理，要按照多样化的支援保障任务需求，加强保障力量和应急分队建设，开展巡回技术服务，积极参加演习演练活动，建立完善过程档案和记录，切实提高支援保障分队的快速保障能力；对于备件制造过程的管理，要充分发挥生产组织体系、质量管理体系在生产过程中的保证作用，降低成本，确保质量，提高合同履约率。

3. 绩效考核

装备大修管理及作业系统涉及的要素多、资源需求大，一个环节的失误就可能会带来重大损失，需要各级、各部门根据自身特点和目标任务，实行动态管理、动态考核，实现定性标准化、定量数据化、考核绩效化的效果，充分发挥激励机制的导向作用，从而保证装备大修保障系统沿着精细化的方向前进。

对于装备修理工厂层面，绩效考核主要是评估“三个效益”，即：①评估军事效益，以完成装备基地维修保障和支援保障任务为根本目标，重点考核装备修理线能力建设、支援保障力量建设以及部队满意度；②评估经济效益，以经营指标和工厂发展为根本着眼点，重点考核产值、工业增加值、利润、员工收入增长率、国有资产保值增值率等指标；③评估社会效益，以促民生、保稳定为根本落脚点，积极履行工厂的社会责任，重点考核厂区环境、文化教育投入、慈善事业、环境保护、同行业贡献等。对于部门或人员层面，应建立由考核对象、考核方法、考核部门或人员等要素构成的考核测量系统，考核对象要覆盖人员、产品、过程、质量体系等所有部门、层次和过程的关键绩效指标体系，应用科学的统计技术等方法，动态监测日常运作和绩效，定期组织专题分析、综合分析和管理评审活动，为过程设计、实施和改进提供有效支持。

3.2.3 业务系统

业务系统主要包含维修保障作业、技术质量管控、维修技能训练三个模块。

1. 维修保障作业

装备维修保障作业是指装备修理工厂相关部门和装备修理车间，为保持、恢复装备的可靠性，使其战术技术性能能够得到有效发挥所做的维护、修理和相关保障活动。该类业务工作主要由装备修理分厂或装备修理车间来实施，主要包括科学确定装备大修作业内容、合理配置装备大修作业分工、优化改造装备大修作业流程等工作。

2. 技术质量管控

装备大修技术质量管控是指为了确保装备大修质量所做的相关业务工作，包括计划管理、过程质量控制、质量检验等方面。该类业务工作由装备修理工厂的质量管理、质检验收部门和修理车间的质量控制人员来实施，主要包括建立科学的质量监控目标、完善的质量控制流程、系统的质量评估机制等内容。

3. 维修技能训练

装备维修技能训练是指为提高维修保障人员技术水平和工作能力，根据其技术状况和完成装备大修工作所需的技术要求，对维修保障人员进行的技术培训活动。该项业务工作主要由装备修理工厂的人力资源管理部门和修理车间来实施，主要包括完善装备大修一体化训练平台、开展装备大修全任务科目训练、健全各种类训考体系等内容。

3.2.4 测量分析系统

装备大修测量分析系统是连接管理、运行与改进的重要链条，贯穿于装备大修系统运行的全过程，是对装备大修系统各要素、各环节进行的精确测量和精准分析。测量分析系统主要包括数据测量和数据分析两个模块。

1. 数据测量

对装备大修系统进行精确测量是实施精细化管理的基础，测量的内容主要包括能反映系统运行的特征数据，如装备故障率、维修工时、返修率、器材备件不合格率、维修缺陷等，这些数据中既有定量数据，又有定性数据，然后用统计工具对其进行描述和评估，进而获得对问题的定量化认识，从而为量化分析做好准备。

2. 数据分析

数据分析是对通过测量获得的数据进行再加工的过程，分析阶段需要从中找出有用信息，查明影响流程进度和效果的各种原因；对测量阶段收集的数据，运用头脑风暴、因果矩阵、方差分析等统计工具进行系统的分析，挖掘现象背后深层次的原因，通过精准分析找出哪些因素对装备大修结果有显著影响，从而为改进阶段提供方向和依据。

3.2.5　改进系统

改进是测量分析的落脚点，是装备大修系统能力不断提升的有效保证。装备大修系统的改进应围绕要解决的矛盾问题，从目标改进、过程改进、方法改进和结果改进四个维度展开。

1. 目标改进

由于装备大修系统的运行受诸多因素制约，系统目标的设定是综合考虑装备技术状态、人员修理能力和资源条件基础的结果。随着精细化管理的推行，要不断地对装备大修组织管理系统目标的实现程度进行评估，对达成的目标要持续追求更高的境界。此外，当环境、条件变化后要预测目标的可实现性，适时做出调整，确保目标的导向作用。

2. 过程改进

装备大修系统的效能取决于装备大修过程的能力水平，为保证系统效能的提升，需要定期评价过程实现结果的能力，特别是对系统效能具有核心作用的过程，应及时发现问题，然后对不完善的地方加以改进。可以运用质量控制、六西格玛等各种改进方法调整过程的输入、资源配置以及过程运行的规则，控制过程的异常波动，形成持续改进机制，从而保证装备大修精细化管理的稳步推行。

3. 方法改进

方法的改进一般都融于过程的改进之中，精细化管理的方法工具繁多，不同的管理范畴，其工具方法也有所区别。如现场管理中可采用看板管理、6S管理、全面生产维护等方法；质量管理中可采用六西格玛管理、ISO 9000等方法；绩效管理中可采用战略图、平衡计分卡、关键绩效指标等方法；综合管理中可采用卓越绩效管理模式、流程管理、约束理论等方法。除了选择合适的改进项目和改进方法外，还应定期评估方法的应用效果，及时调整应用策略，对有效的方法要固化到管理及业务工作流程中，形成长久的方法应用与推进机制。

4. 结果改进

结果的改进是目标、过程、方法改进的直接反映，要坚持预防为主、重心前移，通过加大对过程的改进力度，提升过程质量，从而实现以卓越的过程追求卓越的结果。

3.2.6　方法支持系统

精细化管理的工具、方法非常多，大体上可以分为七类，一是判断分析问题类工具，主要包括流程步骤图、高端流程图SIPOC分析等；二是分析问题确定差距类工具，主要包括关键绩效指标、约束分析、风险分析、浪费分析等；三是确定改进目标类工具，主要包括价值流图、SMART分析等；四是确定问题根源类工具，主要包括帕累托图、鱼骨图等；五是制订对策类工具，主要包括成本效益分析、战略行动分析等；六是检视对策类工具，主要包括目视管理、看板管理等；七是确定结果和进程类工具，主要包括流程管理、PDCA循环等。

从内容上看，这些工具可分为战略分析工具、业务分析工具、质量控制工具、统计分析工具等。由于很多工具、方法都是为了解决特定类型的问题而被创造出来的，因此在使用这些方法和工具的时候，首先要弄清这些方法和工具的适用对象、适用范围和功能；同时还要结合装备修理工厂的实际，生搬硬套必然无法发挥这些方法、工具的作用。

3.3 装备大修精细化管理内容体系

装备大修精细化管理是一项复杂的系统工程，其本质是通过全面、全员、全过程地进行精细决策、精细计划、精细操作、精细控制和精细考核来提升和强化执行能力。基于前面我们提出的装备大修精细化管理框架体系，从管理内容体系上来看，精细化管理主要包括目标计划体系、环节流程体系、质量标准体系、过程监控体系、考核评估体系和管理信息体系。

3.3.1 装备大修精细化管理 OPSCAI 模型

精细化管理运行体系的六个方面内容是相辅相成的一个整体，目标计划体系是依据，环节流程体系是基础，质量标准体系是保证，过程监控体系和考核评估体系是手段，管理信息体系是支撑。其中：目标计划体系——制订目标和计划，构建目标群；环节流程体系——分解细化目标，形成子目标和工作流程；质量标准体系——量化目标，将目标具体化；过程监控体系——实时监控各工作环节的目标实施，确保质量与进度；考核评估体系——分析最终结果与总目标匹配程度，并进行处理；管理信息体系——实时合理处理，提高管理效益。

装备大修精细化管理的内容体系及关系如图 3.3.1 所示。

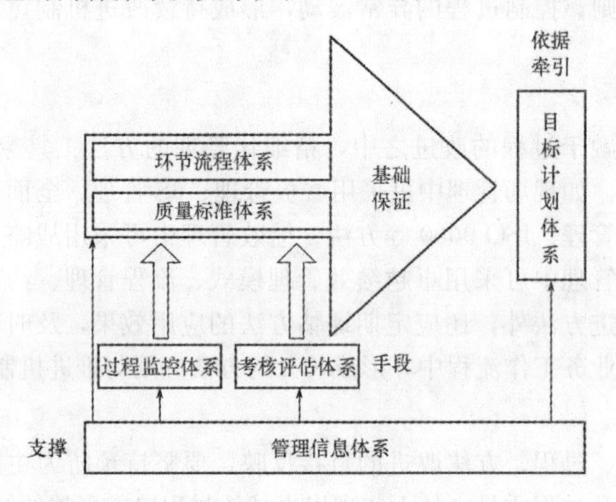

图 3.3.1 装备大修精细化管理内容体系关系图

以上六大内容体系可形成装备大修精细化管理的 OPSCAI 模型，其中“Objective”(目标)、“Process”(流程)、“Standard”(标准)、“Control”(监控)、“Assessment”(考核)、“Information”(信息)六大要素形成了一个整体，模型如图 3.3.2 所示。

3.3.2 目标计划体系

建立目标计划体系，重点是解决组织的目标分解和细化，目的是将组织目标变成工作环节目标和单位(个人)目标。精细化管理目标的细化一般有两种方法：一种是横向细分(按工作领域分)，将总目标按照工作领域分解为有机联系且相对独立的目标；另一种是纵向细分(按业务隶

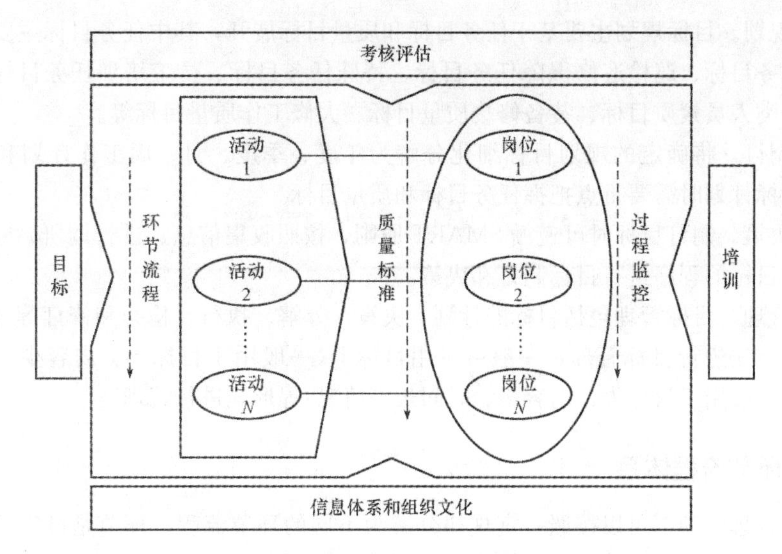

图 3.3.2　装备大修精细化管理的 OPSCAI 模型

属关系分)，将总目标分解到各个单位甚至个人，形成系列目标。通过对总体目标的层层细化分解，使总体目标在单位内部建立起一个纵横联结、立体全面的目标计划体系，这样就把各部门、各类人员都纳入总的目标体系中，使每个人的工作目标都与单位的总目标挂起钩来，以有利于强化单位职能围绕总体目标开展工作。

1. 装备大修目标计划体系内涵

装备大修精细化管理目标应尝试推行“以维修工卡为载体、以业务流程为中心、以管理系统为平台、以维修人员为主体”的精细化管理模式，通过对装备大修相关组织管理和维修实践活动进行精细化管理，以期实现以下七个方面的目标：

(1)通过目标体系的规范化，提高决策能力和决策质量，确立科学的装备大修工厂和装备大修保障目标，实现目标决策“零失误”；

(2)通过组织架构的规范化，优化维修组织结构，明确管理部门职能，更好地发挥维修组织机构的效能；

(3)通过岗位设置的规范化，合理设置维修一线各类工作岗位、工作内容及责权关系，确定岗位素质标准，通过全方位的岗位培训满足维修管理和作业岗位工作要求；

(4)通过管理流程的规范化，优化和再造维修一线管理流程，消除“重叠”、连通“断点”、拉直“走向”，实现组织模式由等级控制式、职能控制式管理向流程协调式管理转变；

(5)通过信息系统的规范化，构建安全、高效的维修作业管理系统和维修管理信息系统，加强维修信息应用，实现对维修作业的计划控制和过程跟踪管理，提升维修质量和效益；

(6)通过运行机制的规范化，克服和消除管理理念、管理习惯、管理素质和管理体制“四大制约”，确保装备大修管理体系的稳步、健康、高效运行；

(7)通过文化建设的规范化，引导维修人员修正价值取向和行为方式，培育维修人员的价值观念、行为准则和道德规范，构建特色鲜明的装备大修企业文化。

2. 目标计划体系的内容

完整的装备大修精细化管理目标计划体系包括：基于任务目标和质量目标的目标规划、计划制订、目标决策和目标管理。

(1)目标规划。目标规划主要基于任务目标和质量目标展开，其中任务目标主要包括装备大修工厂大修任务目标、巡检巡修保障任务目标、特殊任务目标、员工培训任务目标等；质量目标主要包括各类人员素质目标、装备修竣质量目标、大修工作质量目标等。

(2)计划制订。将确定的规划目标细化分解为年度、季度、月、周工作计划和专项工作计划，在制订目标计划时需要重点把握任务目标和质量目标。

(3)目标决策。制订目标时可遵循 SMART 原则，按照收集信息、进行调研、专题研究、集体审核、发布目标的程序进行目标制订和决策。

(4)目标管理。目标管理包括目标的计划、决策、分解、执行、检查和修订等环节，可以采取跟踪问效的方法进行目标管理，一般可采用目标卡(一般用于目标小、内容少、时间短等情况)、跟踪单(一般用于目标大、内容多、时间长等情况)等形式进行管理。

3.3.3 环节流程体系

任何组织管理活动都可以按照一定规律分解为不同的环节流程，环节是过程管理中最重要的组成部分，必须把管理工作环节作为装备大修精细化管理的切入点。按照管理的内在规律，突出管理过程中的主线和重点，研究确立影响质量的关键环节，使各类工作流程化。

1. 建立装备大修环节流程体系的思路和过程

首先是确定工作环节。工作环节设计的基础是组织的发展战略、质量目标、质量标准、组织结构、职能分解、岗位设置。确定工作环节的意义在于使管理者和实施者共同明白达到一项目标需要干哪些工作。

其次是制订工作流程。将各个环节按照管理的内在规律，按时间或工作任务的衔接顺序将其连接起来。制订工作流程的意义在于把原来以职能为中心的传统管理方式转变为以流程为主线、以职能为重点的新型管理模式。

最后是流程图应环环相扣。上一级的输出点为下一级的输入点，如果一项工作的完成要在不同工作人员之间经过一次以上的交接，就会出现衔接问题。如果衔接不顺畅，就会出现浪费环节，这也是工作任务不能高效落实的一个非常重要的原因。

建立装备大修环节流程体系的基本原则是以质量和效益为导向、以瓶颈和短板为突破。建立装备大修环节流程体系的一般过程如下：

(1)根据价值链原理，建立装备大修业务流程的分类体系。根据价值链原理，按照职能设置和管理制度，将装备大修业务流程横向分类、纵向分级，形成结构合理、衔接顺畅、落实有力的装备大修业务流程分类体系。

(2)落实流程分类体系，逐级逐项梳理各业务流程。以流程分类体系为指导，逐级逐项梳理业务流程，最终建立装备修理工厂大修业务流程体系。流程梳理有三个层次，一是流程规范：基于现状，提出流程清单，对每一个流程划清部门和岗位的职责，建立流程文件体系。流程文件包含流程图、流程说明、机构职责矩阵。其中，流程图用专业图例，直观描绘流程；流程说明以文字表格形式，说明流程描述、机构岗位、风险控制点、相关制度；机构职责矩阵提出所涉及部门或岗位的详细职责分工。二是流程优化：通过清除、简化、整合等手段，优化现有流程。三是流程再造：通过组织结构调整、业务流程转换对现有流程重构再造，重点解决“这些流程有无相关计划，谁制订、审批、执行？在这些流程中，哪些部门、岗位做什么活动，活动之间的关系是什么？这些流程有无相关的控制点，谁监控、如何考核？这些流程有无相关报表，谁提交、是什么内容、接收者如何反馈结果?”等问题。

2. 流程图和流程工作标准表

流程图包含的主要要素如下：①流程编号；②流程名称；③主岗职责(表示此流程由哪个岗位负主要责任)；④任务概要；⑤岗位机构；⑥工作顺序；⑦流程标准符号；⑧文字叙述；⑨单位；⑩制作人；⑪发布日期；⑫密级。

流程工作标准表包含的主要要素如下：

(1)任务名称：流程活动模板的内容概述；

(2)节点：流程活动模板在流程图中的纵横坐标组合；

(3)程序：流程活动模板的具体解释，即把该活动的具体内容按照先后顺序进行描述；

(4)重点：流程活动中的关键步骤和内容；

(5)标准：流程执行所要达到的指标和注意事项；

(6)时限：流程活动所应满足的时间限制；

(7)相关资料：流程执行过程中所参考的资料。

除此之外，在流程执行过程中需使用到管理表单以及指令卡、操作卡和信息卡等相关表格，主要是依据工作需要制订，尽量采用统一模板，同时应力求表达清楚、简洁、有效，能对执行流程起到促进作用。如维修质量检验卡片，就是维修质量检验流程的管理表单，要求与流程紧密联系，使流程更具操作性。

3. 装备大修核心流程

要实现装备大修工作的流程管理，就要依托管理流程图、流程工作标准表和管理表单等载体，优化和再造装备大修“四大核心流程”，即：①以岗位定职责、以职责定内容、以效率为导向的维修组织管理流程；②以工卡为载体、以过程为中心、以质量为导向的装备大修作业流程；③以网络为平台、以控制为重点、以信息为导向的维修信息管理流程；④以岗位定标准、以标准训技能、以素质为导向的维修业务训练流程，从而实现装备大修流程化、精细化管理。

3.3.4　质量标准体系

质量标准体系主要包括单位标准、个人标准、工作环节的标准。装备大修从大修检测到修竣验收都有其相应的技术要求，各级各类人员在不同的管理环节、不同的岗位承担着不同的任务。因此，在制订质量标准时，必须按照各项规章制度，把各项工作的工作流程、工作方法加以精细化规定，并以标准的形式确定下来，通过文件的方式加以保存，使之标准化、明确化，并切实贯彻执行，这样就不会产生职责不分、相互推诿的情况，也不会使好的工作经验随着相关人员的流动而流失。没有标准化，就没有精细化，实行标准化管理，就是通过建立统一的技术标准、工作标准和管理标准等，使执行者的岗位责任明确化、工作实施流程化、实际操作程序化、检查考核精细化，及时用客观规则发现管理弱点，用可靠数字改善工作效益，用固定尺度衡量能力差异。

建立和运行质量标准体系的主要步骤如下：

(1)确定需求和期望；

(2)建立质量方针和质量目标；

(3)确定实现质量目标必需的过程和职责；

(4)确定和提供实现质量目标必需的资源；

(5)规定测量每个过程的有效性和效率的方法；

(6)应用这些测量方法确定每个过程的有效性和效率；

(7)确定防止不合格现象并消除其产生原因的措施；

(8)建立和应用持续改进质量标准体系的过程。

质量标准体系建立或完善的工作过程如图 3.3.3 所示。

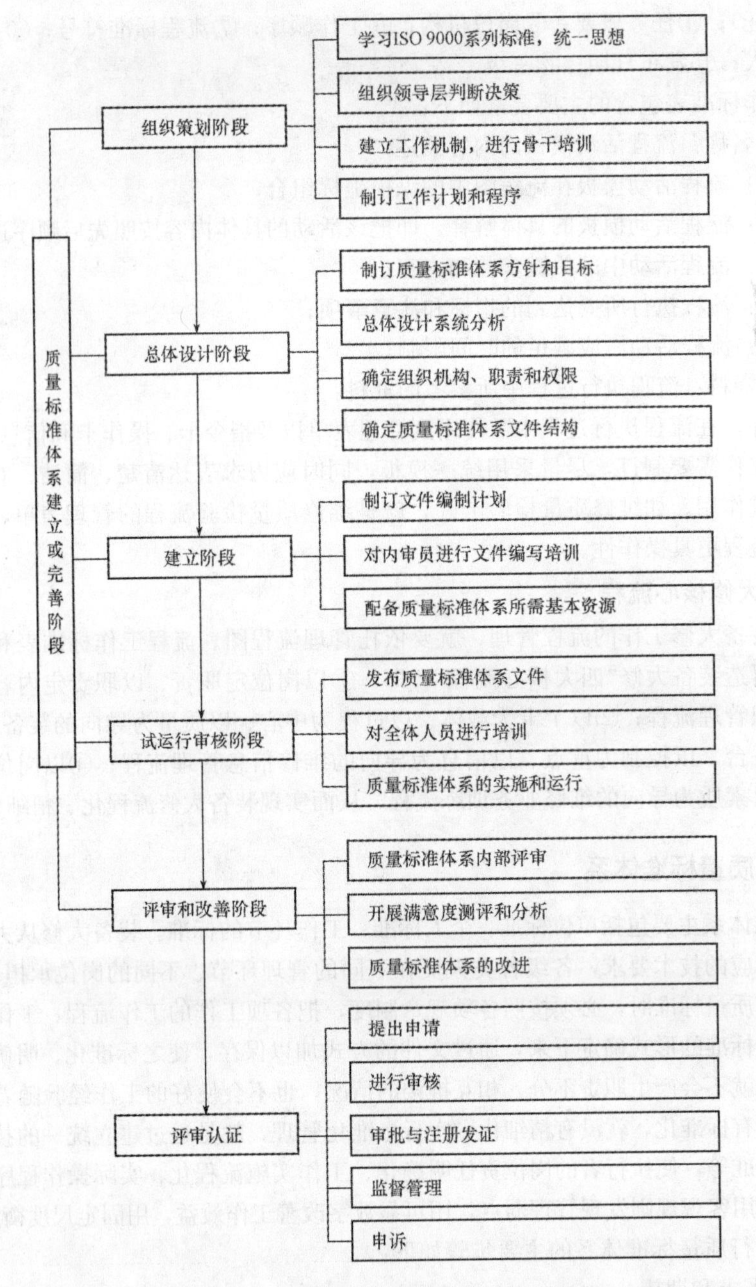

图 3.3.3　质量标准体系的建立或完善过程

装备修理工厂建立质量标准体系及管理机制，旨在运用全面质量管理理论、技术、方法和手段，对装备大修作业质量实施科学的统筹管理和细致的过程管理，特别强调以质量为中心，领导重视、全员参与，通过质量检查、质量检验、质量考核等手段，确保装备大修作业质量。构建装备修理工厂质量标准体系的基本程序和方法如下：

(1)组织实施质量体系建设。建设质量体系，编制质量体系文件，制订各种质量图标、质量管理方案。常用质量体系文件包括质量手册、程序文件和作业指导书。

(2)组织实施质量教育和专业培训。主要包括质量意识教育、质量管理知识教育、法规标准教育；质量教育应与人员专业培训紧密结合起来，形成长效性的制度机制。

(3)组织实施装备修理质量控制。通过对影响装备维修质量的作业人员、保障装备、设备设施和环境等因素，以及维修作业过程的控制，确保维修质量达到规定标准。

(4)建立健全质量管理责任制。对装备大修工厂各单位、各部门和全体人员在质量管理方面的职责做出明确的规定，使每个机构、每个人员都明确自己在质量管理方面的职责，从而按质按量按时完成自身的工作任务，确保质量保证体系的有效运行。

(5)组织实施质量评定和推动质量改进。为了正确评定装备修理维修质量，需要建立装备修理质量评定体系，明确具体指标。除此之外，还应建立装备大修工作质量评定指标体系。通过开展两方面的装备大修质量评定，发现装备修理工厂质量问题，采取措施，归口上报处理，推动质量改进。

3.3.5　过程监控体系

细密有效的反馈，严格的检查、监控，是精细化管理最重要的一个环节。如果缺乏对管理过程的有效监控，管理势必会回到粗放型的老路。检查督导是提高执行力的关键，管理精细的企业大都强调管理者下沉，加强末端督导。通用电气公司前总裁韦尔奇的“深潜”运动，海尔集团采取的多层级、全覆盖、全过程、短间隔、早预警的检查督导方法，都体现了这种理念。过程监控体系要以目标计划体系为方向，以环节流程为重点，以质量标准体系为依据，对装备大修精细化管理活动实施全过程监控。

1. 过程监控的主体内容

(1)质量监控。主要监督目标计划体系所涉及的质量目标、质量活动是否如期完成以及质量活动是否满足质量标准体系要求，严格对照质量标准体系对装备大修所进行的各项活动进行检查，以确保各项工作的质量，预防事故的发生。

(2)进度监控。装备大修是一项特殊的军事活动，要严格对照质量标准体系要求，严格监控装备大修活动的进度。对于没能按进度完成的任务，要认真分析原因，查找问题根源，确保各项工作严格按进度进行。

(3)费用监控。装备大修活动要用到各种保障资源，在费用监督方面做到不能将资源和经费浪费在无效的维修保障活动中，一方面要及时、迅速地恢复装备的功能和状态；另一方面要确保维修设施设备完好、备件充足，维修器材完整，维修人员编配合理，培训良好，力争用最少的维修资源取得较高的经济效益，获得较高的费效比和最低的寿命周期费用。

(4)人员监控。维修保障人员是装备大修活动的主体，据统计，80%的事故均来自人为差错。因此，要加强对维修人员的监控，减少直至消除维修保障活动中的人为差错。

2. 过程监控的组织实施

首先，在监控组织机构上，需要成立专门的实施精细化管理的办公室(可分为几个专业工作小组)，负责指导、组织、协调、监督装备大修精细化管理工作的开展。在各单位都要设立信息反馈员，将各类管理活动信息通过信息化管理系统及时上报。

其次，在监控的横向组织形式上，采取内部审核、互检、上级部门检查考核等多种形式。内部审核通过对管理关键环节和维修保障过程实施的状态和记录进行系统审核，重点检查是否有推诿、延误现象；互检、上级部门检查考核是根据互检的反馈意见，结合上级部门检查考核情况，对管理的各个过程进行重点考核。

最后，在监控的纵向逻辑形式上，主要分为事前监控、过程监控和事后监控。事前监控就是对照环节流程和质量标准体系，对开展各种装备大修活动的准备情况进行评估，以判定完成相应的目标计划的概率；过程监控是指对实施中的各种装备大修活动进行评估，以便及时发现存在的问题，提出整改措施；事后监控是对从开始准备到结束进行全过程的评估，及时总结经验和教训，为下一次活动的展开奠定良好基础。

3. 过程监控的程序和重点

加强装备大修活动的过程监控，主要包括对计划、准备、实施、总结四个阶段的监控，其中计划阶段主要通过制订计划人员的第一手工作及自查、专业督导审查、接收单位或人员的接收计划和反馈来实现过程监控；准备阶段主要通过专业督导合理派工、进行维修技能问答、领取合格维修工具、维修作业人员明确工作任务等实现过程监控；实施阶段主要通过节点控制、质量检验等形式实现过程监控；总结阶段主要通过及时收集并填写相关信息、检查信息反馈和问题处理单等实现过程监控。

某装备修理工厂实施6S管理关键控制点如表3.3.1所示，其他各类大修活动可以此为模板进行关键控制点的设置及细化。

表3.3.1 实施6S管理关键控制点

<table>
<tr><th>工作目标</th><th>知识准备</th><th>关键点控制</th><th>细化执行</th><th>程序图</th></tr>
<tr><td rowspan="7">1. 更好地贯彻机务大队全面质量管理方针，提高人员质量管理的主动性
2. 提高人员的整体素质和工作效益</td><td rowspan="7">1. 了解全面质量管理的相关知识
2. 了解空军的相关制度
3. 了解实施6S的内容、要点、难点和方法等</td><td>1. 成立6S推行领导小组：机务大队指定质量控制室主任组织成立6S推行委员会，并且明确划分委员会成员的职责</td><td>6S活动开展管理制度</td><td rowspan="7">1. 成立6S推行领导小组
↓
2. 确立6S活动计划
↓
3. 6S活动培训与宣传
↓
4. 执行6S活动计划
↓
5. 6S活动检查和评比
↓
6. 分析问题，制订对策
↓
7. 6S成果发布</td></tr>
<tr><td>2. 确定6S活动计划：6S推行领导小组负责制订6S推广活动计划，该计划通过大队领导审批后生效</td><td></td></tr>
<tr><td>3. 6S活动培训与宣传：为了让人员明确6S活动的目标和意义，调动人员参与6S活动的积极性，质量控制室和相关部门开展各种6S培训与宣传活动</td><td>机务大队培训管理制度</td></tr>
<tr><td>4. 执行6S活动计划：各相关部门具体执行6S活动计划</td><td></td></tr>
<tr><td>5. 6S活动检查和评比：6S推行领导小组监督各部门6S活动计划的执行情况，对各部门反馈的6S活动成果进行检查和评比</td><td>6S活动检查评比表</td></tr>
<tr><td>6. 分析问题，制订对策：6S推行领导小组分析6S活动推行过程中发现的问题，并制订相应的对策</td><td></td></tr>
<tr><td>7. 6S成果发布：6S推行领导小组负责定期发布6S活动取得的成果，并根据人员的表现情况和机务大队的奖惩标准实施具体奖惩</td><td>6S成果报告表</td></tr>
</table>

3.3.6　考核评估体系

1. 考核评估程序

考核评估应以目标计划体系为导向、以质量标准体系为对照，如果评估的结果是所有环节、所有过程都符合质量标准体系要求，但是最终结果没有完成目标，那就需要对质量标准体系或者目标计划体系进行修正；如果考核的最终结果是实现了目标，但是某些过程和环节不符合质量标准体系要求，也要对质量标准体系或者目标计划体系进行修正，以检查是质量标准体系要求太高还是目标制订太低。考核评估的具体实施步骤如下：

(1)成立考核评估小组。

(2)确定考核评价指标体系。将质量标准体系细化为考核评价指标体系，在制订考核评价指标体系时切忌引入过多评价标准以致管理者无法集中精力；切忌设计互相矛盾的业绩评价标准，这些标准向相反的方向鞭策一线管理和技术人员，令管理者找不到真正的价值创造需要。

装备修理工厂管理人员和维修技术人员绩效评价表分别见表3.3.2、表3.3.3。

表3.3.2　装备修理工厂管理人员绩效评价表

姓名：　　　　　　部门：　　　　　　岗位：　　　　　　评价日期：

评价因素	对评价期间工作成绩的评价要点	评价尺度				
		优	良	中	可	差
1. 工作态度	(1)把工作放在第一位，努力工作；	14	12	10	8	6
	(2)对新工作表现出积极态度；	14	12	10	8	6
	(3)忠于职守，坚守岗位；	14	12	10	8	6
	(4)对下属的过失勇于承担责任	14	12	10	8	6
2. 业务工作	(1)正确理解工作指示和方针，制订适当的工作计划；	14	12	10	8	6
	(2)按照下属的能力和个性合理分配工作；	14	12	10	8	6
	(3)及时与有关部门进行必要的工作沟通；	14	12	10	8	6
	(4)在工作中始终保持团队精神，顺利推动工作	14	12	10	8	6
3. 管理监督	(1)在人事关系方面，部下没有不满或怨言；	14	12	10	8	6
	(2)善于放手让下属去工作，鼓励他们乐于协作的精神；	14	12	10	8	6
	(3)十分注意生产现场的安全卫生和整理整顿工作；	14	12	10	8	6
	(4)妥善处理工作中的失败和临时追加的工作任务	14	12	10	8	6
4. 指导协调	(1)经常注意保持提高下属的工作积极性；	14	12	10	8	6
	(2)主动改善工作和提高工作效率；	14	12	10	8	6
	(3)积极培训，辅导部下，提高他们的技能和素质；	14	12	10	8	6
	(4)注重实施目标管理，使工作协调进行	14	12	10	8	6
5. 工作效果	(1)正确认识工作的意义，努力取得最好成绩；	14	12	10	8	6
	(2)工作方法正确，时间和费用安排合理有效；	14	12	10	8	6
	(3)工作业绩达到预期目标或计划要求；	14	12	10	8	6
	(4)工作总结和汇报准确真实	14	12	10	8	6

1. 通过以上各项的评分，该员工的综合得分是：＿＿＿＿＿＿分。

2. 你认为该员工应该处的等级是：(选择其一)[　]A [　]B[　]C[　]D

A. 240分以上　B. 240～200分　C. 200～160分　D. 160分以下

3. 评价者意见：

＿＿＿＿＿＿＿＿

评价者签字：＿＿＿＿＿＿＿＿　日期：＿＿＿年＿＿＿月＿＿＿日

表 3.3.3　装备修理工厂维修技术人员绩效评价表

姓名			部门			职等			
出勤奖惩	迟到	旷工	产假	婚假	丧假	病假	事假	奖励	处分
加(扣)分									

项目	评价内容	配分	初核	复核	评语
经验学识	学识、经验能触类旁通，且能提供改进意见	20			初评
	学识、经验较一般人良好	16			
	肯上进，接受指导尚能应付工作	12			
	不求上进，尚需继续加以训练	8			
专业技能	对工作要求茫然无知，工作疏忽	4			
	极丰富的专业技能，能充分完成本职工作	20			
	有相当的专业技能，足以应付本职工作	16			
	专业技能一般，但对完成工作尚无阻碍	12			复评
	技能程度稍感不足，执行任务常需请教他人	8			
责任感	对工作必需技能不熟悉，日常工作难以完成	4			
	任劳任怨，竭尽所能完成任务	20			
	工作努力，分内工作非常完善	16			
	有责任心，能自动自发完成工作	12			
	交付的工作需督促方能完成	8			
工作协调	敷衍了事，无责任感，做事粗心大意	4			分数
	与人协调无间，为工作顺利完成尽最大努力	20			
	爱护团体，常协助别人	16			
	肯应别人要求帮助他人	12			
	仅在必要与人协调的工作上与人合作	8			等级
	精神散漫，不肯与别人合作	4			
积极性	奉公守法，足为他人楷模	20			
	热心工作，支持公司方面的政策	16			
	对本身工作感兴趣，不于工作时间开无聊玩笑	12			
	工作无恒心、精神不振，不满现实	8			
	态度傲慢，常唆使别人向厂方提不合理要求	4			
合计					
被评价人意见及希望：			评价人意见及希望：		

(3)确定考核评估方式。在绩效考核时有很多种方法可供选择，其中最常用的方法包括图解

等级法、行为瞄定定级法、行为观察法、关键事件法、目标管理法和关键绩效指标法等。

(4)考核的实施。在实施考核时，要坚持客观性、公平性、公开性、激励性等原则，考核不是绩效管理的最终目的，而是通过考核将维修保障人员的实际工作成绩反馈给他们，帮助他们找到未来改进的方向和方法，进一步提高未来的工作绩效。

(5)考核结果的应用。根据考评的结果进行激励，是精细化管理工作的重要内容。激励得当，对保持精细化管理的严肃性、对下一轮管理周期的运行，将起到重要的强化作用；反之，精细化管理意识将逐渐淡化，精细化管理的推动作用将逐渐减弱。装备大修精细化管理的着力点是所有人员的积极性和主动性，因此要建立推行装备大修精细化管理激励、约束机制，以推进精细化管理工作的持续深入开展，对工作开展不力的单位实行首问责任制，对考评结果靠后的个人要实施适当惩罚。

2. 装备修理工厂考核评估机制的建立

考核评估机制是装备修理工厂精细化管理运行机制的重要组成部分，主要采用绩效考核法，完成对装备修理工厂各个层次单位、部门和个人完成任务、改进质量情况，单位全面建设、规范化管理情况和大修保障能力等方面的检验和评估。

3.3.7　管理信息体系

装备大修工作环节多、过程复杂、周期长，每项工作都需要生产、技术、质控和器材备件等部门协调完成，因此需要数字化技术来辅助维修，利用统一的数字化平台来保证装备大修文件的适时有效性、可靠性和质量控制的准确性以及历史信息的可追溯性，构建精细化管理信息系统就成了信息化条件下装备大修工作的必然选择。

某修理工厂承担的装备修理任务来源及数量相对稳定，维修质量控制要求高，由于缺乏专业的数字化信息平台支撑，目前维修业务管理主要采取行政手段，维修作业数据采集主要依靠人工记录，数据存储主要采取纸质记录，信息传递主要采用上传下达，过程控制主要采用人工检查和监督，因此管理方式不够精细、管理难度较大。为了提高修理工厂的精细化管理水平，迫切需要加强修理工厂维修数字化管控建设，建立修理工厂信息化网络环境，开发应用信息化管理平台，将生产管理、维修管理、质量管理与生产维修过程紧密联系在生产、修理过程中，采取多种技术与管理方法，保证生产维修全过程各类质量管理信息与数据能实时采集、汇总，以利于开展基于质量管控的业务工作，使质量管理工作能在工作环节得以固化和实施，让数据信息反映问题。用稳定、广泛的数据信息流联结与生产维修相关的各项业务活动，形成完整的管理闭环，真正使信息对装备维修质量产生反馈和支持，从而解决当前维修质量管理数据不足、规律不清的问题，使修理工厂管理层能够通过该系统及时、全面、准确地掌控设计、生产、管理过程的实际质量状态；通过规范的流程设置、预警和监控，实现业务过程受控；通过大数据统计分析，为管理决策提供有效支持；通过健康管理实现装备信息追溯。该修理工厂建立了数字化维修管理控制系统，该系统依托基础计算机网络、软件和物联网等基础 IT 设施，以《质量管理体系要求》(GJB 9001B—2009)质量标准体系为理论依据，立足于修理工厂维修质量管理的实际需求，采用 SOA 技术架构，构建数字化维修管理控制工程总体构架，全面支持飞机修理厂研发、生产、维修过程质量控制，资源管理、维修现场末端数据采集与业务追溯。同时，通过维修数字化管理工程，建立飞机修理工厂大数据中心，实现数据的综合统计分析和维修知识经验沉淀积累，最终实现装备健康管理。

数字化维修管理控制系统的总体功能框架如图 3.3.4 所示。

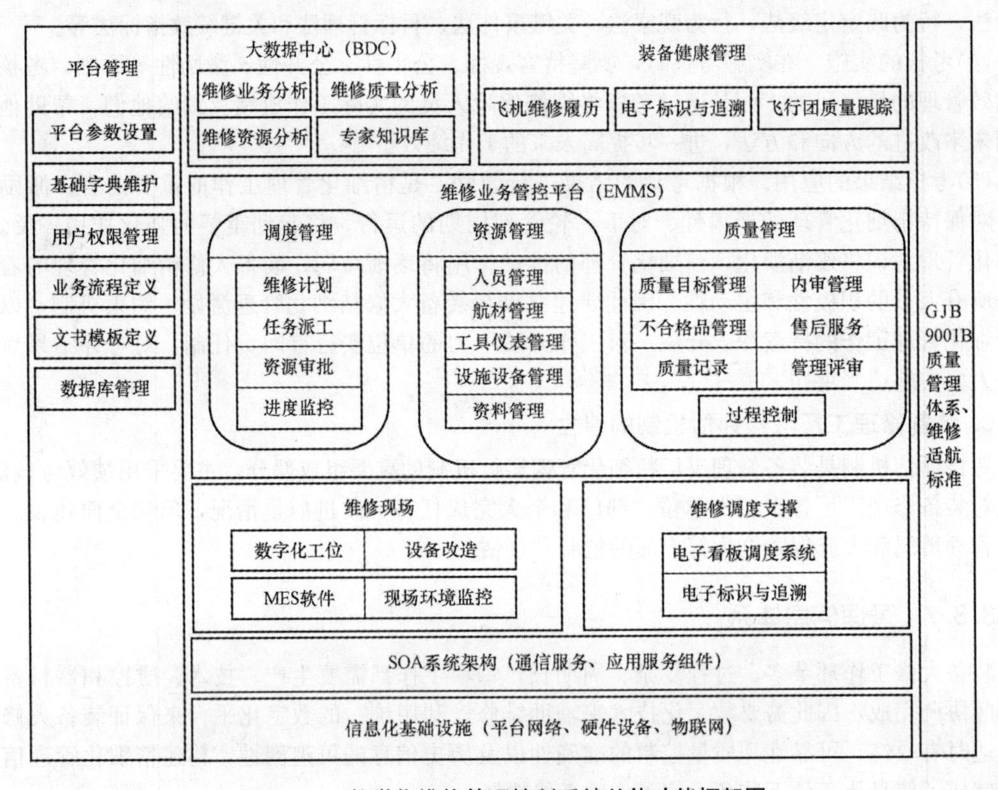

图 3.3.4　数学化维修管理控制系统总体功能框架图

中篇

装备大修质量分析评估与控制方法

从上篇对装备大修单位组织管理的现状、问题分析和提出的对策措施可以看出，承担装备大修任务的维修单位必须从质量意识理念、质量管控机制、业务技术操作等层面出发，通过建立规范有效的质量管理体系、完善长效的质量工作管理机制、培养技术过硬的大修保障人才、注重大修现场和过程质量管控、强化各级各类人员的质量意识，才能不断提升装备大修单位的精细化管理水平，进而确保大修单位管理工作质量和装备大修质量。

本篇是装备大修精细化管理理论在装备大修质量管理领域应用的“方法技术篇”，重点对基于精细化管理理论方法的装备大修单位质量管理水平和装备大修质量分析评估及控制的关键方法技术进行深入研究，第4章通过基于问卷调查结果的定性分析和基于偏最小二乘一结构方程模型(PLS—SEM)的定量分析，从宏观层面构建了一种对装备大修单位质量管理水平进行定性、定量分析的有效方法；第5章提出了基于分形理论的装备大修质量定性评估简易分析方法，在构建装备大修质量评估指标体系和明确装备大修质量单项参数计算方法的基础上，研究提出了装备大修质量定量评估的综合计算方法；第6章从装备大修计划、现场修理和修竣验收等维度的质量控制问题出发，系统剖析了装备大修质量控制的内容和方法，重点探讨了基于控制图的装备大修工序质量控制方法。

第4章　装备大修单位质量管理水平分析

本章在调研分析各军兵种装备大修单位质量管理工作现状，总结其典型特点及存在问题的基础上，对装备大修单位质量管理水平进行了全面诊断和系统分析，分别采用基于问卷调查结果的定性分析方法和基于偏最小二乘－结构方程模型(PLS－SEM)的定量分析方法剖析了装备大修单位的质量管理水平，在宏观层面寻求到了一种对装备大修单位质量管理水平进行定性、定量分析的有效途径。

4.1　质量管理水平组成要素分析

4.1.1　典型质量管理理念的要素分析

国内外学者在研究现代组织质量管理水平的过程中提出了一系列质量要素以及各种分析框架和模型，多年的实证研究表明：组织所处的国家、行业等的差异使得在评价组织时所采用的质量要素有所不同。如质量大师戴明的质量管理要素分析主要可以归结为以下几点：对组织愿景的领导、内部以及外部的合作、学习和培训、过程管理、持续改进、员工参与、顾客满意。尽管随着研究的深入以及组织竞争环境条件的不断变化，影响组织质量管理水平的关键要素也在不断发展和改变，但是总结多位学者的观点可以看出：领导/管理、系统/测量、过程/制造、顾客、供应商、设计、员工参与等是各学派共同关注的质量要素。

1. 全面质量管理要素

我们可以把费根堡姆时代的全面质量管理看作狭义的概念，现代的全面质量管理在不断发展完善，则其概念可以看作广义的。如果从广义的质量管理概念角度讲，那么它所包含的质量管理要素是最为全面的。费根堡姆的《全面质量管理》一书将质量管理理念带入了一个新的阶段，其对全面质量管理的定义是：为了能够在最经济的水平上，并考虑到在充分满足顾客要求的条件下进行市场研究、设计、制造和售后服务，把企业内各部门的研制质量、维持质量和提高质量的活动构成一体的一种有效的体系。全面质量管理作为质量管理理论的发展阶段之一，以该书的名字命名，由此就可以看出该书对质量管理理论发展的重要程度。

质量管理的方法，也从最初统计过程控制管理阶段的数理统计方法，发展到组织行为学、系统论、并行工程等的管理系统理论和方法。全面质量管理已经从注重工作效率发展到要求注重效率的同时还要注重员工满意的人性化管理方法。总的来讲，全面质量管理包含的质量要素有：质量领导、追求高品质的企业文化、诚实守信的经营理念、系统的得到全员认可的质量战略、培训、团队合作、顺畅便利的信息系统、有效执行的质量绩效评价和奖惩制度、适当的过程控制体系等。

2. ISO 9000 标准质量要素

由国际标准化组织的质量管理和质量保证技术委员会(ISO/TC 176)在1987年正式颁布的

ISO 9000族质量管理和质量保证系列标准，适应了国际贸易不断发展的趋势，达到了质量保证制度在国际上的广泛认可，更有利于保护消费者的利益，同时促进了企业的健康发展。我国在1992年5月召开的“全国质量工作会议”上决定等同采用ISO 9000族标准，做到了我国质量保证标准完全同步采用国际标准，与世界接轨，为我国企业的产品质量更上一层楼，为促进我国优秀的制造企业走出国门参与国际竞争打下坚实的基础。

ISO 9000族标准所包含的质量要素有：管理职责、质量体系、合同评审、设计控制、文件和资料控制、采购管理、顾客、过程控制、检验和试验、测量和试验设备的控制、检验和试验状态、不合格产品的控制、纠正和预防措施、搬运、贮存、包装、防护和交付、质量记录的控制、内部质量审核、培训、服务、统计技术等。

ISO 9000族标准规范了质量定义和术语，明确了企业质量管理体系应达到的基本要求。在标准中还提出了广泛适用的质量管理的八项原则，即：以顾客为关注焦点、领导作用、全员参与、过程方法、管理的系统方法、持续改进、基于事实的决策方法和与供方互利的关系。标准将企业管理体系分成为“管理职责”“资源管理”“产品实现”“测量分析和改进”四大管理过程，体现过程方法，同时标准本身也从过程的角度阐述该标准对质量管理体系各个过程以及质量要素的要求。ISO 9000族标准从最初的一套适应制造业的管理体系标准逐步完善，更具有广泛的适用性，成为可以被各种类型的组织所采用、实施的质量管理体系标准。

3. 卓越绩效管理质量要素

我国的卓越绩效模式融合了美国国家质量奖等当今世界发达国家最有影响的质量奖评奖标准的基本内容，反映了现代经营管理的先进理念和方法，是世界级企业的成功经验总结。在中国名牌产品评价中，申报企业要按照《卓越绩效评价准则》(GB/T 19580—2012)提供企业自身质量管理状况评价报告。因此，企业要想保持名牌产品的地位，确保通过三年一次的名牌产品复评，不断提高名牌产品的质量水平，必须按照要求贯彻实施《卓越绩效评价准则》(GB/T 19580—2012)。

卓越绩效模式要求以产品质量、服务质量为核心，强调组织整体的质量经营，通过提高质量去实现企业的经营绩效。将产品质量的概念拓展到经营质量，为了使企业获得持续稳定的发展，该模式对企业的领导作用、战略、以顾客和市场为中心、以人为本、企业文化等多方面提出了要求。卓越绩效模式要求企业不要把“顾客至上”作为一个口号，而要体现在企业的经营理念、企业文化和行动中。最终还要评价顾客满意度，追求顾客满意，根据反馈信息不断地提高顾客的满意度和忠诚度。从大的方面来讲，其所包含的质量要素主要有领导作用、质量战略、以顾客和市场为中心、过程管理、员工管理、测量和分析改进、知识管理、经营效果。获得质量奖也许对许多追求卓越质量的企业来说是一件梦寐以求的事，但是获得质量奖并不是目的，而是一个完善质量管理体系的过程。卓越绩效体系给企业提供了一个建立卓越管理体系的框架和模式，真正做到卓越的管理绩效需要一个艰苦的努力过程，当然也恰恰是这个过程而不是获奖本身给企业带来丰厚的市场和财务回报。

4. 六西格玛管理质量要素

过去的质量管理遵循3σ的质量准则，这意味着通常情况下会允许有近2.7%的不良品率，对如今的大批量生产或服务企业来讲，这一标准实际上是不可接受的。因此现代企业开始遵循6σ的质量准则，遵循这个原则的企业力图把不良品率降低到3.4 PPM。这样一个苛刻的标准不是轻松就能够实现的，局部的改进已经无法实现六西格玛的质量标准，需要系统的生产模式和管理体系变革，于是出现了如今风靡世界的六西格玛管理系统。六西格玛管理评价准则对质量管理要素进行了全面的诠释。从表4.1.1可以看出，六西格玛的要素有六西格玛领导力、顾客驱动与顾客满意、六西格玛项目管理、评价与激励、六西格玛管理成果五个方面。

表 4.1.1 六西格玛质量要素

序号	要素	要素组成部分	要素包含项目
1	六西格玛领导力	组织的愿景和价值观	组织的愿景；组织的价值观
		高层领导的推进作用	资源支持；六西格玛管理的参与
2	顾客驱动与顾客满意	顾客需求及响应	顾客需求及响应
		顾客满意	顾客满意目标；顾客满意度测评
		六西格玛管理制度与流程	六西格玛管理制度与流程
		沟通、交流与员工参与	沟通与交流；与组织外部的交流
		信息系统与共享	信息系统建设对六西格玛的支持；知识管理与共享
3	六西格玛项目管理	六西格玛项目选择	改进机会确定过程；项目选择流程
		六西格玛问题解决流程和工具应用	问题解决流程；六西格玛工具
		六西格玛项目计划与实施	项目计划与执行；项目过程评审
4	评价与激励	绩效评估系统	项目团队绩效评估；六西格玛推进人员绩效评估
		激励制度	奖励与认可；职业发展
5	六西格玛管理成果	顾客满意度成果	顾客满意度成果
		人力资源成果	人才培养成果；员工满意度成果
		业务过程指标改进成果	业务过程指标改进成果
		组织文化与管理变革成果	组织文化与管理变革成果

六西格玛管理要求不断改善产品、服务质量，并制订质量目标，应用质量工具和方法来达到顾客满意的要求。在六西格玛项目实施过程中，由倡导者、黑带大师、黑带和绿带人员组成的组织体系，为六西格玛项目的顺利开展提供了组织保障，新老 QC 七种工具、DMAIC、FMEA、QFD、DOE 等各种质量工具为六西格玛项目的成功实施提供了技术保障。六西格玛管理注重发现潜在的、隐藏的问题，而不是事后纠正错误，预先控制源头和影响因素，不给错误结果产生的机会。所以六西格玛已经不仅仅是一个质量上的统计标准，它更代表着一个全新的管理理念和管理哲学。

我国的六西格玛管理评价准则对质量管理要素进行了全面的诠释。图 4.1.1 显示了六西格玛管理要素的相互关系。

4.1.2 质量管理水平的根源、支持、结果要素

装备大修工厂在质量管理上是否能不断学习借鉴先进质量管理理念，表现为是否能够不断发展和完善大修工厂的质量管理体系，这些先进质量管理理念为装备大修工厂指明了从各种方

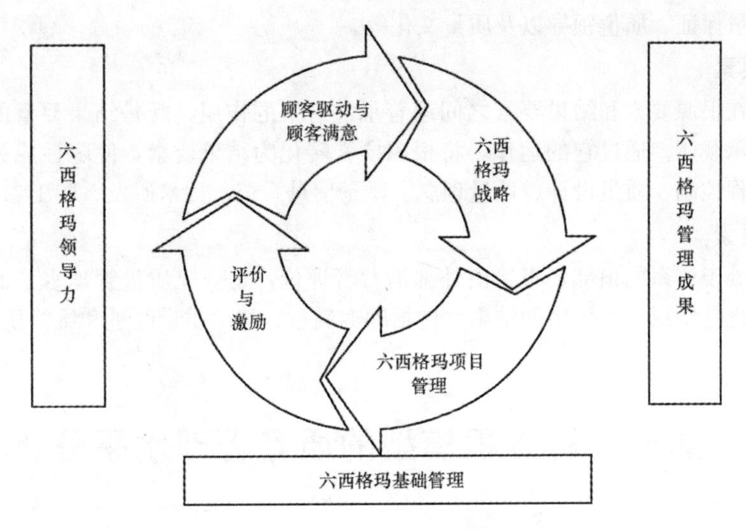

图 4.1.1　六西格玛管理要素关系图

向和管理过程入手进行管理体系要素的改进的方法。通过对各种质量要素研究观点的总结分析，结合我军装备大修工厂的质量管理和生产运营特点，本书提出了一个全面考核装备大修工厂质量管理水平的综合指标体系。该评价指标体系由 14 个要素组成，分为根源要素、支持要素和结果要素三大类(图 4.1.2)。质量管理体现于装备大修工厂运营的全过程，三类要素互相支持、互相影响。利用该指标体系进行装备大修工厂质量管理水平的定量评测，不仅可以了解质量要素之间的内在联系，同时可以了解到各个质量要素对装备大修工厂质量管理水平的影响程度，以确定大修工厂需要优先改进的领域。

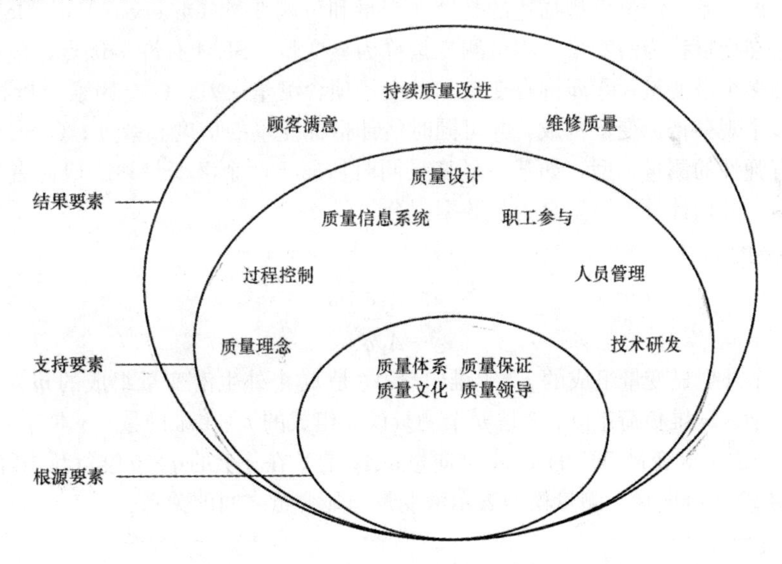

图 4.1.2　装备大修工厂质量管理水平评价指标体系

1. 根源要素

根源要素位于体系的底部，虽然是衡量装备大修工厂质量管理水平的隐性要素，却是质量管理体系的核心，是质量管理体系产生的土壤和源泉，是保持质量管理水平的基本要素，包括质量体系、质量保证、质量领导以及质量文化等。

2. 支持要素

支持要素在根源要素和结果要素之间起着承上启下的作用，既是结果要素的主要来源，又是根源要素的承载体。通过它的运作，将根源要素转化为结果要素，使隐性成为显性。支持要素主要包括过程控制、质量设计、质量理念、质量信息系统、技术研发、职工参与和人员管理。

3. 结果要素

结果要素处于体系的顶部，直接由外部消费者评价，是企业质量管理水平的外在表现，属于显性要素，也是底层要素作用的结果，包括顾客满意、持续质量改进和维修质量。

4.2 基于结构方程模型的质量管理水平分析方法

4.2.1 结构方程模型简介

结构方程模型(Structural Equation Model，SEM)是对验证性因素分析、路径分析、多元回归及方差分析等方法的集成。其源于20世纪20年代遗传学家Sewall Wright发明的路径分析，20世纪70年代中期瑞典统计学家、心理测量学家Karlg Joreskog提出了结构方程模型。探索性因素分析可以用于揭示多变量之间隐含的相互关系，并且在一定程度上对数据降维，使得更有利于分析和设计调查问卷。而验证性因素分析，则是在调查问卷结果收集上来以后，对数据的成分，依据相关理论和假设进行验证的方法。Wold和Fornell等学者将其称作第二代的数据分析技术。

结构方程模型一般包括结构模型和测量模型两个部分，结构模型描述的是潜在变量(Latent Variable)之间的关系，测量模型描述的是潜在变量和可测变量(Observed Variable)之间的关系，也有文献将潜在变量称为潜变量，将可测变量称为显变量。SEM有许多优点，包括：①可以同时考虑和处理多个潜变量；②允许自变量和因变量项含测量误差；③与因素分析相似，SEM允许潜变量由多个观察指标变量构成，并可同时估计指标变量的信度和效度；④SEM可以采用比传统方法更有弹性的测量模型，如某一显变量同时从属于两个潜变量；⑤研究者可勾画出潜变量之间的关系，并估计整个模型是否与数据拟合。

1. 测量模型

$$x=\Lambda_X\xi+\delta \tag{4-1}$$

$$y=\Lambda_Y\eta+\varepsilon \tag{4-2}$$

式中：x是p个外生显变量组成的$p\times1$维向量；ξ是m个外生潜变量组成的$m\times1$维向量；Λ_X是X在ξ上的$p\times m$维负荷矩阵；δ是p个测量误差组成的$p\times1$维向量；y是$q\times1$维的内生显变量；η是n个内生潜变量组成的$n\times1$维向量；Λ_Y是Y在η上的$q\times n$维负荷矩阵；ε是q个测量误差组成的$q\times1$维向量。测量模型表示潜变量与显变量之间的关系。

2. 结构模型

$$\eta=B\eta+\Gamma\xi+\zeta \tag{4-3}$$

式中：B是$n\times n$维系数矩阵，表示内生潜变量之间的相互关系；Γ是$n\times m$维系数矩阵，表示外生潜变量ξ对内生潜变量η的影响；ζ是n个解释误差组成的$n\times1$维向量。

SEM是一个应用相当广泛的统计技术，在执行SEM的分析时不同类型的SEM却有着非常类似的基本分析步骤，其基本步骤呈现于图4.2.1中。

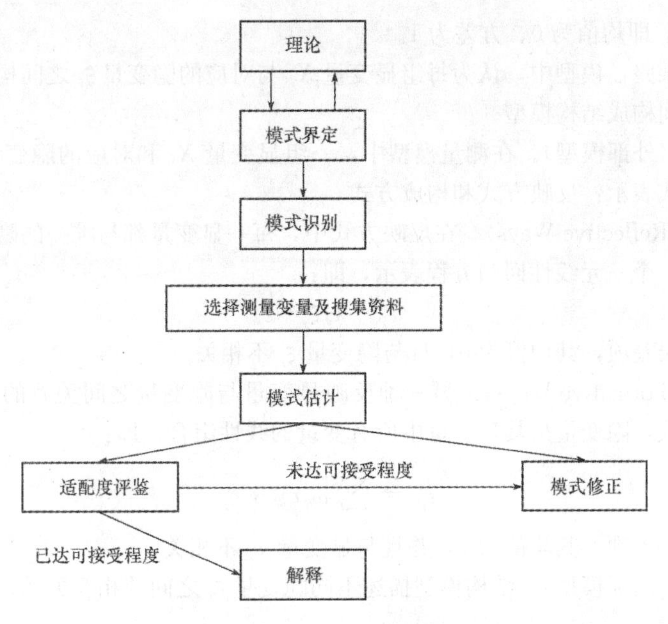

图 4.2.1　SEM 分析步骤路径图

4.2.2　PLS－SEM 分析方法

1. PLS 方法解结构方程模型的优点

目前对结构方程常用的参数求解方法有极大似然估计(Maximum Likelihood，ML)、最小二乘法(Least Squares，LS)、广义最小二乘法(Generalized Least Squares，GLS)、加权最小二乘法(Weighted Least Squares，WLS)、估计法以及对角加权最小二乘法(Diagonally Weighted Least Squares，DWLS)等方法。但是以上方法求解结构方程模型对数据的限制比较多，一般要求观测变量均服从多元正态分布，以及样本容量充分大，并根据样本协方差矩阵进行模型估计等条件，实际应用时常因无法完全达到条件要求，出现模型不能识别或者算法不收敛等问题，限制了其应用范围。

由于上述方法求解结构方程模型具有如上种种限制，Wold 提出的偏最小二乘(Partial Least Square，PLS)路径模型，采用了与传统结构方程模型完全不同的参数估计方法，其模型假设条件较少，实用性更强。偏最小二乘路径模型的工作目标与结构方程模型是基本一致的。但是，与结构方程模型中基于样本协方差矩阵进行建模的思路不同，偏最小二乘路径模型采用的是一系列一元或多元线性回归的迭代求解。Wynne W. Chin 在 PLS 方面的研究也对使用该方法的研究者很有借鉴意义。实际应用中，其主要优点是无须对观测变量做特定的概率分布的假设，也不会出现模型不可识别的问题，对样本量的要求也相对宽松，尤其是在外生隐变量存在多重相关性的情况下，采用偏最小二乘估计方法求解结构方程模型(PLS－SEM)将更加合理。

2. PLS－SEM 模型的设定

与结构方程模型类似，偏最小二乘路径模型也是由测量模型和结构模型组成。通常也把测量模型称为外部模型，把结构模型称为内部模型。

设有 J 组显变量，每组含有 p_j 个变量，则每组显变量可以表示为

$$X_j=(X_{j1},\ X_{j2},\ \cdots,\ X_{jp_j})\quad (j=1,\ 2,\ \cdots,\ J) \tag{4-4}$$

通常假定显变量 $X_{jh}(j=1,\ 2,\ \cdots,\ J;\ h=1,\ 2,\ \cdots,\ p_j)$都基于 n 个共同的观测点，并且每个变量都是中心化的。每组显变量 X_j 所对应的隐变量为$\xi_j(j=1,\ 2,\ \cdots,\ J)$，并且假定隐变

量 ξ_j 是标准化的，即均值为 0、方差为 1。

在偏最小二乘路径模型中，认为每组显变量 X_j 与对应的隐变量 ξ_j 之间构成测量模型，而不同组的隐变量之间构成结构模型。

(1)测量模型(外部模型)。在测量模型中，一组显变量 X_j 和对应的隐变量 ξ_j 之间的关联关系可以用两种形式表示：反映方式和构成方式。

1)反映方式(Reflective Ways)。在反映方式中，每一显变量都与唯一的隐变量相关联。它们的关系可以通过一个一元线性回归方程表示，即：

$$x_{jh}=\lambda_{jh}\xi_j+\varepsilon_{jh} \tag{4-5}$$

式中：ε_{jh} 为随机误差项，其均值为 0，且与隐变量 ξ_j 不相关。

2)构成方式(Formative Ways)。另一种反映显变量与隐变量之间关系的方法被称为构成方式。根据构成方式，隐变量是其显变量中所有变量的线性组合，即：

$$\varepsilon_{jh}=\sum_{h=1}^{p_j}\overline{\omega_h}x_{jh}+\delta_j \tag{4-6}$$

式中：δ_j 为随机误差项，其均值为 0，并且与显变量 x_{jh} 不相关。

(2)结构模型(内部模型)。结构模型描述不同隐变量 ξ_j 之间的相互关系，通常由一组线性方程组来表示，即：

$$\xi_j=\sum\beta_{ji}\xi_i+\zeta_i \tag{4-7}$$

式中：ζ_j 为随机误差项，其均值为 0，并且与隐变量 ξ_i 不相关。

在结构方程模型中，从不作为被解释变量(因变量)的隐变量称为外生隐变量；否则，称为内生隐变量。

式(4-7)说明了隐变量之间相互制约的关系，可以看成一个因果模型。这个因果模型必须是因果链，即在因果模型中不应存在回环。

3. PLS－SEM 模型的估计

偏最小二乘路径分析要通过迭代方法对不能直接测度的隐变量进行估计，然后再根据模型的设定，对显变量和隐变量之间的关系方程进行估计。根据显变量组对与其对应的隐变量进行估计的方法有两种：一种是根据显变量与隐变量之间的关系，对隐变量进行计算，称为外部估计；另一种是通过隐变量之间的关联关系进行计算，称为内部估计。

(1)外部估计。隐变量 ξ_j 可以由显变量 X_{jh}($j=1，2，\cdots，J$；$h=1，2，\cdots，p_j$)的线性组合来估计，记该估计量为 Y_j。由于模型设定中的隐变量假设是标准化的，因此有：

$$Y_j=\left(\sum_{h=1}^{p_j}\omega_{jh}x_{jh}\right)^*=(X_j\omega_j)^* \tag{4-8}$$

式中：ω_j 为权数向量，* 表示对估计量进行标准化处理。

(2)内部估计。隐变量 ξ_j 还可以通过与之相关联的其他隐变量进行估计，这样得到的估计量称为内部估计量，记为 Z_j，则有：

$$Z_j=\left(\sum_{i:\beta_{ji}\neq 0}e_{ji}Y_i\right)^* \tag{4-9}$$

式中：β_{ji} 为式(4-7)中的系数；e_{ji} 为内部权数，计算方法为

$$e_{ji}=\mathrm{sign}(r(Y_j，Y_i)>0)=\begin{cases}1 & (r(Y_j，Y_i)>0)\\-1 & (r(Y_j，Y_i)<0)\\0 & (r(Y_j，Y_i)=0)\end{cases} \tag{4-10}$$

对权数向量 ω_j 可以采用下式进行估计：

$$\omega_j=\frac{1}{n}X_j^{\mathrm{T}}Z_j \tag{4-11}$$

从式中可以看出，ω_j 是变量 X_j 与 Z_j 的相关系数。对于标准化的变量，实际上 ω_j 是 Z_j 对 X_j 做偏最小二乘回归的第 1 个成分的权数，即偏最小二乘回归的第 1 个轴向量。

综上所述，偏最小二乘路径分析采用迭代算法来计算隐变量，然后根据隐变量的估计值，计算测量模型与结构模型。迭代的步骤如下：

第 1 步：取向量 Y_j 的初始值等于 x_{j1}。

第 2 步：通过式(4-9)计算 Z_j 的估计值。

第 3 步：根据估计值，通过式(4-11)计算权重向量 ω_j。

第 4 步：利用计算得到的 ω_j，通过式(4-8)计算新的 Y_j。

再回到第 2 步，直到计算收敛为止，以最终得到的 Y_j 作为对隐变量 ξ_j 的估计值。得到隐变量 ξ_j 的估计值后，采用一元回归模型估计测量模型，然后采用多元回归模型估计结构模型中的各项系数。

4.3　质量管理水平现场调研与问卷调查

装备大修质量是影响装备战斗力的重要因素，本节重点针对基地级装备大修单位的质量管理现状设计调查问卷，结合现场调研收集汇总真实数据，为后续研究工作奠定分析基础。

4.3.1　质量管理水平现场调研提纲与问卷调查表

1. 质量管理水平现场调研提纲

近年来，装备维修质量管理相比装备科研生产管理而言日益突显为装备全寿命周期质量管理的一个薄弱环节，为了加强该项工作，强化装备大修质量管理，项目组开展了针对装备大修现状的基本调查研究工作。调研范围包括陆、海、空等各军兵种，现场调研方式结合座谈、实地考察等多种形式，调研内容包括维修质量水平、质量管理体系的执行性、质量领导、维修过程控制、人力资源管理、存在或亟须解决的问题等多项因素。

(1)维修质量水平。武器装备在完成规定的大修工作以后，无论是装备大修单位还是装备使用部队和维修业务主管部门，最为关心的就是其大修质量，装备维修质量的好坏是大修工作水平的集中反映，直接影响到装备效能的充分发挥。无论是维修过程质量还是最终的装备修竣质量，都是直接反映装备大修单位质量管理现状的最直接依据。其作为现场调研的第一了解要素，主要调查了解以下几个方面的问题：

①装备性能指标恢复情况；

②一次交验合格率；

③大修过程及修复后的返修情况；

④维修质量效益情况。

(2)质量管理体系的执行性。当前企业管理中有很多不同的管理模式，装备大修单位作为特殊的企业有其特殊性，不能生搬硬套地方企业的管理模式，必须适应装备大修质量管理的现状，每个单位应该探索自身的管理模式，将质量管理体系的作用发挥至最好。现场调研质量管理体系的执行性主要考虑如下几个方面的问题：

①对质量管理体系的认识和对审核工作的认识；

②企业质量管理体系的运行效果；

③持续改进的执行效果;

④质量文化建设的效果;

⑤应用先进质量管理体系的情况及效果。

(3)质量领导。领导者的决策对装备大修单位质量管理的走向有着很大的影响作用，其思想观念对企业的发展有决定性影响。作为领导者，必须提高自身的质量观念和理论知识，这样才能为装备大修质量管理的建设与发展提供支持。质量领导情况调研主要从以下几个方面展开：

①高层领导者对质量工作负责程度;

②高层领导者对质量部门工作的支持程度;

③高层领导者参与质量改进的情况;

④高层领导者对质量目标制订的合理程度。

(4)维修过程控制。维修过程控制是确保装备大修工作顺利开展并得到持续改进的重要环节，装备大修单位可以通过保障性的设备维护来保证设备的开工率达到设定的标准，也可以通过对生产过程的统计过程控制工具的应用，或者采用先进的精益维修管理系统，进行持续的过程改进和增加过程的柔性，加强维修过程的质量规划等方法来实现。维修过程控制现场调研主要考虑以下几个方面的问题：

①企业关键过程的控制方法和控制状态;

②企业检验测量系统的控制状态;

③企业关键过程的过程能力指数;

④企业对原材料供应商的控制;

⑤企业维修设备的质量保证能力;

⑥企业应用调查表、排列图、控制图等质量工具进行过程控制的情况。

(5)人力资源管理。装备大修要充分发挥人的主观能动性，最大限度地提高工作效率。其中人员的素质就起到了关键作用，每一名维修工人是否重视维修质量、是否具备控制维修质量的能力等决定了最终装备的大修质量。人力资源管理情况调研主要从以下几个方面展开：

①企业一线员工岗前培训和资格认定情况;

②员工质量管理统计方法培训情况;

③企业对员工的积极性、创造性的重视程度;

④员工参与质量活动、过程改进、决策、实施等的程度。

(6)存在或亟须解决的问题。现场调研的优势还在于可以了解到许多潜在的问题，这是调查问卷等方式所无法实现的，因此现场调研过程中还要侧重了解一下这方面的问题，包括装备大修单位质量管理理念层面的问题、质量管理技术方法层面的问题以及体制机制层面甚至法规制度方面存在的或亟须解决的问题。

2. 基于根源支持结果要素的问卷调查表

调查表的设计主要考虑因素全面、指标合理，对任何管理活动的调查都有调查因素指标的选择确定问题，因素指标选择科学合理，后面调查数据才具有代表性，也更能真实反映装备大修单位质量管理的现状。本课题的调查目的是了解并分析装备大修单位的质量管理工作现状，并针对性地提出对策建议。为此，结合上文对影响装备大修单位质量管理水平的相关要素研究结果，制订装备大修单位质量管理的调查指标，并设计基于根源支持结果要素的问卷调查表(表 4.3.1)，共包含 14 个方面的 84 项调查内容，大部分质量要素问卷调查是单选题，“持续质量改进”要素可多选，已在调查表中标明，并且每一项质量要素大类后都空了一行，可供补充填写此调查表中未考虑到的评价指标。

表 4.3.1 组织质量管理现状问卷调查表

1. 大部分质量要素问卷调查是单选题，“持续质量改进”要素可多选，已在调查表中标明；
2. 每一项质量要素大类后都空了一行，可供补充填写此调查表中未考虑到的评价指标。

质量管理要素分类			评价指标内涵描述			
根源要素	质量体系	质量管理体系认证	□通过 GJB 9001B 认证	□未通过 GJB 9001B 认证	□通过其他体系 认证(　　　)	□未通过 任何体系认证
		质量管理体系执行效果	□严格按体系执行，效果良好	□基本按体系执行，有一定的效果	□体系文件和程序没有得到有效执行	□程序文件和执行两张皮，没有效果
		其他的质量体系评价指标	补充：			
	质量保证	企业主要的维修设备情况	□使用国外先进维修设备，质量保证能力较好	□使用国外淘汰维修设备，质量保证能力较差	□使用国内较好维修设备，质量保证能力较好	□使用国内一般维修设备，质量保证能力较差
		关键检测检验仪器设备管理	□按程序文件进行定期校验，定期进行测量系统分析	□按程序文件进行定期校验，个别零星进行测量系统分析	□按程序文件进行定期校验，没有进行测量系统分析	□未能按程序文件进行定期校验，无预防措施，出现故障后修理
		供应商管理和产品检验模式	□主要依靠进货检验，控制外购器材和原材料的质量	□签署长期供货协议，对供应商检验工作进行控制评价，仍以抽样检验为主	□系统的供应商选择评价体系，监控供应商过程控制，进货产品基本免检	□与供应商建立长期战略合作伙伴关系，与供应商数据共享，并推动其质量改进
		其他的质量保证评价指标	补充：			

续表

质量管理要素分类			评价指标内涵描述	
根源要素	质量文化	质量教育培训活动	□每年一次　□每年两次　□每年多次	补充说明及分析：
		质量管理制度建立	得分：□5　□4　□3　□2　□1	
		员工的质量意识	得分：□5　□4　□3　□2　□1	
		制订适宜的质量战略并得到员工认同	得分：□5　□4　□3　□2　□1	
		质量方针目标的贯彻实施	得分：□5　□4　□3　□2　□1	
		其他的质量文化评价指标	补充：	
	质量领导	质量工作的主要负责人	□企业一把手自己抓质量工作　□设质量副职领导主抓质量工作　□由管理部门领导负责质量工作	□企业无专门部门或人员抓质量工作
		最高层领导对质量管理部门工作支持的程度	得分：□10　□9　□8　□7　□6　□5　□4　□3　□2　□1	
		主要部门领导承担质量的责任是否有考核	□重要考核指标　□一般考核　□无考核	
		高层管理部门/人员参与质量改进过程的程度	得分：□10　□9　□8　□7　□6　□5　□4　□3　□2　□1	
		组织2013年的质量目标是什么		
		管理部门对质量工作确定目标的高低程度	□过高　□适中　□过低	
		高层管理部门/人员在制定有关成本和计划目标时对质量重视的程度	得分：□10　□9　□8　□7　□6　□5　□4　□3　□2　□1	

续表

<table>
<tr><th colspan="3">质量管理要素分类</th><th colspan="4">评价指标内涵描述</th></tr>
<tr><td rowspan="4">根源要素</td><td rowspan="4">质量领导</td><td>高层管理会议中审议质量问题的频繁程度</td><td colspan="3">得分：□10 □9 □8 □7 □6 □5 □4 □3 □2 □1</td><td rowspan="3"></td></tr>
<tr><td>高层管理部门/人员参与各项质量管理活动的程度</td><td colspan="3">得分：□10 □9 □8 □7 □6 □5 □4 □3 □2 □1</td></tr>
<tr><td>高层管理人员接受和参与 TQM 培训的程度</td><td colspan="3">得分：□10 □9 □8 □7 □6 □5 □4 □3 □2 □1</td></tr>
<tr><td>其他的质量领导评价指标</td><td colspan="4">补充：</td></tr>
<tr><td rowspan="7">支持要素</td><td rowspan="7">质量理念</td><td>持续质量改进计划</td><td>□有系统或定期的质量改进计划和项目，执行效果良好</td><td>□有质量改进项目，但执行效果一般</td><td>□仅有零星的质量改进项目</td><td>□无质量改进计划或项目</td></tr>
<tr><td>全面质量管理及执行效果</td><td>□效果很好</td><td>□效果一般</td><td>□没有效果</td><td>□没有执行该理念</td></tr>
<tr><td>精益生产方法及执行效果</td><td>□效果很好</td><td>□效果一般</td><td>□没有效果</td><td>□没有执行该理念</td></tr>
<tr><td>六西格玛管理及执行效果</td><td>□效果很好</td><td>□效果一般</td><td>□没有效果</td><td>□没有执行该理念</td></tr>
<tr><td>精益六西格玛管理及执行效果</td><td>□效果很好</td><td>□效果一般</td><td>□没有效果</td><td>□没有执行该理念</td></tr>
<tr><td>零缺陷理论及执行效果</td><td>□效果很好</td><td>□效果一般</td><td>□没有效果</td><td>□没有执行该理念</td></tr>
<tr><td>其他的质量理念评价指标</td><td colspan="4">补充：</td></tr>
</table>

续表

质量管理要素分类			评价指标内涵描述			
支持要素	过程控制	关键过程是否有可操作的过程控制方案	□有良好的过程控制体系，且执行良好	□有良好的过程控制体系，但执行不力	□企业的过程控制体系不完善	□企业缺乏关键过程的控制体系
		对关键过程质量特性的具体控制方法	□采用控制图方法	□采用定期抽样检验，但没有控制图	□仍采用全检方法	□缺乏有效控制手段
		关键过程质量水平	□Cp、Cpk > 1.33，过程能力较高	□Cp、Cpk ≈ 1，过程能力一般	□Cp < 1，Cpk < 0.5，过程能力不足	□没有计算过程能力指数，水平不清楚
		新七种工具使用——亲和图	得分：□2（经常使用） □1（偶尔使用） □0（从未有过）			补充说明及分析：
		新七种工具使用——关联图	得分：□2（经常使用） □1（偶尔使用） □0（从未有过）			
		新七种工具使用——矩阵图	得分：□2（经常使用） □1（偶尔使用） □0（从未有过）			
		新七种工具使用——系统图	得分：□2（经常使用） □1（偶尔使用） □0（从未有过）			
		新七种工具使用——过程决策程序图	得分：□2（经常使用） □1（偶尔使用） □0（从未有过）			
		新七种工具使用——矢线图	得分：□2（经常使用） □1（偶尔使用） □0（从未有过）			
		新七种工具使用——矩阵数据分析法	得分：□2（经常使用） □1（偶尔使用） □0（从未有过）			
		老七种工具使用——调查表	得分：□2（经常使用） □1（偶尔使用） □0（从未有过）			补充说明及分析：
		老七种工具使用——因果图	得分：□2（经常使用） □1（偶尔使用） □0（从未有过）			

续表

质量管理要素分类			评价指标内涵描述			
支持要素	过程控制	老七种工具使用——排列图	得分：□2（经常使用）　□1（偶尔使用）　□0（从未有过）			
		老七种工具使用——直方图	得分：□2（经常使用）　□1（偶尔使用）　□0（从未有过）			
		老七种工具使用——控制图	得分：□2（经常使用）　□1（偶尔使用）　□0（从未有过）			
		老七种工具使用——散布图	得分：□2（经常使用）　□1（偶尔使用）　□0（从未有过）			
		老七种工具使用——分层法	得分：□2（经常使用）　□1（偶尔使用）　□0（从未有过）			
		其他的过程控制评价指标	补充：			
	质量设计	质量改进过程中使用的试验设计方法	□比较试验、部分因子试验方法	□全因子试验方法	□最优化试验方法	□未使用过有关的试验设计方法
		质量功能展开 QFD	□效果很好	□效果一般	□没有什么效果	□未使用该方法
		系统设计	□效果很好	□效果一般	□没有什么效果	□未使用该方法
		故障模式及影响 FMEA	□效果很好	□效果一般	□没有什么效果	□未使用该方法
		参数设计	□效果很好	□效果一般	□没有什么效果	□未使用该方法
		容差设计	□效果很好	□效果一般	□没有什么效果	□未使用该方法

续表

质量管理要素分类			评价指标内涵描述			
支持要素	质量设计	试验设计 DOE	□效果很好	□效果一般	□没有什么效果	□未使用该方法
		面向“X”的设计 DFX	□效果很好	□效果一般	□没有什么效果	□未使用该方法
		其他的质量设计评价指标	补充：			
	质量信息系统	实施 ERP 系统情况	□已建立 ERP 系统，且实施效果较好	□已建立 ERP 系统，但实施效果一般	□正在筹备实施 ERP 系统	□没有建立实施 ERP 系统
		质量管理信息化水平	□有质量数据收集和专门管理软件	□应用其他软件中的质量管理模块	□企业自行开发部分质量管理应用程序	□没有应用任何质量管理信息化手段
		质量成本统计和分析	□有一套系统的质量成本核算体系	□只计算内部故障和外部故障成本	□只计算内部故障成本中的材料报废等	□企业没有计算质量成本
		其他的质量信息系统评价指标	补充：			
	技术研发	设计“新产品”过程的组织管理模式	□采用跨职能研发团队和并行过程，整个团队对研发负责	□按跨职能形式组织研发团队，整个团队对研发负责	□企业“设计”部门负责研发，会向其他部门征询相关信息	□由企业“设计”部门独立负责“新产品”的研发
		拥有专利数量和技术水平情况	□处于国内先进或领先水平	□处于国内一般水平	□处于国内落后水平	□不清楚状况
		产品研发投入占销售额的比例	□大于 5%	□3% ~5%	□1% ~3%	□小于 1%
		其他的技术研发评价指标	补充：			

续表

质量管理要素分类			评价指标内涵描述			
支持要素	人员管理	一线员工上岗前的培训和资格认定情况	□有严格的培训认定和定期的考核评估，员工操作质量较高	□有严格的培训认定和非定期的考核评估，员工操作质量一般	□有岗前培训和资格认定，但是流于形式，效果不好	□没用经过充分的岗前培训和上岗资格的认定
		组织/部门对第一线职工进行质量培训的程度	□仅上岗前培训　□每年一次培训　□每年多次培训　□无培训			补充说明及分析：
		组织实施基础统计方法培训的程度	□仅上岗前培训　□每年一次培训　□每年多次培训　□无培训			
		向有关人员提供必要的先进统计方法培训的程度	□仅上岗前培训　□每年一次培训　□每年多次培训　□无培训			
		第一线职工和非监管人员参与质量决策的程度	得分：□10　□9　□8　□7　□6　□5　□4　□3　□2　□1			
		职工参与的重大质量工作计划实施的程度	得分：□10　□9　□8　□7　□6　□5　□4　□3　□2　□1			
		组织对职工进行质量意识教育的程度	得分：□10　□9　□8　□7　□6　□5　□4　□3　□2　□1			
		组织对职工积极性和创造性关注的程度	得分：□10　□9　□8　□7　□6　□5　□4　□3　□2　□1			
		组织对人力资源的深化教育和培训重视的程度	得分：□10　□9　□8　□7　□6　□5　□4　□3　□2　□1			
		其他的人员管理评价指标	补充：			
	职工参与	每个职工对组织的质量改进工作的认同程度	得分：□10　□9　□8　□7　□6　□5　□4　□3　□2　□1			补充说明及分析：
		职工参与组织质量工作规划制订事前会议的情况	得分：□10　□9　□8　□7　□6　□5　□4　□3　□2　□1			

续表

质量管理要素分类			评价指标内涵描述			
支持要素	职工参与	职工参与事后会议评价组织质量工作的情况	得分：□10 □9 □8 □7 □6 □5 □4 □3 □2 □1			
		职工参与其所在部门的质量改进活动的程度	得分：□10 □9 □8 □7 □6 □5 □4 □3 □2 □1			
		职工参与质量管理活动/项目的程度	得分：□10 □9 □8 □7 □6 □5 □4 □3 □2 □1			
		职工参与评价和改进重要跨部门增值过程的程度	得分：□10 □9 □8 □7 □6 □5 □4 □3 □2 □1			
		邀请职工参加质量改进工作会议的频繁程度	□每年一次 □每年两次 □每年多次			
		质量改进会议所做决策在改进项目中实施的程度	□95% 以上 □85% ~95% □75% ~85% □75% 以下			
		职工参与组织 TQM 培训的程度	得分：□10 □9 □8 □7 □6 □5 □4 □3 □2 □1			
		其他的职工参与评价指标	补充：			
结果要素	顾客满意	顾客满意度调查	□满意度较高 得分：(　　)%	□满意度一般 得分：(　　)%	□满意度较差 得分：(　　)%	□没有进行顾客满意度调查
		顾客参与质量活动的程度	得分：□10 □9 □8 □7 □6 □5 □4 □3 □2 □1			补充说明及分析：
		顾客沟通体系的有效性	□效果很好	□效果一般	□没有什么效果	□未进行顾客沟通
		其他的顾客满意评价指标	补充：			

续表

质量管理要素分类			评价指标内涵描述			
结果要素	维修质量	主要性能指标变化率	□指标下降率较低	□指标下降率较高	□性能指标下降严重	
		更换备件完好率	□正品率≥80%，替代品和翻修品率≤20%	□正品率50%～80%，替代品和翻修品率20%～50%	□正品率≤50%，替代品和翻修品率≥50%	
		维修后试验故障率	□试验故障率较低	□试验故障率中等	□试验故障率较高	
		工具备件和维修资料的配套齐全性	□全部完备齐全	□主要备件、资料齐全	□备件、资料不齐全	
		维修后终检合格率	□终检合格率较高达到(　　)%	□终检合格率一般达到(　　)%	□终检合格率较差达到(　　)%	□没有进行终检合格率统计
		其他的维修质量评价指标	补充：			
其他	持续质量改进	遇到的障碍（可多选）	□信息化的程度不高	□部门间运转不协调	□没有持续改进机制	其他可能的障碍：
			□顾客需求把握不准	□领导支持力度不够	□职能部门划分过细	
			□不具备知识和资金	□持续改进周期较长	□市场竞争不够规范	

4.3.2 质量管理水平调查方法与问卷信度分析

1. 调研单位选择

所谓调查对象，是指需要调查的现象总体，该总体是由许多性质相同的调查单位组成的。在本研究中，所有装备大修类企业就是调查对象，每一个具体企业就是调查单位，而具体调查项目就是调查中所要登记的调查单位的特征，本研究的调查项目是装备大修质量评价指标体系中所包含的影响企业整体质量水平的全部要素。为了能全面反映目前装备大修单位的质量管理工作水平，调研单位的选择就成了关键。根据我军装备大修质量管理情况，选择调研单位应覆盖陆军、海军和空军三个军兵种以及原第二炮兵的装备大修单位，结合具体情况在 2014 年 1 月至 2015 年 12 月选取了八家大修单位进行调研。

2. 问卷调查

调查采用现场问卷调查和邮寄问卷调查相结合的方式，调查对象覆盖驻厂军代表、企业管理人员、企业技术人员等。通过调查发现，现场问卷方式回收的调查问卷回收率高，问卷填写质量较好。邮寄问卷调查方式寄出问卷 100 份，回收到 50 份，问卷回收率仅 50%，回收率较低，问卷填写质量较好。但同时存在企业对过程能力指数和初检合格率以及新装备维修率等指标保密的情况。现场调查问卷回收率近百分之百，调查数据由课题人员现场发放并回收，同时说明本次调查只为调查研究目前我军装备大修质量管理工作现状，并不会针对某个企业进行评价，更不会针对某个企业采取任何措施。被调查企业人员独立填写，直接回答问卷并马上上交问卷，不必经过中间过程，能比较客观地反映企业真实的质量管理现状。

3. 质量管理问卷的信度分析

由于抽样范围可以分为质量管理奖获奖单位和未曾获得质量管理奖的单位两个部分，还可以分为邮寄问卷调查和现场问卷调查两个部分，回收问卷后对不同部分的指标进行了对比分析。通过对现场问卷和邮寄问卷两者总体的比较，两个部分各个指标的方差没有显著性差异，说明两个部分数据差异在合理范围内。在此基础上对获得过质量管理奖和未曾获得质量管理奖两个部分企业的指标均值进行比较，结果是获得过质量管理奖的企业的指标显著优于未曾获得质量管理奖的企业，这样的结果也是顺理成章的，也说明调查结果反映了真实的现状。

信度有“外在信度”和“内在信度”之分。外在信度通常指不同时间测量时，量表一致性的程度。内在信度指的是每一个量表是否测量单一概念，同时组成量表题项的内在一致性程度如何。问卷的“再测信度”代表填卷者在不同时间得分的一致性，又称“稳定系数”。“再测信度”是“外在信度”最常用的检验方法。本报告基于对被调查对象的充分信任，问卷未做“再测信度”的调查分析。

对问卷的内在信度进行分析，一般采用 Cronbach 系数指标。关于采用 Cronbach 系数指标检验的临界值有许多讨论，其中学者 Devellis 提出：系数值如果在 0.60～0.65 之间最好不要，系数值介于 0.65～0.70 之间是最小可接受值，系数值介于 0.70～0.80 之间较好，系数值介于 0.80～0.90 之间非常好。经调查数据验证，本报告中调查问卷质量管理因素 Cronbach 系数指标值均大于 0.7，因此认为内在信度值较高，调查结果可以使用。

4.3.3 现场调研与问卷调查结果统计分析

1. 提升装备大修质量管理水平的经验做法

(1)强化质量文化和质量战略。调查发现，装备大修质量管理工作突出的单位均重视质量文化和质量战略的建设，并明确了实现的途径和方法，如××工厂将“促进产品和服务质量不断提升”作为其使命，价值观定位为“用事实和数据说话，迅速处理，改进创新”，这些理念深入人心，为其质量管理水平的不断提升奠定了坚实的基础；××工厂以工厂“三治”原则和综合管理细则为切入点，强化团队建设和主人翁意识的培养，提倡“珍惜就业、崇尚敬业”的工作态度和积极向上的精神状态，下大力度强化团队作风建设和综合素质的提升，确保与工厂的管理和发展协调一致，推动了其质量管理的发展。

(2)多措并举控制装备维修质量。每个单位均以自身为基础探索创新的质量管理模式和方法，为提升装备维修质量提供途径。如××工厂以关键、重要产品和过程为输入，进一步加强产品质量审核、过程审核和体系审核，及时纠正修理过程中的偏离；××工厂建立柔性单元模式变革，实行单元独立核算、独抓质量、并线作业的形式控制质量，建立质量安全风险管理等级，每月召开一次质量安全分析会，加强质量安全管控；××工厂实施精细化管理，强化组织纪律建设和工作业绩考核，指标分解、细化落实到人，以控制维修质量。

(3)借用信息化手段建立三维仿真。在信息化发展的大背景下，先进的仿真工具既能提高装备维修质量，同时还能控制装备维修成本，调研单位也均积极努力将一些先进的技术应用进来，如××工厂将此作为企业技术前沿，率先推行模块化和三维实体设计，掌握并应用先进的设计软件，切实提高产品设计质量和降低设计成本；××工厂开展了数字三维仿真的建设，目前已完成阿勒－31 F发动机三万多零部件的全部仿真工作。

(4)积极推动装备维修质量改进。持续改进是质量管理体系的要求，也是众多先进质量管理理念推进的前提，保持不断的装备维修质量改进是提高装备质量的重要保证。如××工厂根据装备的故障特征和复杂程度，组织识别改进项目，进而通过QC小组活动、生产组织优化、技术攻关、技术革新等手段实现质量改进；××工厂建立全寿命信息系统，逐步实现根据经验数据、结合数字建模的工作模式，并针对修理过程中手工操作多引发的人为差错问题，采取了建立人为差错数据库、进行差错培训、编制培训教材等多种改进手段。

(5)激发人员因素的作用发挥。对装备维修单位而言，人员始终是制约装备维修质量的最核心因素，把握住人员因素的作用发挥能起到事半功倍的效果。如××工厂开展员工自主管理，采用项目模式激发员工的工作热情，通过采取QC方法群众化、绩效工资制等措施提高员工装备维修质量的参与度；××工厂着重做好研发队伍的知识、能力、年龄的梯队建设，确保知识结构合理、研发能力突出，加大工程技术人员的岗位交流和合理流动，完成研发队伍优化，为企业打造一支综合素质较高、市场捕捉能力较强的复合型的高效研发队伍，提升研发核心业务能力，形成企业新产品研发能力，对研发人员实行定位、模块化管理，明确专业或产品研发带头人，确保产品开发的连续性和持久性，形成“生产一代、研发一代、探索一代、储备一代”的新产品研发体系。

2. 装备大修质量管理存在的问题分析

通过调研发现，目前装备大修单位质量管理虽然取得了一些成绩，也较为重视质量管理，已应用先进质量管理理念和方法，但仍存在一些质量问题，汇总如下：

(1)装备大修管理机制不够顺畅。各军兵种装备大修情况不一，均有着自身突出的特点，因此在管理中难以协调，呈现出一些机制问题。如调研中有单位反映针对一项装备的试修工作就要召开十几次评审会，程序繁杂，没有将有限的精力用于提高装备维修质量上；工厂疲于应付各种“救火”性事件，任务多且繁杂，难以将有效的装备质量管理方法或措施进行落实；认证管理不够统一，有的工厂需要同时通过装备发展部、海军、总参陆航部等多个认证，浪费有限的维修资源。

(2)质量管理的实效性有待加强。各军兵种装备大修单位基础千差万别，每个单位具有自己的特色，因此质量管理应针对自身需要进行创新，部分单位过于追求质量管理效果，不顾自己质量管理工作的基础，在企业内部大张旗鼓地开展超越自己消化能力的质量管理思想和质量管理标准，将会起到相反的效果。例如引入TQC(TQM)进行质量管理几乎覆盖各行业的所有企业，但是真正取得成效并坚持下来的为数不多，这是因为全面质量管理是经过统计质量管理阶段形成并发展的，而目前我军有些企业还处在质量检验阶段，基本上没有经过统计质量管理阶段，突出反映在企业中掌握统计技术的人力资源薄弱，以及运用统计技术方法对影响产品质量的各因素进行有效控制的能力不足。因此，从传统的质量管理阶段越过统计质量管理阶段而直接开展全面质量管理，造成多数企业的质量管理达不到预期的目的，全面质量管理的应用流于形式。另外，质量管理体系认证中也普遍存在这样一种现象：为取证而取证，而不是从提高企业质量管理水平出发，造成认证过程中操作的规范程度大为降低，无形中也使证书的可信度降低，装备质量管理体系的作用得不到有效发挥。

(3)一线技术修理人员能力水平尚需提高。一线技术修理人员是装备维修工作的主体，尤其是对于标准件少、特殊件多的装备而言，维修过程中人员手工操作多，人员能力素质直接决定了装备维修的质量和水平。但调研中发现，大多企业一线技术修理人员以大专毕业生为主，维修单位的低工资也不利于吸引人才。这种现象导致的结果就是人为差错带来的质量问题居高不下，有的单位由于人为差错导致的质量问题占到所有问题的50%～60%，这也是装备维修工作中零部件型号多、数量少、重复性差，机器设备自动化程度低，对人员技术和经验要求高导致的。

(4)质量管理信息及数据不够全面。目前已经有部分单位建立了装备维修质量信息系统，也开展了装备质量信息的收集、分析和应用工作，确实提升了装备大修的质量管理水平，但由于装备质量信息管理没有实现集中统一，质量信息数量仍然偏少，信息应用范围有限，没有纳入装备管理主渠道，难以为管理机关决策提供方便、快捷、科学的依据。同时，装备在研制、使用和维修全寿命过程中的信息渠道还不是很畅通，缺乏沟通渠道，没有实现信息的传递、分析和资源共享，导致装备维修过程中缺乏核心的技术支撑，还需要重复开展研究、试修等工作，造成维修资源的浪费。如有单位反映只能获得装备的定型文件，后期的很多技术状态更改资料难以拿到，影响到装备维修技术状态的固化，减弱了装备维修流程保控和修理能力。

3. 各项要素调查结果分析

对收回的问卷进行进一步的梳理分析，发现差异较大或存在问题较多的集中在质量体系、质量保证、质量理念、质量领导和过程控制几个方面，下面重点针对这几个要素反映的问题进行简单的统计分析。

(1)质量体系。质量体系部分主要调查企业取得了哪些管理体系的认证及这些管理体系的执行效果如何。

被调查的8家企业全部(100%)通过了GJB 9001B质量管理体系认证；还有5家企业(占71.4%)通过了环境体系认证；4家企业(占57.1%)通过了职业健康安全体系认证；2家企业(占28.6%)通过了其他认证，包括培训管理体系认证、记录管理体系认证等。

质量管理体系执行效果的调查显示，有42.8%的企业能够严格按照管理体系执行，并认为效果良好；有50.0%的企业基本按体系执行，认为有一定效果；有7.2%的企业的许多体系文件、程序没有得到有效执行，甚至认为企业的程序文件和具体执行“两张皮”，没有效果。

通过以上数据的分析可以看出，目前装备大修单位已经按照要求全部建立了质量管理体系并通过了相关的认证，有相当一部分企业通过了2项以上的认证，并且绝大多数企业认为质量体系的执行效果良好，可见在质量管理新形势下，企业对质量管理的重视程度较以前有所上升。

(2)质量保证。质量保证部分主要调查企业在生产设备、检测设备、仪器和供应管理等为装备维修质量提供有力保证方面的情况。

企业生产维修设备方面有28.6%的企业主要使用国外最先进的生产维修设备；占57.1%的企业使用国内生产的设备，质量保证能力较好；有14.3%的企业使用国内生产的设备，质量保证能力较差。也有些企业生产维修设备较多，分别处于不同的状态。

对关键的检测检验设备或仪器的管理能够按程序文件进行定期校验，并进行定期的测量系统分析的企业占28.6%；按程序文件进行定期校验，但只对个别设备做过零星的测量系统分析的企业占57.1%；按程序文件进行定期校验，但没有进行系统的测量系统分析的企业占14.3%，或者没有预防措施，出现故障后再进行修理。

在供应商管理方面，有71.4%的企业主要靠进货检验控制质量；有14.3%的企业与供应商签署长期供货协议，对供应商的检验工作进行适当的评价和控制，但是进货仍以抽样检验为主；有14.3%的企业有一套系统的供应商选择和评价体系，与供应商签署长期供货协议，监控供应商的过程能力指数和过程控制记录，进货产品基本上免检。有的企业同时处于两种不同的状态，甚至有的与供应商建立了长期战略伙伴关系，与供应商进行数据共享，并推动供应商的质量改进。

(3)质量理念。质量理念部分主要调查企业持续改进和实施先进管理理念的情况。企业实施先进的管理理念及效果的情况见表4.3.2。

表4.3.2　先进理念实施及效果汇总表

方法 效果	六西格玛	精益维修	卓越绩效	全面质量管理	零缺陷	其他
使用过该方法的企业总数	2	1	7	7	7	8
认为效果很好的企业	2	1	5	6	7	5
认为效果一般的企业	0	0	1	1	0	2
认为没效果的企业	0	0	1	0	0	1

绝大多数装备大修单位有系统、定期的改进计划或项目，但是大多数认为其执行效果一般，因此建议企业在执行上多下功夫。目前应用最多的管理理念是全面质量管理，其次是零缺陷、卓越绩效，精益维修和六西格玛使用相对较少，可以看出这些先进的质量管理理念在我国的推广程度还较低。

在质量管理理念的执行效果方面，认为效果很好和一般的企业基本对半，究其原因，一方面可能是由于对这些管理理念的理解有偏差或实施过程没有得到正确指导，从而导致执行方法不正确；另一方面可能是由于领导的支持力度不够。

(4)质量领导。质量领导部分主要调查企业中高层领导对质量管理工作的重视、支持、参与程度。在所调研的装备大修单位中，主管质量工作的领导有1家企业是企业一把手；有2家企业设有主抓质量的副总；有4家企业由管理部门领导主要负责。本题设选项时为单选，但有企业根据自己的实际情况作了多选，考虑到可能由主要领导挂衔，具体负责相关任务的为中层管理人员。

在质量领导方面采用打分制(更符合人们的通常习惯，便于理解)，请企业相关人员打分。

其每个子项为：

①最高层领导对质量管理部门工作支持的程度，平均打分8.27，说明最高层领导对质量的支持力度不够完美；

②组织中主要部门的领导承担质量责任和被考核的程度，平均打分7.71，该部分有待提高；

③高层管理部门/人员参与质量改进过程的程度，平均打分7.37，得分较低，可见高层管理者对质量管理工作的参与程度较低；

④企业质量管理目标明确，并且大多数人认为目标合理，通过努力能够很好地完成；

⑤高层管理部门/人员在制订有关成本和计划目标时对质量重视的程度，平均打分7.74；

⑥在高层管理会议中审议质量问题的频繁程度，平均打分7.71；

⑦高层管理部门/人员参与各项质量管理活动的程度，平均打分7.17；

⑧高层管理人员接受和参与TQM培训的程度，平均打分6.90。

从主管质量工作的领导的级别可以看出一个企业对质量管理的重视程度，从调研的结果看，多数企业质量工作是由副总负责，给予了很大程度的重视，所有企业的质量工作均由专门的部门、主管负责，这对提高装备大修质量水平非常有利。在质量领导方面的各子项中，打分较低的几项集中在高层管理部门/人员参与各项质量管理活动的程度和参与质量改进过程的程度上，可见高层管理者对质量管理工作的参与程度较低，可能造成对装备维修质量工作的支持停留于表面。

(5)过程控制。过程控制部分主要调查企业过程控制的措施、方法及质量管理新、老七种工具的使用情况。

在所调查的企业中，有42.8%的企业的关键过程拥有良好的过程控制体系，并且执行良好；有56.2%的企业有良好的过程控制体系，但执行不力；目前没有过程控制体系不完善的企业。

对于关键过程质量特性的控制上，采用控制图的企业有28.6%；采用定期抽样检验，但没有采用控制图的企业有28.6%；仍采用全检的企业有42.8%；没有对关键质量特性缺乏有效的控制手段的企业。使用较多的是均值极差控制图和P图，还有些企业采用X－Rs和I－MR控制图。

关键过程质量水平方面，有28.6%的企业Cp和Cpk均在1.33以上，能力较强；有57.1%的企业Cp和Cpk约为1.0，能力一般；仍有个别企业没有计算过程能力指数，过程质量水平不清楚。

在质量管理新七种工具和老七种工具的使用上，我们采用打分制，经常使用得分2，偶尔使用得分1，从没用过不得分，该题总分为28分。几家企业的平均得分为11.9，大部分企业不经常使用统计工具，若采用也是控制图、直方图和调查表居多。

大部分企业认识到过程控制的重要性，并建立了过程控制体系，虽然问卷反映采用控制图的企业有相当部分，但是有多家企业未能填写其使用的控制图的具体类型或填写如SPC等不符合要求的答案，因此其是否确实使用了控制图仍待进一步调研，那么关键过程质量特性控制采用控制图的企业会更少。绝大部分企业仍采用定期抽样检验或全检，占调查企业的85.7%，由此可见，目前大部分装备大修企业的质量管理仍停留在质量检验阶段，而且是单纯依靠事后把关。

尽管过程能力充分与否和其所在行业有较大关系，但是从调查结果的总体情况来看，大多数装备大修企业关键过程的过程能力一般，还有很多企业尚未计算过程能力指数。质量工具的使用情况显现出较明显的双峰分布，可见企业间差别较大，两极分化情况较为严重。

4.4 装备大修单位质量管理水平定量分析

4.4.1 质量管理水平定量分析流程

本节借助结构方程模型开展装备大修单位质量管理水平的定量分析，主要是通过结构方程模型分析出各指标对装备大修单位质量管理水平的影响程度，具体研究流程如图 4.4.1 所示。

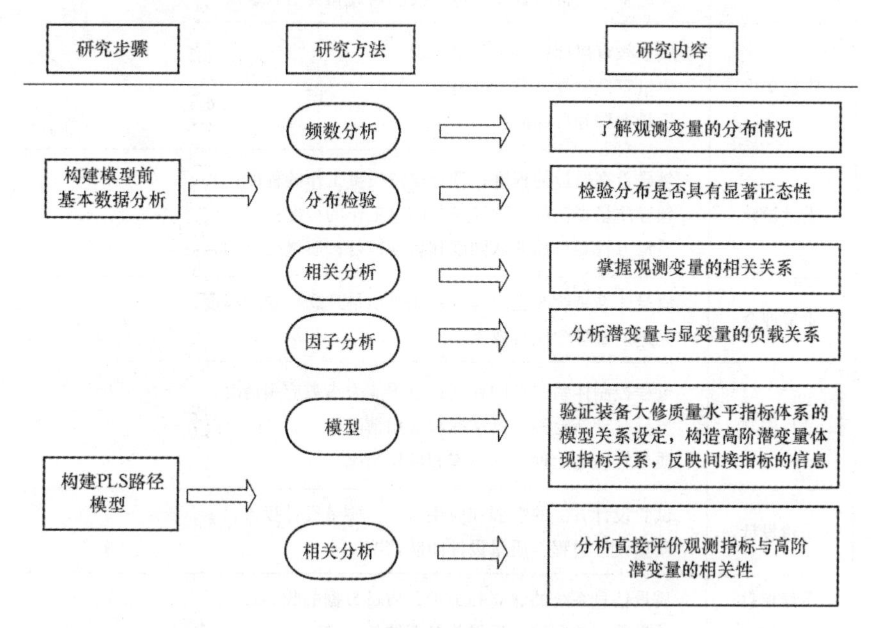

图 4.4.1 装备大修单位质量管理水平的研究流程

在质量管理水平评价上，确定质量管理指标是一个方面，另一个方面是指标权重问题，还有就是质量管理各方面因素对企业经营业绩指标的影响方向及影响程度。在划分质量管理要素的基础上，本书还尝试对质量管理要素之间的关系进行探索。多个因素之间的相互影响关系比较复杂，简单的一元或者多元回归的方法已经难以达到目的。而结构方程模型具有分析多因变量和多自变量相互之间关系的能力，所以下面着重阐述结构方程模型。

在建立模型之前，首先经过频数分析了解观测变量的分布情况，通过相关统计量检验数据是否具有显著的正态分布特点；然后进行相关分析，掌握观测变量之间的相互影响关系，为模型结果的评价提供条件；接下来利用因子分析，考察因子与观测变量之间的对应关系，剔除无关因子，提取出公共因子。根据因子分析结果，构建 PLS(偏最小二乘)路径模型。之所以构建 PLS 路径模型，主要是因为调查数据样本量较小，并且呈现非正态分布。采用 PLS 方法进行参数估计，由此可以得到质量管理各方面指标因素对最终大修质量的影响方向及影响程度。

4.4.2 质量管理要素及其构成

对任何管理活动的评价都有指标选择的问题，指标的选择反映了评价的标准，而评价标准将最终决定评价的结果。评价质量管理活动之前，必然要对影响企业质量管理水平的相关要素进行研究。制订质量管理的评价指标，通常有三类依据可供参考：①质量大师的学术理论；②官方的评价模型，如各类国家质量奖的评奖标准；③前人的实证研究。根据质量管理要素的文献研究，本书提出质量管理要素的项目和构成细分，具体见表 4.4.1。

表 4.4.1　装备大修工厂质量管理现状评价指标体系表

根源要素	质量体系	质量管理体系的建立情况；质量管理体系的持续改进情况；质量管理体系的执行效果；质量管理体系的认证、审核和评审
	质量保证	关键测量检验设备的管理；外来原料、材料的质量保证；关键生产设备的管理；员工技能培训和资格认定
	质量文化	质量教育培训；员工质量意识；质量管理制度；质量战略；质量方针和目标的制订
	质量领导	领导重视质量的程度；领导支持质量工作的程度；领导质量责任制；领导参与质量工作的程度；质量方针和目标的认同度和贯彻执行；质量会议的频度
支持要素	质量理念	质量体系持续改进的程度；先进质量理念接受的程度；先进质量理念执行效果
	过程控制	过程控制体系完善的程度；过程能力指数应用情况；质量管理新七种工具掌握和应用情况；质量管理老七种工具掌握和应用情况
	质量设计	试验设计方法的掌握和应用情况；质量设计投入；质量设计过程；质量设计团队情况
	质量信息系统	质量信息系统的建立和维护；质量数据的收集；质量数据的利用；质量信息系统的效率
	技术研发	技术研发团队；专利数量；技术水平；技术研发投入；新产品比重
	人员管理	质量培训的范围；质量培训的深度；质量培训的频度
	职工参与	职工参与质量改进的程度；职工参与质量评价的程度；职工参与质量计划的程度；职工参与质量决策的程度
结果要素	顾客满意	顾客满意度调查；顾客参与质量活动的程度；顾客沟通体系的效率
	产品质量	初检合格率；单位产品缺陷数；最终产品合格率；顾客投诉率

4.4.3　质量管理要素提取及信度分析

1. 质量要素因子提取

质量问卷在按照设计进行手工合并同类变量后，仍然有多达数十项变量，即使合并成前述 13 个指标作为建立质量管理要素的关系模型的变量，也会使得模型的复杂程度极度增加，所以必须继续对变量进行降维处理，简单的合并方法未免有失科学性。常用的依据变量信息进行变量降维的方法有主成分分析法、因子分析法、变量聚类法，按照张杉杉、徐祥刚、孟庆茂等人的观点，采用主成分分析或因子分析这类探索性因素分析的方法更为恰当，和变量聚类相比，探索性因素分析对变量的数据处理更为深入。通过因素分析可以对众多的观测变量降维，以少量的潜变量表达原观测变量中尽可能多的信息；而聚类分析更适合对案例进行分类。

在探索性因素分析中，确定因子个数的方法依据保留特征值大于 1 的因子，舍弃特征值小于 1 的因子的原则。但是依据特征值大于 1 的准则会受到观测变量数量的影响，当观测变量数据较多时，可能造成过分提取的现象。确定因子个数的另一种方法是碎石图，按照碎石图因子特征值的大小顺序描述因子对变量的变异的解释特征，从碎石图的陡峭、平缓程度来判断提取因子数，但陡峭、平缓的判断带有一定的主观性。而平行分析法可以在定量化的基础上确定因子个数，相比较而言更为客观、严密。

平行分析法通过随机生成若干与真实矩阵具有相同行列的矩阵，求这些随机矩阵的特征值，并计算这些特征值的平均值，通过比较真实数据的特征值与随机矩阵平均特征值的大小，确定要提取的因子个数。在两个特征值序列中，保留真实矩阵大于相同位置的随机矩阵平均特征值的因子。参考平行分析法的结果，同时参考特征值和分析的需要确定应该保留因子的数量。运行程序得到了随机矩阵的一组特征值的平均值，分析得到真实矩阵的特征值，部分特征值比较见表 4.4.2。

表 4.4.2　调查数据特征值与随机矩阵平均特征值比较

成分	特征值	
	调查数据	随机矩阵
1	11.41	1.81
2	4.51	1.72
3	2.59	1.64
4	2.13	1.58
5	1.46	1.52
6	1.29	1.47
7	1.24	1.42
8	1.14	1.38

从表 4.4.2 中的分析结果可以看到，前 4 个数据矩阵的特征值大于随机矩阵的平均特征值，从第 5 个特征值开始小于随机矩阵的平均特征值，同时根据变量本身的含义以及考虑模型既要简化，同时应包含较多的调查信息，所以本书考虑保留 5 个因素，分别是质量突破(Breakthrough)、过程控制(Control)、质量体系绩效(Effect)、人力资源管理(HRM)、质量领导(Leadership)。

质量突破(Breakthrough)主要指企业在进行质量改进方面需要的质量改进技术，试验设计的方法如因子试验、响应曲面模型、田口方法等方法的应用状况，关联图法、亲和图法、矩阵图法、网络图法、过程决策程序法等质量改进工具的应用情况，以及 QFD 等质量设计和创新技术的应用情况。

过程控制(Control)主要指企业关键过程的控制方法和控制状态，企业检验测量系统的控制状态，企业关键过程的过程能力指数，企业的管理体系控制软件的应用，企业的质量管理信息系统，企业对原材料供应商的控制，企业的质量成本控制，企业生产设备的质量保证能力，企业应用调查表、排列图、控制图等质量工具进行过程控制的情况等。

质量体系绩效(Effect)主要指企业质量管理体系的运行效果、持续改进的执行效果、质量文化建设的效果、应用先进质量管理体系的情况及效果。

人力资源管理(HRM)包括人员管理和职工参与，主要指一线员工岗前培训和资格认定情况，员工基础统计方法培训情况，企业对员工的积极性、创造性的重视程度，职工参与质量活动、评价部门工作、过程改进、决策、实施等企业工作的程度。

质量领导(Leadership)主要指高层领导对质量工作负责的程度、对质量部门工作的支持程度、参与质量改进的程度、对质量目标制订的合理程度等方面。

2. 问卷信度分析

对问卷的内在信度进行分析，一般采用 Cronbach 系数指标。从上述 5 个要素的角度对问卷进行信度分析，分析结果见表 4.4.3。

表 4.4.3　问卷指标信度分析

因素	因素包含项目	删除项目后的 Cronbach 系数	Cronbach 系数
质量突破 (Breakthrough)	B1	0.715	0.756
	B2	0.678	
	B3	0.579	
质量体系绩效 (Effect)	E1	0.722	0.786
	E2	0.686	
	E3	0.668	
	E4	0.785	
人力资源管理 (HRM)	H1	0.971	0.969
	H2	0.968	
	H3	0.966	
	H4	0.966	
	H5	0.966	
	H6	0.966	
	H7	0.966	
	H8	0.966	
	H9	0.967	
	H10	0.967	
	H11	0.967	
	H12	0.967	
	H13	0.966	
	H14	0.966	
	H15	0.966	
	H16	0.967	
	H17	0.967	

续表

因素	因素包含项目	删除项目后的 Cronbach 系数	Cronbach 系数
质量领导 (Leadership)	L1	0.939	0.943
	L2	0.939	
	L3	0.935	
	L4	0.933	
	L5	0.934	
	L6	0.938	
	L7	0.938	
	L8	0.940	
	L9	0.933	
	L10	0.937	
过程控制 (Control)	C1	0.778	0.800
	C2	0.741	
	C3	0.748	
	C4	0.759	
	C5	0.775	

从表 4.3.3 可以看出，问卷结果信度指标 Cronbach 系数值均高于 0.7，均符合问卷信度指标的要求，可以进行下一步分析。对质量管理因素通过平行分析和因素分析的方法，划分成质量突破(Breakthrough)、过程控制(Control)、质量体系绩效(Effect)、人力资源管理(HRM)、质量领导(Leadership)等质量要素，这些质量要素反映了质量管理的主要方面，降低了质量管理调查数据的维度，为建立质量管理要素模型和解释质量管理要素之间的相互关系打下了基础。

4.4.4 模型构建及结果分析

在综合分析质量突破、过程控制、质量体系绩效、人力资源管理、质量领导等质量要素之后，结合相关企业管理理论，建立如图 4.4.2 所示的质量要素关系模型。

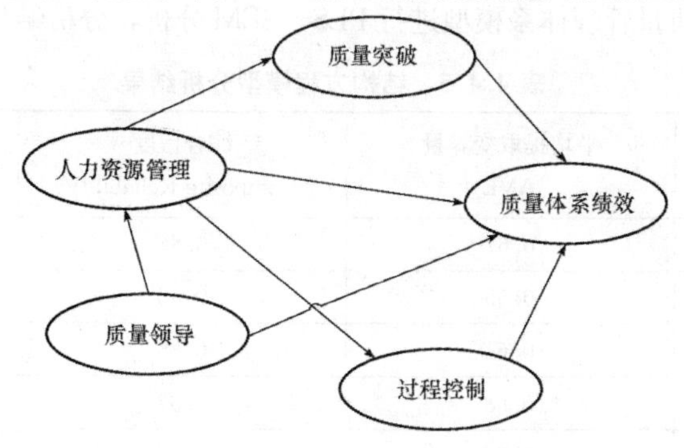

图 4.4.2　质量管理体系要素关系模型

隐变量中的质量领导只作为自变量，其主要由企业的质量战略、质量领导变量组成，根据管理理论，这些企业管理因素主要作为自变量对其他企业质量管理因素产生影响，而反过来受到其他变量的影响相对较小。通过理论和调查数据的验证分析，质量领导对企业的人力资源管理质量活动以及质量体系绩效产生较大的直接影响；人力资源管理对除了质量领导因素外的其他所有质量要素均产生较大影响；质量突破活动主要受到企业人力资源的影响，同时对企业的质量体系产生较大影响；过程控制主要受到企业人力资源质量活动因素的影响，同时对企业的质量体系绩效产生较大影响。质量管理体系因素之间的因果关系并不是绝对的，相互的作用和反作用是必然存在的，只不过根据分析结果的显著程度，对不显著的影响加以省略，这种省略有利于看清主要影响关系，是必要的而且是根据数据分析结果做出的结论。

基于以上分析可知，数据模型整体尚可，但是整体来看数据不太满足正态分布，并且样本量较小，因此考虑应用偏最小二乘(PLS)的方法解决 SEM 问题。

1. 数据预处理及单一维度检验

通过标准化，在满足显变量中心化假定要求的基础上，对数据进行单维性分析。被分析的数据是均值为 0、标准差为 1 的标准化后的数据，分析结果见表 4.4.4。

表 4.4.4 单维性检验

变量组	第 1 主成分特征值	第 2 主成分特征值
质量突破	2.02	0.60
过程控制	2.79	0.70
质量体系绩效	2.45	0.71
人力资源管理	11.58	0.83
质量领导	6.68	0.69

从表 4.4.4 可以看出，所有变量组的第 1 主成分特征值都大于 1，而第 2 主成分特征值都小于 1，因此调查问卷数据满足对 PLS－SEM 分析的单一维度的条件。对于问卷数据在各个因素下的一致性方面的要求，在前面问卷信度分析时得到的 Cronbach 系数结果也证明了其数据符合这一条件。

2. 质量体系 PLS 模型分析

在质量突破、过程控制、质量体系绩效、人力资源管理、质量领导等质量要素组成模型之后，运用 SmartPLS 软件对其进行结果分析。

(1)结果分析。对质量管理体系模型进行 PLS－SEM 分析，分析结果见表 4.4.5。

表 4.4.5 结构方程模型分析结果

变量组	平均提取变异量 AVE	综合信度 Composite Reliability	R^2
质量突破	0.67	0.86	0.13
过程控制	0.55	0.86	0.30
质量体系绩效	0.61	0.86	0.74
人力资源管理	0.68	0.97	0.66
质量领导	0.67	0.95	

从表 4.4.5 可以看出，各组潜变量的综合信度为 0.86～0.97，均高于 Nunally 提出的综合信度临界值 0.70，说明变量的综合信度较高，模型的整体理论假设是比较接近实际调查结果的，

反过来讲即数据分析的结果支持理论假设。

与此同时，潜变量的平均提取变异量为0.55～0.68，均高于Fornell和Larcker提出的AVE的临界值0.50，说明变量的内敛效度都较高。潜变量从对应的显变量组处获得了较高的解释信息。这和偏最小二乘算法的出发点有关，偏最小二乘算法吸取了主成分分析和典型相关分析的优点，组成因子的提出既尽量从自变量中提取足够多的变异，同时也尽量保证对因变量的变异给予足够多的解释。

质量体系绩效的 R^2 值为0.74，其变异量的75%能够被模型解释，模型的拟合效果还是比较令人满意的。

(2)显变量对潜变量的系数。各显变量与各自相关的潜变量之间的系数，见表4.4.6所示。

表4.4.6　显变量对潜变量的系数

选项	质量突破	过程控制	质量体系绩效	人力资源管理	质量领导
B1	0.51				
B2	0.34				
B3	0.37				
C1		0.21			
C2		0.29			
C3		0.30			
C4		0.29			
C5		0.25			
E1			0.32		
E2			0.29		
E3			0.38		
E4			0.28		
H1				0.14	
H2				0.14	
H3				0.13	
H4				0.13	
H5				0.13	
H6				0.12	
H7				0.13	
H8				0.13	
H9				0.13	
H10				0.14	
H11				0.15	
H12				0.15	
H13				0.15	
H14				0.14	
H15				0.15	

续表

选项	质量突破	过程控制	质量体系绩效	人力资源管理	质量领导
H16				0.14	
H17				0.15	
L1					0.11
L2					0.14
L3					0.10
L4					0.13
L5					0.12
L6					0.12
L7					0.13
L8					0.12
L9					0.12
L10					0.13

(3)潜变量得分。从潜变量之间的相关系数(表4.4.7)可以看到，潜变量之间的相关性很强。这反映了质量管理要素之间错综复杂的相互影响关系，采用结构方程模型方法比普通的多元回归分析可以更好地解决质量管理影响要素关系模型的问题。

表4.4.7　潜变量之间的相关系数

变量组	质量突破	过程控制	质量体系绩效	人力资源管理	质量领导
质量突破	1.00				
过程控制	0.61	1.00			
质量体系绩效	0.56	0.75	1.00		
人力资源管理	0.35	0.54	0.73	1.00	
质量领导	0.28	0.46	0.66	0.81	1.00

(4)路径系数。反映潜变量之间关系的路径系数见表4.4.8，表格中的数字代表横行所在变量对纵栏所在变量的路径系数。

表4.4.8　PLS－SEM路径系数

变量组	质量突破	过程控制	质量体系绩效	人力资源管理	质量领导
质量突破			0.157 (3.75)		
过程控制			0.405 (9.35)		
质量体系绩效					
人力资源管理	0.335 (7.75)	0.546 (12.97)	0.594 (10.37)		
质量领导			0.652 (11.32)	0.812 (33.04)	

表 4.4.8 中两个数字上面的为路径系数，下面括号中的为 T 值。从 T 值可以看出大多路径系数显著。

3. PLS－SEM 结果分析

通过理论以及数据实证分析，质量管理体系要素之间的相互影响关系以及路径系数如图 4.4.3 所示。

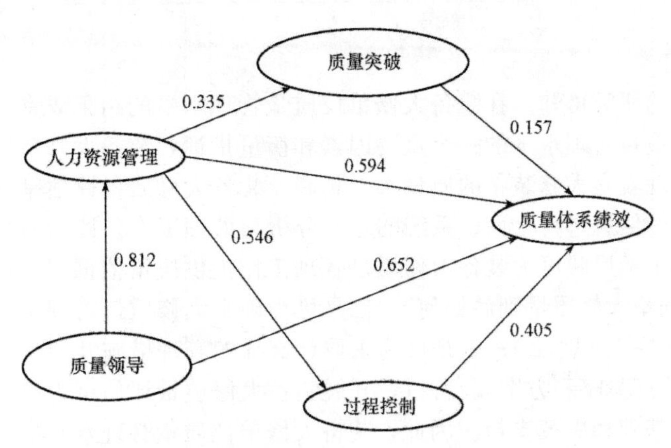

图 4.4.3　质量管理体系要素间 PLS－SEM 路径系数

从图 4.4.3 中可以看出，所有质量要素都对质量体系绩效影响显著，理论上来说，质量体系是一个复杂整体系统，体现全体员工、全过程、全方位影响的几大质量要素都对质量管理体系的绩效影响深远。

同时，从路径系数来看，质量领导对人力资源管理影响显著，直接对人力资源管理的路径系数为 0.812，影响最大。虽然质量领导因素对过程控制和质量突破的直接路径系数不高，在模型中被剔除，但是其经由人力资源管理对质量突破间接影响很大，同样，其通过人力资源管理因素对过程控制因素的影响也很大。

人力资源管理显著影响过程控制和质量改进，是对其他质量体系要素直接影响最多，路径系数也很高的要素。人员掌握充分的技能才有能力参与到质量决策、过程控制和改进活动中，提高质量体系绩效。过程控制对质量体系绩效的直接路径系数最高，体现出质量过程控制对质量体系绩效的直接影响是巨大的。同时，过程控制受到企业人力资源参与质量活动的积极性等因素的影响很大。

第5章　装备大修质量分析评估方法

通过前面章节的研究可知，在装备大修单位质量管理水平的结果要素中，装备大修质量是反映装备大修单位质量管理水平的一个重要因素和衡量指标，装备大修单位的质量管理水平越高，其最直接的体现就是大修装备的质量水平越高。装备大修质量评估是为了一定的维修质量管理目标对所获取的信息进行全面、系统的综合分析与处理工作，评估的结果是对“目标”值的反映，而目标值的正确反映可为装备大修质量管理工作提供决策依据：一是可为大修质量管理工作明确目标(即期望大修质量到底如何)；二是可为确定大修质量管理工作的方向和重点提供指导(即大修质量到底该抓什么)；三是可为采取什么样的管理措施开展大修质量管理定下决心(即制订大修质量管理策略和方案)。所以，开展装备大修质量评估可为提高装备大修单位质量管理水平提供分析基础和决策支持。因此，装备大修单位质量管理水平的定性、定量分析是在宏观层面对装备大修单位质量工作的全面诊断和系统分析，而装备大修质量分析与评估则是在微观层面对装备大修单位质量工作的聚焦诊断和结果评估，两者相辅相成、互为补充。

本章在系统分析装备大修质量的影响因素和总结梳理目前开展装备大修质量评估的内容与程序的基础上，提出了基于分形理论的装备大修质量定性评估简易分析方法；在构建装备大修质量评估指标体系和明确装备大修质量单项参数计算方法的基础上，研究给出装备大修质量定量评估的综合计算方法。

5.1　装备大修质量评估概述及影响因素分析

5.1.1　装备大修质量评估内涵和意义

1. 装备大修质量评估的内涵

装备维修(包含大、中修)质量评估是指按规定的标准和要求，对装备的维修质量进行评定和管理的技术活动[《武器装备维修质量评定要求和方法》(GJB 4386—2002)]。该定义中明确的“维修质量评估”内涵主要包含以下三个要素：

(1)规定的维修条件，包括维修任务、维修级别、维修的设备和工具、维修人员的素质、备品备件的质量以及维修环境条件等。

(2)规定的标准和要求，包括对维修装备的要求，即需要进行维修质量评估的装备必须是按规定的维修级别进行维修，并通过了相应试验、检验；还包括对维修技术资料的要求，评估前必须提交相应的维修技术资料，如维修任务书、维修过程中执行的图样和标准、检验试验原始记录和质量报告、工具设备目录清单等。

(3)定义中的维修质量评估不仅包含在上述条件和要求下对装备的维修质量进行评定，还包含评估过程中的各种管理措施，例如维修质量评估的组织、实施和人员的职责划分等。

装备维修质量评估是装备大修单位质量管理的重要组成部分和关键环节，尤其是按合同化标准条款实施装备大修时，其维修质量评估显得更为重要，其中的大修质量评估参数体系和控制标准，既是强制性条款，也是装备修竣检验验收的内容和验收标准，更是维修过程控制的有效方法。因此，采用什么样的大修质量评估指标，选用什么样的维修质量评估方法，采取什么措施来获取和处理大修质量信息等问题是装备大修组织管理中亟待解决的问题。

2. 装备大修质量评估的意义

目前，在装备大修单位的维修活动组织管理中，无论是维修过程质量还是最终的装备修竣质量，容易随着维修质量管理活动的松紧程度而出现波动，其根本问题是缺乏全面深入的维修质量管理体系，核心是没有建立一套系统完善的维修质量评估系统(包括大修质量评估内容指标、程序方法、标准规范、实施办法等)，致使装备维修业务管理部门和维修单位都没有建立起系统完备的大修质量管理目标。开展装备大修质量分析与评估，主要有以下三个方面的意义：

(1)通过开展装备大修质量评估工作，可以量化的方式反映装备大修单位的质量管理水平，使装备大修单位找出差距、明确改进方向，提高大修单位的质量管理工作制度化、规范化、标准化水平，实现由经验性管理向精细化管理的转变；

(2)通过开展装备大修单位之间的维修质量评估和竞争，可调动维修质量管理各方面的积极因素，使大修单位向最优化的质量管理目标逼近，对于维持装备良好的技术性能、延长装备使用寿命、保证装备的战斗力起到重要推动作用；

(3)通过组织实施大修质量评估工作，可以提供并获得正确可靠的维修质量反馈信息，既可为业务主管部门对大修单位维修质量管理、监督提供有效手段，同时也可为业务主管部门制订政策、拟订计划、建立法规等提供科学依据。

5.1.2　装备大修质量影响因素及特征量分析

1. 装备大修质量影响因素概述

研究、分析影响装备大修质量的主要因素，将影响维修质量的各因素进行定量描述，可以为提出大修质量管理的技术途径指明方向，是实现大修质量管理和评估目标的必经之路，只有明确了影响因素，才能有的放矢地对大修质量进行管理、控制与评估，并使其达到最佳配合、互为补充。

(1)维修质量影响要素构成。对于一般的机械产品来说，产品的维修质量主要受到六个因素的影响，即通常所说的“5M1E”，分别是操作者(Man，人的因素)、设备(Machine，机器因素)、材料(Material，材料因素)、方法(Method，方法因素)、检测(Measurement，测量因素)以及环境(Environment，环境因素)。只有对人、机、料、法、环、测等要素有效地进行控制，保证过程的输出(结果)与输入(要求)不发生偏差，才可以基本保证产品维修质量的稳定。

武器装备是一类特殊的系统，它比一般的机械产品更复杂，对维修质量的要求更高，涉及的范围也更广、更深，但维修质量影响因素与一般产品基本是一样的。从武器装备的全寿命过程来说，影响维修质量的基本因素包括：维修人员素质、维修设备与设施的状况、装配工艺、维修生产环境、原材料、备件的质量、维修管理。在这七个因素中，维修人员素质、维修生产环境以及原材料分别与“5M1E”中的操作者、环境以及材料相对应。另外，维修设备与设施中既包括一般的机械设备，也包含检测设备，而“5M1E”中提到的“方法”在前述所指的装配工艺中也得到充分的体现。各个因素对装备大修质量的影响方式、影响程度与影响控制，需要进行深入详细的分析。

(2)维修质量影响因素与维修质量评估的关系。装备维修质量影响因素与维修质量评估的关系非常紧密，主要表现在：一方面，确定维修质量影响因素是进行装备大修质量评估的理论和技术基础。例如，对汽车进行维修质量评估时，首先分析影响汽车维修质量的主要因素，然后根据这些因素确定评价指标，即可靠性、动力性、经济性、车容以及噪声、排放等指标，最后建立汽车维修质量综合评估模型。另一方面，装备大修质量评估的根本目的是，根据评估结果找出影响维修质量的主要因素以便改进和完善维修措施，提高维修质量，为维修质量管理提供决策依据。

2. 维修人员对大修质量的影响

在众多因素中，人的因素是大修质量得到保证、过程得到控制的关键因素。一般来说，维修人员的素质主要包括思想素质、管理素质、专业技术和文化素质及维修操作技能等，这些素质主要通过维修人员的操作技术水平和管理水平来反映。

(1)影响因素分析。

1)思想素质。维修人员的思想素质具体表现在：一是具有高度的工作责任心；二是具有良好的职业道德；三是具有严格的生产纪律观念。是否具有高度的工作责任心是决定一个人能不能真正在维修岗位上认真负责的关键。装备大修单位在确定维修人员时，应把人员的思想素质要求放在首位，否则会由于维修人员不负责任的行为影响维修质量乃至整个装备的使用安全。

2)管理素质。维修管理人员是质量管理队伍的重要组成部分，担负着代表单位实施装备维修质量控制的角色，应掌握现代管理的知识体系，了解质量管理的有关法规制度、原则要求和在质量管理体系中所处的位置和作用，以及应承担的管理责任等管理工作方面的基本知识。

3)专业技术和文化素质。随着装备高新技术含量的增加，维修技术也随之得到迅猛发展。不解体检测、在线故障检测诊断等高新技术的运用，不仅要求维修检测人员掌握仪器仪表的使用操作技术，还要求维修检测人员具备运用检测技术进行综合分析判断，确定装备技术状况和维修方案的能力，因此专业技术和文化素质的重要性日益突出。而对于维修管理人员，要求不仅要具备进行全面质量管理的能力，而且能够指导其他维修操作人员完成装备维修的任务，解决维修质量管理中发现的各种疑难问题。因此，管理人员要具备一定的专业基础知识，并经过本专业的系统培训，系统学习和掌握维修装备的构造、工作原理和维修工艺等。

4)维修操作技能。维修操作人员必须具有较强的维修实际操作能力，只有经过维修生产实践，熟悉整个生产过程，并对影响装备维修质量的各个环节和各个方面的因素有所了解，才能发现问题，有的放矢地去实施维修质量控制。例如维修过程中出现的技术性差错，主要是由于维修操作人员缺乏应有的训练和考核，不懂原理构造、不熟悉操作规程等，对所发生的问题不会排除。

按差错发生原因的性质分，维修操作人员的工作差错大体分为违章性差错、过失性差错、体制性差错三类。维修管理人员的工作差错大体有以下几种：①决策不对，如用大拆大卸防故障，而效果适得其反，或未更换应更换的部件而造成严重后果；②计划不周，如没有安排执行特殊任务所必需的特定检查；③用人不当，如分配部属不能胜任的工作，或不了解装备技术状况盲目分配任务等；④管理不善，如人员职责不清、工作混乱、秩序不整、油料污染等；⑤标准不高，如允许使用不合格的维修设备设施等；⑥要求不严，如对不良维护作风不能当场纠正，发生问题不了了之等。

(2)特征量分析。维修人员对大修质量的影响主要体现在维修人员的素质，因此可用维修人员的素质等特征量来描述，一般情况下用维修人员的技术水平(既包括维修操作技能，也包括维修管理水平)来表示，这里可把维修人员的技术水平按等级分为A、B、C三级，其中A级人员技术水平最高，B级次之，C级最低，具体约定根据装备大修单位的实际情况而定。

3. 维修设备设施对大修质量的影响

维修设备是指装备大修所需的各种机械、电器、仪器等的统称；维修设施是指执行维修任务时所采用的设施，一般指维修车间、供应仓库、车库等。另外，一些保养和修理工程车、抢救车等移动式的装置等也属于维修设备设施。维修设备设施的完好情况和配套情况是制约大修质量比较显著的因素，尤其是在多种维修方式并存时，维修设备设施的影响更显突出。

(1)影响因素分析。维修设备设施不完善对大修质量的影响主要体现在：一是维修设备设施自身质量不合格会带来维修质量的误差，有时甚至难以保证维修活动的完成，影响了维修技能的发挥；二是维修设备设施不完善导致维修手段落后，甚至部分维修工作只能依靠手工完成，势必延长维修时间、降低维修效率；三是没有有效的检测和数据处理设备作为支撑，难以准确确定装备大修的目标和有效性，无法做出准确的维修决策。

维修设备设施不配套对大修质量的影响主要体现在：一是检测设备不配套，使故障定位不准确，故障检测隔离时间过长，难以简化维修工作和减少人力、物力；二是维修设备与装备不匹配，直接影响装备的装配工艺和装配质量，甚至可能导致装备损坏；三是维修设施不健全、不配套，温度、湿度、噪声环境等达不到要求，影响工作环境和维修人员的工作效率，进而影响装备大修质量。

(2)特征量分析。维修设备设施对大修质量的影响，主要用维修设备设施的完好率以及配套齐全率等特征量来描述。维修设备设施的完好率指的是用于维修的设备完好数与实际维修的设备总数之比；维修设备设施的配套齐全率是指保障大修活动的设备种类数目能否满足维修工作的需要程度。维修设备设施的完好率以及配套齐全率均可分为 A、B、C 三级，各级别对应的维修设备设施的完好率以及配套齐全率可用表 5.1.1 所示推荐的比例表示，该指标目的是保证设备设施的完好性和配套性，提高大修效率和质量。

表 5.1.1　维修设备设施的完好率及配套齐全率分级

级别	维修设备设施的完好率 S_1 以及配套齐全率 S_2
A	S_1、$S_2 \geqslant 95\%$
B	$90\% \leqslant S_1$、$S_2 < 95\%$
C	S_1、$S_2 < 90\%$

4. 装配工艺对大修质量的影响

(1)影响因素分析。装配是机械制造和维修过程中重要的工艺环节，它是按照严格的标准和工艺，使用恰当的工具设备，将合格的零部件进行必要的配合和连接的过程。通过装配，才能使单个的零部件成为有独立功能的总成，满足使用的要求。在装备大修作业中，装配工艺的完善程度和操作人员装配作业水平的高低，直接影响着修竣装备的质量和使用寿命，而不良装配则是造成装备维修质量低劣的重要原因之一。

装配工作的关键是掌握好如下环节：按标准和规范操作、场所机具零部件等的清洁、工具使用、定位基准、装配顺序、紧固锁紧等。装配工作必须按照严格的标准和工艺进行，如装配过程中出现漏装、错装、多装等情况，可能导致装备漏油和发生事故；装反了二极管等零部件，可能致使装备的功能丧失。另外，装配过程中的清洁、工具的使用、润滑、间隙与锁紧等工作对于保持装备的正常工作状态，提高装备维修质量也有很重要的作用。再者，在装配过程最后的检验和试验环节中，维修人员可以发现维修工作中的错误与漏洞，及时改正，以保持较高的维修质量水平，这就要求操作人员有良好的技术素质、丰富的实践经验和严谨负责的敬业精神。

(2)特征量分析。装配对维修质量的影响，主要用装配精度合格率和装配工艺完好率等特征量来表示。其中，装配精度合格率可用下式计算：

$$A_A=\frac{A_{AH}}{A_{AZ}}$$

式中：A_A 表示装配精度合格率；A_{AH} 表示装备中有装配精度要求的零部件达到精度合格要求的数目；A_{AZ} 表示装备中有装配精度要求的零部件的总数目。

装配工艺完好率指的是零部件装配工艺完好数与零部件装配总数之比。装配工艺完好率可分为优、良、中、差四级，各级别对应的装配工艺完好率见表 5.1.2。该指标的目的是保证零部件的装配质量，进而保证装备大修质量。

表 5.1.2　装配工艺完好率分级

级别	装配工艺完好率
优	0.91～1.00
良	0.81～0.90
中	0.60～0.80
差	小于 0.60

5. 环境对大修质量的影响

(1)影响因素分析。环境是指装备维修作业场所的温度、湿度、噪声、尘埃、照明及供电(电压是否稳定)、供水(是否清洁)情况。环境因素不仅直接影响检测仪器的准确性和部件的修理质量，而且直接影响维修人员的情绪、精力，从而影响装备大修质量。应按照有关的国家标准或军用标准的规定，创造正常的维修环境条件，并在维修作业期间保持这种符合规定要求的环境。

(2)特征量分析。环境因素对装备大修质量的影响，可以用温度、湿度、照明度、噪声量、振动频率、尘埃等特征量来描述，环境要求及状况可用表 5.1.3 所示方法表示。

表 5.1.3　环境因素与特征量的关系

环境状况	K_1	环境要求
正常	1.00	温度、湿度正常，照明条件良好，无噪声，无振动，尘埃在正常范围内
较严酷	0.99	温度、湿度、照明、噪声、振动、尘埃六个特征量有一个超出正常范围
严酷	0.98	温度、湿度、照明、噪声、振动、尘埃六个特征量有两个或两个以上超出正常范围

6. 原材料对大修质量的影响

(1)影响因素分析。原材料缺陷或使用不当，不仅直接影响装备的大修质量，而且制约着装备的使用寿命和可靠性。原材料对维修质量的影响主要指标准件、消耗件、代用件的材料质量(包括物理、化学性能，形状尺寸规格，加工工艺等)对大修质量的影响。标准件主要是指机械设备中所用的通用件，如轴承、螺纹连接件、弹性垫圈、锁紧垫等，实践证明，标准件材料质量不符合要求或使用不当，必将对维修质量以及装备的使用寿命产生不利影响；消耗件指的是维修所消耗的材料，如橡胶、毛毡、石棉绳、焊条、涂料及胶布等，消耗件材料使用不当或质量不好，也将对维修质量产生一定的影响；代用件是指用别的材质或零件代替图纸工艺中要求的材质或零件，代用件选用不当或使用质量低劣的代用件，必将对装备的使用寿命和维修质量产生严重影响。火炮废气抽尘器里的弹子，按要求必须经过退火处理，以减小其脆性，如果选用只经过淬火处理的弹子，由于弹子很脆，容易破裂，结果造成炸膛现象。

(2)特征量分析。原材料对维修质量的影响，主要用原材料合格率等特征量来描述。原材料合格率指的是通过检验符合规定要求的原材料数与所用原材料总数之比。分析该指标的目的是增强原材料的质量控制，进而提高维修质量。

7. 备件对大修质量的影响

(1)影响因素分析。在零部件换件修理作为装备维修主要方式的今天，备件质量已成为影响装备大修质量的重要因素之一。备件对维修质量的影响主要体现在以下两个方面：

1)备件质量对大修质量的影响。备件质量对维修质量的影响，可用维修过程中更换备件的质量等级来表示。按照质量等级，备件可分为正品、替代品和翻修品三类。正品是指按图纸及技术要求制造并检验合格，在使用时无须再进行补充加工或只需进行适当的补充加工即可进行更换的零部件；替代品是指用另一种材料、性能、质量要求制作以取代原装零部件，从而保证装备正常运行的备件；翻修品是指经过修理可以达到技术标准的备件。在维修过程中，更换备件的正品率比较低，而过多地采用替代品、翻修品，将对装备的维修质量产生一定的影响；替代品因为其某些性能不符合技术条件要求，维修更换后必然引入潜在故障；翻修品虽然也达到技术标准，但因为其原先就有损耗，在加工制配过程中可能存在工艺上的缺陷，必然会在备件中引入应力，维修更换后将可能造成装备使用可靠性降低，影响装备的正常使用。

2)备件的供应对大修质量的影响。备件的供应虽然不直接对装备大修质量本身产生影响，但它会对装备维修保障产生直接影响，主要是因为备件在供应上的延误(供应不及时或供应不足)而影响了维修工作效率，间接会使操作者产生懈怠思想，从而可能导致人为差错的产生，影响大修质量。

(2)特征量分析。备件对装备大修质量的影响，主要用正品、替代品和翻修品三类备件的合格率和供应率来表示，其中备件合格率指的是通过检验符合规定要求的备件数与实际维修所用总的备件数之比，该指标的目的是保证备件的质量；备件供应率指的是实际供应的备件数与需要的备件总数之比，该指标的目的在于及时保障备件的供应，以减少因备件供应不及时而对大修质量造成的影响。

8. 维修质量管理对大修质量的影响

(1)影响因素分析。维修质量管理就是在装备大修活动中，为确保装备大修质量而进行的技术管理活动，主要包括管理机构、管理制度、管理方法和措施，以及相关技术文件等，即利用现代科学管理的手段，充分发挥组织管理和专业技术的作用，有效利用维修人力、财力、物力资源以达到高质量、低成本地完成装备大修任务。合理地实施装备大修的质量管理工作，特别是建立一套完整的维修质量管理体系，不仅能对影响维修对象质量和维修工作质量的各种因素进行系统性控制，包括确定维修质量的标准、分析影响维修质量的因素等，而且可以有效地掌握装备大修质量的状态，为装备使用和维修决策提供依据。

质量管理机构是保证装备大修质量的前提，是主导和监控维修质量的主体。它不仅对维修质量进行实时监控和信息采集，而且可对维修质量进行定量分析和对质量参数标准等进行修订。如果该机构不健全，或者组织不得力，必将影响和制约装备的维修质量。

质量管理制度是维修质量的保证性文件。质量管理机构以及维修质量监控体系不够完善、不严格执行维修工艺规程和质量检验制度、质量责任制未彻底落实到人以及质量信息反馈机制不完善等一系列质量管理制度问题，必将影响装备大修质量。

维修技术文件是保证维修质量的主要措施之一，是指导维修人员进行维修作业的理论依据、作业规范和作业标准。其目的是对维修技术参数进行记载和查询，以便对维修质量进行监控和分析提供原始资料。维修技术文件主要包括修理技术任务书、修理工艺规范及修理质量检验标准、维修原始资料和质量分析、信息反馈等相关技术资料。运用该文档可有效地、有针对性地对维修质量进行监控和查询，以便提高维修质量。若该文档不规范，或不配套，必将影响和制约装备的维修质量。

(2)特征量分析。维修质量管理对装备大修质量的影响，主要用维修管理制度的完善程度和维修技术资料的齐全率等特征量来表示。维修管理制度的完善程度可分为良好、中等、较差三级；维修技术资料的齐全率指的是实际配备的技术资料与需要的维修技术资料之比，该指标的目的是减少装备维修过程中资料配套性对维修质量的影响。维修质量管理因素可用上述两个特征量共同描述，可用表5.1.4所示的表述方法。

表5.1.4 维修质量管理与特征量的关系

维修管理	备　注
良好	维修质量管理制度完善，维修技术资料齐全
中等	维修质量管理制度较完善，维修技术资料齐全
较差	维修质量管理制度不完善，维修技术资料不齐全

5.2 装备大修质量评估内容与程序

5.2.1 装备大修质量评估方法与程序

1. 装备大修质量评估工作的组织

(1)组织实施。装备大修质量评估工作由总部、军兵种、基地装备大修业务主管部门，会同装备大修单位共同组织实施。

(2)评估组。评估组人员应根据装备类型，由装备大修业务主管部门会同装备大修单位提名产生。评估组成员由下列人员组成：

1)某类装备维修专家或专业技术人员；

2)上级装备大修业务主管部门的代表；

3)装备大修单位的工艺、质量保障等部门的代表；

4)装备使用部队的代表；

5)必要时可邀请有关装备研制单位的代表参加。

评估组的职责主要包括：

1)审查相关技术文件、图样资料及大修中采用的标准与维修任务的一致性；

2)协助装备大修单位制订并实施评估工作计划；

3)以标准[《武器装备维修质量评定要求和方法》(GJB 4386—2002)]推荐的大修质量参数指标体系和评估方法，结合本类装备制订参数指标和评估方法细则，或对委托的装备大修单位制订的评估参数和实施细则予以确认，并组织评估实施和监督；

4)总结装备大修质量评估工作的经验、问题并提出建议，编写装备大修质量评估报告。

2. 装备大修质量评估的基本程序

(1)提出申请报告。由装备大修单位和本级装备大修业务主管部门，在本部门确定的评估时间前，向上级装备大修业务主管部门提出大修质量评估申请报告。

(2)制订评估计划。申请报告经批准后，按要求组织评估组，明确评估职责，并由装备大修单位拟订评估计划。

(3)实施评估。装备大修单位按要求向评估组提供文件和技术资料；装备大修单位项目负责人向评估组提交装备大修质量报告，主要包括所修装备大修过程中质量保证工作的执行情况、装备大修质量的自我评价、大修过程中主要问题分析及纠正措施落实情况、装备大修过程费用情况；评估组审查装备大修质量报告，按照大修质量参数计算方法进行评估；评估组进行审查、讨论，写出评估意见。

(4)提交评估报告。评估结论是各方代表、专家集体智慧和经验的体现，评估组根据评估结论提交装备大修质量评估报告。装备大修单位应在规定期限内将大修质量评估报告报送上级装备大修业务主管部门，同时大修单位根据评估组提出的问题和建议，制订纠正措施，组织落实，上级装备大修业务主管部门或同级大修质量保证部门负责监督检查。

(5)评估结果分析与装备使用及处理。评估组对大修质量评估状况的分析，主要包括以下内容：故障模式、故障机理、失效机理、维修设备设施的适用性分析、检测设备的适用性分析、维修器材的质量分析、维修方式和维修工艺分析、使用和贮存环境分析、技术人员维修技能分析、维修材料的"三化"状况分析、标准化及计量管理状况分析。

5.2.2　装备大修质量评估实施流程

从前述装备大修质量评估工作的程序可以看出，开展装备大修质量评估的工作流程主要包括三个阶段：

第一阶段为大修质量评估的准备阶段，在这个阶段主要进行相关准备工作，根据评估的要求和目的确定质量评估的时机，进行大修质量评估参数的选择和指标体系的构建，收集大修质量信息数据等；

第二阶段为大修质量评估模型构建阶段，这一阶段的工作是根据上一阶段选择的质量评估参数建立大修质量评估模型，并对模型的可行性进行分析；

第三阶段为数据处理与评价阶段，根据前两阶段收集的大修质量数据和建立的质量评估模型，对装备大修的质量进行分析与计算、做出评价，并对下一步的大修工作提出合理化建议。

对装备大修质量进行评估的基本实施流程如图 5.2.1 所示。

1. 维修质量评估的准备

(1)确定评估对象、评估时机和维修环境。要对装备的大修质量进行评估，首先就应该确定评估对象，是对某一重要的分系统(重要部件)维修质量进行评估，还是对完整的武器装备的维修质量进行评估；接下来需要对评估对象的众多性质进行完整的描述，描述的内容主要包括维修范围是哪些，是在什么时机进行评估(维修结束时或维修后已工作一段时间)，是抽检一台装备还是对该装备大修单位在一个完整时期内(如一年、一月)所有维修过的装备进行评估等。通过对以上评估对象、评估时机和维修环境等多个因素的确定，就可以把装备大修质量评估的范围确定下来，为下一步对装备大修质量的评估打下基础。

(2)选择评估参数。5.4 节提出四大类、十七项装备大修质量评估参数，是对各种类型装备通用的评估参数指标体系，而在对具体的装备进行评估时，可以根据实际情况从中进行选择。如有的装备工作时无能源消耗，就不需要选择能耗升高率这一参数；如果是装备大修交验后立即进行质量评估，就可不选择平均故障间隔时间 $MTBF_W$ 这个反映可靠性的参数。

(3)收集评估信息。对装备大修质量评估信息的收集，主要包括以下四个方面的内容：

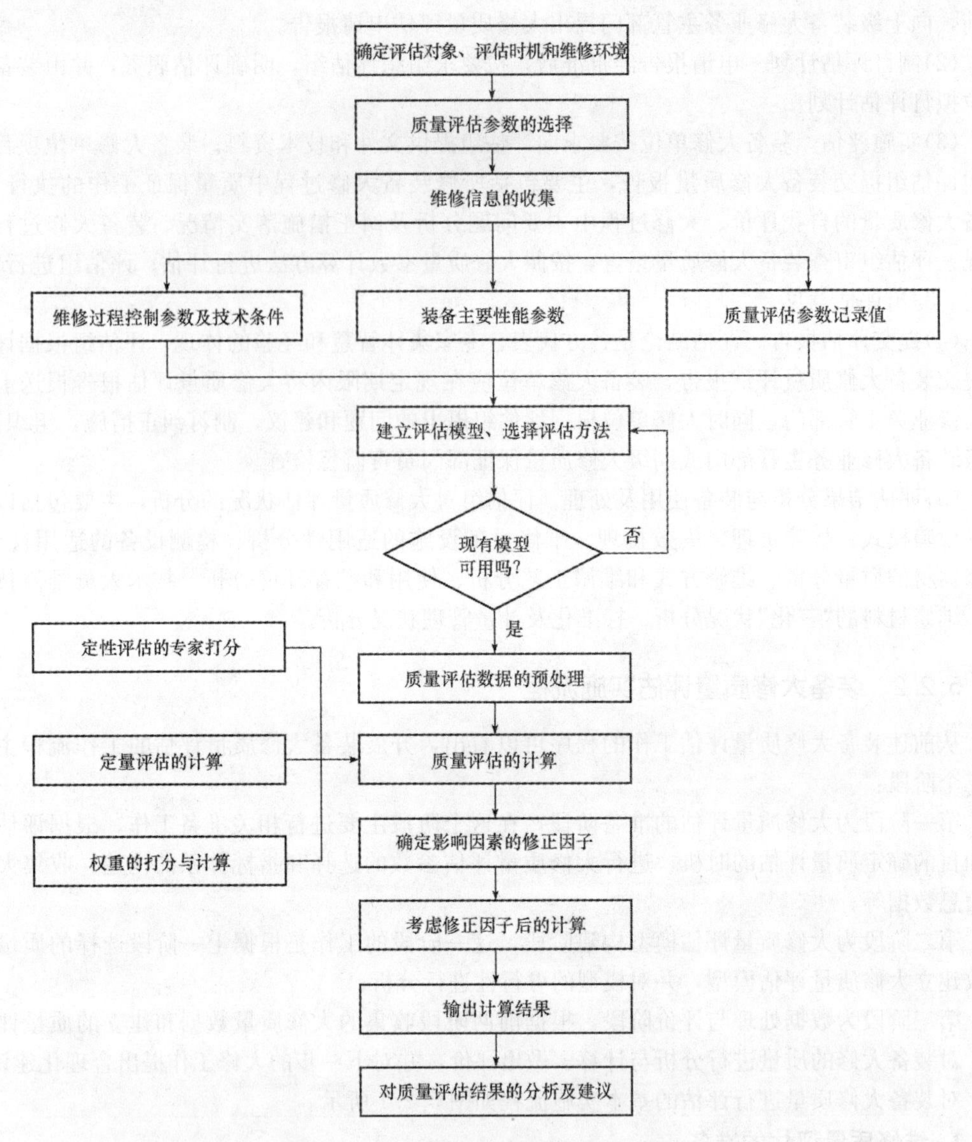

图 5.2.1　装备大修质量评估实施流程

1)维修过程控制参数及技术条件。主要是指装备大修过程中装配、调整、安装、紧固、系统调试试验(台架、试车试验)的技术规范及技术条件。这类参数值有三种情况：①给出明确的标准值，达到的参数值越大越好；②给出的标准值是一个范围，达到的参数值不能过大或过小；③给出明确的标准值，达到的参数值越小越好。虽然维修过程控制参数不直接作为评估的参数，但是在进行装备大修质量评估时必须对其进行检查，检查的标准以给定的修理技术规范和修理技术条件为准，以进一步确认维修过程控制参数是合格的。

2)装备主要性能参数。通过对被评估对象的主要性能参数的收集，能对被评估对象有一个较完整的了解，同时还要了解被评估对象在使用装备过程中这些主要性能参数变化的趋势和变化的范围，作为最终装备大修质量评估的参考。

3)维修质量评估参数的记录值。维修过程中的各种记录值都应当妥善保留，因为它们都有可能被作为装备大修质量评估的原始数据。

4)装备试验、试用等过程的质量信息。如修理后试验中出现的故障信息、装备的返修情况信息等。

2. 建立维修质量评估参数模型

(1)评估模型及方法的选择。在完成了质量评估的准备工作之后，接下来的工作就是评估模型的构建和评估方法的选择。目前采用较多的有层次分析法、模糊评价法、专家打分法等，可以根据不同的专业和已有的经验，由质量评估专家进行选择。根据前面讨论的装备大修质量评估要求，本书采用的是一种定性与定量相结合的评估方法，采用分形理论分析方法对装备大修质量定性评估内容进行评估；利用基于层次分析法和专家打分法相结合的综合评估计算方法对装备大修质量定量评估内容进行评估。

(2)数据的预处理。对装备大修质量数据的预处理主要包括以下内容：

①原始记录数据的审查与核实。因为与装备维修质量相关的数据众多，涉及的范围很广，在进行装备大修质量评估时需要对其进行数据的采集，为了能使最终的评估结果可信可靠，必须对原始的记录数据进行审查与核实。

②定性评估的专家打分。对于需要定性评估的参数值，可以组织此装备维修领域的专家，根据实际的维修工作经验给出定量的分值，这其中主要涉及专家的选择、确定打分原则与标准、确定打分的实施办法等内容。

(3)数据的归一化处理。装备大修质量评估的数据来自方方面面，数据的类型多种多样，如果要把各种数据最终汇总在一起，就必须对所有的数据进行归一化处理。对于需要定性评估的数据，已经由专家给出 0～1 之间的分值；对于一些需要定量分析的数值，可以根据后续参数定义中的公式计算出 0～1 之间的分值；而对于装备众多的性能指标值，则可利用效用函数的方法对数据进行归一化处理。

3. 数据处理与质量评估

(1)确定影响维修质量的修正因子。根据在质量评估准备阶段对装备维修总体情况的描述，对装备大修质量的维修环境、维修人员技术水平、维修设备设施状况、维修质量管理等影响因素进行考核，并依据经验采用专家打分法或其他方法给出修正因子的数值。

(2)评估计算。对装备大修质量的评估计算主要分为以下 5 个步骤：

1)对定性评价的参数组织专家打分；

2)对定量评价的参数进行计算；

3)计算参数指标权重，可用两两比较法给出分值，然后计算并确定权重；

4)按照选择的评估参数模型及编制好的程序进行综合计算；

5)将综合计算的数值乘以修正因子，得出最终的评估结果。

(3)输出评估结果。最终输出的装备大修质量评估结果是一个分值，其范围在 0～100 之间，可以根据具体情况将大修质量分成几个等级，如分成优、良、中、合格和不合格五等时，可将大修质量综合评估值在 90～100 之间的定为优等，在 80～90 之间的定为良好，在 70～80 之间的定为中等，在 60～70 之间的定为合格，在 60 以下的定为不合格。

(4)灵敏度分析。根据在大修质量评估准备阶段对质量数据的采集和分析，找出影响装备大修质量的主要因素，并对这些主要因素变化时会对装备大修质量产生的影响做进一步的分析，从而提出提高装备大修质量的合理化建议。

(5)撰写评估报告。将装备大修质量评估过程中采集到的各种数据、选择的评估参数、采用的评估方法以及整个大修质量评估的过程和最终的评估结果、情况分析，按照格式要求撰写成详细的书面报告，为装备大修质量的考核和评比提供资料。

5.3 基于分形理论的大修质量定性评估方法

装备大修质量评估实行定性与定量相结合的评估方法，定性评估是评估组按照前述评估内容中“对装备大修质量及大修工作质量的定性评估”要求，进行考核后做出定性评估意见。对装备大修质量及大修工作质量定性评估的内容主要包括：

(1)大修方案确定的科学性、合理性；

(2)大修程序、工艺执行的正确性；

(3)大修工作组织及专业人员结构的合理性；

(4)大修质量信息内容的完整性和信息管理的科学性。

影响装备大修质量及大修工作质量的因素很多，各个因素的影响度分析对寻找关键影响因素并改进装备大修质量至关重要，不同学者从不同角度(如基于生产过程控制的5M1E指标体系，基于修复装备总体性能、修理过程质量和修后可靠性、配套性的参数指标体系等)，利用不同方法(如层次分析法、模糊综合评估法等)分析了装备大修质量的影响权重和影响度。分形理论是近30年产生的一种新兴理论，是非线性理论中的一个活跃分支，它以独特的视角揭示了自然界和人类社会各种复杂现象中的规律性、层次性和标度不变性。石强等深入研究了分形理论在信息处理中的应用；杨懿等用分形理论评估了维修机构的效能，经验证具有很好的适用性。本节拟针对已有研究的主观性大等不足，建立基于分形理论的装备大修质量定性评估影响因素分析模型，从实际考察样本出发，更加客观地分析各质量指标因素的影响。

5.3.1 装备大修质量定性评估指标体系

根据装备大修质量及大修工作质量定性评估的内容，通过对众多指标的综合权衡分析，初步确定装备大修质量定性评估影响因素指标可以分为五大类：

(1)反映大修计划方案科学性和合理性的指标；

(2)反映大修程序工艺执行正确性的指标；

(3)反映大修工作组织机构合理性的指标；

(4)反映大修专业人员结构合理性的指标；

(5)反映大修质量信息内容完整性和管理科学性的指标。

每一类指标可能包含若干个基本指标，构成了装备大修质量定性评估指标的层次结构体系，见表5.3.1。

表5.3.1 装备大修质量定性评估指标层次结构

第一层	第二层	第三层
装备大修质量	大修计划方案科学性和合理性	大修计划科学性 I_1
		大修方案合理性 I_2
	大修程序工艺执行正确性	大修设备设施完好性 I_3
		大修工艺执行正确性 I_4
	大修工作组织机构合理性	组织机构合理性 I_5
		管理制度完善性 I_6

续表

第一层	第二层	第三层
装备大修质量	大修专业人员结构合理性	人员专业技术能力 I_7
	大修质量信息内容完整性和管理科学性	质量信息内容正确性 I_8
		质量信息管理科学性 I_9

表 5.3.1 中的指标体系由若干个评估参数指标组成，具有层次性、多维性和不规则性。为此，应用分形方法可从多维角度较准确、客观地描述出基于定性评估的装备大修质量水平的高低。

5.3.2　基于分形理论的装备大修质量定性评估模型与流程

1. 分形理论

装备大修质量定性评估影响因素指标体系中的 N 个底层子指标标准化数据 $\{y_{ij}\}_{j=1}^{N}$，$i\in[1, k]$，可视为 N 维空间中各个坐标上的点，所有这些点构成 N 维欧氏空间上的一个子集 J_N，定义各点 y_{ij} 到原点的距离为欧氏距离 d_{ij}。

考虑以原点为球心、以 r 为半径的球，当 r 位于某一适当空间时，M_r($d_{ij}<r$ 的集合)随着 r 的变化呈现幂函数形式，此时子集 J_N 具有分形的特性，分形维数为

$$D=\frac{\ln M(r)}{\ln(r)}$$

若大修质量较好，则有较多的指标点分布在 N 维空间中离原点较远的地方，即离球心相对较远；反之，若大修质量较差，则有较少的指标点分布在 N 维空间中离原点较远的地方，即离球心相对较近。也就是说，在指定的适当区域中，维修质量较好的 $M(r)$ 在总体分布中总是小于质量较差的 $M(r)'$，则所考察的 K 个不同阶段的指标 $\ln M(r)$-$\ln(r)$ 曲线逐渐上升最终逼近于 $(\ln(r), \ln M(R))$($R=\max\{y_{ij}\}$)，所以较好质量的维修反映的斜率总是大于较差质量的维修，即分形维数 $D>D'$。

直观上看，如果底层各子指标数值离原点越远，说明装备大修质量越好，可以说分形维数 D 从本质上反映了大修质量的高低。

2. 分析流程

分形方法用分形维数刻画了图形占领空间规模和整体复杂性的量度，反映装备大修质量的多维参数指标所具有的不规则性，从本质上讲属于这类问题，分形在对它的处理上有明显的优势。计算分形维数 D 的目的在于多维综合评估装备大修质量，因为 D 反映了各指标点在空间的分布状况。

假设装备大修质量定性评估的 9 个参数指标 I_1，I_2，…，I_9 的影响权重分别记为：a_1，a_2，…，a_9，装备大修质量用分形维数表示，与各因素之间的回归关系记为：

$$D_i=[I_{1i}, I_{2i}, \cdots, I_{9i}]\times[a_1, a_2, \cdots, a_9]^{\mathrm{T}}$$

需要说明的是，本文中只重点研究影响关系的线性部分。把各个考察阶段的影响因素指标记录值作为样本组成矩阵 $\boldsymbol{I}$，影响权重记为向量 $\boldsymbol{A}$，各个阶段的分形维数组成的向量记为 $\boldsymbol{D}$，则 $\boldsymbol{D}=\boldsymbol{IA}$。向量 $\boldsymbol{A}$ 归一化，它的各个元素就是最小线性回归拟合误差情况下的各因素的影响度。

基于上述分析，基于分形理论的装备大修质量定性评估流程如下：

(1)求出不同单位或同一单位不同时间段的大修质量的分形维数，作为装备大修质量的度量；

(2)运用最小二乘法求出各个因素样本记录值与对应分形维数之间的回归方程，各个回归系数表示了各因素指标对分形维数的影响度，也即对大修质量的影响程度；

(3)根据这些回归系数画出基于各因素影响度的 Pareto 图。

5.3.3 基于分形理论的装备大修质量定性评估实例

1. 样本收集与标准化处理

根据某装备修理工厂近几年的大修质量相关信息记录，装备大修状况基本符合研究假设的条件，反映大修质量的定性评估指标在各个时间节点的记录值见表 5.3.2。

表 5.3.2 各定性评估指标在各个时间节点的记录值

年份	季度	I_1	I_2	I_3	I_4	I_5	I_6	I_7	I_8	I_9
2013 年	1	0.95	0.92	0.98	0.92	0.95	0.94	0.92	0.88	0.92
	2	0.86	0.88	0.94	0.97	0.95	0.97	0.95	0.87	0.93
	3	0.89	0.85	0.97	0.91	0.95	0.97	0.97	0.91	0.95
	4	0.84	0.87	0.92	0.98	0.95	0.98	0.95	0.84	0.97

上述 9 个定性评估指标均为收益型指标，越大越好，且均按照百分比给出统计值，故不需要再进行归一化处理。

2. 维修质量的分形维数表示

对 2013 年度 4 个阶段的各个指标作双对数图 $\ln M(r)$-$\ln(r)$，并在适当区间用线性回归方程进行拟合，其回归方程为：$\ln M(r)=\theta+D\ln(r)$，其中 θ 为参数，D 为分形维数。可以得到 2013 年度各个季度装备大修质量定性评估分形维数，见表 5.3.3。

表 5.3.3 各定性评估指标在每个考察阶段的记录值

年份	季度	分形维数
2013 年	1	0.988 4
	2	0.968 5
	3	0.975 3
	4	0.957 4

将分形维数代入公式 $\boldsymbol{D}=\boldsymbol{IA}$，因 $\boldsymbol{I}$ 为行满秩，其最小二乘解为 $\boldsymbol{A}=\boldsymbol{I}^{\mathrm{T}}(\boldsymbol{II}^{\mathrm{T}})^{-1}\boldsymbol{D}$，可得 $\boldsymbol{A}=$[0.174 9　0.166 8　0.161 9　0.107 7　0.115 9　0.081 2　0.090 3　0.157 2　0.003 3]。

3. 基于 Pareto 图的大修质量因素指标影响度分析

对上述求得的定性分析影响因素指标进行归一化处理，可得 $\boldsymbol{AA}=$[0.165 1　0.157 5　0.152 9　0.101 7　0.109 4　0.076 7　0.085 3　0.148 4　0.003 1]。

据此画出装备大修质量定性影响因素 Pareto 图，如图 5.3.1 所示。

从图 5.3.1 中可以看出，I_1、I_2、I_3、I_8、I_5 是对大修质量定性评估影响较大的因素，在开展装备大修定性评估时应重点考虑这些指标，提高评估的针对性和准确性。

本节采用分形理论与分析方法对装备大修质量进行定性评估，摆脱了传统分析方法，如层

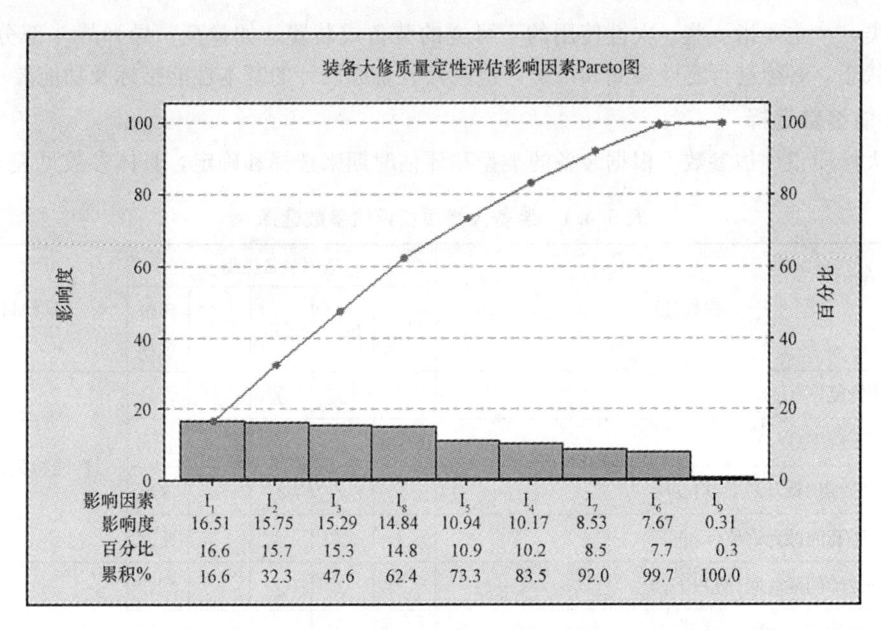

图 5.3.1　装备大修质量定性评估影响因素 Pareto 图

次分析法、模糊综合评估法等确定维修质量指标参数影响权重的主观性，且利用该方法能够分析出各个影响因素的变化对装备大修质量的影响效果，为解决装备大修质量定性评估提供了新的分析思路和方法。

5.4　装备大修质量评估参数指标与计算方法

5.4.1　装备分类与参数选择

1. 被评估装备分类

当今武器装备结构复杂、技术含量高、集成度高，要制订一个简单、统一的维修质量参数标准，使其适用于所有武器装备的大修质量评估，是一件很困难的事。因此，要对武器装备进行分类，归纳出各类武器装备的性能特点，在进行维修质量评估时首先挑选出适合此类武器装备的评估参数，使评估工作能够顺利进行。此外，装备的类型不同，各评估参数在最终评估结果中所占的权重也不同。我们在考察装备的维修质量时，一般都是从装备的性能出发，对于飞机、舰船、火炮、装甲车辆等不同类型装备，根据大修质量评估需要，将被评估装备按结构分为以下四类：

机械类——这类装备是以机械结构为主体的装备，如飞机、舰船、陆用车辆的动力、传动、行动部分等。此类装备具有耗损性特征，在工作中随着工作时间的推移会产生磨损、疲劳、老化等失效，需要进行定期的维修。

光电类——这类装备是以电子元器件和芯片组为主体的装备，如武器系统上的加固计算机、各种智能系统等。此类设备较为精密，维修方式基本以换件维修为主。

机电类——这类装备是机电结构相结合的装备或在机械传动装置上配以电气设备，如火炮随动系统、雷达与炮瞄联动装置。该类装备具有机械、电气、液压、气压等综合特征。

其他类——主要指一些一次性使用的不可逆的装备或装置，如弹药、导弹战斗部分等，多处于贮存状态，必须进行定期检测和维护，检查其装备原设计的基本性能指标及功能要求。

2. 评估参数选择

装备大修质量评估参数可根据装备的类型和评估时期来选择和确定，具体参数见表 5.4.1。

表 5.4.1　装备大修质量评估参数选择

序号	参数名称	适用装备类型					反映目标
		机械	机电	光电	其他	评定选择	
1	功能恢复率(G_L)	√	√	√	√	○◇	性能相关状态
2	功率下降率(W_L)	√	√	√		◇□	
3	能(油、电)耗升高率(Y_{HH})	√	√	√		◇	
4	主要轴孔间隙允许值(C_H)	√	√			○□◇	
5	平均故障间隔时间($MTBF_W$)	√	√	√		□◇	可靠性恢复程度与任务成功能力
6	寿命单位当量故障率(D)	√	√	√		◇□	
7	可靠度[$R(t)$]	√	√	√	√	◇□	
8	维修保障任务成功率(M_{SR})	√	√	√	√	◇□	
9	维修更换率(M_{RR})	√	√	√		○◇□	更换率、返修率与费用合理值
10	返修率(R_{MR})	√	√	√		◇□	
11	一次维修费用合理值(C_{CEF})	√	√	√	√	○◇□	
12	通用件、标准件采用率(S_{YR})	√	√	√	√	○◇□	保障性、安全性恢复程度
13	运输适应性(TR)	√	√	√	√	◇□	
14	包装完好性(PA)	√	√	√	√	◇□	
15	使用安全性(SA)	√	√	√	√	◇□	
16	附件、备件、工具配套齐全率(R_{ER})	√	√	√	√	○◇□	
17	维修资料齐全率(D_R)	√	√	√	√	○◇□	

注：“√”表示适用该类装备的参数；
“○”表示在装备大修、试验、检验后评估时可供选择的参数；
“◇”表示在装备大修后的保修期内评估时可供选择的参数；
“□”表示在规定的维修间隔期结束，下次维修之前评估时可供选择的参数。

5.4.2　装备大修质量定量评估综合计算方法

装备大修质量的综合评估是一个非常复杂的问题，目前可采用的评估方法有德尔菲法、模糊数学法、排序法、综合指标法、加权法和层次分析法等，本书采用维修质量的综合评估计算方法，其一般步骤为：

(1)依据装备类型，裁剪、确定评估参数指标体系；

(2)采用诸如层次分析法、模糊综合评估法等方法，确定单项参数指标权重；

(3)确定各参数指标取值方法；

(4)装备全系统大修质量的综合评估。

具体实施步骤如下：

1. 参数分类与指标选择

如前所述，评估装备大修质量的参数有性能相关状态参数，可靠性恢复程度与任务成功能力参数，更换率、返修率与费用合理值参数，保障性、安全性恢复程度参数四大类，每大类参数内又包含若干个具体参数，如图 5.4.1 所示，另外还通过引入大修质量评估修正因子的模式将维修人员、维修环境、设备设施、维修管理、装备使用强度、服役时间等相关因素也考虑在内，因此该参数指标体系基本覆盖了对装备大修质量产生影响作用的主要因素。但是，在对具体的装备进行质量评估时，并不一定需要考虑所有的参数，而是根据实际情况对现有的参数进行适当的选择和裁剪，参数选择的依据主要有两点：一是装备的类型；二是质量评估的时机。

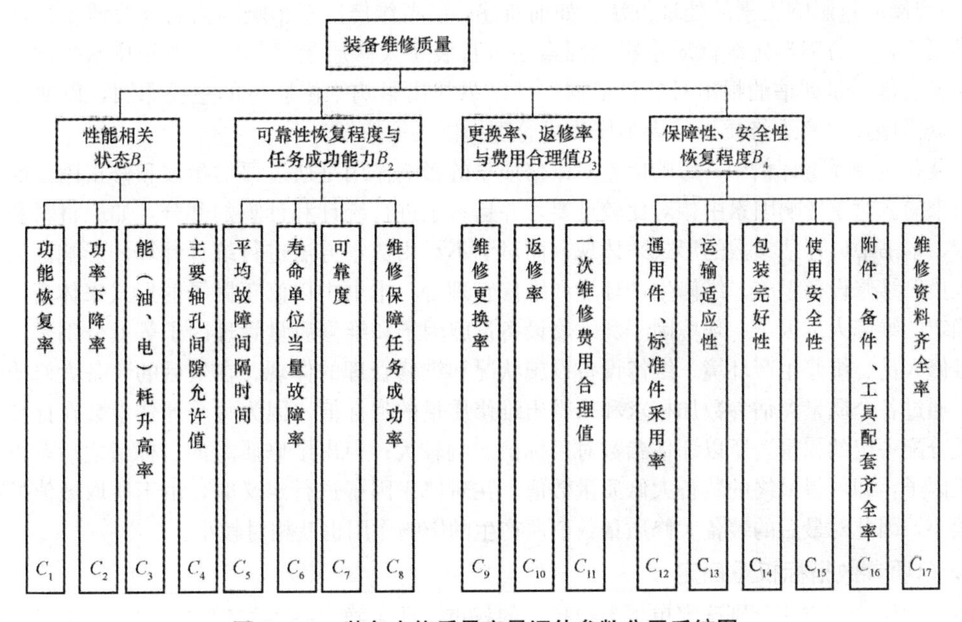

图 5.4.1　装备大修质量定量评估参数分层系统图

(1)依据装备类型选择评估参数。不同结构的装备具有不同的性能，而相同结构的装备往往具有相似的性能。在考察装备的大修质量时，一般是从装备的性能出发，所以按照结构对装备进行分类并选择评估参数指标是合理可行的。如前述对于飞机、舰船、装甲装备、火炮、雷达、火控系统、观瞄仪器等不同类型的装备，按照其不同的结构特点，分为光电类、机械类、机电类、其他类四种类型。

装备大修质量评估参数主要是根据评估对象的性能和功能制订的，某种装备不具备某项功能，就不需要再选择代表此项功能的评估参数。另外，大修质量评估的对象也不一定是整个装备系统，也可能只是某一单独的部件或分系统，其功能就更加单一，所需要的评估参数应更具有针对性。所以对于不同类型的装备，所选择的质量评估参数也就有可能不同。如：枪械等简单机械装备，不包含动力系统，能耗升高率这一考查装备动力系统能源消耗情况的评估参数就不必再列入考核范围之内；对于坦克、装甲车辆等大型武器装备不存在包装问题，所以在大修质量评估时就不需要考虑包装质量方面的参数。

(2)依据评估时机选择评估参数。根据武器装备的全寿命过程，装备的大修质量评估可以分别在三个不同的时机进行，即：装备大修结束时、装备的维修间隔期内(装备使用期间)和装备的维修间隔期结束时(下一次大修开始时)。一般来说，在维修间隔期内对装备的大修质量进行检查，主要适用于不定期地对装备维修质量进行抽查这一情况，一般情况下在这个时机对装备的大修质量进行评估的情况相对较少。

在前述17个装备大修质量定量评估参数指标中，除了反映装备维修后可靠性的平均故障间隔时间 $MTBF_W$ 外，其他参数在维修工作结束时即可通过统计或者测量获得其参数值；而平均故障间隔时间 $MTBF_W$ 因为强调时间特性，必须在装备使用一段时间后才能获得其参数值，所以如果要在装备大修结束时立刻进行大修质量评估，就无法选择使用这个参数。如果大修质量评估时机选在装备的维修间隔期内或装备的维修间隔期结束时，则可以选择这个与时间有关的反映修后可靠性的参数指标。

(3)维修质量影响因素的处理方法。如前所述，装备维修质量影响因素与大修质量评估的关系非常紧密，一方面确定维修质量影响因素是进行装备大修质量评估的理论和技术基础；另一方面装备大修质量评估的根本目的是根据评估结果找出影响维修质量的主要原因，以便改进和完善维修措施，提高维修质量，为维修质量管理提供决策依据。

在装备大修质量评估中，影响因素对维修质量的影响作用是通过评估参数和修正因子的形式体现出来的。对于影响因素中相对比较重要，并且易于进行统计和计算的部分，如原材料和备件的质量，本书中以评估参数的形式来体现；而对于不易用数学方法进行统计计算的影响因素，如维修人员、维修设备设施、维修生产环境和维修管理等，本书中以修正因子的形式来体现，前面讨论确定的维修人员因子、环境因子、维修设备设施因子和维修质量管理因子等就分别是影响因素中维修人员、维修生产环境、维修设备设施状况和维修管理的体现。在最后的装备大修质量评估中，通过各个质量评估参数加权求和来得出维修质量的目标值。因为每个评估参数在计算过程中均要分配一定的权重，所以评估参数对目标值影响较大；得出维修质量的目标值之后，再考虑各修正因子，即可得最终的装备大修质量数值。在对修正因子进行定义时，由于所取数值的范围变化很小，因此对最后的装备大修质量数值所产生的影响作用也就相对较小。

2. 单项参数指标权重确定

本书采用分层方法分别确定单项参数指标的权重，即先确定各大类参数的权重，再确定各具体参数指标在各大类参数中的权重。对各单项参数指标权重的确定，可根据专家经验采取打分的方法实现。专家根据两两比较的原则，按表进行权重打分，如第二层次的性能相关状态参数 B_1，可靠性恢复程度与任务成功能力参数 B_2，更换率、返修率与费用合理值参数 B_3，保障性、安全性恢复程度参数 B_4 四大类参数之间，可请专家按1～4的比值评分，其打分见表5.4.2。

表5.4.2 请专家按1～4的比值评分(一)

项目	打分	项目	打分
性能相关状态参数 B_1/可靠性恢复程度与任务成功能力参数 B_2	B_{12}	可靠性恢复程度与任务成功能力参数 B_2/更换率、返修率与费用合理值参数 B_3	B_{23}
性能相关状态参数 B_1/更换率、返修率与费用合理值参数 B_3	B_{13}	可靠性恢复程度与任务成功能力参数 B_2/保障性、安全性恢复程度参数 B_4	B_{24}
性能相关状态参数 B_1/保障性、安全性恢复程度参数 B_4	B_{14}	更换率、返修率与费用合理值参数 B_3/保障性、安全性恢复程度参数 B_4	B_{34}

四大类参数内部的比值评分，可请专家分别按表5.4.3～表5.4.6实施。

表5.4.3　请专家按1～4的比值评分(二)

项目	打分	项目	打分
功能恢复率 C_1/功率下降率 C_2	C_{12}	功率下降率 C_2/能(油、电)耗升高率 C_3	C_{23}
功能恢复率 C_1/能(油、电)耗升高率 C_3	C_{13}	功率下降率 C_2/主要轴孔间隙允许值 C_4	C_{24}
功能恢复率 C_1/主要轴孔间隙允许值 C_4	C_{14}	能(油、电)耗升高率 C_3/主要轴孔间隙允许值 C_4	C_{34}

表5.4.4　请专家按1～4的比值评分(三)

项目	打分	项目	打分
平均故障间隔时间 C_5/寿命单位当量故障率 C_6	C_{56}	寿命单位当量故障率 C_6/可靠度 C_7	C_{67}
平均故障间隔时间 C_5/可靠度 C_7	C_{57}	寿命单位当量故障率 C_6/维修保障任务成功率 C_8	C_{68}
平均故障间隔时间 C_5/维修保障任务成功率 C_8	C_{58}	可靠度 C_7/维修保障任务成功率 C_8	C_{78}

表5.4.5　请专家按1～4的比值评分(四)

项目	打分	项目	打分
维修更换率 C_9/返修率 C_{10}	C_{910}	返修率 C_{10}/一次维修费用合理值 C_{11}	C_{1011}
维修更换率 C_9/一次维修费用合理值 C_{11}	C_{911}		

表5.4.6　请专家按1～4的比值评分(五)

项目	打分	项目	打分
通用件、标准件采用率 C_{12}/运输适应性 C_{13}	C_{1213}	运输适应性 C_{13}/维修资料齐全率 C_{17}	C_{1317}
通用件、标准件采用率 C_{12}/包装完好性 C_{14}	C_{1214}	包装完好性 C_{14}/使用安全性 C_{15}	C_{1415}
通用件、标准件采用率 C_{12}/使用安全性 C_{15}	C_{1215}	包装完好性 C_{14}/附件、备件、工具配套齐全率 C_{16}	C_{1416}
通用件、标准件采用率 C_{12}/附件、备件、工具配套齐全率 C_{16}	C_{1216}	包装完好性 C_{14}/维修资料齐全率 C_{17}	C_{1417}
通用件、标准件采用率 C_{12}/维修资料齐全率 C_{17}	C_{1217}	使用安全性 C_{15}/附件、备件、工具配套齐全率 C_{16}	C_{1516}
运输适应性 C_{13}/包装完好性 C_{14}	C_{1314}	使用安全性 C_{15}/维修资料齐全率 C_{17}	C_{1517}
运输适应性 C_{13}/使用安全性 C_{15}	C_{1315}	附件、备件、工具配套齐全率 C_{16}/维修资料齐全率 C_{17}	C_{1617}
运输适应性 C_{13}/附件、备件、工具配套齐全率 C_{16}	C_{1316}		

3. 判断矩阵及相对权重计算

根据上述专家打分表，即可得到五个判断矩阵，分别见表5.4.7～5.4.11。

表 5.4.7　A

A	B_1	B_2	B_3	B_4
B_1	1	B_{12}	B_{13}	B_{14}
B_2	$1/B_{12}$	1	B_{23}	B_{24}
B_3	$1/B_{13}$	$1/B_{23}$	1	B_{34}
B_4	$1/B_{14}$	$1/B_{24}$	$1/B_{34}$	1

表 5.4.8　B_1

B_1	C_1	C_2	C_3	C_4
C_1	1	C_{12}	C_{13}	C_{14}
C_2	$1/C_{12}$	1	C_{23}	C_{24}
C_3	$1/C_{13}$	$1/C_{23}$	1	C_{34}
C_4	$1/C_{14}$	$1/C_{24}$	$1/C_{34}$	1

表 5.4.9　B_2

B_2	C_5	C_6	C_7	C_8
C_5	1	C_{56}	C_{57}	C_{58}
C_6	$1/C_{56}$	1	C_{67}	C_{68}
C_7	$1/C_{57}$	$1/C_{67}$	1	C_{78}
C_8	$1/C_{58}$	$1/C_{68}$	$1/C_{78}$	1

表 5.4.10　B_3

B_3	C_9	C_{10}	C_{11}
C_9	1	C_{910}	C_{911}
C_{10}	$1/C_{910}$	1	C_{1011}
C_{11}	$1/C_{911}$	$1/C_{1011}$	1

表 5.4.11　B_4

B_4	C_{12}	C_{13}	C_{14}	C_{15}	C_{16}	C_{17}
C_{12}	1	C_{1213}	C_{1214}	C_{1215}	C_{1216}	C_{1217}
C_{13}	$1/C_{1213}$	1	C_{1314}	C_{1315}	C_{1316}	C_{1317}
C_{14}	$1/C_{1214}$	$1/C_{1314}$	1	C_{1415}	C_{1416}	C_{1417}
C_{15}	$1/C_{1215}$	$1/C_{1315}$	$1/C_{1415}$	1	C_{1516}	C_{1517}
C_{16}	$1/C_{1216}$	$1/C_{1316}$	$1/C_{1416}$	$1/C_{1516}$	1	C_{1617}
C_{17}	$1/C_{1217}$	$1/C_{1317}$	$1/C_{1417}$	$1/C_{1517}$	$1/C_{1617}$	1

利用抽样数据，用假设检验法对各矩阵进行一致性检验，本书假设各专家的评分服从离散型随机变量分布，检验水平 $\alpha=0.01$。各元素的相对权重值采用特征根和特征向量法求出，并用统计检验法进行一致性检验，最后得出系统和各分系统的权重向量 $\boldsymbol{R}_A$、$\boldsymbol{R}_{B1}$、$\boldsymbol{R}_{B2}$、$\boldsymbol{R}_{B3}$、$\boldsymbol{R}_{B4}$，即首先对上述五个矩阵进行求最大特征根和特征向量计算。

$$|\lambda E-A|=\begin{vmatrix} \lambda-1 & -B_{12} & -B_{13} & -B_{14} \\ -1/B_{12} & \lambda-1 & -B_{23} & -B_{24} \\ -1/B_{13} & -1/B_{23} & \lambda-1 & -B_{34} \\ -1/B_{14} & -1/B_{24} & -1/B_{34} & \lambda-1 \end{vmatrix}$$

$$|\lambda E-B_1|=\begin{vmatrix} \lambda-1 & -C_{12} & -C_{13} & -C_{14} \\ -1/C_{12} & \lambda-1 & -C_{23} & -C_{24} \\ -1/C_{13} & -1/C_{23} & \lambda-1 & -C_{34} \\ -1/C_{14} & -1/C_{24} & -1/C_{34} & \lambda-1 \end{vmatrix}$$

$$|\lambda E-B_2|=\begin{vmatrix} \lambda-1 & -C_{56} & -C_{57} & -C_{58} \\ -1/C_{56} & \lambda-1 & -C_{67} & -C_{68} \\ -1/C_{57} & -1/C_{67} & \lambda-1 & -C_{78} \\ -1/C_{58} & -1/C_{68} & -1/C_{78} & \lambda-1 \end{vmatrix}$$

$$|\lambda E-B_3|=\begin{vmatrix} \lambda-1 & -C_{910} & -C_{911} \\ -1/C_{910} & \lambda-1 & -C_{1011} \\ -1/C_{911} & -1/C_{1011} & \lambda-1 \end{vmatrix}$$

$$|\lambda E-B_4|=\begin{vmatrix} \lambda-1 & -C_{1213} & -C_{1214} & -C_{1215} & -C_{1216} & -C_{1217} \\ -1/C_{1213} & \lambda-1 & -C_{1314} & -C_{1315} & -C_{1316} & -C_{1317} \\ -1/C_{1214} & -1/C_{1314} & \lambda-1 & -C_{1415} & -C_{1416} & -C_{1417} \\ -1/C_{1215} & -1/C_{1315} & -1/C_{1415} & \lambda-1 & -C_{1516} & -C_{1517} \\ -1/C_{1216} & -1/C_{1316} & -1/C_{1416} & -1/C_{1516} & \lambda-1 & -C_{1617} \\ -1/C_{1217} & -1/C_{1317} & -1/C_{1417} & -1/C_{1517} & -1/C_{1617} & \lambda-1 \end{vmatrix}$$

求出各矩阵的最大特征根(λ_{Bi})值，再由下式：

$$(\lambda_{Bi})\cdot(R_i)=0$$

求出各权重值：

$$\boldsymbol{R}_A=\{R_{B1},\ R_{B2},\ R_{B3},\ R_{B4}\}^{\mathrm{T}}$$

$$\boldsymbol{R}_{B1}=\{C_1,\ C_2,\ C_3,\ C_4\}^{\mathrm{T}}$$

$$\boldsymbol{R}_{B2}=\{C_5,\ C_6,\ C_7,\ C_8\}^{\mathrm{T}}$$

$$\boldsymbol{R}_{B3}=\{C_9,\ C_{10},\ C_{11}\}^{\mathrm{T}}$$

$$\boldsymbol{R}_{B4}=\{C_{12},\ C_{13},\ C_{14},\ C_{15},\ C_{16},\ C_{17}\}^{\mathrm{T}}$$

4. 单项参数指标评估值或取值确定

根据大修质量定量评估单项参数指标计算方法确定参数评估值或具体取值，具体信息采集内容见表 5.4.12。

表 5.4.12　装备大修质量评估信息收集表

装备名称：

维修级别：　　　　　　　　　　维修单位：　　　　　　　　　　维修日期：　　年　月　日

序号	指标	项目名称						备注
1	功能恢复率(G_L)	检验、试验项目总数(W_{Jz})			检验、试验项目通过数(W_{JT})		装备(或分系统)数(n)	
2	功率下降率(W_L)	装备的额定功率(P)			保修期结束或规定的维修间隔期结束，下一次维修之前检查的测量功率(P_S)			
3	能(油、电)耗升高率(Y_{HH})	装备的比能(油、电)耗额定值(g)			保修期结束或规定的维修间隔期结束，下一次维修之前检查的比能(油、电)测量值(g_s)			
		(油)		(电)	(油)		(电)	
4	主要轴孔间隙允许值(C_H)	新品允许公差极限(a)			维修规程规定的允许公差极限(b)			
5	平均故障间隔时间($MTBF_W$)	保修期结束或规定的维修间隔期结束之前工作寿命间隔内发生的故障总数(N_f)			所修装备设计规定的工作寿命(T)			
6	寿命单位当量故障率(D)	当量故障数(D_p)		寿命单位/h、km 等	排除故障所需工时/h		经济损失/元	依不同装备分别取 h、km 或次数
7	可靠度[$R(t)$]	在规定的任务剖面内统计的装备样本数(N)	在规定的时间内，确定的任务剖面中统计的装备样本数(N)	保修期内或规定的维修期结束统计的装备样本数(N)	在规定的任务剖面内失效的装备样本数[$N(t)$]	在规定的时间间隔内，确定的任务剖面中失效的装备样本数[$N(t)$]	保修期内或规定的维修间隔期末结束失效的装备样本数[$N(t)$]	依左边栏内三种情况做相应选择

续表

<table>
<tr><th>序号</th><th>指标</th><th colspan="12">项目名称</th><th>备注</th></tr>
<tr><td rowspan="2">8</td><td rowspan="2">维修保障任务成功率(M_{SR})</td><td colspan="6">装备可执行任务的总次数(或架次)(T_T)</td><td colspan="6">因维修责任未完成任务的次数(或架次)(U_T)</td><td rowspan="2"></td></tr>
<tr><td colspan="6"></td><td colspan="6"></td></tr>
<tr><td rowspan="2">9</td><td rowspan="2">维修更换率(M_{RR})</td><td colspan="3">每次维修更换件数($M_{R_{ij}}$)</td><td colspan="3">装备可更换件数($M_{T_{ij}}$)</td><td colspan="3">维修次数(m)</td><td colspan="3">装备(或分系统)数(n)</td><td rowspan="2"></td></tr>
<tr><td colspan="3"></td><td colspan="3"></td><td colspan="3"></td><td colspan="3"></td></tr>
<tr><td rowspan="2">10</td><td rowspan="2">返修率(R_{MR})</td><td colspan="3">每次返修装备(或分系统)数(R_{Mi})</td><td colspan="3">维修装备(或分系统)总数(T_M)</td><td colspan="3">返修次数(m)</td><td colspan="3">返修修正系数(F_i)</td><td rowspan="2"></td></tr>
<tr><td colspan="3"></td><td colspan="3"></td><td colspan="3"></td><td colspan="3"></td></tr>
<tr><td rowspan="2">11(1)</td><td rowspan="2">一次维修费用合理值(C_{CEF})</td><td colspan="2">该项装备购置费(C_R)</td><td colspan="2">装备的年平均维修费(C_{Wi})</td><td colspan="3">装备中机械部分年均维修费(C_{wi}^{JX})</td><td colspan="2">装备中机电部分年均维修费(C_{wi}^{JD})</td><td colspan="3">装备中光电部分年均维修费(C_{wi}^{gD})</td><td rowspan="2"></td></tr>
<tr><td colspan="2"></td><td colspan="2"></td><td colspan="3"></td><td colspan="2"></td><td colspan="3"></td></tr>
<tr><td rowspan="2">11(2)</td><td rowspan="2">一次维修费用合理值(C_{CEF})</td><td>维修设备折旧费(C_{zj})</td><td>备件费(C_{bj})</td><td>原材料消耗费(C_{yl})</td><td>电源消耗费(C_{dh})</td><td>油源油耗费(C_{yh})</td><td>维修工时费(C_{gs})</td><td>维修试验费(C_{sy})</td><td>维修资料费(C_{zi})</td><td>修后包装费(C_{bt})</td><td>修后输运费(C_{ys})</td><td>其他(C_{qt})</td><td>分系统数(n)</td><td rowspan="2"></td></tr>
<tr><td></td><td></td><td></td><td></td><td></td><td></td><td></td><td></td><td></td><td></td><td></td><td></td></tr>
<tr><td rowspan="2">12</td><td rowspan="2">通用件、标准件采用率(S_{YR})</td><td colspan="4">通用件、标准件采用数(T_{yi})</td><td colspan="4">实际维修件数(P_{si})</td><td colspan="4">装备(或分系统)数(n)</td><td rowspan="2"></td></tr>
<tr><td colspan="4"></td><td colspan="4"></td><td colspan="4"></td></tr>
<tr><td rowspan="3">13</td><td rowspan="3">运输适应性(TR)</td><td colspan="12">性能变化情况</td><td rowspan="3">在情况发生栏内画“√”</td></tr>
<tr><td colspan="3">运输后未出现装备因振动或防护不当引起的机械松动、错位</td><td colspan="3">有轻微松动、错位，简易调整可恢复</td><td colspan="3">严重错位，调整后基本恢复</td><td colspan="3">严重错位，调整后不能恢复</td></tr>
<tr><td colspan="3"></td><td colspan="3"></td><td colspan="3"></td><td colspan="3"></td></tr>
<tr><td rowspan="3">14</td><td rowspan="3">包装完好性(PA)</td><td colspan="12">包装完好性要求</td><td rowspan="3">在情况发生栏内画“√”</td></tr>
<tr><td colspan="3">包装无任何破损，不影响装备性能</td><td colspan="3">包装有轻微破损，不影响装备性能</td><td colspan="3">包装破损，装备外表面锈蚀或其他可修复故障</td><td colspan="3">因包装原因，严重影响装备性能</td></tr>
<tr><td colspan="3"></td><td colspan="3"></td><td colspan="3"></td><td colspan="3"></td></tr>
</table>

续表

序号	指标	项目名称								备注
		装备损坏				伤害				
15	使用安全性(SA)	无	较小	主要系统损坏	严重事故，系统全部损坏	无	轻度危害	轻微或严重伤害	严重伤害或人员死亡	在情况发生栏内画“√”
16	附件、备件、工具配套齐全率(R_{ER})	实际接收附件数(R_{Ci})		实际接收备件数(S_{Ci})	实际接收工具数(T_{Ci})	应配附件数(R_{Yi})	应配备件数(S_{Yi})	应配工具数(T_{Yi})	装备(或分系统)数(n)	
17	维修资料齐全率(D_R)	实际接收的资料数(D_{Si})		应配资料数(D_{Yi})		装备(分系统)数(n)				

根据各单项参数指标确定参数评估值，具体取值见表 5.4.13。

表 5.4.13　装备大修质量评估参数评估值或取值

序号	指标名称(符号)	参数评估值表达式或取值	备注
1	功能恢复率(G_L)	G_L	
2	功率下降率(W_L)	$1-W_L$	
3	能(油、电)耗升高率(Y_{HH})	$1-Y_{HH}$	
4	主要轴孔间隙允许值(C_H)	$C_H=C_H$，1；$C_H>\mid b\mid$，0.7	
5	平均故障间隔时间($MTBF_W$)	$MTBF_W/MTBF_G$	$MTBF_G$——设计规定的 $MTBF$
6	寿命单位当量故障率(D)	$1-\frac{1}{D}$	
7	可靠度[$R(t)$]	$R(t)$	
8	维修保障任务成功率(M_{SR})	M_{SR}	
9	维修更换率(M_{RR})	$1-M_{RR}$	
10	返修率(R_{MR})	$1-R_{MR}$	
11	一次维修费用合理值(C_{CEF})	0.7～1，0.7，0.4～0.7，0～0.4	
12	通用件、标准件采用率(S_{YR})	S_{YR}	
13	运输适应性(TR)	0.91～1.00，0.81～0.90，0.60～0.80，0	
14	包装完好性(PA)	0.99～1.00，0.81～0.98，0.60～0.80，0	
15	使用安全性(SA)	1，0.81～0.98，0.60～0.80，0	
16	附件、备件、工具配套齐全率(R_{ER})	R_{ER}	
17	维修资料齐全率(D_R)	D_R	
注：本表参数评估值表达式或取值参见《武器装备维修质量评定要求和方法》(GJB 4386—2002)			

得到 17 个单项参数指标的具体取值，即可根据表 5.4.13 建立 4 类大修质量评估参数指标统计值矩阵 $\boldsymbol{M}_1$、$\boldsymbol{M}_2$、$\boldsymbol{M}_3$、$\boldsymbol{M}_4$。

5. 计算大修质量参数的综合评估值

B 层大修质量参数的综合评分是将该项大修质量参数的平均评估初值乘以该类参数的权重，即：

$$\boldsymbol{M}_{Bi}=[M_i]\cdot[R_{Bi}]^{\mathrm{T}},\ i=1,\ 2,\ 3,\ 4$$

A 层大修质量参数的综合评估值是由 B 层评估结果组成的质量矩阵乘以 A 层的权重，同时考虑修正系数即可得到全系统的综合评估值：

$$\boldsymbol{M}=[M_B]\cdot[R_A]^{\mathrm{T}}\cdot K$$

最后得出的 M 值就是某装备系统定量的大修质量综合评估值，可以根据具体情况将大修质量分成几个等级，如分成优等、良好、中等、合格和不合格五等时，可将大修质量综合评估值在 90～100 之内的定为优等，在 80～90 之内的定为良好，在 70～80 之内的定为中等，在 60～70 之内的定为合格，在 60 以下的定为不合格。

5.4.3　典型火炮装备大修质量评估实例

某通用装备修理工厂是我军重要的陆军装备维修基地之一，一直承担着我军多型火炮、雷达等军械装备大修任务，逐渐形成了具有我军特色的军械装备保障体系和维修模式，但由于新型装备呈现出高新技术密集化、功能结构复杂化、故障模式多样化的特点，导致在装备大修组织管理和业务流程中还存在维修计划不精细、维修范围过大、维修质量不高、返修返工影响交付、维修管理职能发挥不充分等一系列问题。为了提高装备大修质量和效益，该修理工厂一面大力推行卓越绩效管理模式，同时考虑将精益六西格玛管理与绿色维修、精益维修等先进的维修理论技术相结合，引入火炮、雷达等军械装备的大修过程之中，从而尽可能降低承担的在修军械装备的维修成本、缩短维修周期、提高维修质量，而开展装备大修质量分析与评估可以检验新引入的维修管理模式方法的效率效益，同时也可以为分析装备大修质量影响因素、寻找质量管理薄弱环节、持续推进精益六西格玛管理等提供分析基础和决策依据。

1. 评估对象总体描述

(1)评估对象：某型突击火炮的大修质量。

(2)评估时机：突击火炮大修修竣后交付时。

(3)大修环境：突击火炮的大修工作是在设备设施较完善的火炮修理车间和修理线上完成的，车间内工作环境良好，大多数人员具有两年以上维修工作经验，在火炮大修过程中维修活动管理制度和技术资料比较完善。

2. 火炮大修评估参数选择和数据处理

(1)评估参数选择。该型突击火炮属于大型复杂武器装备，不存在装备的修后包装问题，在参数选择时可不考虑包装完好性问题；该质量评估是在大修工作结束后立即进行的，不考虑修后使用可靠性等问题，因此初步考虑选择评估参数如下：功能恢复率，维修更换率，一次维修费用合理值，通用件、标准件采用率，附件、备件、工具配套齐全率，维修资料齐全率。

(2)质量信息收集。按照表 5.4.12 中的要求，分别收集功能恢复率，维修更换率，一次维修费用合理值，通用件、标准件采用率，附件、备件、工具配套齐全率，维修资料齐全率等参数指标所对应项目名称的内容。

(3)单项参数指标权重确定。考虑到此种评估情况下选择参数较少，直接采用专家打分的方法确定所有单项参数指标的权重，各元素的相对权重采用特征根和特征向量法求出，根据专家打分数据计算可得其权重矩阵为 $\boldsymbol{R}=[0.62,\ 0.07,\ 0.16,\ 0.06,\ 0.05,\ 0.04]$。

3. 火炮大修评估模型及结果分析

(1)评估参数取值。根据质量信息收集表中的数据，可分别计算得到功能恢复率 C_1，维修更换率 C_9，一次维修费用合理值 C_{11}，通用件、标准件采用率 C_{12}，附件、备件、工具配套齐全率 C_{16}，维修资料齐全率 C_{17} 参数指标的具体取值，分别为 $C_1=0.84$，$C_9=0.76$，$C_{11}=0.69$，$C_{12}=0.88$，$C_{16}=0.92$，$C_{17}=0.95$。

(2)修正因子取值。考虑到突击火炮的大修工作是在设备设施较完善的火炮修理车间和修理线上完成的，车间内工作环境良好，大多数人员具有两年以上维修工作经验，在火炮大修过程中维修活动管理制度和技术资料比较完善，因此取环境因子 $K_1=1.00$，人员水平因子 $K_2=0.99$，设备设施因子 $K_3=0.98$，质量管理因子 $K_4=0.98$。

(3)大修质量综合评估。

参数指标向量为 $\boldsymbol{M}_C=[0.84,\ 0.76,\ 0.69,\ 0.88,\ 0.92,\ 0.95]$；

指标权重向量为 $\boldsymbol{R}=[0.62,\ 0.07,\ 0.16,\ 0.06,\ 0.05,\ 0.04]$；

综合可得，$\boldsymbol{M}=[M_C]\cdot[R]^{\mathrm{T}}\cdot K=0.780\ 8$，这表明该突击火炮目前的大修质量处于中等偏上水平，在功能恢复率、维修更换率、维修成本等方面还存在较大改进空间。

从上述综合评估计算过程可以看出，“功能恢复率”在所有评估参数指标中占有较大的权重，其指标值的大小对最终的大修质量分值影响也比较显著，这也正体现了装备大修的真正目的是恢复装备原有的战术技术性能，因此在装备大修工作中应把重点放在恢复装备的主要性能上。

在计算得到的参数值中，“一次维修费用合理值”得分最低，这表明对于该型突击火炮的维修成本控制得不够好，最终对大修质量产生的影响较大，在今后的大修工作中应加强维修质量成本的控制。

第6章 装备大修质量控制方法

质量是装备大修工作组织管理的核心，是直接决定维修活动成败的关键，极大地影响着装备重新投入使用之后所发挥的工作效率效益的大小，影响着装备完成任务的能力。没有可靠的装备大修质量，就没有可靠的战斗力保障。本章重点介绍装备大修质量控制的内容和方法，包括装备大修计划阶段、现场修理阶段和修竣验收阶段的质量控制，重点探讨了基于控制图的装备大修工序质量控制方法。

6.1 装备大修质量控制环节与流程

6.1.1 装备大修质量控制概述

质量控制是装备大修管理中最主要的组成部分，它是一个复杂的系统，应该从管理、技术、人员和政策法规四个方面来实现。从管理方面控制质量称为质量管理学，主要技术是全面质量管理(TQM)。从技术方面控制质量称为技术质量学，包括在线质量控制和离线质量控制两种形式。20世纪80年代，企业大量利用计算机进行质量管理(CAQ)和建造CIMS环境下的质量信息系统(QIS)，形成了比较完善的质量控制体系。一般的质量控制体系结构如图6.1.1所示。

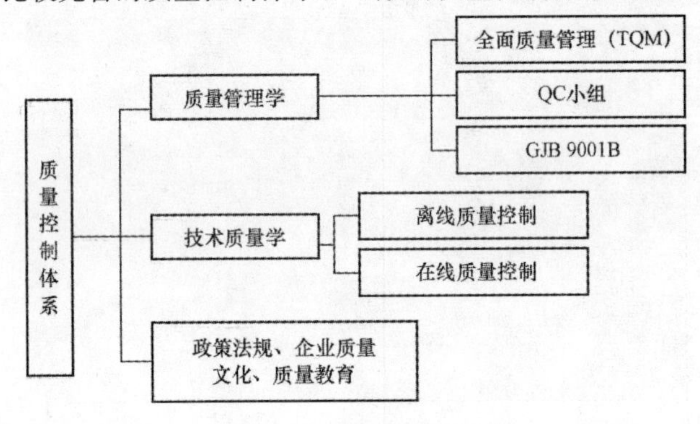

图6.1.1 质量控制体系

根据装备维修、维修管理、质量验收评定和责任跟踪监督的需要，在装备大修管理活动的全过程中分阶段确定三个主要责任部门，这三个责任部门分别为：

(1)承修单位：负责对装备进行技术修理和维修管理，负责监督指导技术人员的维修活动，保证装备按照装备大修的相关制度和相应技术要求进行修理并达到要求，对装备的大修质量负直接责任。

(2)验收单位：负责对装备大修质量进行验收，按照装备大修质量的各项规定和质量标准对装备的各项检测值进行核实与质量评判，最后得出装备大修质量的综合评定，对装备的质量评定负全责。

(3)监督单位：在承修单位的协助下，负责监督装备修理质量的验收过程，对装备大修质量进行跟踪，负责处理大修活动以及验收过程中出现的问题及明确责任归属。

这三个责任部门有序作用，形成质量控制的有效机制。

装备大修质量控制是为了达到制度、合同、设计要求所采取的一系列监管措施、手段和方法，它要求对装备大修所涉及的所有影响因素进行控制，借以提高大修活动的工作质量而达到保证装备大修质量的目的。

装备维修质量控制是对装备维修全过程的动态管理。装备修理质量的形成可分为以下几个环节：①装备维修计划书→②装备修理合同→③装备进厂检验单→④制订装备修理方案→⑤审批修理方案→⑥零、配件与修理、检测装备以及修理场地的准备→⑦现场修理→⑧各工作部件的数据检测与返修→⑨装备验收，修理质量的评定→⑩装备修理质量的跟踪、监督。

各个环节的质量控制，一般通过事前、事中和事后控制来实现。全面质量管理要求把管理的重点放在事前预防上来，也就是要在制订维修方案上多下功夫，要因地制宜，尽量把不合格的修理结果消灭在它的形成过程中。

6.1.2　装备大修质量控制业务流程

装备修理质量控制体系要求有比较严格和比较完善的结构来保证装备的修理质量，经过这个控制体系的操作之后，可以得到客观、全面的评价与监督。质量控制体系的操作通过一系列的业务流程来实现，而流程作为结构的支撑对象，其设计在结构之先，结构设计要依据流程设计的结果，研究什么样的结构才能支撑所设计的流程。从这一点讲，结构与流程是一致的。但是无论是结构设计，还是结构本身，都有其自身的特点，因此在结构设计完成后，要对流程重新进行梳理，分析结构对流程的影响。确定怎样的业务流程，将决定装备修理质量控制体系的结构，关系到整个质量控制过程的科学性，会影响到最终的质量评定结果和装备质量验收过程的效率。因此，设计质量控制流程是一项非常重要和需要进行反复、仔细研究的工作。

首先要对流程设计的方法进行研究。流程设计方法其实并不复杂，其本身就是一个流程分析。流程设计的难点在于业务的分析与流程间的比较选择。本系统所涉及的装备修理质量控制业务流程设计程序如图 6.1.2 所示。

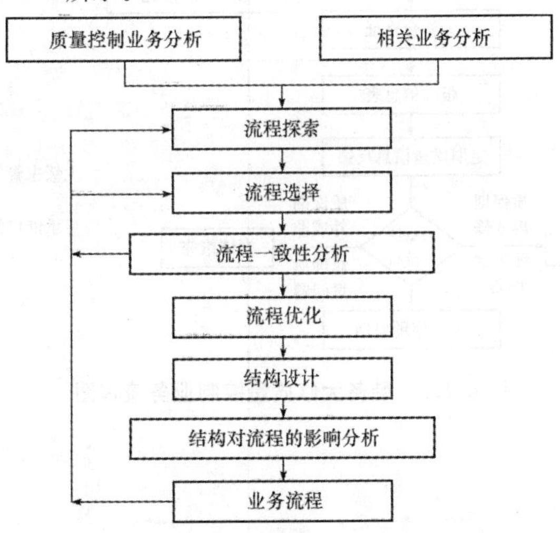

图 6.1.2　装备修理质量控制业务流程设计程序

由图 6.1.2，根据过程改进的戴明博士的 PDCA 循环，我们把装备修理质量控制体系的业务流程分为四个阶段，即维修计划阶段、现场修理阶段、质量验收阶段、质量跟踪阶段。各阶段相互衔接又相互独立，各阶段有相对应的参与者或管理者。具体业务流程及其参与者如图 6.1.3 所示。

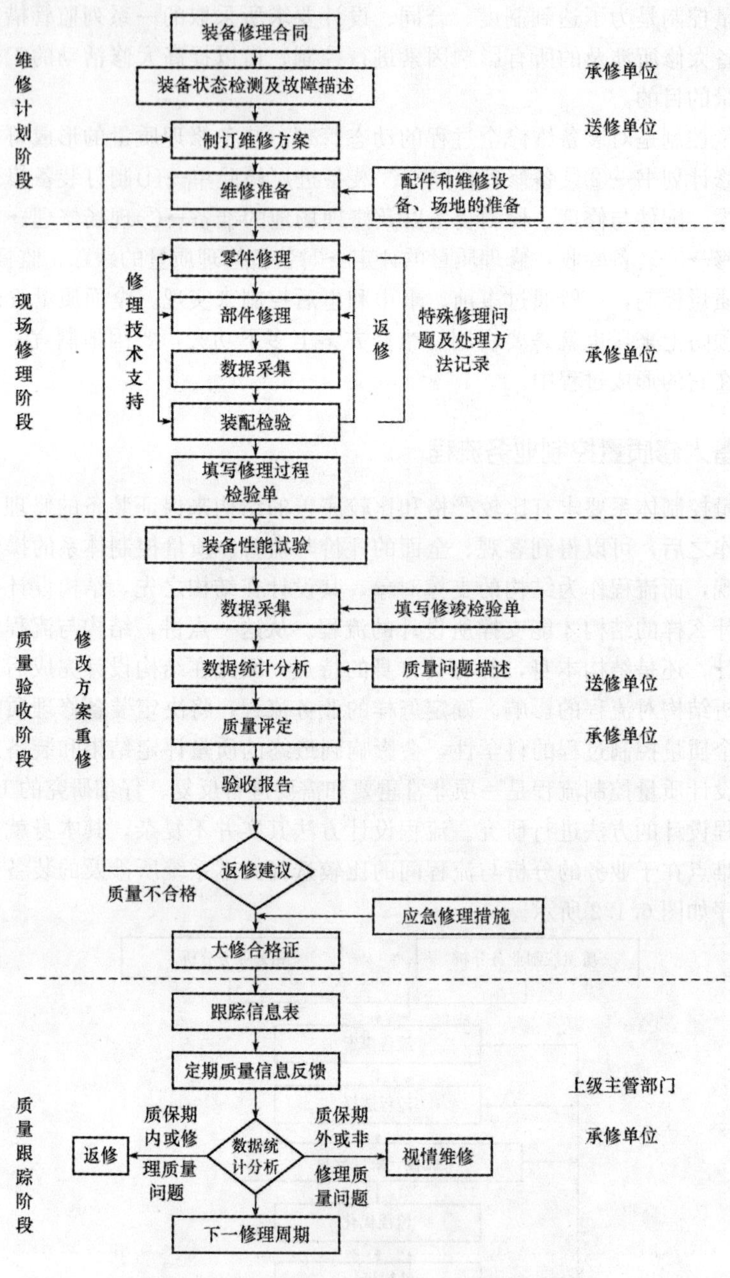

图 6.1.3　装备大修质量控制业务流程图

6.2 装备大修质量控制的内容

6.2.1 装备维修计划阶段的质量控制

装备维修计划阶段同时也是质量控制的计划阶段。从某种意义上来说，装备的质量在这一阶段已经决定了，或者说这一阶段的质量控制决定了整个维修过程质量控制的基调。装备维修计划阶段的质量控制要抓好两个环节：目标环节和配件环节。

目标环节指的是装备修理合同的签订和维修方案的制订。在签订装备修理合同和制订维修方案时，会同时确定装备修理质量的目标，包括整体目标下的零配件修理目标。目标的高低直接决定实施修理后的装备质量高低。同时，维修方案中确定的修理方法、方式也严重影响修理的质量。因此，在制订维修方案时，装备的整体质量目标和零部件的质量目标都要明确和描述细致，明确质量责任的归属和给出出现质量问题时的应对措施。

配件环节指的是维修准备中对于配件的选择与采购。在零部件换修作为装备主要维修方式的今天，配件质量已成为影响修理质量的决定性因素。抓好配件的质量对于提高装备的修理质量会产生事半功倍的效果。保证配件的质量可以采取以下几项措施：

(1)成立专门的配件选购小组，拥有责任明确的配件负责机构。

(2)选择最好的配件供应单位，确保配件的可靠来源。

(3)对外购配件和原材料进行严格的质检。

6.2.2 装备现场修理阶段的质量控制

现场维修是形成装备修理质量并逐步恢复装备战斗性能的过程，是决定最终装备修理质量的重要阶段，所以对装备的现场修理阶段进行质量控制有着非常重要的现实意义。

装备的现场修理质量控制一般分为事前控制(正式开始修理操作前的质量控制)、事中控制(修理操作过程中的质量控制)和事后控制(修理操作后的质量控制)。

1. 事前控制

(1)进行装备修理前检验，进一步确定装备的质量现状。

(2)再次审核装备修理方案，以确定方案中的方法是否适合该装备的修理，对方案中不合理的方法进行修改。

(3)检查配件的准备及质量情况。

(4)检查修理所需场地、设备、仪器的准备情况，调试修理设备及仪器。

(5)审核参加修理的技术人员的技术情况。

2. 事中控制

(1)注重修理方法。在具体的修理过程中，因地制宜，大胆创新，改进或建立新的修理方法，力求用最合理的修理方法达到最好的修理效果。

(2)抓好关键工序的质量控制。修理活动中存在一些薄弱环节和关键部位，这些薄弱环节和关键部位虽然为数不多，但是它们与装备的重要战术技术性能密切相关，影响整个修理活动的质量。对这些薄弱环节和关键部位的修理属于关键工序。对于关键工序，应在一定时期内建立重点控制的管理点，集中人力、物力和技术，对影响质量的各个因素进行深入分析，展开到可以直接采取措施的程度，对展开后的每一因素，确定管理手段、检验项目、检验频次与检验方法，并明确标准，制订管理图表，指定负责人。通过对关键工序的重点管理，达到改善整个修理质量的目的。

(3)进行修理过程的质量检验。在修理的各阶段安排相应的质量检验。这些检验是依据技术标准对配件、总成、整机及工艺操作质量进行鉴定验收。检验的标准主要有各装备的修理技术条件、装备说明书和修理合同与维修方案等。各道工序要求进行自检，不合格的不允许进入下一道工序。特别是总成或整机装配的末道工序，是质量检验的重点，要求设立检验点，由专职检验人员把关。

3. 事后控制

质量的事后控制主要是进行对照与检查，进行技术资料、数据的收集，积累经验。

(1)对照检查。依据修理合同和维修方案，对修理过程中采取的修理方法以及最终的修理效果进行对照和评价。评价参与修理活动的各部门和辅助部门的配合情况，评价修理活动中技术人员的工作状况。

(2)建立修理信息管理系统。建立修理信息管理系统的目的是收集信息与数据、积累修理经验。这一过程体现在工程装备修理质量验收系统中的修理记录模块之中。实现这一过程需要做三项准备工作：一是在修理过程中记录一些特殊的质量问题以及相应的处理方法；二是记录修理后装备各零部件的技术参数以及装备整体性能参数；三是总体描述修理情况。这三项准备工作主要是进行检验操作并填写三种表格。三种表格分别是特殊修理过程描述单、修理过程检验单和修竣检验单。

6.2.3 装备修竣验收阶段的质量控制

装备大修完毕之后需要组织质量验收。装备大修质量的验收是对装备大修质量、修理组织情况和装备修理基本技术文件完善程度的综合评价及装备交付使用后状况的描述和评价，是保证装备修理质量的重要手段。进行质量验收评价需要有力的标准依据、合适的验收条件、明确的验收内容和严格的组织管理。

1. 质量控制标准

工程装备大修质量控制引用标准分为两类，其一是操作标准；其二是质量标准。质量控制操作程序所依据的标准主要包括《质量管理体系要求》(GJB 9001B—2009)、《武器装备维修质量评定要求和方法》(GJB 4386—2002)、《火炮送厂修理规定》(GJB 4103—2000)等。质量标准主要引用各型号装备相应的修理技术条件(如 GZQ221 型 74 式重型舟桥修理技术条件等)、相应发动机的修理技术条件(如 135 柴油机修理技术条件等)、各类装备修理工艺规程等。

2. 质量验收的基本要求

进行质量验收主要有三项基本要求：一是验收时机。在承修单位完成装备的修理、出厂检验等一系列工作后，通知送修单位接装，对修竣装备进行接收检验。二是验收的保障。承修单位应根据检查验收的项目，准备好相应的技术资料、检测仪器、作业场地及有关操作人员。三是检查验收方式。采用逐台检验。

6.3 装备大修工序的质量控制

装备大修活动中，质量特性有变异(波动)是正常现象，消除变异不可能，但减少变异是可行的。作为质量管理中最重要的质量控制工具，控制图能够采用科学的方法对装备大修活动中的质量特性进行测量、记录并画图，在图上用实线绘制中心线(Central Line，CL)、用虚线绘制上控制限(Upper Control Limit，UCL)和下控制限(Lower Control Limit，LCL)，再按时间顺序抽取样本统计量数值描在图上，各点之间由直线段连接，以便观察点的变化趋势，并区别质量特性值的波动是由于偶然原因还是特殊原因所引起，从而判别大修活动是否处于受控状态。

6.3.1　控制图的基本类型及应用流程

控制图建立在正态性假设、3σ 准则和小概率事件原理基础上。中心极限定理表明，无论总体是什么分布，$\overline{X}=(x_1+x_2+\cdots+x_n)/n$ 总是呈现正态分布或近似正态分布。如图 6.3.1 所示，在 3σ 准则下，落在$[\mu-3\sigma,\ \mu+3\sigma]$范围内的概率为 99.73%，因而落在大于 $\mu+3\sigma$ 一侧和落在小于 $\mu-3\sigma$ 一侧的概率仅为 0.135%≈1‰，这样的小概率一般是不会发生的。因此正常情况下，如果超出控制界限，则认为有异常变化产生。

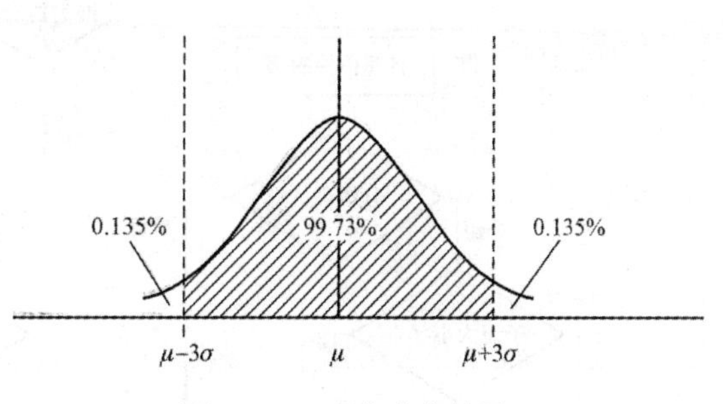

图 6.3.1　正态分布性质

1. 控制图的基本类型

常规控制图按照质量数据的特点可以分为计量值控制图和计数值控制图两类，其中计数值控制图又可分为计件控制图和计点控制图。其他特殊的控制图还有正常波动控制图和小波动控制图、一元控制图和多元控制图、小批量控制图和大批量控制图、全控图和选控图等。装备大修质量控制中常用的控制图见表 6.3.1，其中计量值控制图计算控制限的相关系数可以查阅《常规控制图》(GB/T 4091—2001)或相关文献获得。

表 6.3.1　装备大修质量控制中常用的控制图

种类	名称	表示符号	中心线	上控制限	下控制限	适用特点
计量值控制图	单值控制图	X	$\overline{X}$	$\overline{X}+3S$	$\overline{X}-3S$	样本量少，检出能力弱
	单值一移动极差控制图	$I\text{-}MR$	$\overline{X}$ $\overline{R}$	$\overline{X}+E_2\overline{R}$ $D_4\overline{R}$	$\overline{X}-E_2\overline{R}$ $D_3\overline{R}$	一定时期内只能获得单个数据样本
	均值一极差控制图	$\overline{X}\text{-}R$	$\overline{\overline{X}}$ R	$\overline{\overline{X}}+A_2\overline{R}$ D_4R	$\overline{\overline{X}}-A_2\overline{R}$ D_3R	子组较小，检出能力强
	均值一标准差控制图	$\overline{X}\text{-}S$	$\overline{\overline{X}}$ $\overline{S}$	$\overline{\overline{X}}+A_3\overline{S}$ $B_4\overline{S}$	$\overline{\overline{X}}-A_3\overline{S}$ $B_3\overline{S}$	子组较大，检出能力强
计数值控制图	不合格品率控制图	p	$\overline{p}$	$\overline{p}+3\sqrt{\overline{p}(1-\overline{p})/n}$	$\overline{p}-3\sqrt{\overline{p}(1-\overline{p})/n}$	样本量可不相等
	不合格品数控制图	np	$n\overline{p}$	$n\overline{p}+3\sqrt{n\overline{p}(1-\overline{p})}$	$n\overline{p}-3\sqrt{n\overline{p}(1-\overline{p})}$	限于样本量相等情况
	不合格数控制图	c	$\overline{c}$	$\overline{c}+3\sqrt{\overline{c}}$	$\overline{c}-3\sqrt{\overline{c}}$	样本量可不相等
	单位不合格数控制图	u	$\overline{u}$	$\overline{u}+3\sqrt{\overline{u}/n}$	$\overline{u}-3\sqrt{\overline{u}/n}$	限于样本量相等情况

2. 控制图的选择步骤

以上常规控制图应用于装备大修质量控制的选择步骤如图 6.3.2 所示。

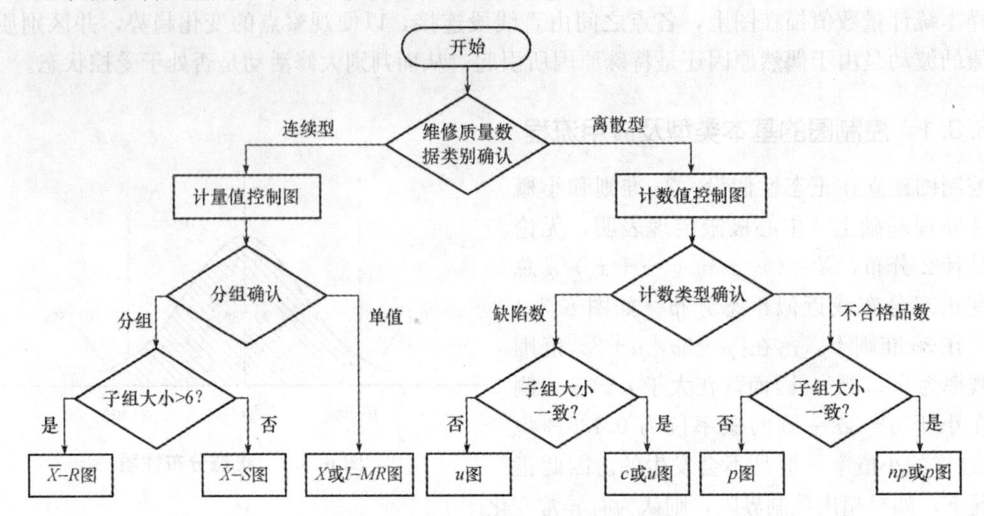

图 6.3.2　大修质量控制图的选择步骤

3. 控制图的应用流程

装备大修团队应根据统计过程质量控制的目的确定控制图的类型，然后进入控制图应用的一般程序。首先，在确定关键工序需控制的大修质量特性的基础上，研究抽样方案并收集大修质量数据，计算相关统计量和控制界限；其次，绘制分析用控制图，并判断过程是否稳定受控，如果异常点较少，可分析原因并剔除，如果异常点多则需要重新分析历史数据和确定抽样方案；最后，判断过程能力是否充足，如果不充足需进行质量改进，如果充足，就可以转换为控制用控制图对关键工序的大修质量特性进行监控。其应用流程如图 6.3.3 所示。

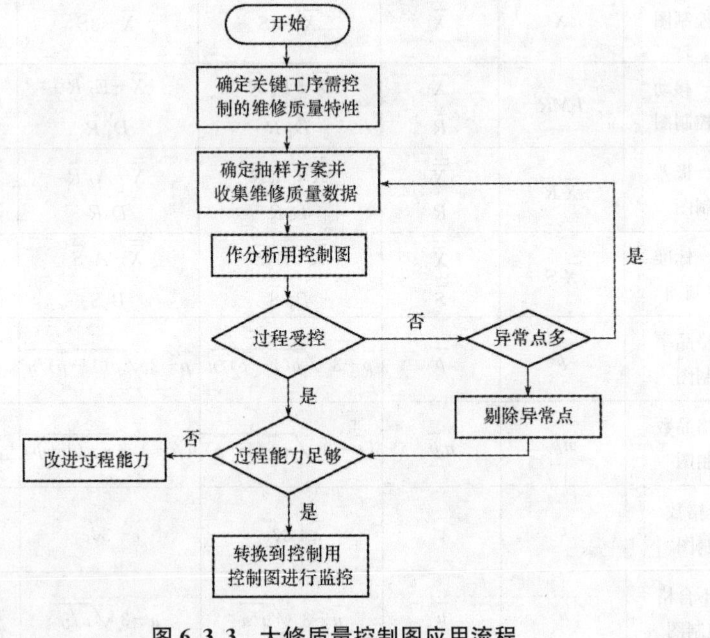

图 6.3.3　大修质量控制图应用流程

按照《常规控制图》(GB/T 4091—2001)的八种异常模式对控制图进行分析判定，从出现异常的点入手，分析原因，及时采取措施，使大修工序中的异常消失于初始状态，从而达到预防缺陷，提高大修质量的目的。

6.3.2　基于改进EWMA控制图的装备大修计量值质量特性控制

装备大修中很多质量特性参数都是连续型数据，所以计量值控制图在装备大修关键工序质量控制中的应用非常广泛。对于计量值控制图，在样本数据足够的情况下，常规控制图能够有效地对装备大修关键工序中质量特性的变化进行监控，尤其是对特殊原因造成的较大波动的监控有非常显著的效果。而装备大修活动中存在大量的小波动工序质量特性，这些质量特性受大修任务批量限制，很多都是样本数量小、样本分布未知的情况，很难获取大量的数据样本。因为常规控制图对于系统因素的较小波动分析表现不灵敏，对于小样本下的波动分析误差较大，故这样的条件下，用常规控制图无法进行有效监控。

常用的小波动分析控制图有CUSUM(Cumulative Sum)控制图和EWMA(Exponentially Weighted Moving Average)控制图，EWMA控制图充分利用了所有的历史数据，对数据的处理更有特色。常用的小样本评估分析法有Bayes分析法和Bootstrap分析法等，Bayes分析法在序贯决策中非常有用，但其建立在先验分布基础上，而验前信息极少时确定先验分布需要加入很多主观因素，会导致估计的可靠性降低；Bootstrap方法是一个再抽样过程，即以原始数据为基础，通过重采样来扩充样本数据量，以此模拟大样本进行统计量估计。

本书将EWMA控制图和Bootstrap方法引入装备大修质量控制中，以对装备大修中小样本条件下的小波动质量特性进行有效控制。

1. 传统EWMA控制图

设Y_1，Y_2，…是相互独立的过程输出质量特性变量序列，则EWMA控制图的统计量Z_i为

$$Z_i=\lambda Y_i+(1-\lambda)Z_{i-1},\ i=1,\ 2,\ \cdots \tag{6-1}$$

其中，$0<\lambda\leqslant 1$，是一个常数，初值Z_0一般取为$E(Y)=\mu$。通过迭代计算变换，可以求得Z_i，即

$$Z_i=\lambda\sum_{j=0}^{i-1}(1-\lambda)^j Y_{i-j}+(1-\lambda)^i Z_0 \tag{6-2}$$

Hunter证明了统计量Z的数学期望$E(Z)$和方差$D(Z)$分别为

$$E(Z)=E(Y)=\mu \tag{6-3}$$

$$D(Z)\approx\frac{\lambda}{2-\lambda}D(Y)=\frac{\lambda}{2-\lambda}\sigma_y^2 \tag{6-4}$$

依据式(6-3)和式(6-4)，按控制要求设定控制限参数k，对EWMA控制图的统计量Z_i进行控制，则其上、下控制限可表示为

$$L_{UCL}=\mu+k\sigma_y\sqrt{\frac{\lambda}{2-\lambda}} \tag{6-5}$$

$$L_{LCL}=\mu-k\sigma_y\sqrt{\frac{\lambda}{2-\lambda}} \tag{6-6}$$

在对监控用控制图进行观察分析时，如果Z的值超出上下控制限的范围，则判断过程失控，该过程运行中存在异常因素。

2. 基于Bootstrap的小样本参数估计方法

常规EWMA控制图是建立在大样本基础上的，实际上装备大修活动中存在大量样本数据

少，无法有效分析统计规律的情况。这时无法估计样本的均值和方差，有时甚至连总体服从何种分布都无法得知，而基于 Bootstrap 的小样本参数估计方法则可以较好地解决这个问题。

Bootstrap 方法是一种逼近复杂统计量估计分布的通用方法。其基本原理为：

设有未知的总体分布 F，$X=(x_1, \cdots, x_n)$为其随机子样，$R(X, F)$为预先选定的随机变量，要求依据所观测到的有限随机子样来估计所选定随机变量的分布特征。

令 $\xi=\xi(F)$为 F 的某分布特征函数，由所观测到的随机子样作抽样分布函数 F_n，$\hat{\xi}=\hat{\xi}(F_n)$是对 ξ 的估计，其误差为

$$V_n=\hat{\xi}(F_n)-\hat{\xi}(F) \tag{6-7}$$

再通过对 F_n 进行 B 次有放回的重新抽样，可得到扩大的再生子样替换样本 X_i^* $(i=1, \cdots, B)$，$X_i^*=(x_{i1}^*, \cdots, x_{in}^*)$即为一个 Bootstrap 样本，从而可以得到再生子样的抽样分布 F_n^*。根据 Efron 和 Tibshirani 的研究，一般取 $B=1\ 000$ 即可得到满意的估计和推断结果。在此基础上得到 ξ 的估计 $\hat{\xi}(F_n^*)$，其误差为

$$W_n^*=\hat{\xi}(F_n^*)-\hat{\xi}(F_n) \tag{6-8}$$

称 W_n^* 为 V_n 的 Bootstrap 统计量，则可以利用 W_n^* 的分布来模拟 V_n 的分布。这样就可以运用 Bootstrap 方法对小样本数据进行统计模拟，以得到相应的参数估计。

本书以样本平均值 $\overline{X}$ 为 Bootstrap 统计量，用 $W_n^*(\overline{X})$的分布来模拟 $V_n(\overline{X})$的分布。在扩大的再生子样替换样本基础上，计算 B 个 Bootstrap 样本的均值，即

$$\overline{X}_i^* = \sum_{j=1}^{n} \overline{x}_{ij}^* \ (i=1,\cdots,B, j=1,\cdots,n) \tag{6-9}$$

将$\overline{X}_i^*$ 依照从小到大的顺序排列，即可得 Bootstrap 经验分布（Empirical Bootstrap Distribution，EBD），当控制限参数取 3 时，可以取 99.865%百分位数作为其上控制限，取 0.135%百分位数作为其下控制限。

令 Bootstrap 样本均值序列$\{\overline{X}_i^*\}$的平均值为$\hat{\mu}$，B_0 为 Bootstrap 样本均值序列中 $\overline{X}_i^* \leqslant \hat{\mu}$ 的元素个数，即

$$B_0=Card(\overline{X}_i^* \mid \overline{X}_i^* \leqslant \hat{\mu}) \tag{6-10}$$

则可得比例系数

$$P_X=\frac{B_0}{B} \tag{6-11}$$

3. 基于赋权方差法的控制界限修正方法

因为传统 Bootstrap 方法直接按照取百分位数的方法利用 Bootstrap 经验分布确定控制界限，而这种方法确定的控制界限只适用于常规控制图，故本书利用赋权方差法在 Bootstrap 经验分布的基础上设置控制界限。

Choobine 和 Ballard 提出利用赋权方差法将非正态分布转化为正态分布，本书亦借鉴此方法。

设过程输出为随机变量 X，均值为 $E(X)=\mu$，方差为 $D(X)=\sigma^2$，如图 6.3.4 所示(其中，η 为小于 μ 部分的面积)，其概率密度函数 $f(x)$未知。赋权方差法的基本步骤为：

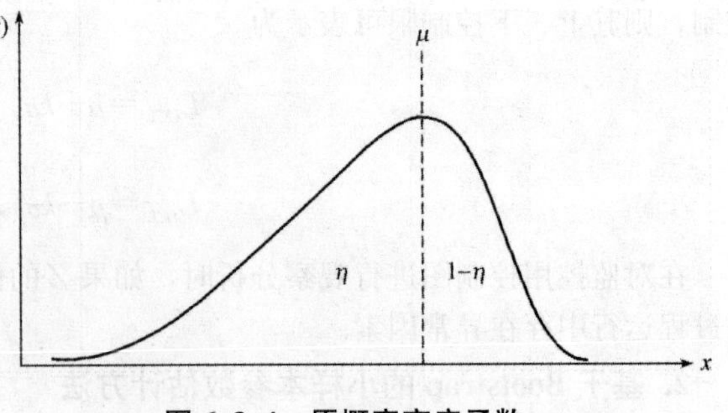

图 6.3.4　原概率密度函数

在 $x=\mu$ 处将概率密度曲线分为两部分，将左右两半按对称形式各自补齐，得到两个新函数 $f_L(x)$ 和 $f_U(x)$，二者均值都为 μ，方差分别为 $\sigma_L{}^2$ 和 $\sigma_U{}^2$ $(\sigma_L{}^2 \neq \sigma_U{}^2)$。

以两个均值为 μ，方差分别为 $\sigma_L{}^2$ 和 $\sigma_U{}^2$ 的正态分布 $\varphi(x, \mu, \sigma_L{}^2)$ 和 $\varphi(x, \mu, \sigma_U{}^2)$ 代替 $f_L(x)$ 和 $f_U(x)$，分别用来修正下控制限和上控制限。

由此，依 Philippe Castagliola 的研究可知，修正上控制限的因子为 $f_U(x)$ 所对应的曲线积分面积 2η，修正下控制限的因子为 $f_L(x)$ 所对应的曲线积分面积 $2(1-\eta)$，即

$$\begin{cases} \theta_1 = \sqrt{2\eta} \\ \theta_2 = \sqrt{2(1-\eta)} \end{cases} \tag{6-12}$$

则用赋权方差法构造的上、下控制限为

$$\begin{cases} L_{UCL} = \mu + k\dfrac{\sigma\theta_1}{\sqrt{n}} = \mu + k\dfrac{\sigma}{\sqrt{n}}\sqrt{2\eta} \\ L_{LCL} = \mu + k\dfrac{\sigma\theta_2}{\sqrt{n}} = \mu + k\dfrac{\sigma}{\sqrt{n}}\sqrt{2(1-\eta)} \end{cases} \tag{6-13}$$

其中，k 为控制限参数，n 为样本容量。由式(6-13)可知，当 $\theta_1=\theta_2=\dfrac{1}{2}$ 时，其控制限退化为常规控制限，也就是说常规控制限是赋权方差法控制限的一种特例。

结合式(6-5)、式(6-6)、式(6-11)和式(6-12)，令 $P_X=\eta$，即将式(6-11)代入式(6-12)，以修正式(6-5)和式(6-6)的控制限，则可得

$$\begin{cases} L_{UCL} = \mu + k\sigma_y\theta_1\sqrt{\dfrac{\lambda}{(2-\lambda)n}} = \mu + k\sigma_y\sqrt{\dfrac{2\lambda P_X}{(2-\lambda)n}} \\ L_{LCL} = \mu - k\sigma_y\theta_2\sqrt{\dfrac{\lambda}{(2-\lambda)n}} = \mu - k\sigma_y\sqrt{\dfrac{2\lambda(1-P_X)}{(2-\lambda)n}} \end{cases} \tag{6-14}$$

这样即将基于 Bootstrap 的小样本参数估计方法和基于赋权方差法的控制界限修正方法结合起来，修正传统 EWMA 控制图的控制限，便可以在小样本的情况下获得更为有效的控制分析结果。

4. 改进 EWMA 控制图在维修部件装配质量控制中的应用

某装备大修工厂根据《火炮工厂修理通用技术条件》(GJB 1276—1991)执行火炮修理任务，在某型火炮修理过程中，要求制退杆螺母与支撑面之间的装配间隙为 0.12±0.03(单位：mm)。现从连续 5 批次修理任务的初装配数据中各抽取 $j=3$ 个数据进行检测，结果见表 6.3.2。

表 6.3.2　装配间隙原始观测数据

样本号	X_1	X_2	X_3	X_4	X_5
	1	2	3	4	5
检测值	0.133 1	0.120 5	0.158 3	0.121 5	0.094 7
	0.113 2	0.101 4	0.105 7	0.137 9	0.105 8
	0.098 1	0.147 4	0.141 8	0.125 3	0.084 7

利用改进 EWMA 控制图对该质量特性参数进行监控分析的步骤如下：

(1)利用 MATLAB 软件对表 6.3.2 中的数据进行有放回的重复采样，取 $B=1\ 000$，共得到 1 000 个容量为 3 的 Bootstrap 样本，见表 6.3.3(部分数据省略)。

表 6.3.3 装配间隙观测数据的 Bootstrap 样本

Bootstrap 样本号	X_1^*	X_2^*	X_3^*	…	$X_{1\,000}^*$
	1	2	3	…	5
Bootstrap 样本值	0.147 4	0.141 8	0.120 5	…	0.158 3
	0.105 8	0.137 9	0.121 5	…	0.094 7
	0.098 1	0.101 4	0.105 7	…	0.133 1
均值 $\overline{X}_i^*$	0.117 1	0.127 0	0.115 9	…	0.128 7
方差 S_i^2	0.039 75	0.033 45	0.013 28	…	0.048 00

(2) 计算各样本期望值的无偏估计量 $\overline{X}_i^* = \frac{1}{n}\sum_{j=1}^{n} x_{ij}^* = \frac{1}{3}\sum_{j=1}^{3} x_{ij}^*$ 和各样本方差值的无偏估计量 $S_i^2 = \frac{1}{n-1}\sum_{j=1}^{n}(x_{ij}^* - \overline{x}_{ij}^*) = \frac{1}{2}\sum_{j=1}^{3}(x_{ij}^* - \overline{x}_{ij}^*)$，见表 6.3.3(部分数据省略)。

(3) 估计样本总体的期望 $\hat{\mu} = \overline{\overline{X}}_i^* = \frac{1}{B}(\sum_{i=1}^{B}\overline{X}_i^*) = \frac{1}{1\,000}(\sum_{i=1}^{1\,000}\overline{X}_i^*)$ 和标准差 $\hat{\sigma} = \overline{\sqrt{S_i^2}} = \frac{1}{B}(\sum_{i=1}^{B}\overline{\sqrt{S_i^2}}) = \frac{1}{1\,000}(\sum_{i=1}^{1\,000}\overline{\sqrt{S_i^2}})$，即得 $\hat{\mu} = 0.119\,3$，$\hat{\sigma} = 0.030\,96$。

(4)将得到的 1 000 个 Bootstrap 样本均值 $\overline{X}_1^*$，$\overline{X}_2^*$，…，$\overline{X}_{1\,000}^*$ 按照从小到大的顺序排列，即得 Bootstrap 样本均值的经验分布。依式(6-10)、式(6-11)得 $P_X = 0.713$。

(5)由式(6-14)计算 EWMA 控制图的修正控制界限。由文献的研究可知，$\lambda = 0.2$ 时，既能保持控制图较好的敏感度，又能保留过程的漂移信息，故本书设定 $\lambda = 0.2$。进一步地，设定控制限参数 $k=3$，则控制界限为 $L_{UCL} = 0.136\,19$，$L_C = 0.119\,3$，$L_{LCL} = 0.105\,8$。

由此便可以样本容量 $j=3$ 继续采集数据，作出控制图进行质量监控。如图 6.3.5 所示，如果图形处于上、下控制限之间，则表明制退杆螺母与支撑面之间的装配间隙精度处于稳定受控状态，如果有点跃出控制限，则说明有异常波动出现，需要及时采取调整措施。

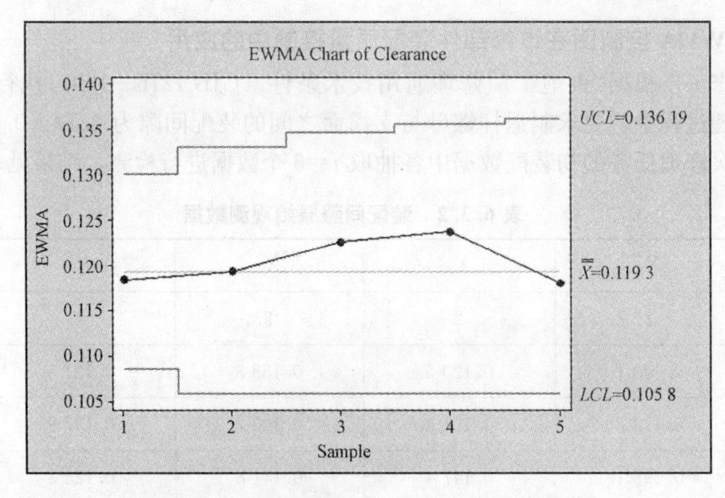

图 6.3.5 装配间隙的改进 EWMA 控制图

需要指出的是，本节应用的案例中，装配精度要求是该装备大修厂工艺部门设定的，其标准要高于《火炮工厂修理通用技术条件》(GJB 1276—1991)的要求。上文计算得到的“期望值”与工厂工艺要求中的"标准值"不一致，"标准差"与工厂工艺要求中的"公差"范围也不一致，这是合理的，因为根据大修作业原始值计算得到的期望值和标准差符合统计规律，能够真实反映该关键大修工序装配间隙精度的质量水平。同时，通过本节的统计分析发现，该关键大修工序装配间隙精度的期望值与大修工艺要求有偏差，且其比例系数 $P_X>0.5$，故其偏差值的大小和偏差值的数量在期望值两侧分布也不均衡。据此，工厂应该组织相关技术人员对该装配作业进行分析，如果认为有问题，则需考虑是否调整工艺标准或者是对装配作业过程进行改进；如果认为没有问题，则需继续采集样本数据进行控制分析。

6.3.3　基于改进 P 控制图的装备大修计数值质量特性控制

计数值控制图在装备大修关键工序质量控制中有很多场合可以应用，如单(多)个部件的质量特性在某一(几)个工序中的不合格率或不良率，不同时期的不合格率，不同班组或人员的不合格率等。

传统计数值控制图主要是 P 控制图(不合格率控制图)和 U 控制图(不合格数控制图)。计数值控制图的控制上下限会随各样本点容量不同而变化，这样的控制图给计算和观测带来了诸多不便。解决这个问题的典型方法有两种，第一种方法是 Nelson 于 1989 年提出的标准化控制图法，这种控制图上的标准化点对应的数据是经转换过的，可以作为相对点，但是它不能显示出不合格品率的真实数值；第二种方法是将所有的样本容量取其平均数，这种方法简单易用，但是降低了计算的精确性。基于此，本书拟以 P 控制图为例，提出另一种方法来解决样本容量不同的问题，即基于离差赋权的计数值控制图。由于这两个图具有相似性，现在只考虑 P 控制图。

1. 传统 P 控制图

传统 P 控制图来源于二项分布的特性，其中心线和控制界限由下式给定：

$$中心线：L_C=\overline{P}=\frac{\sum_{i=1}^{k} pn_i}{\sum_{i=1}^{k} n_i}=\frac{\sum n_i p_i}{\sum n_i},i=1,2,\cdots,k \tag{6-15}$$

$$控制上限：L_{UCL}=\overline{P}+3\sqrt{\frac{\overline{P}(1-\overline{P})}{n_i}}=\overline{P}+\frac{3}{\sqrt{n_i}}\sqrt{\overline{P}(1-\overline{P})} \tag{6-16}$$

$$控制下限：L_{LCL}=\overline{P}-3\sqrt{\frac{\overline{P}(1-\overline{P})}{n_i}}=\overline{P}-\frac{3}{\sqrt{n_i}}\sqrt{\overline{P}(1-\overline{P})} \tag{6-17}$$

其中，n_i 为各样本容量，p_i 为对应的合格率，k 为样本总数。

因为不合格情况服从二项分布，故由式(6-15)可知，其均值 $\mu=n\overline{P}$，标准差 $\sigma=\sqrt{npq}=\sqrt{n\overline{P}(1-\overline{P})}$，则不合格率的均值为 $\overline{P}$，标准差为$\sqrt{\frac{\overline{P}(1-\overline{P})}{n}}$。

由式(6-16)和式(6-17)可知，P 控制图的控制界限随各样本容量 n_i 的不同而变化，从而形成一条凹凸不平的折线。

2. 基于离差赋权合格率的控制限修正方法

离差也叫差量，是单项数值与平均值之间的差。设 p_i 是各样本对应的不合格品率，p 为总的不合格率，则样本不合格率的离差为 p_i-p，反映了各样本不合格率间非一致的程度，是导致控制界限不一致的重要原因。本书采用离差赋权的方法对样本的不合格率进行转换，并以此计算新的均值和方差。

假设 n 为控制限的基本样本容量，n_i 为实际每个样本的样本容量，n 和 n_i 的取值可以是任意的正整数。将第 i 个样本的不合格品率 p_i 按下式进行变换得到离差赋权合格率 p_i^*：

$$p_i^* = p + \sqrt{\frac{n_i}{n}}(p_i - p) = p_i + \left(\sqrt{\frac{n_i}{n}} - 1\right)(p_i - p) \tag{6-18}$$

若过程受控，则

$$\begin{cases} E_{p_i^*} = p \\ \sigma_{p_i^*} = \sqrt{\dfrac{p(1-p)}{n}} \end{cases} \tag{6-19}$$

可见，均值和标准差中并不含有 n_i 和 p_i 值，故经过上述转换后的改进 P 控制图的控制限可表述为

$$\begin{cases} L'_{UCL} = p + 3\sqrt{\dfrac{p(1-p)}{n}} \\ L'_{C} = p \\ L'_{LCL} = p - 3\sqrt{\dfrac{p(1-p)}{n}} \end{cases} \tag{6-20}$$

由式(6-20)可知，$L'_C = p$，与式(6-15)的表达一致，所以改进控制图的中心线与传统控制图是一致的。而因为 L'_{UCL} 和 L'_{LCL} 的表达式中不含有样本容量参数 n_i，故改进控制图对于所有样本点的上下控制限也是一致的。所以，基于式(6-20)所绘制的控制线便是一条平滑直线，而不会出现传统 P 控制图中城墙状凹凸不平的情况。相比于 Nelson 提出的方法，本书采用的方法可以通过离差赋权的逆运算，得到真实的不合格品率数值；相比于将所有的样本容量取其平均数的方法，本书采用的方法基于相同的样本容量，所以计算的精确性得到了保证，可以很清楚地判断样本是否合格。但是分析如何根据样本容量不一致的程度来合理确定基本样本容量，使不合格品率的转换和控制限的设置更为科学，需要在以后的研究中进一步探讨。

需要说明的是，以上得出的控制限是基于不合格品率 p 是已知的情况，如果不合格品率 p 未知，则要以其样本估计值代替，即

$$p = \hat{p} \tag{6-21}$$

故在不合格品率 p 未知的情况下，需要计算其估计值，然后将式(6-21)代入式(6-20)以求得经过上述转换后的改进 P 控制图的控制限。

3. 改进 P 控制图在维修部件焊修合格率控制中的应用

维修部件焊修合格率是指在装备大修过程中焊修质量达到要求的零部件数目与所有需焊修的零部件数目之比。受每批次大修任务量和每次需焊修零部件总数不同的影响，焊修合格率的样本容量是不同的。下面以基于离差赋权合格率的改进 P 控制图对该参数进行监控分析。

在一定时期内，某装备大修 LSS 团队收集到 25 组样本数据，见表 6.3.4。

表 6.3.4　焊修合格率数据表

样本 i	样本容量 n_i	不合格品数	不合格品率 p_i	离差加权不合格品率 p_i^*
1	100	8	0.080 0	0.080 0
2	100	10	0.100 0	0.100 0
3	80	6	0.075 0	0.077 1
4	120	9	0.075 0	0.073 1

续表

样本 i	样本容量 n_i	不合格品数	不合格品率 p_i	离差加权不合格品率 p_i^*
5	90	6	0.066 7	0.068 1
6	100	16	0.160 0	0.160 0
7	80	8	0.100 0	0.099 5
8	80	10	0.125 0	0.121 8
9	110	20	0.181 8	0.186 1
10	90	5	0.055 6	0.057 6
11	100	8	0.080 0	0.080 0
12	120	8	0.066 7	0.064 0
13	110	6	0.054 5	0.052 6
14	110	12	0.109 1	0.109 8
15	100	11	0.110 0	0.110 0
16	80	7	0.087 5	0.088 3
17	90	10	0.111 1	0.110 3
18	90	6	0.066 7	0.068 1
19	100	5	0.050 0	0.050 0
20	120	15	0.125 0	0.127 9
21	100	9	0.090 0	0.090 0
22	110	10	0.090 9	0.090 7
23	90	9	0.100 0	0.099 7
24	100	12	0.120 0	0.120 0
25	80	8	0.100 0	0.099 5

按式(6-18)变换得到离差赋权合格品率 p_i^*，并填入表 6.3.4。因为离差赋权不合格品率为小数，为使在 MINITAB 中制作控制图方便，可以在确定变量和子组大小时，分别对 $n_i p_i^*$ 和 n 乘以 10^2，并不影响控制图形态。

按众数原则取 $n=100$，依式(6-20)、式(6-21)计算，则可得

$$L_C=\hat{p}=\overline{P}=\frac{\text{不合格品数}}{\text{样本总数}}=0.095\ 51$$

$$L_{UCL}=\hat{p}+3\sqrt{\frac{\hat{p}(1-\hat{p})}{n}}=0.183\ 69$$

$$L_{LCL}=\hat{p}-3\sqrt{\frac{\hat{p}(1-\hat{p})}{n}}=0.007\ 33$$

由此，分别用 p_i 和 p_i^* 的数据制作该大修部件焊修不合格率控制图，如图 6.3.6 所示。

图 6.3.6 是用 p_i 的数据绘制出的传统 P 控制图，其上下控制限的凹凸不平显露无遗，这使得不能直观看出样本值偏离均值的程度，为判断和观察样本的“合格程度”造成了难度。为此，对焊修合格率的数据作改进 P 控制图，如图 6.3.7 所示。

图 6.3.7 是用 p_i^* 的数据绘制出的改进 P 控制图，从图中可以很明显地观察出控制图的上下限都是平滑的直线，更能清楚地判断样本值偏离均值的程度和状态是否受控。需要明确的是，图

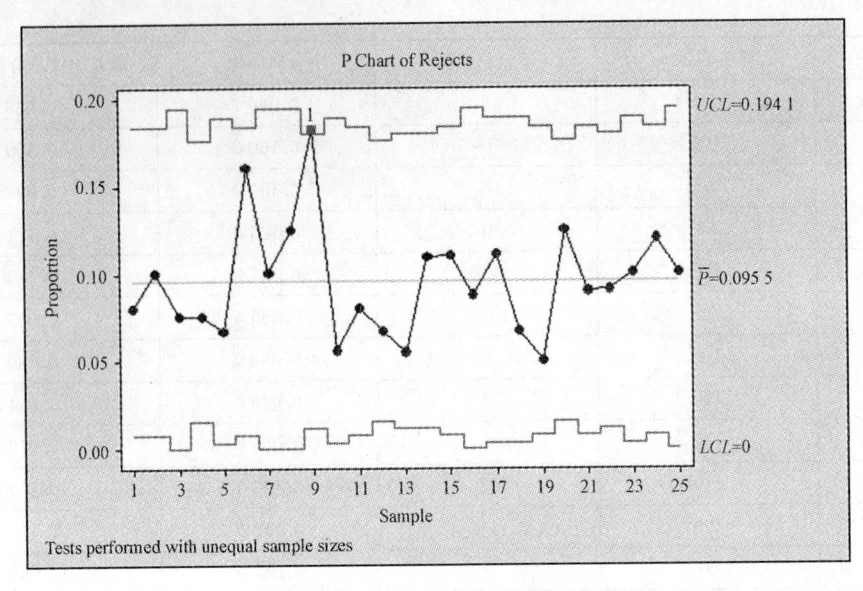

图 6.3.6　焊修合格率的传统 P 控制图

中的 $UCL\_0=0.104\ 3$ 和 $LCL\_0=0.086\ 7$ 两条参考线是程序自动计算出来的，而 $UCL\_1=0.183\ 7$ 和 $LCL\_1=0.007\ 3$ 两条参考线对应的值是装备大修过程中焊修合格率数据序列实际遵循的。

故采用基于离差赋权合格率的改进 P 控制图，在显示样本容量不等情况下的质量特性波动情况时更有优势，这种改进方法还可以应用到 U 图等其他类型控制图中，可以更好地解决装备大修关键工序质量控制中计量值质量特性的控制问题。

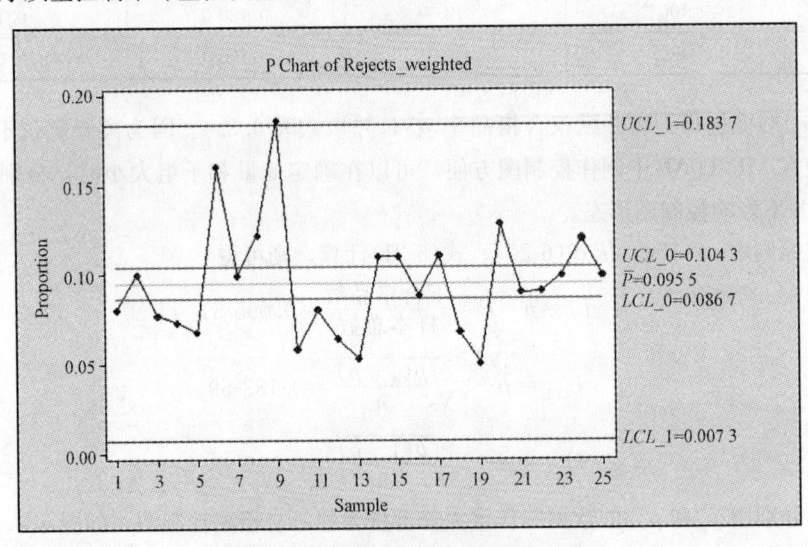

图 6.3.7　焊修合格率的改进 P 控制图

下篇

装备大修精细化管理模式与应用

加强精细化管理这一精细化、定量化管理与控制方法技术的研究和应用，将其先进理念、管理模式和实施方法应用到装备维修保障建设之中，追求装备维修保障的“质量更好、周期更快、成本更省”，一方面，应从系统规划角度，研究提出装备大修领域精细化管理的实施模式；另一方面，应从应用实施层面，构建提出装备大修单位推行精细化管理的应用实施方案和典型应用方法，为全面推行精细化管理提供方案指导。

本篇是装备大修精细化管理理论及应用的“应用实践篇”，第7章提出了基于精细化管理的装备修理工厂管理模式，设计了装备修理工厂三个层面的精细化管理应用方案，即维修车间层面的精细化6S现场管理方案、生产系统层面的精细化质量控制与考核方案、修理工厂层面的精细化组织LSS实施方案；第8章主要从应用方法技术层面探讨装备大修精细化管理模式的典型应用方法，主要包括维修车间层面的精细化大修过程优化方法、生产系统层面的精细化维修质量控制方法、修理工厂层面的精细化管理流程优化方法，初步构建了基于精细化管理理论的装备大修精细化管理应用方法技术体系；第9章主要从装备修理工厂的“大修任务受领、大修准备、大修设计、大修实施、大修总结鉴定”等大修过程精细化管理方法应用出发，提出了装备大修精细化管理方案模型——“工作目标与质量标准、工作思路与实现环节、操作流程与实施办法、训练内容与考核评估、信息反馈与分析处理”，构建了典型装备大修精细化管理的应用实施方案；第10章对装备数字化大修精细化管理控制的业务需求和建设内容进行了详细分析，提出了装备数字化大修精细化管理控制系统的整体设计思路和系统技术架构；第11章重点从“维修业务管理平台、装备维修现场、装备维修调度、维修资源管理、大数据中心”五个方面，对装备数字化大修精细化管理控制系统的总体功能结构和具体功能模块进行了详细设计。

第7章　装备大修精细化管理模式与应用方案

本章在剖析装备修理工厂目前在精细化管理方面存在的共性问题的基础上，提出了基于精细化管理的装备修理工厂管理模式，依据精细化管理理论与相关分析方法，设计了装备修理工厂三个层面的精细化管理应用方案，即维修车间层面的精细化6S现场管理方案、生产系统层面的精细化质量控制与考核方案、修理工厂层面的精细化组织LSS实施方案。

7.1　装备修理工厂精细化质量管理模式

7.1.1　装备修理工厂精细化管理共性问题分析

通过对我军各军兵种典型装备修理工厂质量管理水平和实施精细化管理现状的调研得知，目前我军装备修理工厂总体上还处于一种粗放式管理状态，装备维修计划方案涉及工作内容和时间层面偏多，缺乏对维修资源的有效配置，缺少对计划执行过程的动态调控，对维修信息的收集和管理、对维修质量和效率效益的监控还很不够，最突出的问题体现在：维修效率低下、维修成本偏高；维修质量问题难以追溯；维修生产现场管理有待改善。存在以上问题的主要原因如下：

一是修理工厂文化缺少维修成本意识。如对于军用飞机大修工厂来说，企业文化是以能否保障飞机运营安全衡量其价值标准的，这种单一的维修理念已经难以适应激烈的航空维修市场竞争。维修成本过高，一方面是由于维修流程不合理；另一方面是由于维修现场存在大量浪费现象，维修人员缺乏降低维修成本的维修理念。

二是目前的维修管理流程过于复杂。现代武器装备的维修流程本身都比较复杂，如果整个管理流程也很复杂，那么整个装备修理工厂的维修效率效益就会很低，典型的是待修装备从进厂到出厂要经过多个部门的信息反复传递，管理流程复杂、重叠，导致效率低下、维修周期长，这显然违背了精细化管理和精益维修的理念。

三是人员思想观念、技术能力与新的维修方式不相适应。装备修理工厂长期以来形成了一套固有的生产和维修模式，加之管理方法陈旧，员工对新方法、新的管理模式的接受和适应存在一定难度，如新的质量管理体系要求所有的生产和维修过程均要处于受控状态，且具有可追溯性，维修过程质量记录要完整有效等，修理工厂员工必须转变观念，以适应新的维修方式和管理模式。

7.1.2　装备大修单位精细化质量管理的内涵和要求

如第1章所述，精细化管理是以精益求精为行动的价值取向，以精心细致为过程的基本要素，以精品卓越为结果的衡量标准，运用程序化、标准化、定量化和信息化的方法手段，通过建立科学的量化标准、合理的工作流程、规范的操作程序，使战略清晰化、目标具体化、实施流程化、工作标准化、执行规范化、信息数据化，最终实现管理各单元和要素的精确、高效、协同与持续运行的一种管理理念和管理方法。提高装备大修单位的质量管理水平，也应该遵循精细化管理的思想，运用精细化管理的理念和方法，从质量意识理念、质量管控机制和业务技术操作等层面加强精细化质量管理，从而不断提升装备大修单位的精细化质量管理水平。

装备大修精细化质量管理是装备大修单位以“大修工作无差错、大修装备无缺陷”为指导思想，以关注大修组织管理和维修过程细节为基本原则，以做精做细、准时准确、严格控制、严格执行为操作特征，通过对大修任务、目标、标准、流程的细分和量化，借助于现代质量管理工具的综合运用，全面、全员、全过程地进行装备大修精确决策、精确计划、精确操作、精确控制和精确考核的一种科学管理模式和管理方法。装备大修单位精细化质量管理的内涵和要求重点体现在三个方面：

一是牢固树立零缺陷意识，显著提高全员质量素质。追求“零缺陷”，是完成任务最主动、最有效和最经济的途径。装备大修单位应坚持高标准、高要求，每一个岗位的人员都应把“零缺陷”作为目标提高质量素养，追求大修各项技术工作和组织管理第一次就做对做好，力求装备大修计划制订、方案形成、现场修理、试验检验、修竣验收中各环节、各项操作全面优质、准确无误，从而确保大修装备的最终质量。

二是不断完善适合装备大修单位要求的质量管理体系，显著提高体系运行的有效性。按照系统工程的要求，坚持加强大修单位质量管理体系建设与加强以大修装备为主线的跨部门的产品质量保证体系建设并重，深入开展面向待修装备的质量分析，加强质量体系策划与建设、质量培训、内部审核、管理评审、过程监控、数据分析，指导各部门实施纠正措施和预防措施，促进质量管理体系的持续改进。

三是实施精细化的维修全过程质量控制，显著提高大修装备的质量与可靠性。坚持预防为主、源头抓起，严格贯彻行之有效的质量管理制度，认真落实质量问题归零等有效方法，实施风险分析与控制，推行以产品质量与可靠性数据包为核心的大修装备质量保证工作，加强对装备大修过程的偏差量化管理、关键过程控——制、强制检验和不合格项审理等，提高过程质量控制的有效性，显著提高修竣装备的质量与可靠性。

准确把握装备大修单位精细化质量管理的内涵与要求，针对装备大修过程和质量管理实际，加强全体人员“零缺陷”质量意识培养、质量管理制度机制建设和大修过程质量管控，对确保装备大修质量管理工作水平和大修装备质量至关重要。为此，可在充分吸收国内外组织精细化质量管理成功经验的基础上，针对当前装备大修单位质量管理工作和装备大修过程的新特点，建立诸如“装备大修精细化质量管理要求”等顶层规章制度，加强装备大修单位精细化质量管理建设。

加强装备大修单位的精细化质量管理工作，可从完善质量管理体系、强化大修全过程质量控制和强化大修单位质量基础建设三个方面提出明确的要求：建立装备大修质量分析例会制度和质量体系评估制度，完善质量体系改进机制；深入开展面向大修装备的质量技术状态分析与评估，建立质量问题数据库与质量信息反馈机制；加强大修关键过程控制，准确识别和控制关键环节，强化元器件、软件、工艺、外协产品质量控制，提高过程控制的精细化程度；开展质量与可靠性技术攻关，强化专业机构建设，夯实质量管理基础；开展质量案例培训和技术交流，提高装备大修队伍的质量素质。可在“装备大修精细化质量管理要求”探索实践的基础上，及时对其进行修改完善，不断提高装备大修精细化质量管理水平。按照构建新型装备维修保障体系对装备大修单位质量管理工作的要求，实施精细化质量管理。实现装备大修单位质量管理能力新跨越的基本思路是“五个强化”，即按照继承、完善、创新的工作方针，通过强化装备大修工作零缺陷理念、强化装备大修质量体系建设、强化大修全过程控制、强化质量基础建设、强化质量团队建设，落实精细化质量管理要求，全面提高装备大修单位的质量管理能力和水平。

7.1.3 基于精细化管理的装备修理工厂管理模式

如前几章所述，通过对我军各军兵种装备大修单位质量管理水平的调研得知，目前我军装备大修单位总体上还处于一种粗放式的管理状态，维修人员的维修理念还比较落后，缺乏“零缺陷”的精细化维修理念；维修管理流程复杂，流程的复杂导致出现错误甚至返工的维修质量问题较多，缺乏“精细化”的维修管理模式，也导致维修周期偏长和效率低下。因此，应按照装备大修单位精细化质量管理的内涵要求和对策思路，从强化装备大修工作零缺陷理念、强化装备大修质量体系建设、强化大修全过程控制、强化大修质量基础建设、强化大修单位质量团队建设等维度，构建装备大修单位精细化质量管理模式。

凡是能够称之为模式的，一定是系统化和结构化了的、经过高度提炼的、具有定型化的范式。模式改革与创新必然是对原固有范式的一种自我超越。在构建基于精细化管理理论的装备修理工厂精细化质量管理模式时，考虑到质量管理体系的建立运行、质量工作管控机制的完善，最终还是要落实在修理现场和修竣装备的实物质量上，因此装备修理工厂推行精细化管理模式之初，就从维修车间现场 6S 管理、维修管理流程再造、维修质量控制与追溯、维修标准化作业等精益管理项目入手，本书将对这些精益管理项目进行系统总结，提出装备修理工厂推行精细化管理的模式框架。

通过实际调研和诊断分析，我们总结提炼出装备大修单位的精细化管理模式可区分构建基于维修车间层面、生产系统层面和修理工厂层面三个层次的精细化管理通用模块，每个模块内部可再细分出实施精细化管理的具体项目，其模块划分和项目内容规划如图 7.1.1 所示。

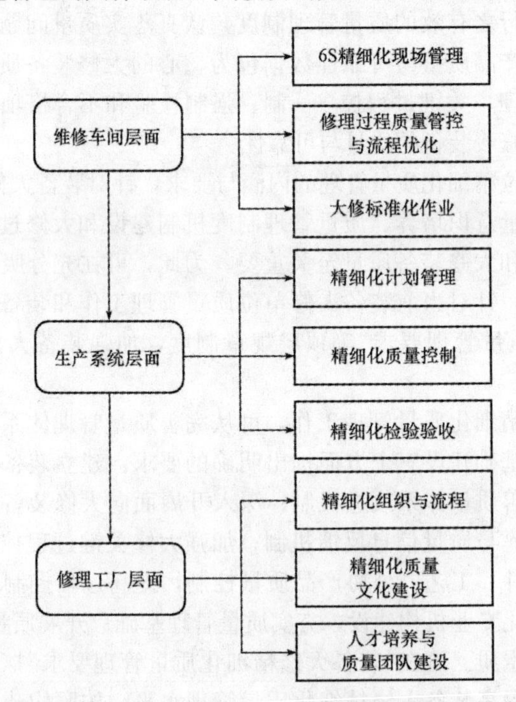

图 7.1.1　基于精细化管理的装备大修单位精细化管理模式

1. 维修车间层面

针对装备大修单位维修车间精细化管理模式的构建，以车间为精细化质量管理项目实施的主体，根据对各军兵种装备修理工厂实际的调研与诊断，维修车间层面主要的精细化管理项目内容有：①6S精细化现场管理；②修理过程质量管控与流程优化；③大修标准化作业。相关目标效果包括提高作业效率、提高产品质量、提高员工质量素质等。

2. 生产系统层面

针对装备大修单位各生产系统精细化管理模式的构建，涉及生产车间、生产计划部门和生产辅助部门等装备大修的精细化计划与组织管理等方面，主要的精细化管理项目有：①精细化计划管理；②精细化质量控制；③精细化检验验收。相关目标效果包括提高生产效率、提高产品质量、降低生产成本等。

3. 修理工厂层面

针对装备大修单位总体层面精细化管理模式的构建，修理工厂层面主要的精细化管理项目内容有：①精细化组织与流程；②精细化质量文化建设；③人才培养与质量团队建设。相关目标效果是提高装备大修单位的整体精细化质量管理水平，为质量管理工作长远发展奠定良好的基础。

7.2　维修车间层面的精细化6S现场管理方案

装备大修现场的工作状况直接影响到装备的维修质量，针对装备修理工厂维修现场工作混乱、效率不高等情况，有必要对各生产和维修车间开展6S现场管理，提高现场的管理水平，以达到提高生产质量、提高作业效率、减少浪费、出现问题能及时找出原因的目标，同时还要保证维修过程中的安全，因此本节重点构建维修车间层面6S精细化现场管理的实施方案。

7.2.1　6S管理内容及具体推行步骤

6S是指对维修车间等生产现场各生产要素所处状态不断进行整理、整顿、清扫、清洁、提高素养及安全管理的活动。6S管理的主要内容及相互关系如图7.2.1所示。

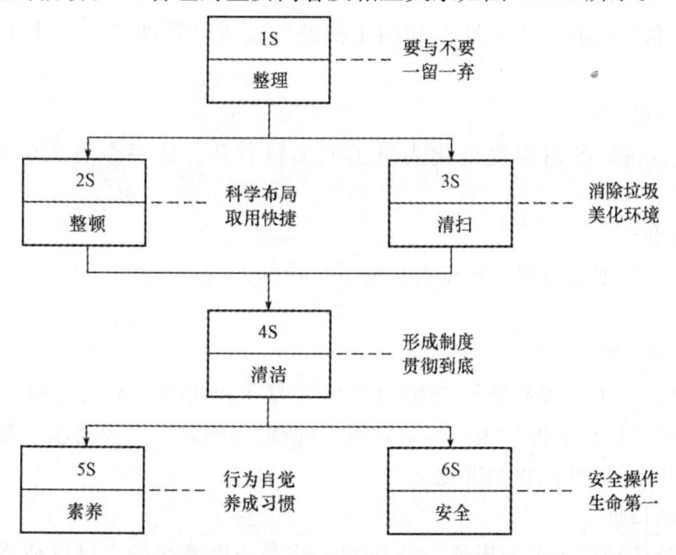

图7.2.1　6S管理的主要内容及相互关系

步骤一：成立6S推行组织

6S的推行一般由装备修理工厂主管担任推行委员会主任；推行办公室作为重要的职能部门，负责对整个6S推行过程进行控制，制订相应的标准、制度、竞赛方法和奖惩条件等。利用公开大会的形式，由工厂最高领导向全体员工表达推行6S管理的决心，向全体员工宣布实施6S管理的目的、必要性，同时列举一些优秀企业推进6S的典型案例，尤其是军内一些先进装备大修单位的典型案例。

步骤二：拟订推行方针及目标

一些知名组织都有明确的6S推行方针，每个单位都可以结合自身实际设置一些阶段性目标，并齐心协力、脚踏实地地实现这些目标，从而达到6S推行的整体目标。例如，在推行初期，可以要求修理车间人员实现“一星期内彻底清扫干净修理现场”“一分钟之内找到所需的维修工具”等阶段性目标。

步骤三：拟订6S推行计划及日程

推行6S管理，应当制订出详尽的日程与计划表，并将其公布出来，让相关部门的负责人以及全体成员知道应该在什么时间内完成什么工作、工作应达到什么标准、什么时候进行样板区域6S推行、什么时间进行样板区域阶段性交流会等。

步骤四：宣传、教育训练

加强说明及教育，把推行的必要性、6S的基本理论等向全体成员解释到位。运用各种宣传工具，利用板报、刊物、标语等宣传介绍，到兄弟企业参观，举行成果发布会，介绍优秀案例，表扬先进单位和个人；开展6S培训。

步骤五：局部导入实施6S

(1)现场诊断：推进之前，必须根据6S的基本要求对工厂的各个现场进行诊断评估，从而客观掌握修理工厂目前的整体水平(强项、薄弱环节、推行难易度)。

(2)选定样板区：集中所有的精锐和力量，可以保证有一个很好的效果；另外，事实最具有说服力，可以减少大家对改善的抗拒阻力，消除大家的疑虑，使全员上下齐心协力，积极参与改善。

(3)实施改善：在进行样板改善过程中，应注意保留以下数据或资料：改善前状况、基本数据、基本流程、整个改善推进思路及过程、最终改善结果。

(4)效果确认：总结经验，克服缺点和纠正偏差，以改进管理工作，使改善更顺利高效地进行。

步骤六：全面推进6S

(1)区域责任制，将6S内容规范化为员工的岗位责任，让每个员工清楚自己负责的6S内容；

(2)制订评估标准；

(3)评估监督，可以通过巡视、检查、自检、互检的方式进行；

(4)进行评比。

步骤七：6S效果的维持管理

在6S推进期间，员工一般都能同心协力去自觉遵守和改善，不敢松懈，但取得一定成效后，往往会放松警惕。正是这种想法，容易导致6S所取得的效果出现滑坡，慢慢又回到改善前的状态，所以必须将6S标准化和制度化。

步骤八：挑战新目标

随着修理工厂整体管理水平的提高，6S的目标也是不断变化的，可以适当修改和调整考核内容，逐步提高考核标准。此外，还可以导入全员生产维护 TPM、平衡计分卡等其他管理方法，形成新的起点，这样就能使 6S 管理水平达到最高层次。

7.2.2　6S 管理典型实施方案及考核办法

1. 范围

本方案规定了工厂所有单位，包括厂区、生产现场、库房、操作间、实验室、办公室等区域 6S 管理的实施要求及考核内容。

2. 组织机构及主要职责

(1)组织机构。

1)工厂 6S 管理领导小组。组长：生产副厂长；副组长：安全副厂长；组员：生产处处长、能源设备处处长、党委工作部部长、检验处处长、供应运输处处长、武装保卫处处长、行政处处长、安全技术处处长。

2)基层单位 6S 管理小组。各单位由单位领导为组长、主管副职为副组长、相关人员为组员，组成基层单位 6S 管理小组。

3)工厂 6S 管理办公室。设在生产计划处。

(2)主要职责。

1)工厂 6S 管理领导小组主要职责：①负责工厂 6S 管理活动的全面推进和总体策划工作。②负责工厂 6S 管理活动推行的宣传、教育工作。③对 6S 管理中存在的问题进行组织协调、分析和处理。④督促、协调 6S 管理各项活动的进度与具体落实。⑤定期实施 6S 管理的检查、评价。

2)基层单位 6S 管理小组主要职责：①结合工厂 6S 管理活动的开展，负责本单位 6S 活动的宣传、教育。②依照工厂 6S 活动安排具体实施各项工作。③负责本单位 6S 活动监督、检查和考核工作，并做好记录。

3)工厂 6S 管理办公室主要职责：负责 6S 管理活动中相关制度的制订和各单位定置图的审核与确定；负责 6S 管理组织、协调、监督制度的落实；负责组织检查、资料整理、情况汇总等工作。

3. 实施办法

(1)实施原则。

①以安全为前提，保证物流畅通、标识明确、防护有力、存取方便。

②符合工厂实际情况，因地制宜，在原工作现场的基础上不断改善。

③符合管理动态原则，随着生产经营的变化不断变更定置要求，满足生产需求。

④全员参与，责任到人，持之以恒，逐步形成职工的习惯，以营造良好的工作环境。

(2)实施程序。

1)教育和培训。

①工厂举办 6S 管理培训班，针对中层领导、生产调度和班组长等人员开展 6S 管理目的、要求和流程等方面的培训，并组织开展宣传教育工作，营造实施 6S 管理的氛围，激发全体职工参与的积极性。

②基层单位 6S 管理小组负责对本单位职工的 6S 管理培训，使每位职工深切体会到 6S 管理的内涵，了解 6S 管理的精髓，从而达到 6S 管理深入人心。

2)分阶段推进。

①第一阶段是“外行看热闹”。在没有深入了解 6S 精髓的前提下，认真仔细地做好“整理、

整顿、清扫”工作，领导带头，全员参与，并做好6S的宣传和教育工作。

②第二阶段是“内行看门道”。将“清扫”工作认真地进行下去，使6S由形式化转变为行事化，通过强制性规定培养职工正确的工作习惯。

③第三阶段是“企业看文化”。人人用心做事、行为规范，现场6S管理顺理成章，督促员工养成良好的行为习惯，预防不良行为的再度出现，营造企业氛围，培养员工的团队精神。

4. 具体要求

(1)整理。整理是6S管理的第一步，目的是腾出空间，充分利用空间，防止误用无关物品，塑造清爽的工作场所。其作用在于节省作业空间，简化管理对象，提高工作效率，减少作业差错，避免资金浪费。推进过程包括现场检查，确定不要物的标准，进行不要物的处理。主要包括事、物“要与不要”的基准，工作场所的基准以及废弃处理的原则，其中工作场所的基准主要根据物品的使用次数、使用频率来判定；对于废弃物的处理，比如由质检部门负责不用物料的管理和判定，设备管理部门负责不用设备设施、维修工具、仪表器具的管理和判定，修理工厂办公室负责不用物品的审核和判定，财务部门负责不要物处置资金的管理。

1)推行方法。

第一步：各单位对工作场所(范围)进行全面检查，包括看得到和看不到的地方，如设备的内部、文件柜的顶部、桌子底部等位置。

第二步：在全面检查的基础上，各单位针对不同工作要求制订单位和各岗位需存放的物品清单；区分要保留的物品和不需要的物品，明确各类不需要物品的处理方法，并将要求发放给每名职工。

第三步：按确定的要求清除不需要的物品，开展整理工作。

2)必需品与非必需品判定的一般标准。必需品指经常使用的物品，如果没有它就必须购入替代品，否则影响正常工作，一般为近1周内使用的物品。非必需品包括：使用周期较长的物品，例如1个月、3个月甚至半年才使用一次的物品；对目前的生产或工作无任何作用的，需要报废的物品，例如已不再生产产品的样品、图纸、零配件、设备等。工作场所可按照表7.2.1所示的基准进行判定。

表7.2.1　装备维修车间工作场所的基准

使用次数	放置场所
1年不用1次的物品	废弃或特别处理
平均2个月到1年使用1次的物品	集中场所(如工具室、仓库)
平均1～2个月使用1次的物品	置于工作场所
1周使用1次的物品	置于使用地点附近
1周内多次使用的物品	置于工作区随手可得的地方

3)整理阶段的核心。先把抽屉倒空，再从倒出来的物品中寻找有用的物品。采用“红牌作战”的方法，对不合格区域或物品粘贴“整改通知单”，限期整改。

(2)整顿。整顿就是把留下来的必要的物品依照规定的位置分门别类放置好，明确数量，进行有效标识(定位、定量、定标识、定方法)。其目的是：工作现场一目了然(易取、易见、易还)；消除寻找物品的时间；工作环境整整齐齐；消除过多的积压物品。

1)推行方法。

第一步：进行生产现场作业流程分析，确定最佳作业流程和区域设置，明确各岗位区域设置要求。

第二步：绘制订置图，包括生产现场总图(可在原定置图的基础上进行修订)、区域定置图，办公室定置图、工具柜内定置图等。

第三步：在整理的基础上，明确各区域的定置具体要求，提出工位器具需求，合理配置，实施管理。

第四步：根据生产实际和工厂要求对各区域、设备、产品等进行识别，采用适宜的方法，如技术图纸、标识牌、标签印记等进行标识(如制订“生产现场标识管理规定”)。

2)基本要求。

①划清定置管理范围，实行定置管理责任制。

②物品摆放优化定位。

③与生产、工作无关的物品，一律不得摆放在生产、工作场所。

④物品要有完整规范的标签、标识。

3)实施要领。

①考虑通道的畅通及合理，决定合理的放、弃位置。

②优先考虑着手的场所：容易出效果的地方；短期内可以实施的地方；给别人留下不良印象的地方。

③采用各种隔离方式隔离放置区域，如颜色、隔板等，合理利用空间，节省空间，方便取用。

④尽可能将物品集中放置，减少物品的放置区域。

⑤尽可能将物品隐蔽式放置，且达到易取易放。

⑥大量使用目视管理，标识要清楚明了，让任何人都能简单查找到。

⑦要从提高效率、减少差错、改善质量角度考虑。

4)整顿的三要素。

①场所：物品的放置场所原则上要100％设定，明确场所的区划线，如区域分界线、货架的区分方法等。

②方法：方便拿取，易于实现先进先出，便于检查、监督。

③标识：光自己知道是不够的，物品放在哪里、处于什么场所，通过采用不同的颜色进行标识，其他人就能对工作场所的物品状态一目了然。标识要注重方法，要求易更换，善用颜色，按示索物。

5)整顿中的“三定”原则。

①定位：根据物品的使用频率和使用便利性，来决定物品放置的场所。一般来说，使用频率低的远离现场，物品放置要用四角定位、行迹管理等方法将其明示。

②定容：用什么样的容器、货架来放。

③定量：确定保留在工作场所或附近物品的数量，应以不影响工作为前提，数量越少越好。

6)整顿中的“三易”原则。

①易找：易找就是对自己想要找的物品第一时间能找到。现场做到一目了然的目的就是为了易找，方便自己。

②易取：易取就是物品第一时间找到了，又方便地拿了出来，没有阻碍。有的单位各种标识是齐全的，但是货物堆积如山，想要拿出自己需要的物品要翻箱倒柜，大大浪费了时间。物品摆放错落有序，知道从哪拿，又能方便地拿到，才真正达到了目的，有效节约了时间。

③易放：易放就是拿走的东西要方便放回去。不仅要做到自己放回时方便快速，也要为别

人提供条件。这就要求标识、区域线等明确清楚，物品摆放整齐。

(3)清扫。清扫的目的是消除不利于产品质量、成本、工效和环境的因素；保证设备的良好运行；减少环境对职工健康的不良影响。主要包括“责任化(明确清扫区域、部位、周期、责任人、完成目标的具体要求)、标准化(对工作行为的规范)、改善处理污染源(引导所属人员在产生问题的源头方面进行有效的改善，从源头杜绝污染产生)”等内容。通过清扫把污垢、灰尘、油渍、加工剩余物清除掉，就会自然而然地把磨耗、瑕疵、松动、裂纹、变形等设备仪器的缺陷暴露出来，就可以采取相应的措施加以弥补。对清扫中发现的问题，要查明发生源，制订出明细清单，按计划逐步改善，通过技术革新、流程改进等方式将问题消除。

1)推行方法。

第一步：将地面、门窗、厕所、休息间等环境彻底打扫干净。

第二步：将可能产生污染的污染源清理干净。

第三步：对设备进行清扫、润滑，对电器和操作系统进行检修。

第四步：按规定的时间要求定期清扫。

2)实施要领。

①责任区域的划分应包括室内、室外，员工责任区域之中及之间无死角。

②明确责任区域内需要清扫的区域、部位、周期，规定操作方法、要点、注意事项及目标。

③清洁工具应常备、齐全。

④注重污染发生源整治。

3)清扫中的“三扫”原则。

①扫黑：扫黑具体来说就是清扫表面的地方，例如设备表面、办公室地面、工作区域地面等。

②扫漏：扫漏就是清扫内部的脏物。不仅要清扫表面，内部卫生也不能忽略，如抽屉内部、文件柜内部、设备内部等都是需要经常打扫的地方。另外，扫漏还要求必须查找污染源所在，发现问题，彻底解决。例如设备漏油了，不仅要打扫地面的油渍，还要发现是哪里漏油、为什么漏油。

③扫怪：对那些不切实际的目标、不合理的制度进行清扫。清扫的内容不仅是打扫卫生、杜绝污染，也要对不切实际的目标、不合理的规章制度进行“清扫”，找出制度或者目标与现实的差别，及时改善。

(4)清洁。清洁就是将上述3个S实施步骤制度化、规范化，辅以必要的监督、检查、奖励措施，坚持、固化以上3个S的成果，通过强制性规定，培养职工正确的工作习惯。主要包括“彻底贯彻3S(连续、反复不断地开展3S活动)、施行透明管理(设置透明检查窗口)、建立健全制度(把各项工作制度化，包括环境维护、设备管理、作业方法、现场巡视、考核评价制度化)”等内容。

1)推行方法。

①将以上3S步骤制订标准工作文件。

②建立要求标准、制订奖惩办法。

③定期检查，自查自纠，随时巡视，主动改进。

④严格执行奖惩办法，定期考核检查。

2)实施要领。

①建立“6S时间”制度，如班前5分钟，班后10分钟。

②标准和奖励制度的建立要求明确。

③领导、干部带头坚持执行标准、定期检查，以带动全员重视。

④实际奖励与惩罚并重，严格执行。

⑤及时展示6S管理正面效果和反面典型。

⑥注重新人教育。

3)方法1——红牌作战。

①督促改善，而不是指责。

②明确整改完成时间。

③提前向所有员工说明红牌作战的作用。

④未改善完不得摘下。

4)方法2——定点摄影。

①要点：利用摄影技术，将问题点整改前和整改后的状况拍下来，进行比较。一方面督促其做出整改；另一方面给员工留下强烈的视觉冲击。

②技巧：拍摄时同一地点、同一角度，比较时一一对应。

5)方法3——目视管理。

①有标识，能够明白现在的状态。

②都能够判断正常与否。

③用标准化的标识牌、标识线等"一看便知"的方法进行标识。

④人员的着装要明显标识，方便管理。

⑤管理方法要有注明，如指南、手册、指导等。

⑥尽可能采用图片等形式，简单、有效。

(5)素养。素养就是采取晨会等各种方式，使每位员工养成良好的职业习惯，并严格遵守企业规则。培养员工积极、主动、向上的工作态度和状态，养成自我管理、自我控制的习惯。营造企业氛围，培养员工的团队精神。主要包括"持续推动4S(通过4S持续推动，使员工达到工作的最基本要求——素养)、突出制度规范(让员工达成共识，形成单位文化的基础)、持续教育引导(通过图片巡展、表彰、观摩等进行全方位教育)"等内容。素养推行的前提是制订共同遵守的有关规则、规定。

1)推行方法。

①召开员工会议，由员工讨论议题，提出操作制度及标准。

②施行强化周、强化月等活动。

③从形似到神似。

④长期坚持。

2)实施要领。

①对各项活动的实施，要激发员工的参与热情。

②领导、干部带头，形成从形式化到行事化最后达到习惯化。

③可采取的措施包括制订服装、仪容、员工证等标准。

④制订共同遵守的有关规定、规则。

⑤制订公司员工礼仪手册，自主管理日常化。

⑥新员工培训。

⑦制订各种精神提升活动(早会、礼貌运动等)。

⑧组织集体活动。

(6)安全。按照工厂安全质量标准化要求，提高职工安全生产意识，排查并整改安全隐患，掌握安全生产知识，消除人的不安全行为和物的不安全状态，避免各类安全生产事故发生。主要包括“建立系统体制（建立起具体的安全工作管理体制以及各类预警措施、纠错机制等）、突出实践操作（采用安全监察、预演等多种实践形式进行操作）、及时跟进指导（对现场使用设备仪器、工具物品进行定期检查，发现问题及时整改）”等内容。

1）推行方法。

①职工应熟知本岗位的危险源和控制方法，熟悉本岗位的应急响应程序和方法。

②职工应在班前、班中、班后进行自检，在此基础上班组长应进行日常巡检和每周组织一次全面检查，并做好记录。

③杜绝“三违”现象，即违章指挥、违章操作、违反劳动纪律。

④严格按规定穿戴防护用品和使用工具。

⑤特种作业人员必须经法定安全培训，且持证上岗。

⑥作业环境采光、通风良好，通道畅通，物品及工具等定置摆放整齐、平稳可靠。

⑦不得随意丢弃或处置污染物。

2）实施要领。

①制订安全生产责任制，并确保落实。

②贯彻安全三级教育制度。

③制订设备安全操作规程。

④消除不安全的隐患。

⑤实施安全自查与巡查。

⑥采取必要的安全防护措施。

⑦举办安全讲座、消防演习等各项活动，推行深化操作要点。

5. 考核

（1）考核方法。采用分级检查制度，厂级普查每月一次（检查标准及考核分值见表 7.2.2 和表 7.2.3），由 6S 管理领导小组实施；各基层单位每周检查一次，由生产单位 6S 管理小组实施；个人每日自查。对不符合要求单位开具“6S 问题整改通知单”，责令限期整改，主管部门负责措施的验证。

1）各单位的实际成绩在工厂宣传栏、检查通报上进行公布。

2）锦旗、奖金和警示旗在生产调度会上颁发。

3）所颁发锦旗和警示旗必须悬挂于指定位置。

4）当成绩均未达到 80 分时，不颁发第一名锦旗；成绩均超过 80 分时，不颁发最后 1 名警示旗。

5）当出现安全事故时，属一票否决，不能参评。

（2）考核方式。按下列要求进行考核：

1）工厂 6S 管理检查标准及考核分值（生产现场）（见表 7.2.2）。

2）工厂 6S 管理检查标准及考核分值（办公室）（见表 7.2.3）。

3）考核记录及问题整改通知见“6S 管理整改通知单”。

表 7.2.2　工厂 6S 管理检查标准及考核分值(生产现场)

项目	内容	分值	考核单位
厂房内	通道、工作区区域标识颜色清晰、鲜亮，界线明显、整齐，地面完好，无油泥、无损坏	做不到每处扣 3 分	生产处
	厂房内窗台、窗户、玻璃干净，无灰尘、蛛网等	做不到每处扣 2.5 分	
	厂房墙壁、立柱上无乱贴、乱画、乱挂现象和陈旧标语痕迹	做不到每处扣 2 分	
	厂房四壁无积灰、无蛛网等	做不到每处扣 2 分	
	厂房内无漏雨或渗水(没及时报修扣生产单位，相关部门未及时处理则扣相关部门)	做不到每处扣 3 分	
	厂房内物流通道、安全通道畅通无阻塞	做不到每处扣 2.5 分	
现场区域	现场区域定置标识明确，定置区域内按规定放置定置物	做不到每处扣 3 分	生产处
	工位器具上无灰尘、油污、垃圾等	做不到每处扣 2 分	
	标识牌保持干净、完好，标识准确	做不到每处扣 2 分	
工位器具	现场工位器具完好，损坏及时修理	做不到每处扣 2.5 分	生产处
产品	工位器具上存放的零件要按要求存放，摆放整齐，不直接放于地面	做不到每处扣 2.5 分	生产处
	零件的检验状态在区域中予以标识，不合格零部件做出明显标识	做不到每处扣 2.5 分	
	生产车间现场的不合格件在 3 日内处理(若相关部门没有及时办理手续，则扣相关部门)	做不到每处扣 2.5 分	
工具箱、工具柜	工具箱、柜保持清洁，损坏及时修理，其上或下均不得放有杂物	做不到每处扣 2.5 分	生产处
	工具箱、柜内应有物品清单，保证物单相符，箱、柜中物品摆放整齐、干净，取用方便	做不到每处扣 2 分	
工作台	工作台清洁，无积尘、油污，按规定位置摆放	做不到每处扣 2.5 分	生产处
	工作台上物品摆放有序，未放置与工作无关的杂物	做不到每处扣 2 分	
工装	工装的使用和保存方法正确	做不到每处扣 2 分	检验处
	工装放置在指定的位置，保持整齐有序	做不到每处扣 2.5 分	
	工装有损坏及时修理，保持清洁、干净，不得放有杂物	做不到每处扣 2.5 分	
宣传栏、考核板与桌椅设施	设施损坏及时修理(若已报修，则由修理部门负责)	做不到每处扣 2 分	党委工作部
	保持清洁，内容及时更新	做不到每处扣 2 分	
	设施的配备和摆放符合要求	做不到每处扣 2 分	
垃圾	工序上的垃圾置于指定的垃圾箱，地面上无垃圾堆放	做不到每处扣 2 分	生产处
	垃圾箱(桶)内垃圾及时清理，并放于规定位置，保持外观干净	做不到每处扣 2 分	
技术文件	现场技术文件有效，满足生产需要，无过期的或者不必要的文件	做不到每处扣 2 分	检验处
	技术文件摆放及保管符合要求，不得压在物品下面，保持清洁，无损坏	做不到每处扣 2 分	
设备	设备标识清楚，与设备状态一致；设备损坏及时维修(若已报修，则由修理部门负责)	做不到每处扣 2.5 分	能源设备处
	设备按规定日检、维护、润滑，设备干净，上面不得放有杂物	做不到每处扣 2 分	

续表

项目	内容	分值	考核单位
生活卫生设施	卫生间、更衣室整洁，无污脏、无异味	做不到每处扣 2.5 分	行政处
	卫生间、更衣室内物品摆放有序，无杂物	做不到每处扣 2 分	
	饮水设备干净，无漏水、无脏污(如损坏已报修，则由报修单位承担)	做不到每处扣 2 分	
	洗手池清洁，无异味、无污垢、无溢水等	做不到每处扣 2 分	
水、电、气等	设施、线管等使用过程中无脏污、无积尘	做不到每处扣 2 分	安全技术处
	对水、电、气有跑、冒、滴、漏等损坏或连接松动的，以及照明设备有损坏的，及时修理(若已报修，则由相关部门负责)	做不到每处扣 2.5 分	
库房	物资按定置图规定摆放，摆放在规定的架、箱、柜、盘等专用或通用器具上，摆放整齐，无物品堆积	做不到每处扣 2 分	供应运输处
	物资标识清楚、明确，账、物、标识一致	做不到每处扣 2 分	
	库房物资保持清洁、无积尘和油污等	做不到每处扣 2 分	
人员素养	职工现场不得打闹，举止文明，不从事与工作无关的事情	做不到每处扣 2.5 分	党委工作部
	职工严格工艺纪律，无野蛮、违章操作现象	做不到每处扣 2.5 分	
	职工严格按规定佩戴劳保防护用品	做不到每处扣 2.5 分	
安全	危险源控制、污染物处理符合安全质量标准化要求	做不到每处扣 3 分	安全技术处
	生产单位实施安全自检、日常巡检、全面检查，并做好记录	做不到每处扣 2 分	
	特种作业人员持证上岗	做不到每处扣 2 分	

表 7.2.3　工厂 6S 管理检查标准及考核分值(办公室)

项目	内容	分值	考核单位
办公室	办公室内按定置要求定置，无杂物存放	做不到每处扣 5 分	行政处
	地面干净，无积尘、垃圾、污迹及纸屑等	做不到每处扣 4 分	
	各垃圾桶内垃圾及时清理，不得溢出	做不到每处扣 4 分	
	保持门、窗、吊扇、空调等干净、无灰尘、无蛛网	做不到每处扣 4 分	
办公桌、椅	抽屉内物品摆放整齐，私人物品与办公用品分开摆放，取用方便	做不到每处扣 4 分	行政处
	办公桌、椅保持干净，无污迹、黑垢、灰尘等	做不到每处扣 4 分	
	椅背上未摆放衣服和其他物品	做不到每处扣 4 分	
资料柜	柜面及内部干净，无污迹、灰尘	做不到每处扣 4 分	行政处
	柜内文件(或物品)摆放整齐，分类摆放	做不到每处扣 5 分	
	柜内不得摆放非必需品	做不到每处扣 4 分	
	文件夹上要标识，同一部门的文件夹外侧的标识应统一	做不到每处扣 4 分	
人员	按规定穿工作服、佩戴上岗证	做不到每处扣 5 分	行政处
	工作服穿戴整齐，扣上或拉链系上	做不到每处扣 4 分	
	工作态度良好，无谈天、说笑、打瞌睡或从事与工作无关的事	做不到每处扣 5 分	
	人走后(或无人时)应关闭门、窗、电灯	做不到每处扣 4 分	

续表

项目	内容	分值	考核单位
电脑、复印机、电话等办公设施	保持干净，无灰尘、无污迹	做不到每处扣4分	行政处
	长时间无人使用时须关闭电源	做不到每处扣4分	
饮水机	饮水机及周围保持干净、整洁	做不到每处扣4分	行政处
	饮水机坏了及时维修(或申报维修)	做不到每处扣4分	
厕所、楼梯等公共环境	盆景、花卉应新鲜，没有枯死或发黄	做不到每处扣4分	行政处
	卫生间、洗手池清洁，无异味、无污垢等	做不到每处扣4分	
	卫生间洁具放置整齐，无杂物	做不到每处扣4分	
	楼梯、楼道等地面干净，无尘土、污水、废纸、烟头等	做不到每处扣4分	
	楼梯扶手、走廊门窗干净，无尘土、污垢	做不到每处扣4分	

7.3　生产系统层面的精细化质量控制与考核方案

本节构建了一个装备修理工厂产品(包括装备修理、军品整机生产、装备备件制造等)质量管理控制与考核的精细化管理实施方案。

7.3.1　精细化质量控制组织机构与工作程序

1. 范围

本方案规定了装备修理工厂质量管理控制与考核的组织机构、工作程序、质量问题的等级划分及质量奖惩等办法。

2. 组织机构与职责

(1)质量考核领导小组。组长：工厂厂长；副组长：主管质量的厂领导；组员：生产副厂长、总会计师，检验处、技术部、经营计划处和生产处领导。

(2)质量督查小组。组长：主管质量的厂领导；副组长：检验处领导；组员：检验处、技术部、生产处、经营计划处、供应运输处、财务处、分厂(中心)的相关人员。

(3)检验处。为工厂质量调查、考核小组的日常办事机构。

(4)职责。

1)质量考核领导小组职责：负责质量指标完成情况的考核，质量事故分析和调查工作的领导，调查结果和改进措施的审查，改进措施落实的监督，质量奖惩的审核。出现质量事故后，负责向上级机关报告，按规定期限提交质量事故调查报告。

2)质量督查小组职责：负责查明质量事故(问题)发生的过程，对质量事故(问题)产生的原因做出评判，提出改进建议，向领导小组提交质量事故(问题)调查报告。对改进措施落实情况实施监督、验证。

3)检验处职责：负责质量数据的统计、核查与分析工作，开展质量事故(问题)的调查工作，负责质量事故(问题)调查过程中的组织、协调，妥善保存相关记录。负责与驻厂军代表的沟通、协调，处置生产中的质量事故(问题)。

4)相关单位职责：要及时、准确地传递质量数据，保证其准确性；质量调查中涉及的单位要积极配合质量督查小组查明原因，制订切实整改措施，认真实施，保证质量问题双归零。

3. 工作程序

(1)质量指标控制程序。

1)检验处每年年初根据工厂上年质量指标的完成情况，编制下发“产品实物质量展开、考核统计要求表”，提出本年度质量指标控制要求，交工厂企业管理办公室审查，与质量体系目标展开指标一并下发各单位。

2)产品实物质量指标由检验班组每月 28 日前统计汇总后，分别报送检验处和生产单位。

3)产品实物质量指标由生产单位统计核对，并将相应数据核算为成本后作为质量改进、质量成本控制的依据。经单位领导审核后，除本单位留存外，每月 3 日前报送检验处进行核查、汇总、分析。

4)检验处每月对相关单位质量指标进行统计、汇总、核查、分析后，提出考核意见，每月 5 日前报质量考核领导小组审查。

5)对各生产单位产品实物质量考核的指标主要有：装备修理、军品整机制造为一次交验项次合格率；制件加工为质量合格率和百元产值质量损失。

6)对于质量指标未达标的单位，检验处发放“质量信息反馈单”并要求分析原因，采取整改措施，并按此考核办法进行奖惩。

7)每年年底，由检验处对工厂质量指标完成情况进行统计、分析，提出年度质量达标单位名单。同时制订改进措施，提出下一年度的目标值，向主管厂领导呈报当年产品质量控制工作总结和下年度产品质量控制计划。

(2)质量事故处理程序。

1)发生质量事故后，生产单位操作人员(相关人员)应立即停止作业或工序流转，单位领导应在 1 小时内报检验处，并组织人员即刻采取防范措施，以免事故造成更严重的后果。根据事故的性质和特点，采取以下紧急处置措施：①在控制质量事故事态发展、实施人员救护的同时，保护事故现场；②封存与质量事故有关的资料与设施；③编制证人名册；④保存残骸应急移动的原始记录；⑤收集易失的物证。

2)工厂质量督查小组对问题进行调查、分析，找出原因和责任人(部门)，提出处理意见，责成责任单位制订整改措施，将处理意见一并报质量考核领导小组和驻厂军代表，处理期限一般不超过两天。

3)整改措施必须按规定期限落实，由质量督查小组进行验证，并将结果报质量考核领导小组和驻厂军代表。

4)质量督查小组根据事故情况，对相关责任单位和责任人提出处罚意见，并按程序报质量考核领导小组。

5)凡发生质量事故，工厂应在事故发生后 2 小时内将事故情况上报驻厂军代表和上级主管部门，并在 24 小时内将事故情况报告报送上级主管部门。质量事故情况报告应包括以下内容：①质量事故发生的时间、地点；②发生质量事故的产品的类别、型号及负责单位；③质量事故现象、过程、人员伤亡情况、产品(装备、设备)损坏程度及经济损失评估；④发生质量事故的原因；⑤质量事故发生后采取的紧急处置措施及事故控制情况；⑥与事故有关的其他情况。

(3)质量问题处理程序。

1)技术部、检验处、各分厂(中心)主管现场的技术人员每天巡查生产现场，发现生产中存在的质量隐患(问题)，及时研究解决。

2)当生产单位发生质量问题后，检验人员开具“不合格品报告”，报送生产单位技术组，生产单位技术人员分析不合格品产生的原因，做出初步处理意见并报检验处。检验处根据不同性质的质量问题，按程序文件要求，分别向工厂质量督查小组和驻厂军代表报告。

3)质量督查小组适时组织相关人员(必要时邀请驻厂军代表参加)对问题进行调查分析，找出原因和责任人(部门)，提出处理意见，并责成责任单位进行整改，处理期限一般不超过两天。

4)检验处负责整改措施的验证，并向驻厂军代表反馈整改效果，同时做好质量问题处理记录。

5)质量考核领导小组对质量问题的处理情况进行审查，并根据损失情况和整改效果，做出处罚决定。

6)对于已办理的不合格品审理单，各相关单位按月汇总报检验处，检验处根据不合格品审理单将产生的不合格品的名称、代号、数量汇总后报生产处，具体的处罚由生产处落实。每月检验处还应将不合格品情况报财务处核查质量成本控制情况。

(4)质量责任的检查与落实程序。

1)质量考核领导小组按照质量职能划分，对质量责任的落实情况进行不定期检查，对不符合程序要求，影响产品质量的行为和事例，随时提出批评并开具罚单。

2)每半年，各职能部门将过程、体系质量检查中发现的问题及整改情况汇总报企业管理办公室，年底形成质量体系运行情况报告。

3)对质量职责履行不到位的单位和个人，质量问题发生的事例每月汇总一次，并按本方案后面规定的处罚方法对责任单位和责任人进行处罚。

4)对于厂内所发生的质量事故(问题)或由使用单位传递的质量事故(问题)，经质量督查小组调查分析，属设计、加工工艺等产品内在质量问题的，由质量考核领导小组核准；对涉及已出厂的批次产品实施召回，返厂后按本方案规定进行整改与处罚。

7.3.2 精细化质量管理表征指标与考核方法

1. 产品实物质量指标设置

(1)产品实物质量指标及计算方法。

1)装备修理、军品整机生产一次交验项次合格率。

公式：一次交验项次合格率=[(批产品全部检验项次－一次交验不合格项次)/批产品全部检验项次]×100%

2)零部件制造(军品制件)一次交验合格率。

公式：零部件制造(军品制件)一次交验合格率=[(当月交验总数－让步放行数－废品数－返修(工)数)/当月交验总数]×100%

3)军品包装一次交验合格率。

公式：军品包装一次交验合格率=(当月一次交验合格箱数/当月交验总箱数)×100%

4)零部件制造(军品制件)成品合格率。

公式：零部件制造(军品制件)成品合格率=[(成品数－让步放行数)/成品数]×100%

5)百元产值质量损失。

公式：百元产值质量损失=(鉴定成本＋预防成本＋内部损失＋外部损失)/当月产品总产值×100%

6)零部件制造(军品制件)单品种一次交验合格率。

公式：零部件制造(军品制件)单品种一次交验合格率=[(交验总数－让步放行数－废品数－返修(工)数)/交验总数]×100%

7)品种一次交验合格率。

公式：品种一次交验合格率=(当月交验品种达标数/当月交验品种总数)×100%(注：当月交验品种达标数为达到单品种一次交验合格率指标的品种统计情况)

(2)各分厂(中心)具体考核实物质量指标。

1)××维修中心。

火(地)炮修理采用：一次交验项次合格率≥当年确定的目标值。

机加制件、电气制件、毛毡制件采用：①一次交验合格率≥当年确定的目标值；②百元产值质量损失≤当年确定的目标值。

2)××修理分厂。

枪械修理采用：一次交验项次合格率≥当年确定的目标值。

橡胶制件采用：①一次交验合格率≥当年确定的目标值；②百元产值质量损失≤当年确定的目标值。

军品包装采用：一次交验合格率(包装)≥当年确定的目标值。

3)××维修中心。

雷达、指挥系统修理采用：一次交验项次合格率≥当年确定的目标值。

4)车辆底盘修理分厂。

汽车、方仓修理采用：一次交验项次合格率≥当年确定的目标值。

5)备件生产分厂。

军品制件采用：①成品合格率≥当年确定的目标值；②百元产值质量损失≤当年确定的目标值；③单品种一次交验合格率≥当年确定的目标值；④品种一次交验合格率≥当年确定的目标值。

千斤顶等整机生产采用：①一次交验项次合格率≥当年确定的目标值；②一次交验合格率≥当年确定的目标值；③百元产值质量损失≤当年确定的目标值。

6)维修工具生产分厂。

军品制件、焊接工序采用：①一次交验合格率≥当年确定的目标值；②综合废品率≤当年确定的目标值；③百元产值质量损失≥当年确定的目标值。

7)表面处理分厂。

热处理、表面(磷、氧化)处理采用：①一次交验合格率≥当年确定的目标值；②百元产值质量损失≤当年确定的目标值。

涂漆工序采用：一次交验项次合格率≥当年确定的目标值。

2. 质量事故/问题的等级划分

(1)重大质量事故。重大质量事故是指危及人身安全、导致或可能导致装备丧失主要功能、严重影响生产活动、造成重大经济损失或重大社会影响的质量事件。主要包括：

1)修竣装备或产品严重损坏，造成严重后果；

2)装备大修未按管理规定完成修理项目内容即交付部队；

3)由于产品质量事故被吊销生产许可证和由于质量管理不善，质量体系认证证书被吊销；

4)由于质量事故或用户反应强烈，严重影响企业形象和声誉；

5)因质量事故造成直接经济损失100万元(含)以上；

6)其他严重影响产品生产、交付并造成重大经济损失或重大社会影响的质量事故。

(2)严重质量事故。严重质量事故是指不构成重大质量事故，但导致或可能导致产品严重降低使用性能、影响生产活动、造成严重经济损失或严重社会影响的质量事件。主要包括：

1)修竣装备或产品不能正常使用或存在安全隐患，造成严重后果；

2)质量体系认证复查不合格；

3)由于企业外部(机关、部队等)抽查产品质量不合格，严重影响企业声誉或受到通报；

4)因质量事故造成直接经济损失10万(含)～100万元；

5)其他影响产品生产、交付并造成严重经济损失或严重社会影响的质量事故。

(3)一般质量事故。一般质量事故是指不构成严重质量事故，对产品的使用性能有一定影响，造成较大经济损失的质量事件。主要包括：

1)产品验收中发现的对产品使用性能造成一定影响的质量事故；

2)因质量事故造成直接经济损失2万(含)～10万元。

(4)质量问题。质量问题是指不构成质量事故，造成直接经济损失2万元以下的质量事件。

3. 质量处罚

(1)质量指标处罚。

1)生产单位各项质量指标均应达到工厂要求，未能达到时每降0.1%(四舍五入)，予以罚款100元，从当月绩效工资中扣除，并下发“质量信息反馈单”，采取措施进行整改，整改期限一般为1个月。

2)对整改不及时、措施不到位、态度不认真的单位，予以200～500元罚款。

(2)质量事故处罚。

1)发生重大质量事故的责任单位，给予责任单位5万元罚款，并扣罚责任单位领导年薪的30%，建议工厂给予行政处分。

2)发生严重质量事故的责任单位，给予责任单位3万元罚款，并扣罚责任单位领导年薪的20%。

3)发生一般质量事故的责任单位，给予责任单位2万元罚款，并扣罚责任单位领导年薪的10%。

4)由于几个部门原因所造成的质量事故，按责任大小，由质量考核领导小组对罚款按比例进行分摊。

5)对于产品后期出现的质量事故，按以上条款追究在任期间的领导责任。

(3)质量问题处罚。

1)因生产(包括外协、外购、表面处理、热处理等)原因造成不合格品的产生不合格的分厂或中心按质量损失产值的100%进行处罚。

2)因材料原因(包括入厂检验、化验错误)造成不合格品的，对采购部门或检验化验部门按质量损失产值的100%进行处罚。

3)对让步放行产品，工厂按产品产值的50%进行处罚。

4)对造成质量问题，当月累计损失产值超过1万元或对工厂信誉产生一定影响的分厂(中心)在全厂通报批评，并给予该分厂(中心)主要领导以累计产品损失产值3%的罚款。损失产值1 000～1万元(含)的，给予该分厂主管质量的领导以累计产品损失产值4%的罚款。

5)当出现损失1 000元以上或对工厂信誉产生一定影响的质量问题时，除按以上规定对相应单位及人员进行处罚外，还要分清责任，给予主管部门(技术部门、工艺部门、检验部门等)责任领导以该类产品损失产值2%或50～400元的罚款。

6)当一个月内分厂(中心)出现两次以上(含两次)的质量损失产值超过1万元时，给予主管产品质量的厂领导以该类产品累计损失产值2%的罚款。

(4)质量责任处罚。在产品生产或修理过程中，除对产品实物质量事故、问题处以以上罚款外，还要对未形成质量事故/问题，但存在未按质量体系控制程序执行、质量意识薄弱、责任心差等问题的相关单位进行质量责任处罚。

1)采购过程质量责任处罚。外购件(含外协)和原材料采购过程严格执行工厂标准Q/02J34、Q/02J298、Q/02G143、Q/02G218等文件。

①外购件(含外协)和原材料采购应按程序要求，合同审批后实施，违反程序要求，先采购后补合同的，没有正当理由的，每发现一次扣除责任单位100元。

②外购件(含外协)和原材料严格在合格供方内实施采购，因特殊情况采购时应按程序办理超合格供方审理，未按程序执行的给予责任单位200元罚款。

③外购件(含外协)和原材料进厂质量证明文件齐全，严格按程序履行复验手续，未经检验放行转入下道工序的，对相关责任单位处以200元罚款。

④外购件和原材料严格管理，按相关规定办理出入库手续，如出现发放错误，扣罚责任单位100元。

2)生产过程质量处罚。产品生产或修理过程严格执行工厂标准Q/02G219、Q/02G222、Q/02G212等文件。

①生产过程中所使用的原材料、通用件等标识清晰，发放手续齐全，便于追溯，对于管理混乱，混料或无法追溯的现象，分析原因，给予责任单位200元罚款。

②产品未经首件检验造成质量损失的，按质量事故或质量问题予以处罚；未造成质量损失的，每发现一次对责任单位罚款100元。

③产品加工、修理的每道工序，以及返修、返工产品应经检验合格后转入下道工序，未经检验的，每发现一次对责任单位罚款100元。

④伪造检验合格证明，弄虚作假的，发现一次对责任单位罚款1 000元。

⑤当检验人员对不合格品发出“不合格品报告单”后，相关分厂(中心)要在3个工作日内予以处理，及时反馈检验人员，延期1个工作日的给予责任单位50元罚款。

⑥由检验人员判定为不合格品，未经处理或已报废产品流入生产工序的，每发现一次对责任单位罚款2 000元。

⑦生产现场使用的技术资料必须为现行有效，如发现无效技术资料用于生产，处罚责任单位500元。

⑧产品生产、修理过程及返修、返工等均需制订工艺文件，无相关工艺文件的，分析原因，给予责任单位罚款100元。

⑨生产过程要严格执行工艺文件，随意更改工艺，未按程序审批或未按工艺执行的，每发现一次对责任单位罚款100元。

⑩生产单位每月将质量记录(跟踪卡等)交本单位检验组检查、归档，对于记录填写不规范、不完整，或缺少质量记录的，每发现一次对责任单位罚款50元。

⑪检验处检验人员认真把关，若不执行程序，私自放行不合格产品或检验不负责，未检而直接转入下道工序的，每次扣罚100元。

3)转工序产品、成品或整装质量处罚。当转工序产品、成品或整装已生产或修理完毕，经检验合格后转入下道工序或出厂产品时，对于质量控制情况考核如下：

①下道工序生产单位发现产品上道工序存在质量问题的，提交检验处分析、调查原因，除按质量损失予以罚款外，对质量控制不严的相关责任单位予以50～200元罚款。

②出厂或提交军检的产品应为检验合格产品，对于由军方或顾客发现的产品质量问题，由检验处汇总，查明原因，落实责任，给予相关单位或个人按比例分摊本方案质量事故和质量问

题条款确定的罚款金额。

4)质量检查处罚。

①对于生产过程中出现的质量事故和质量问题，隐瞒不报、弄虚作假的，一经发现，对责任单位追加罚款2 000元。

②在日常质量体系检查中，对所发现的问题由检验处向责任单位传递“质量信息反馈单”，一般一个月内采取改进措施，报检验处验证。对于不按时间节点整改、措施不到位、态度不认真的单位，报经质量督查小组批准，予以500元罚款。

③在质量体系内部审核中发现的改进项，一般一个月内采取改进措施，报企管办验证，对于不按时间节点整改、措施不到位、态度不认真的单位，报经质量督查小组批准，予以1 000元罚款。在外部审核中发现的不符合项，不按时间节点整改、措施不到位、态度不认真的单位，予以2 000元罚款。

④对发生的质量事故、质量问题一律记录在案并存档。凡发生质量事故或因质量问题罚款超过2万元的单位，当年无评先资格；凡发生质量事故和质量问题累计罚款超过2 000元的个人，当年无评先资格。

5)针对个人的质量问题/事故处罚。当产品实现的某个过程出现质量问题后，相关单位要对不合格品发生的原因认真分析，采取有效措施，及时上报有关单位，并对问题发生的责任人进行处罚。对造成质量问题/事故的责任人进行处罚可参照以下内容实施。

①造成废品的处罚。

a. 在产品加工过程中不执行首件定型规定，造成批量报废的，按报废产品产值的10%对操作人员进行处罚。

b. 由于首件定型错误造成批量报废的，按报废产品产值的5%分别对操作人员和参加定型的检验人员进行处罚。

c. 在产品加工过程中由于责任心不强、粗心大意造成废品的，对操作人员按造成废品产值的10%进行处罚。

d. 对不按规定对废品进行及时隔离，造成废品转入下道工序的，对相关生产人员和相关检验人员处50～500元罚款。

e. 由于工艺编制问题造成产品报废的，对相关工艺编制人员按产值的10%进行处罚。对不按工艺规程操作造成产品报废的，按报废产品产值的10%对操作人员进行处罚。

f. 由于技术图纸问题造成产品报废的，对相关图纸设计或管理人员按产值的10%进行处罚。

②造成让步放行产品的处罚。

a. 对一般技术参数不符合产品图纸要求，由技术部、检验处、分厂(中心)技术人员共同签字放行的产品，按放行产品产值的5%对操作人员进行处罚。

b. 对较重要技术参数(关重件关键特性或关键过程)不符合产品图纸要求，经办理不合格品审理手续让步放行的产品，按其产值的8%对操作人员进行处罚。

c. 提交军检的产品，军方检验时仍发现不合格情况时(未经任何处理)，对不合格工序操作人员及检验人员各给予××元罚款。如该种不合格产品最终确定为让步放行，则按其产值的15%对操作人员进行处罚；如该种不合格产品最终确定为废品，则按其产值的20%对操作者进行处罚。

d. 由于工艺问题，造成产品让步放行的，对工艺编制人员处××元罚款；由于不执行工艺，造成产品让步放行的，对相关操作人员按产品产值的5%进行处罚。

e. 由于技术处理不当或技术图纸问题造成产品让步放行的，对相关技术人员处××元罚款。

f. 检验处负责分厂不合格品审理的工程技术人员每季度对出现不合格品的操作人员、检验人员情况进行汇总，对累计4次由于个人专业素质和质量意识原因出现质量问题的，交人力资源部进行下岗培训。经培训后，加工产品经检验仍有不合格品，并在一个季度累计出现2次的，报人力资源部给予降级处理，初级操作人员交回人力资源部待岗处理。

6)工厂将质量罚款作为专项资金，用于质量奖励。

4. 质量奖励

(1)质量信得过班组。

1)评选条件。

①及时完成各项生产任务，未出现违反工厂各项规章制度和程序文件要求的现象。

②全班组职工质量意识强，班组产品、服务质量达到工厂先进水平，在厂内能起到质量管理的模范带头作用。

③班组积极参加质量活动，运用质量管理的思想和方法，提高了产品质量，解决了实际问题，避免了质量问题的发生。

④班组考核期内各项质量指标均达到规定要求，未发生质量事故和三级以上质量问题。

⑤在产品检验过程中，服从领导安排，积极完成产品检验任务，严格把关，未出现错、漏检现象，并及时发现生产、修理中存在的问题，预防质量事故(问题)发生的检验班组。

2)奖励方法。

①推荐参加上级机关组织的质量信得过班组的评选。

②对于国家级质量信得过班组，给予××元奖励。

③对于省、部级质量信得过班组，给予××元奖励。

④对于厂级年度质量信得过班组，给予××元奖励；月度质量信得过班组，给予××元奖励。

3)每月每个担负工厂质量责任的单位可评选一个质量信得过班组，报检验处参加工厂质量信得过班组的评比。每年年底，工厂根据产品检验验收情况，评选两个质量信得过班组。由检验处汇总后，选择推选1～2个班组，报企管办审查，上报上级机关参评。

(2)质量先进个人。

1)评选条件。

①遵守工厂各项规章制度和程序文件要求，服从领导安排，按时完成各项生产任务。

②质量意识强，积极参与各项质量活动，为提升产品质量和质量成本提出合理化建议。

③考核期间未出现任何质量问题。

④积极动脑筋、想办法，进行技术小改小革，解决加工中的技术问题，为完成生产任务，保证产品质量做出贡献。

⑤在产品和工序检验过程中，服从领导安排，积极完成检验任务，未出现错、漏检现象，并对产品生产、修理过程提出合理化建议，避免成本损失或节省成本的检验人员。

2)奖励方法。

①择优推荐参加上级部门的质量先进个人评选。

②对于获得省、部级质量先进个人的，除获得上级奖励外，工厂另给予××元奖励。

③对于获得厂级年度质量先进个人的，给予××元奖励；获得月度质量先进个人的，给予××元奖励。

3)每月每个担负工厂质量责任的单位可评选1～5名质量先进个人报检验处，参加工厂月度质量先进个人的评比。每年年底，每个担负工厂质量责任的单位可评选1～2名质量先进个人上报检验处，参加工厂年度质量先进个人的评比。检验处择优推选1～2名质量先进个人报企管办审查，上报上级机关参评。

(3)在日常工作中，对于对工厂产品质量有着特殊贡献的单位或个人适时进行奖励。

(4)在日常工作中，对预防潜在质量事故(问题)的单位或个人，按被预防事故评估价值的1%进行奖励。由单位、个人申报，经单位领导审查，检验处审定，质量考核领导小组批准后实施。

7.4　修理工厂层面的精细化组织LSS实施方案

本节以精细化管理中的精益六西格玛管理理论为指导，试图构建基于LSS管理的装备修理工厂精细化组织，提出装备修理工厂精细化组织建设方案。

7.4.1　装备修理工厂精细化组织建设思路

按照“组织管理层次化、培训认证体系化、法规制度规范化、项目实施流程化”的基于精益六西格玛管理的装备修理工厂精细化组织建设要求，建立功能健全、结构优化、关系顺畅的精益六西格玛组织管理体系，体系完整、方便可行、操作性强的培训认证体系，法规完善、制度合理、规章健全的法规制度体系，过程合理、方法先进、管控得力的项目实施体系，对装备大修业务管理流程和业务实施流程进行持续改进，在消除过程浪费、减少过程变异的同时达到降低流程运行成本、加快流程运行速度、提高流程质量水平的目的，让持续过程改进/精益六西格玛等先进质量管理理念成为装备修理工厂各个层次组织和人员进行改进与创新的固有思维方式和工作基本原则，把精益六西格玛管理融入装备维修保障的日常工作之中，并加强与其他质量管理战略、质量管理体系和改进方法技术的有机结合，逐渐形成高度融合的卓越绩效质量管理体系和高度整合的持续改进创新体系，从而逐渐建立起装备修理工厂持续改进与追求卓越的组织和文化氛围。

基于精益六西格玛管理的装备修理工厂精细化组织建设的总体思路是：“围绕一个主题，遵循一条主线，按照三个阶段，建立四个体系，实现三个优化，追求三个目标”。

围绕一个主题：以追求基地级装备维修保障的卓越绩效为主题；

遵循一条主线：以建立基于精益六西格玛管理的持续改进体系为主线；

按照三个阶段：前期技术准备与初步试点、拓宽试点范围与推广应用、全面推行实施并形成制度；

建立四个体系：组织管理体系、培训认证体系、法规制度体系、项目实施体系；

实现三个优化：降低维修成本、缩短维修周期、提高维修质量；

追求三个目标：持续改进的装备全员质量管理理念普遍增强、装备修理工厂精细化管理水平显著提高、满足部队需求的维修质量水平稳步上升。

7.4.2　精细化组织的LSS管理实施方案

装备修理工厂精细化组织推行精益六西格玛管理涉及的成员单位多、层次结构复杂，可以采用以点带面、逐步推进的方式进行，即先在有限的几个领域或单位组织试点，成功后在整个装备修理工厂有层次、分阶段地展开。装备修理工厂推行精益六西格玛管理的基本方案如下：

(1)前期技术准备与初步试点。组织有关人员深入研究美国国防部 CPI/LSS 计划的推行情况，重点了解典型实施案例和实施过程中的经验、教训，做好前期的技术储备与宣传工作。以先试点、分阶段、循序渐进的方式进行，先在装备修理工厂选取几个典型单位，每个单位选择2～3个改进项目开展初步的技术研究和试点，初步形成精益六西格玛管理的基本推行模式，推行过程一定要设计成从试点项目或示范项目开始，先易后难，让相关人员对精益六西格玛的成果有直接的感性认识，在对思想观念产生一定的冲击及转变后，再采取多个项目并行或顺序进行，从而为推进工作的全面试点奠定基础。

此阶段的重点工作：①加强精益六西格玛管理的理论和经验学习，制订初步的推行纲要，进行高层倡导宣传；②通过初步的人员培训，建立起初步的精益六西格玛项目实施团队；③选择好试点项目并按照 DMAICL 实施流程，积极稳妥地推动项目展开。

初步试点阶段装备修理工厂推行精益六西格玛管理的基本实施流程如图 7.4.1 所示。

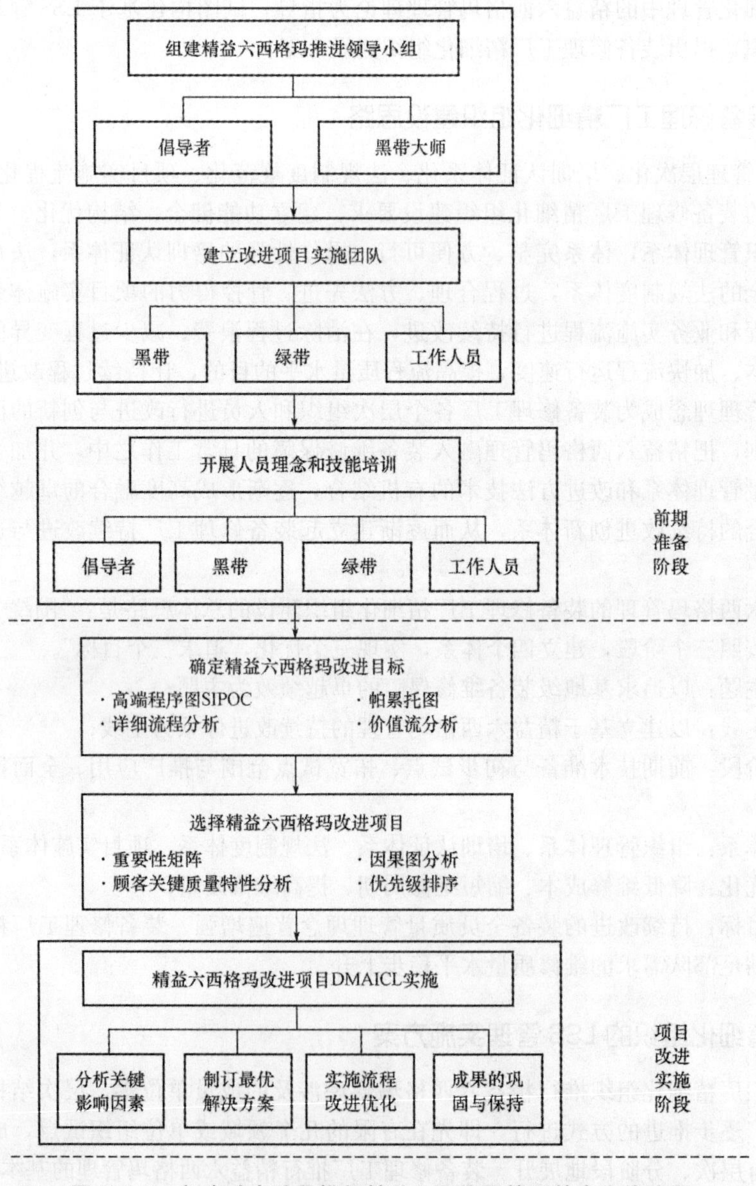

图 7.4.1　初步试点阶段推行精益六西格玛管理基本实施流程

(2)拓宽试点范围与推广应用。着眼建立较为完善的精益六西格玛组织管理体系、培训认证体系、法规制度体系和项目实施体系，积极借鉴现有的精益六西格玛管理试点经验和成果，拓宽精益六西格玛管理试点范围到初步技术试点所在单位的所有业务部门和流程，并将其推广应用到装备修理工厂装备大修业务的各个阶段和层次。获得各个层次单位领导的承诺和支持，构建包括倡导者、黑带大师、黑带和绿带在内的较为完善的推进组织机构，加大培训教育力度并建立较为完善的培训教育体系和初步的资格认证程序，制订“精益六西格玛人员培训认证管理办法”等法规制度，建立精益六西格玛项目选择、立项、实施和总结的全过程管理程序，取得装备修理工厂推行精益六西格玛管理的试点实施经验，为在装备修理工厂所有领域和部门推行精益六西格玛管理奠定管理和技术基础。

1)建立三级推进组织管理机构。为保证精益六西格玛管理真正融入组织的发展战略并有效地执行，各个全面试点单位要初步建立包括精益六西格玛推进委员会、精益六西格玛推进办公室和各项目实施团队在内的战略决策、战略实施和项目实施三级推进组织管理机构。

2)建立人员培训认证标准程序。装备维修保障建设中推行精益六西格玛管理需要建立一套完善严谨的培训教育体系，包括针对精益六西格玛项目 DMAICL 流程所进行的工具方法方面的“硬工具”培训，以及针对精益六西格玛项目团队负责人所进行的项目管理、协调能力、团队工作能力等方面的“软工具”培训(表 7.4.1)。

表 7.4.1　精益六西格玛项目团队成员各阶段培训内容

阶段	培训内容
第一阶段	1. 精益六西格玛概述　2. 六西格玛设计 3. 劣质成本分析　4. 失效模式与后果分析 5. 精益六西格玛项目界定　6. 数据收集与常用统计图法
第二阶段	1. 正态分布　2. 假设检验　3. 过程能力分析 4. 测量系统分析　5. 点估计 6. MINITAB 操作与应用
第三阶段	1. 区间估计　2. 相关与回归　3. 方差分析 4. 正交试验设计　5. MINITAB 操作与应用
第四阶段	1. 统计过程控制　2. 质量功能展开 3. 产品质量先期策划　4. 防差错

3)建立改进项目过程管理程序。为了更好地指导精益六西格玛管理的推进工作，各试点单位要根据前期试点工作总结，编写推行精益六西格玛管理的法规制度，规定政策要求，明确职责分工和实施程序要求；根据前期项目改进试点经验和建立的基本推行模式，建立较为完善的精益六西格玛改进项目过程管理程序，为精益六西格玛管理的全面实施奠定基础，具体包括：①项目选择与立项评审；②计划制订与团队建设；③项目改进与具体实施；④项目总结与成果评审；⑤项目固化与复制推广。

(3)全面推行实施并形成制度。着眼让持续过程改进精益六西格玛等先进质量管理理念成为装备修理工厂各个层次组织和人员进行持续改进与创新的固有思维方式和工作基本原则，把精益六西格玛管理融入装备维修的日常工作之中，积极总结前期精益六西格玛管理试点经验和成果，扩展精益六西格玛管理的推进领域，在装备修理工厂的所有领域、所有单位和部门全面推行精益六西格玛管理，进一步健全组织管理体系、完善培训认证体系、形成法规制度体系、优化项目实施体系，逐渐建立起装备修理工厂精细化组织建设持续改进的组织和文化氛围。

1)健全组织管理体系。获得总部领导、业务主管机关、下属各个层次推行单位的支持，按照战略决策层、战略实施层、项目实施层三个层次，逐步建立自上而下、具有专业领域或推行单位特点、功能完善的精益六西格玛推进组织管理体系。全面实施阶段 LSS 管理的三级推进组织管理体系如图 7.4.2 所示。

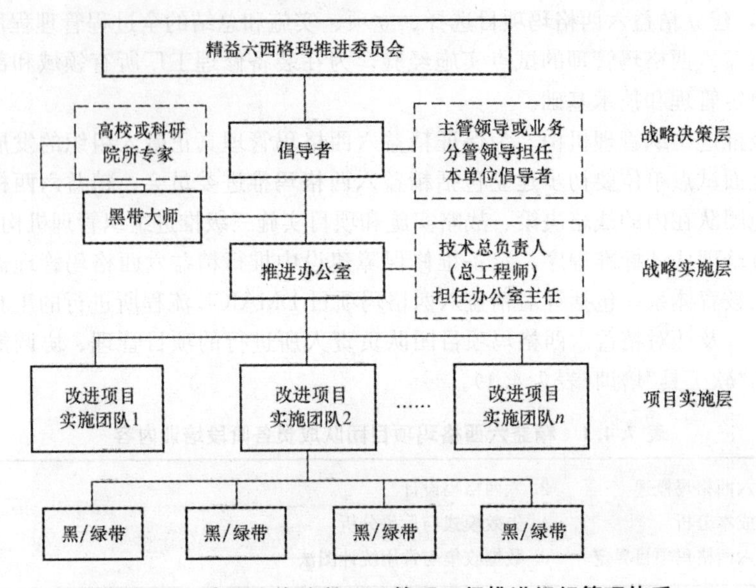

图 7.4.2 全面实施阶段 LSS 管理三级推进组织管理体系

2)完善培训认证体系。开展装备修理工厂各个领域和各个层次单位人员全面的培训教育和资格认证，逐步建立不同层次单位、不同领域人员的完善的教育培训和资格认证体系。①建立健全教育培训体系：根据前期试点经验，对各个领域、层次的培训工作进行统一化管理，制订各个层次教育培训实施办法，从培训时间、内容、考核等方面设置培训维度；②完善资格认证标准程序：对应用试点阶段的资格认证制度标准和执行程序进行进一步的完善，从概念性技能、人际交流技能、技术性技能等核心能力，以及受教育情况、工作经验、技术能力、计算机熟练程度、沟通交流、团队技能和项目经验等知识体系方面，建立标准清晰、结构完善、操作性强的资格认证程序和具体实施办法；③加强培训认证有机结合：将人员教育培训和资格认证与各个层次的精益六西格玛管理法规标准及项目改进过程有机结合起来，通过教育培训培养合格的精益六西格玛项目改进黑带、绿带人员，通过资格认证评选出优秀的黑带、绿带人员进入精益六西格玛管理的战略实施层和项目实施层。

3)形成法规制度体系。建立完善各个领域、各个层次单位精益六西格玛推进管理规定、精益六西格玛教育培训和资格认证管理办法、精益六西格玛项目实施、考核及奖励管理办法等法规制度，构建分类科学、层次清晰、结构合理的法规制度体系。①制订推行法规政策：根据前期试点工作总结，颁布“装备修理工厂精益六西格玛推进管理规定和实施指南”，规定政策要求、职责分工和实施程序；②完善业务领域管理办法：修改完善各个层次单位的“精益六西格玛推进管理办法”，制订各个层次单位具体的实施方案和实施指南，明确工作职责和任务分工；③完善培训认证规章制度：根据“装备修理工厂精益六西格玛推进管理规定和实施指南”，结合前期试点制订统一的人员培训认证标准和实施程序；④完善项目实施法规制度：建立精益六西格玛项目立项、进度控制与评估管理办法，精益六西格玛项目考核及奖励管理办法等顶层配套法规标准，各个层次单位根据单位特点和实际情况制订具体的精益六西格玛改进项目实施细则。

4)优化项目实施体系。为了更好地指导装备维修保障建设各个层次单位开展精益六西格玛改进项目，要在前期试点总结的基础上对项目改进实施程序进一步优化，逐步建立起过程合理、方法先进、管控得力的项目实施体系。①规范项目选择立项模式：总结前期技术试点和扩展应用阶段项目改进的经验，进一步完善精益六西格玛项目选择立项机制，定制针对不同问题采用不同合适方法通用的项目选择立项模式，确定格式统一、内容翔实的项目实施计划框架，规范项目审批流程，进一步明确完善精益六西格玛改进项目实施团队的组建和任务职责的区分；②优化项目改进实施流程：借鉴国内外精益六西格玛项目实施经验，优化完善项目黑带绿带培训课程体系和项目实施体系，严格按照DMAICL实施过程，固化每个阶段培训模式和培训教材，针对不同类型的问题选择固定问题解决方案和方法工具，建立规范统一的精益六西格玛项目实施流程和方法工具库，确保项目改进实施过程有流程可遵循、有方法可参照；③完善项目总结评审机制：定制通用的精益六西格玛改进项目总结报告模板格式，进一步完善项目评审机制，从人员组成、实施程序、评审内容等方面规范精益六西格玛项目评审流程；健全项目成果审核后的日常监测控制机制，规范精益六西格玛项目成果发布、分享程序，为在其他单位、部门或流程的推广应用提供有益借鉴。

通过以上方案步骤的推进融合，可以健全精益六西格玛组织管理体系、完善精益六西格玛培训认证体系、形成精益六西格玛法规制度体系、优化精益六西格玛项目实施体系，从而将精益六西格玛管理模式全面推广到装备修理工厂的全部领域和业务部门，在装备维修保障的各个领域、各个层次形成有难题用精益六西格玛理论方法解决的意识，有问题想到“数据说话、团队成功”、用DMAICL精益六西格玛工具技术来进行优化改进的良好局面，建立装备修理工厂实施精益六西格玛管理通用的推行模式，并加强与其他质量管理战略、管理体系和改进方法的有机结合，逐渐形成高度融合的卓越绩效质量管理体系和高度整合的持续改进创新体系，从而逐渐建立起装备修理工厂精细化组织持续改进的组织和文化氛围。

第 8 章　装备大修精细化管理模式的典型应用方法

依据第 7 章建立的装备修理工厂精细化管理模式与应用方案，本章主要从应用方法技术层面探讨装备大修精细化管理模式的典型应用方法，主要包括维修车间层面的精细化大修过程优化方法、生产系统层面的精细化维修质量控制方法和修理工厂层面的精细化管理流程优化方法。

8.1　维修车间层面的精细化大修过程优化方法

8.1.1　精细化大修过程优化实施路线

某通用装备修理工厂是我军重要的陆军装备维修基地之一，目前在装备维修保障组织管理和业务流程中存在维修计划不精细、部分装备和分系统维修范围过大、维修作业项目重复、装备维修周期和交付时间过长、维修管理职能职责发挥不充分等一系列粗放式管理问题。为了提高装备维修质量和效益，该装备修理工厂将精益六西格玛等精细化管理方法与先进的维修理论技术相结合，引入军械装备的维修保障过程之中，从而尽可能降低在修军械装备的维修成本、缩短维修周期、提高维修质量。

修理工厂首先在维修车间层面成立了精益六西格玛实施团队，该团队结合军械装备大修的特点，在精益六西格玛实施技术路线的基础上，提出了适合基于精益六西格玛管理的维修车间层面精细化大修过程优化实施路线，如图 8.1.1 所示。

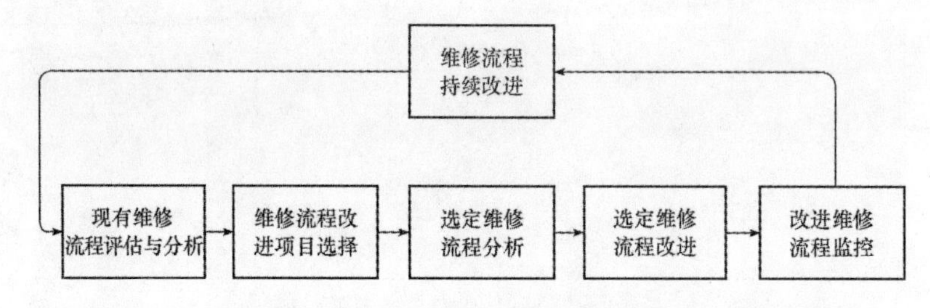

图 8.1.1　基于精益六西格玛管理的精细化大修过程优化实施路线

(1)现有装备大修流程评估与分析。首先，运用 SIPOC 流程图分析、加权排列 Pareto 图、质量价值流分析等精益六西格玛分析工具，对现有典型在修装备的大修实施过程与业务流程进行了初步的分析评估；通过对过程能力指数、机会缺陷数等指标的测量，并根据现有大修过程实际制订大修过程改进的具体的、定量的目标。

(2)装备大修流程改进项目选择。在对现有大修过程评估与分析的基础上，选择运用如重要性矩阵、基于精益六西格玛计分卡的组织绩效评估方法等，对现有装备大修项目或过程进行优先级排序，以作为下一步重点改进对象。

(3)选定装备大修流程的分析。通过优先级排序选定改进项目之后，运用详细流程图分析、FMEA分析、方差分析等方法，寻找影响改进项目输出结果的关键影响因素，在此基础上分析这些关键影响因素对项目输出结果的“贡献率”，为选定项目的改进与优化奠定分析基础。

(4)选定装备大修流程的改进。选择运用QFD、FMEA、正交试验设计等精益六西格玛改进方法，对维修业务流程中的问题进行优化改进。为了达到上述目的，需要将维修流程改进阶段的工作进一步细化，主要包括产生解决方案、评价解决方案、完成解决方案的风险评估、改进方案有效性验证等内容。

(5)改进后装备大修流程的监控。为了防止改进后的装备大修流程再次出现以前存在的问题，运用指数加权滑动平均控制图、标准操作程序SOP等工具方法，针对优化改进后的大修业务流程进行监控，以确保进一步保持和巩固改进后的成果。

8.1.2　典型装备大修过程问题分析与项目选择

1. 问题分析

某型火炮属于陆军新型装备，由火力系统、火控系统、光电系统、底盘及防护系统、通信设备及附件等组成。该型火炮列装时间较短，2010年开始装备试大修，目前修理工厂已完成多门火炮的大修任务，其大修基本项目及维修时间如图8.1.2所示。从图中可以看出，火力系统、火控系统、光电系统以及整装的联试联调是整个火炮系统维修中的关键环节，其维修任务工作量占到整个火炮系统维修任务的70%以上，属于火炮大修的重点部分和关键流程。

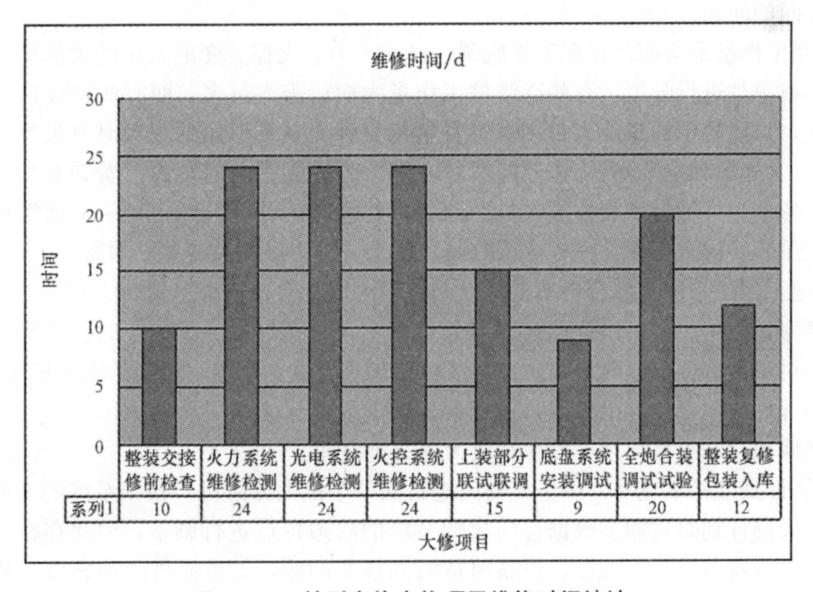

图8.1.2　某型火炮大修项目维修时间统计

目前在对该新型火炮大修过程中，由于对新型复杂单体部件维修经验缺乏、流程安排不尽合理、器材备件计划准备不充分、与其他部门协调不周密等原因，存在如下方面的问题：由于维修经验缺乏和维修测试设备不齐全等原因，导致故障定位排查和修理时间较长；由于待修件的一次维修合格率较低等质量方面的原因，导致可能需要返工重新进行故障定位和排查修理，从而影响了整个火炮系统的大修周期和整装的修竣交付时间。提高该型火炮武器系统的维修质量和维修效率并缩短维修周期，是整个火炮系统大修流程中的重点，而目前存在的问题主要集中在维修周期长和维修质量不稳定上，亟须借鉴精细化管理思想进行改进。

基于以上选题理由，按照精益六西格玛管理的工作模式和实施流程，确定将“缩短某型火炮维修周期”作为精益六西格玛黑带实施项目，分别从缩短维修周期、提高维修质量两个维度进行研究，目标是缩短火炮系统的大修周期，提高维修质量特别是所有关键流程的一次合格率，进而在其他新型火炮系统以及其他新型装备的大修流程中推广应用，带动该装备维修基地整体维修周期、维修质量和维修成本的改进，提高该修理工厂的精细化质量管理水平。

在维修周期方面，为了进一步提高维修效率并降低维修成本，项目团队确定整个火炮系统的大修周期平均缩短约33.3%的目标，如整装交接及修前检查时间由原来的10 d缩短为7 d；火力、火控及光电系统的并行维修检测周期由原来的24 d缩短为16 d左右；整装调试试验时间由原来的20 d缩短为13 d左右。

在维修质量方面，统计数据表明，三大系统维修检测，上装、底盘及整装的联试联调等关键流程工序的一次合格率比较低，返工复检重修现象较严重，因此项目团队初步确定关键流程工序的一次交验合格率要求达到90%以上，满足整装的一次交验合格率要求和交付时间进度要求。

2. 流程梳理

新型火炮具有结构复杂、维修周期长等特点，特别是由于现阶段维修生产线还处于试大修建设阶段，维修工艺流程等需要进一步优化改进。项目团队收集大修流程中的相关数据，绘制出该型火炮系统大修流程的价值流图，通过查找流程中的波动和浪费，初步梳理出流程中存在如下几个方面的问题：

(1)维修工作量不均衡，存在工作瓶颈。目前火力、火控、光电系统的大修中对待修件的处理是按单体或单件进行分工，有些待修件工作量大而所需人员多，而有些待修件任务量小而所需人员也少，导致简单待修件人员闲置、复杂待修件人员不够用的现象时有发生。同时，由于对各类技术工(光学和电子)的工作分配不尽合理，也造成一定的资源浪费和等待。因此，一方面需要根据各个单件的特点和技术人员的配备进行合理的任务分工；另一方面需要提高关键工序的维修质量和一次合格率，减少等待时间，解决关键工序和关键单件的瓶颈。

(2)关键工序的一次交验合格率低。目前该型火炮交验合格率达到98%以上，但这并不是一次交验合格率，而是经过测试返工多次维修达到的，从而导致了维修工时、维修成本的成倍上涨。特别是对于待修件的故障排查定位与故障修理，上装、底盘、整装的联试联调等关键工序，由于维修零部件故障复杂、维修人员维修经验缺乏、测试工装不全等原因，一次交验合格率较低，导致维修质量和维修周期等都存在较大的改进空间。

(3)维修计划准备不充分。由于该型火炮目前处于试大修阶段，各个系统的大修流程还没有完全固化，大修计划时常需要根据各门火炮系统的故障特点进行调整，因此存在计划制订不周密，维修资源准备不充分，人员、设备等待时间长等问题，如待修件故障定位与修理之前，还需要几天时间向外单位专家请教和查阅相关资料，严重影响了维修进度和周期，亟须改进。因此，迫切需要优化现有的试大修流程，提高计划下达的及时性、科学性和准确性。

(4)维修工作效率较低。目前火力、火控、光电系统的待修件大修流程中部分工序的工作效率低下也是导致维修周期时间长、成本高的一个主要原因，如单体分解后没有建立对拆卸下来的单件部件的状态进行有效管理的信息管理系统，而是采用原始的手工记录方式；每次待修件故障定位与修理之后，没有对其故障现象及解决方式进行有效的总结和分类，建立便于查询和分析的故障库。因此，需要将一些行之有效的改进措施运用到大修工艺流程中，不断优化现有工艺流程，提高流程工作效率。

通过对武器系统现有大修流程存在问题的原因分析和总结，梳理出 8 个子项目，见表 8.1.1。

表 8.1.1　问题汇总及原因分析

序号	关键工序	存在的问题	原因分析	项目名称
1	整装交接与修前检查	整体交接检查与分系统故障初步定位时间较长	交接检查人员经验缺乏，故障初步测试定位工装不全	缩短整装检查与分系统故障定位时间
2	火力系统维修测试	部件维修时间长，修理后的检测调试时间长	火力系统待修件故障定位耗时长，修理后测试一次交验合格率低，需要返工重修	缩短火力系统部件维修周期
3	火控系统维修测试	待修件故障修理周期长，外购机加零部件需等待	火控系统待修件故障定位耗时长，修理后测试一次交验合格率低，需要返工重修	缩短火控系统单体维修周期
4	光电系统维修测试	待修件故障修理周期长，外购机加零部件需等待	光电系统待修件故障定位耗时长，修理后测试一次交验合格率低，需要返工重修	缩短光电系统部件维修周期
5	上装部分联试联调	单件部件的组装与调试时间较长	上装部分组装后检测调试的一次合格率较低，有时需要返工拆卸重新检查测试	提高上装部分联试联调的一次交验合格率
6	底盘系统安装调试	单件部件的组装与调试时间较长	底盘系统组装后检测调试的一次合格率较低，有时需要返工拆卸重新检查测试	提高底盘系统安装调试的一次交验合格率
7	全炮合装调试试验	整装的组装与试验时间较长	整装组装后检测调试的一次合格率较低，有时需要返工拆卸重新检查测试	提高全炮合装调试试验的一次交验合格率
8	整装复修包装入库	复修交验时间较长	复修耗时较长，转入外车间喷漆以及包装入库时间长	缩短整装复修与交验时间

3. 光电系统绿带项目分析

由于光电系统在该火炮系统中属于技术含量较高的分系统之一，且装备试大修阶段维修人员经验相对缺乏，现有维修流程没有完全固化，存在较大的改进空间，因此我们优先选择“缩短光电系统部件维修周期”作为六西格玛绿带项目实施。由于该型火炮光电系统部件的故障修理具有一定的代表性，通过该项目的开展实施，可以在该型火炮的火力、火控系统以及其他类型装备中扩展应用，从而缩短整个光电系统乃至整装的维修周期，提高维修质量和维修效率。

(1)项目范围界定。该型火炮光电系统的大修流程及所需工时如图 8.1.3 所示。

光电系统大修流程主要包括整体检查与单体拆卸，单体分解与检查鉴别，零部件机加、外购与故障修理，做漆氧化表面处理，单件部件组装，单件部件刻字、修饰与干燥、除霜，单体上炮塔安装，镜炮同步调试与交验八个基本工序步骤，各工序步骤所需维修时间统计结果如图 8.1.4 所示。

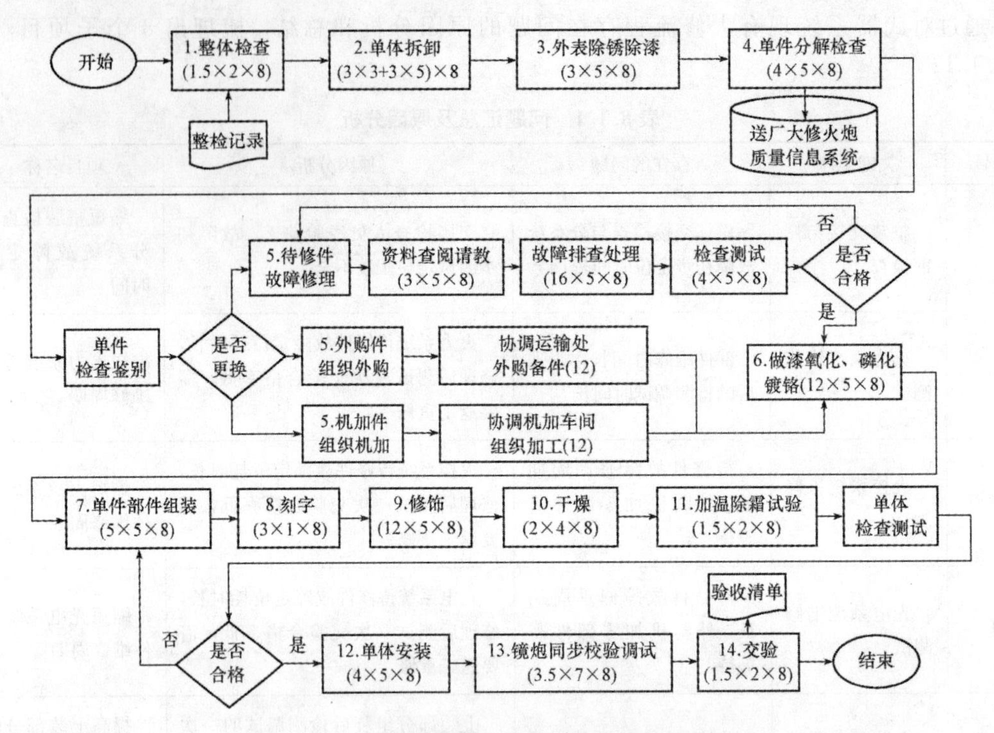

图 8.1.3　某型火炮光电系统大修流程及所需工时

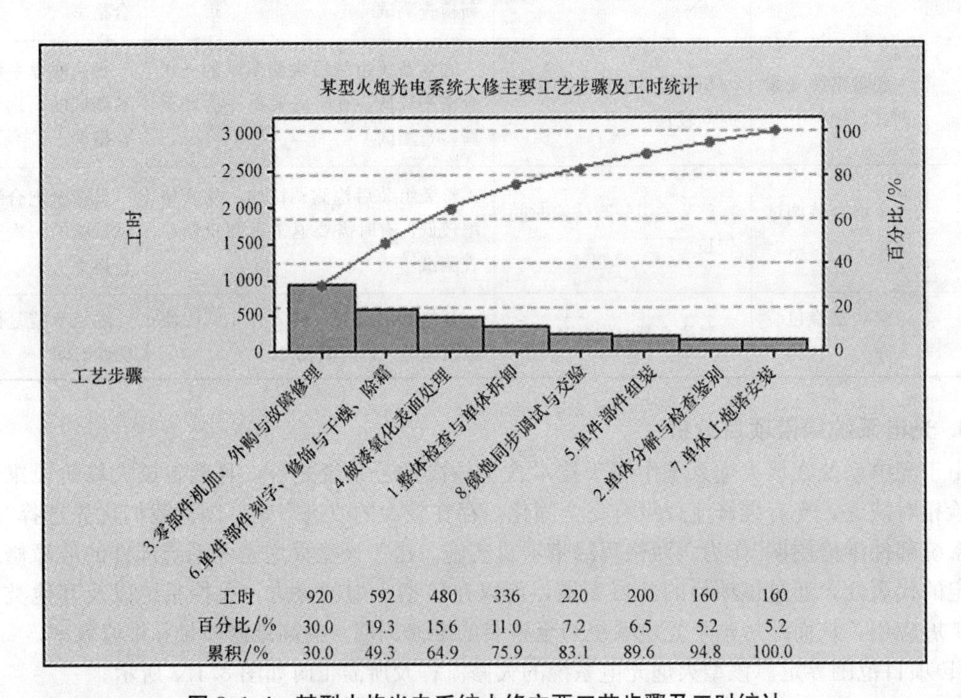

工时	920	592	480	336	220	200	160	160
百分比/%	30.0	19.3	15.6	11.0	7.2	6.5	5.2	5.2
累积/%	30.0	49.3	64.9	75.9	83.1	89.6	94.8	100.0

图 8.1.4　某型火炮光电系统大修主要工艺步骤及工时统计

首先界定该型火炮光电系统部件维修周期的范围。该型火炮光电系统的部件大修周期是指从整体检查与单体拆卸开始，经过单件分解与检查鉴别，零部件机加、外购与故障修理、单件部件组装校正、刻字修饰与干燥除霜，到单体上炮塔安装结束。

通过对比分析可以发现，光电系统大修过程中的“零部件机加、外购与故障修理”所用时间为920工时，占到整个光电系统维修工时的30%；进一步分析发现，“零部件机加、外购与故障修理”中待修件的故障修理为工序瓶颈，而且待修件还要转送到其他部门进行做漆氧化等表面处理，导致机加件和外购件在部件组装之前等待时间较长，严重制约后序工序进程(图 8.1.5)。

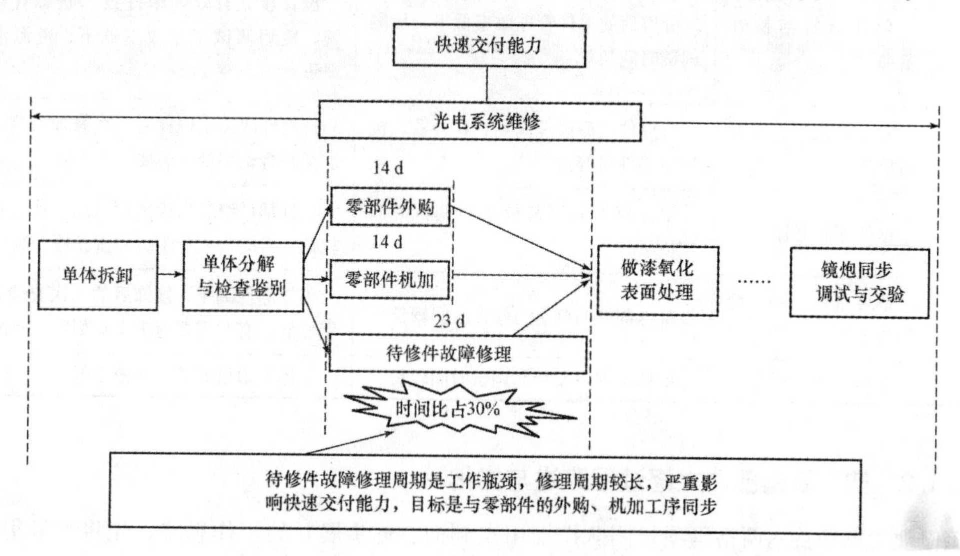

图 8.1.5　光电系统大修流程及时间

(2)项目详细流程与目标确定。对于光电系统大修流程中的关键工序——待修件故障修理环节，由于其为整个光电系统大修流程中的工序瓶颈，严重制约后序工序的进程，因此项目团队确定光电系统所有部件维修周期平均缩短至少30%的目标，如图 8.1.6 所示。

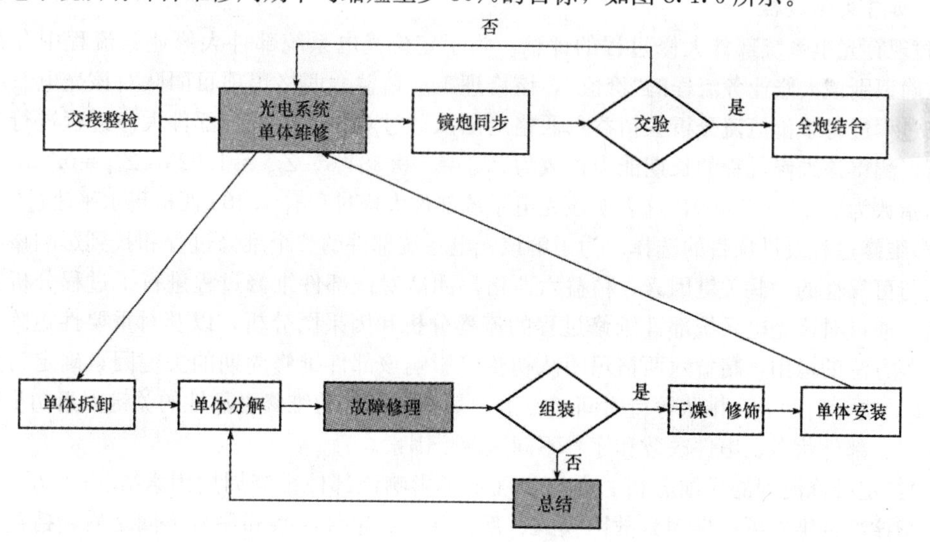

图 8.1.6　光电系统单体维修详细流程

(3)关键因素分析。通过对光电系统现有流程存在问题的原因分析和总结，梳理出其工序中六个方面的问题，见表 8.1.2。

表 8.1.2　工序问题汇总及原因分析

序号	关键工序	存在的问题	原因分析
1	整体检查与单体拆卸	整体检查与单体拆卸时间较长	整体检查工作环境不完善，激光照明器、微光瞄准镜等光电单体需晚上检查
2	单体分解与检查鉴别	分解后的单件管理效率低下，检测调试时间长	没有建立有效的单件技术状态管理系统，检测调试工作效率低下、资源浪费严重
3	零部件机加、外购与故障修理	待修件故障修理周期长，外购、机加零部件需等待	待修件故障定位耗时长，修理后测试一次交验合格率低，需要返工重修
4	单件部件组装	单件部件的组装校正与调试时间较长	单件部件组装后检测调试的一次合格率较低，有时需要返工拆卸重新检查测试
5	单件部件刻字、修饰与干燥、除霜	单件部件的刻字与修饰时间较长	单件部件刻字、修饰后的一次交验合格率较低，有时需要返工重新刻字、修饰
6	单体上炮塔安装	单体上炮塔安装与调试时间较长	单体上炮塔安装工作效率低下

8.1.3　典型装备部件大修过程改进与优化

该修理工厂精益六西格玛项目团队按照由点到面、逐步展开的工作思路，先将力量集中到最需要的地方重点突破，然后在成功示范作用的鼓舞和带动下，在整个维修车间直至修理工厂推广精益六西格玛管理。本项目的目的是通过运用精益六西格玛维修过程改进实施路线，找到影响该光电系统部件大修可靠性和维修周期的关键因素，并针对这些问题提出有效的解决方案，最终提高该部件维修的可靠性和维修质量，降低维修周期，提高该部件的周转率。

1. 项目实施过程

(1)现有光电系统部件大修过程的评估。为了定位光电系统部件大修业务流程中存在的缺陷，准确识别该大修业务流程的“价值”，该修理工厂精益六西格玛项目团队对该光电系统部件的维修过程进行了价值流分析。精益六西格玛团队通过对该光电系统部件大修过程进行过程能力分析，测得该维修过程的长期能力指数为 $Z_{USL}=-0.3846$、$Z_{LSL}=1.923$、$Z_{LT}=0.02724$，短期能力指数为 $Z_{SHIFT}=1.409$，这表明该光电系统部件大修过程有 1.409 西格玛水平改进空间。

(2)维修过程改进项目的选择。为了解该光电系统部件的整个维修过程和找到影响该部件维修周期与可靠性的一些关键因素，精益六西格玛团队对该部件维修过程进行了过程分析和因果图分析。通过对该光电系统部件维修过程的流程分析和因果图分析，以及对重要性矩阵、优先级排序等方法的运用，精益六西格玛团队初步将影响该部件维修周期的关键因素确定为分货时间 t_1、t_2，提运时间 t_3，排队等待时间 f_1、f_2；影响该部件的维修可靠性的关键因素初步确定为故障模式、部件状态、串件次数和序号不同这四个因素。

(3)选定维修流程的详细分析。在初步确定了影响该部件维修周期因素 t_1、t_2、t_3、f_1、f_2 以及影响该部件维修可靠性因素故障模式、部件状态、串件次数和序号不同之后，精益六西格玛团队对这些影响因素进行了详细的分析，确定了 t_1、t_2、t_3、f_1、f_2 对维修周期变化的贡献率为 96.7%，故障模式、部件状态、串件次数和序号不同对可靠性变化的贡献率为 94.6%。在确定了总贡献率基础上，精益六西格玛项目团队又通过回归分析，建立了维修周期与影响因素的函数关系并找到了改进的先后顺序。

通过回归分析，得到 f_2 的 P 值大于 0.005，故将 f_2 因素剔除，其他影响都小于 0.05，这说明回归分析结果有显著意义，精益六西格玛项目团队将 t_1、t_3、f_1 确定为影响该光电系统部件维修周期的关键影响因素。因此，要缩短该光电系统部件的维修周期，改进顺序是 t_1(分货时间)、f_1(排队等待时间)、t_3(提运时间)。最后，精益六西格玛团队运用一般线性模型对故障模式、部件状态、串件次数和序号不同这四个影响因素进行了分析，得出部件状态和序号不同这两个影响因素对可靠性的 R－Sq(adj)贡献率为 70.46%，最终精益六西格玛团队将这两个影响因素确定为关键影响因素。

(4)选定维修流程的改进。在确定了影响该部件维修周期的关键影响因子 t_1、t_3、f_1 之后，精益六西格玛团队针对以上重要因素制订了改进方案，并通过比较发现维修过程的改进效果是明显的。表 8.1.3 是精益六西格玛项目团队在实施方案过程中，通过头脑风暴法确定了三个关键影响因素的改进策略。

表 8.1.3　关键影响因素 f_1、t_1、t_3 改进对策

关键影响因素	导致缺陷原因	改进策略
排队等待时间 f_1	维修业务量的安排次序	规定期限，制度约束
分货时间 t_1	维修车间内部管理缺陷	制订新的制度，部件直接发给维修部门
提运时间 t_3	无明确标准、程序	制订维修业务员主控监控程序

(5)改进维修流程的监控。为了保持并固化光电系统部件大修业务流程优化改进后的成果，该精益六西格玛项目团队采用前面讨论过的基于指数加权滑动平均的控制图分析方法对实施的效果进行控制(图 8.1.7)，一旦控制点超出上、下控制限，精益六西格玛团队就要检查原因并及时进行改进，使控制点回到控制限警戒线以内。

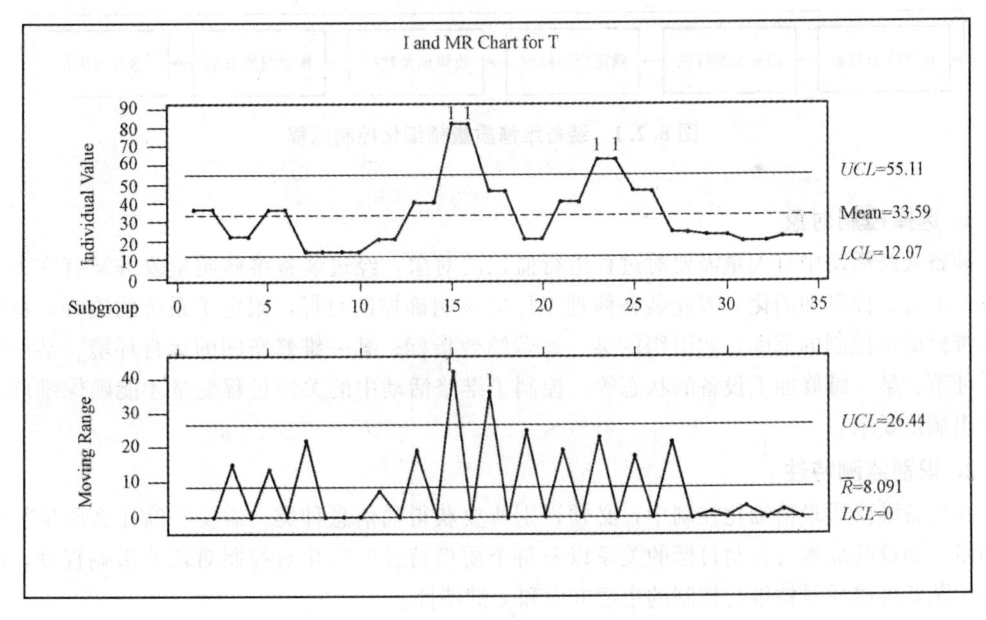

图 8.1.7　某部件维修流程 I－MR 控制图

2. 实施效果分析

为了进一步保持部件大修流程改进后的效果，精益六西格玛项目团队还制订了长期的控制方法，如制订完善的标准操作程序，定期对维修流程或者操作程序进行检查以改进容易出现差错的操作环节，使工厂维修人员能够按标准要求进行操作并能在实际操作中发现问题、解决问题。

精益六西格玛管理在该装备修理工厂某维修车间新型火炮系统光电分系统典型部件修理过程中的运用，只是该修理工厂推行基于精益六西格玛管理的精细化质量管理模式的一个典型案例。当精益六西格玛质量管理模式在提高装备大修质量和可靠性、缩短维修周期中取得成功后，该修理工厂精益六西格玛指导委员会看到了精益六西格玛管理和精细化管理的巨大价值，并将这些经验和成果推广到装备其他分系统和其他武器装备的维修项目中。据后来项目团队收集的数据统计，推行精益六西格玛管理以来，某光电系统部件的维修周转时间减少了 60%，从以前的平均 23 d 减至现在的 6 d；可靠性提高了 55.5%，平均故障间隔时间从 425 h 增至 661 h。

8.2 生产系统层面的精细化维修质量控制方法

装备大修质量的跃升，在给装备修理工厂整体带来突出效益的同时，往往会给组织的结构、功能、流程等方面带来较大变化，没有良好的质量控制机制，装备维修质量改进活动很容易回到之前的状态，破坏质量改进团队已经达到的收益，因此本节重点讨论基于精细化管理思想的生产系统层面的精细化维修质量控制方法。

8.2.1 装备维修质量精细化控制流程

装备维修质量控制主要致力于以一定的标准对装备大修质量管理活动进行监控，对差异采取必要的措施，确保质量改进的成果。装备维修质量精细化控制流程如图 8.2.1 所示。

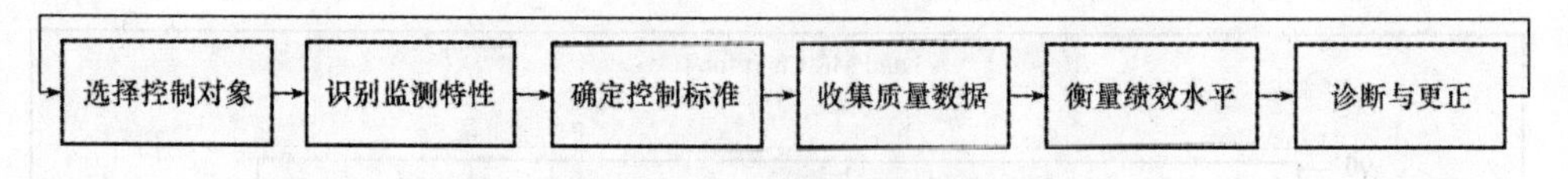

图 8.2.1 装备维修质量精细化控制流程

1. 选择控制对象

装备大修活动中有大量需要对过程进行监控的对象，经过装备维修质量改进又有许多新的作业标准需要控制和固化。因此装备修理工厂应该明确控制目标，限定子系统的边界，也就是装备维修质量控制的范围，如组织的某一运营绩效指标、某一维修车间的运行环境、某一维修作业环节、某一维修加工设备的状态等，控制了维修活动中的关键过程变量才能确保维修活动的输出满足要求。

2. 识别监测特性

在装备维修质量精细化控制中，必须识别所要获得的信息种类。需要明确什么质量特性能被测量、测量的成本与控制目标的关系以及每个质量特性的变化对控制对象的影响程度，以此来确定装备维修质量精细化控制的主要方面和关键特性。

3. 确定控制标准

标准是衡量工作绩效的准绳，装备修理工厂需要在对待监测维修质量特性进行再认识和详细说明的基础上确定质量控制标准。无论是定性还是定量质量特性，都应该给出相应的标准，应尽量采用可定量测度的控制标准。这其中可能需要建立相应的维修质量控制点，形成程序化的装备维修质量控制制度，以便于装备维修质量控制规范运行。

前三步综合起来，则是建立必要的装备维修质量控制计划，主要包括：①描述正确的过程图，掌握装备维修中各种行动和决策的细节；②设置行动警报，对关键数据项设置阈值，出现质量下降可以立即采取行动；③制订应急措施，一旦发生警报，可立即启动相应预案或补救计划；④策划持续改进，经过问题的积累和应对措施优化，可以进一步发现改进机会，进行下一步的维修质量改进。

4. 收集质量数据

收集装备维修质量数据是为了把握每个待监测装备维修质量特性的度量情况，真实、及时、可靠的维修质量数据才能反映准确的维修质量状态。装备维修质量数据的收集，可以由施加控制的单元(如工艺部门、计划部门或生产班组)来进行，也可以由被控制的单元(如维修作业人员)来进行。为确保数据的客观性，还可由专门审计、统计或质量部门来收集装备维修质量数据。

5. 衡量绩效水平

衡量装备维修质量绩效水平就是根据收集的质量数据对比控制标准之间的偏差信息，通过上一步对关键数据的实时测量记录，及时对比发现维修缺陷和过程变化，以判断维修质量绩效是否达到预期目标，是否在合理的波动范围内。

6. 诊断与更正

诊断包括对装备维修质量产生的偏差和不合理的波动进行分析，寻求产生偏差的原因；然后采取恰当的措施来更正实际绩效与预期标准之间的偏差。应该尽量在导致严重后果之前寻找和评估出现失控趋势的原因，并制订纠正和预防措施。这其中可能隐藏着下一轮质量改进的机会，所以要仔细分析偏差和不合理波动的产生机理，寻求装备维修质量绩效的进一步提升。

8.2.2　基于5M1E－M的装备维修整体质量控制方法

装备维修质量主要受“5M1E”六个方面因素的影响，5M1E可以从人、机、料、法、测、环六个方面展开全面分析，有助于对装备维修过程的影响和制约因素进行全面衡量。通过对质量影响因素的充分挖掘，找到对应的控制措施(Measure)及注入点，并形成程序化操作模式，即进行5M1E－M分析，如图8.2.2所示。

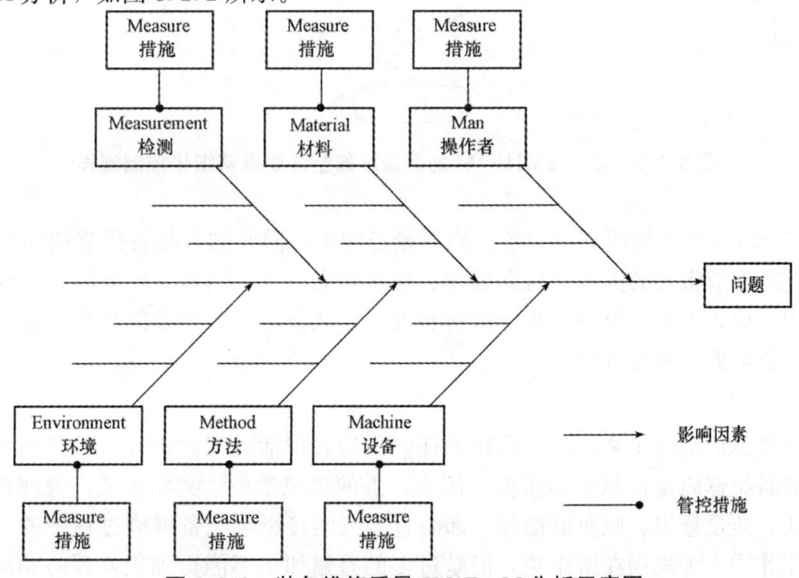

图8.2.2　装备维修质量5M1E－M分析示意图

5M1E－M分析方法可以用于概要问题或高端流程分析，以对问题全景有初步掌握；也可以在问题下沉或流程分层细化后，用于具体问题或低端流程分析，以找到具体的管控措施。只有采取措施将人、机、料、法、测、环等要素有效地加以控制，保证装备维修活动的结果（输出）与要求（输入）不发生偏差，才能有效保证装备维修质量的稳定。装备维修整体质量精细化控制流程如图8.2.3所示。在确认维修任务和输入维修资源以后，需要判断当前质量要素是否符合维修质量规范；如果发现问题，便可进行5M1E－M分析，若分析归于某项原因，则可找到措施的注入点并解决问题，否则需要考虑是否调整质量规范；如果对最终质量仍不满意，则应重新进行5M1E－M分析，直至解决问题。

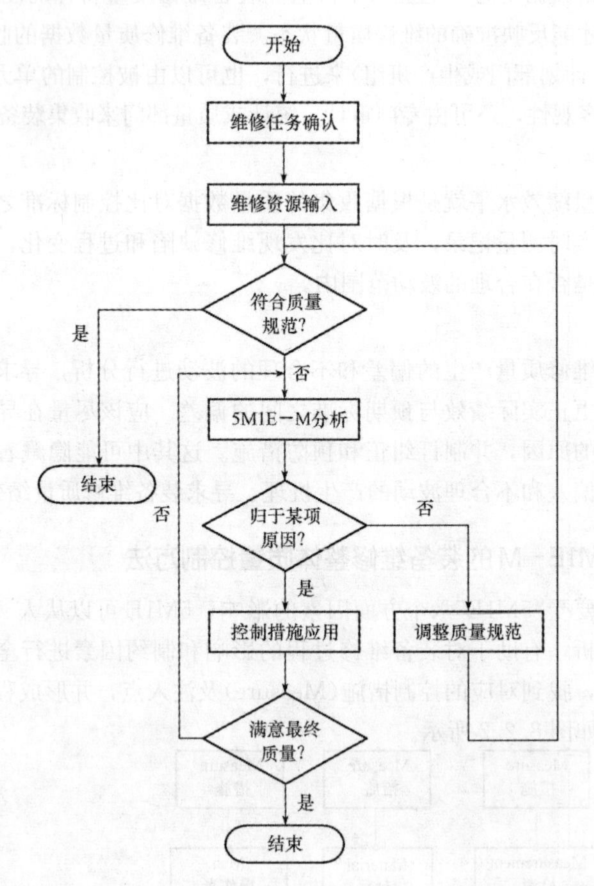

图8.2.3　基于5M1E－M的装备维修整体质量精细化控制流程

将5M1E－M分析方法应用到装备维修质量控制中，需要结合装备维修的实际特点进行具体分析。因此，本节将人的因素、机器因素、材料因素、方法因素、环境因素、测量因素在装备维修活动中对应为人员、设备设施、材料备件、工艺方法、环境条件和测量检测，以全面分析装备维修的影响要素及控制措施。

1. 人员

人是装备维修活动的主体，装备维修的任何质量管理活动都离不开人的控制和参与，所以人员因素是装备维修质量控制中最重要的因素。人的思想素质、文化素质、管理素质、技术素质、身体素质、质量意识、职业道德等，都会直接或间接影响装备维修过程中的业务活动。虽然说在日常工作中人为失误在所难免，但是过多的差错如果不能得到很好预防和纠正，势必会对装备维修工作和最终的产品质量带来严重影响，事实上，装备维修工作中很大一部分质量问题是由维修人员本身的原因引起的，维修人员工作状况失控或维修习惯不良，遗漏维修项或是所完成维修项的工作不到位，都会对其他因素造成影响，从而影响维修质量。

装备维修组织必须加强人员控制，强化人力资源管理和教育培训，一方面要提高维修人员，特别是维修管理人员的质量意识和职业道德水平，充分调动操作者和管理者的质量积极性和主观能动性，牢固树立质量第一的思想；另一方面要提高维修人员的维修技术水平，使维修工作一次到位和“零缺陷”，提高管理人员和质检人员的质量技术能力，使质量管理工作和过程质量保证工作得到有效管控。

2. 设备设施

设备设施包括维修用的工装以及场地等，维修设备指维修业务所需的测试设备、试验设备、计量与校准设备、搬运设备、拆装设备、工具等的统称，维修设施指维修业务所占用的场地、车间、仓库等设施。维修设备与设施的完善情况和配套情况是制约维修质量的显著条件之一，尤其是在装备体积、重量增加，装备的信息化和精密化程度提高的情况下，维修设备和设施的充足性、稳定性和可靠性对维修质量的影响越来越显著。维修设备与设施的不完善会影响维修计划的制订、恶化工作环境、限制操作者技能的发挥，甚至会对装备造成损害，最终造成维修质量低劣。

装备修理工厂必须加强设备设施控制，应该在适当的经济承受范围内，尽量充实装备维修组织的设备设施，配备必要的吊装设备、工装夹具，检测、诊断、维修专用仪器，还要制订各类设备设施操作与保养制度，优化设备设施的使用方式，为装备维修过程提供更好的基础保障。

3. 材料备件

装备维修过程使用的材料可分为两类，一类是需要直接作用于装备本身的材料，如各种器材备件、标准件以及各种消耗件如管道、垫片、焊条等，这些材料在修理后会成为装备的一部分，直接作用于装备本身，其质量如果不好，会严重影响装备的修复质量和修竣后的可靠性，甚至会造成装备损坏、人员伤亡的严重后果；另一类是为辅助装备维修的顺利实施，在维修过程中需要用到的不直接成为装备的一部分的辅料，如各种油液，清理表面用到的铁砂、清洗剂、除锈剂、松动剂、抹布、棉纱等，这些材料质量的好坏也会影响装备的修复过程。

装备修理工厂必须加强材料备件控制，在维修计划和实施过程中，需要对这些材料、辅料的采购、检验和管理规定一系列的措施，一方面要做好备件的采购供应工作，防止供应不足或供应不及时，对维修效率产生影响；另一方面要做好对材料备件的规格尺寸、成分、物理和化学性能的监控，保证合格的材料和辅料能在恰当的时候运用于装备维修工作。

4. 工艺方法

工艺方法是指维修工作现场采用的维修大纲、工艺标准、质检手册、操作规程等，包括组织方案和技术方案等。装备维修工艺方法直接决定了装备修理质量水平，是装备维修生产线建设时的主要技术管理工作，更需要在批量修理后进一步改进和巩固。

装备修理工厂必须加强工艺方法控制，在装备修理线建设时要采用符合法规准则和质量要求的工艺标准，规范装备维修的作业程序；在装备维修的实施过程中，要严格遵循维修质量保证大纲的要求来执行工艺标准，严格质量控制点的检查验证，确保装备修理过程和质量受控。

5. 环境条件

环境条件是指装备维修环境中对维修质量起到重要作用的因素，包括维修自然环境、维修管理环境、维修技术环境、维修作业环境等。有的装备维修或测试需要在露天进行，有的需要在无风环境或微尘环境中进行精细作业，有的需要在微光暗室条件进行夜视装备调试。因此，环境因素轻则影响维修人员的情绪和工作状态，重则影响维修和检测仪器的准确性，直接决定装备维修活动能否顺利展开，从而影响装备维修的质量。

装备修理工厂必须加强环境条件控制，加强装备维修基础环境质量的建设，改善技术条件和作业环境，同时要做好装备维修各环节和各部门的调度协调工作，最大限度地利用不可控的自然环境条件，尽量降低装备维修环境不利因素的影响，充分利用现有的环境设备，全力控制环境对装备维修质量的影响。

6. 测量检测

作为提高修理质量的核心手段，检测水平的高低甚至可以衡量一个修理行业技术水平的高低。装备维修的测量检测工作贯穿于维修工作的整个流程，从最初的待修装备交接检查，到每个环节的部件修理、装配、校正，到最后的军代表验收交接等，都需要通过测量和检测来对质量进行把关。

装备修理工厂必须加强测量检测控制，要对测量检测人员、检测设备、测量量具以及测量方法要求、检测制度进行统一管理。对测量检测的专业人员进行相关业务培训，以提高其责任心和维修检测的能力；对检测设备和测量量具进行定期维护和检查，必要的时候进行测量系统分析，以确保检测设备和测量量具精确可用；完善检测制度，对测量方法要求的规范性进行明确和控制，以确保测量工作的正确运行。只有控制好测量检测工作，才能保证装备维修过程得到精确可靠的数据表征，为精确控制维修过程和结果的质量提供重要依据。

8.3 修理工厂层面的精细化管理流程优化方法

装备大修单位整个企业层面的精细化管理涉及构建全系统的精细化组织与管理流程、精细化质量文化建设以及面向精细化要求的人才培养与质量团队建设，本节重点对精细化管理流程优化进行实证研究，主要基于精细化管理思想和业务流程再造方法展开。

8.3.1 装备维修管理流程的建模与分析

业务流程再造(BPR)是以组织经营改善为着眼点，通过流程分析与信息技术的策略性运用，重新设计新流程，以改善组织的运行模式，进而增加组织的竞争优势。流程再造的目标在于流程的改善，因而必须系统化地了解与描述流程，常用的流程建模工具有 ARIS、IDEF0、数据流程图、事件图、活动图等。本节拟在对某飞机修理工厂的维修管理流程进行 IDEF0 建模分析的基础上，对现有维修管理流程进行系统诊断，首先运用作业—组织关系进行流程的合理性检验，就流程中的作业内容、单位与数据间实际传递情形进行流程分析；然后探讨作业使用数据的有效性，就作业资料处理过程中容易导致数据缺乏效率的潜在原因进行分析；最后汇集成流程作业数据处理有效校验表，对飞机维修作业流程做出详细诊断，以构建设计新的维修管理流程。

采用 IDEF0 建模方法对某飞机大修工厂的维修流程进行建模分析，首先给出该修理工厂的组织结构图，如图 8.3.1 所示。

接下来利用 IDEF0 建模工具对该装备修理工厂的维修流程进行建模分析，利用 IDEF0 图将其基本的维修流程以及维修过程中经过的所有手续和相关的组织部门所构成的复杂流程清晰地展现出来(图 8.3.2、图 8.3.3)。

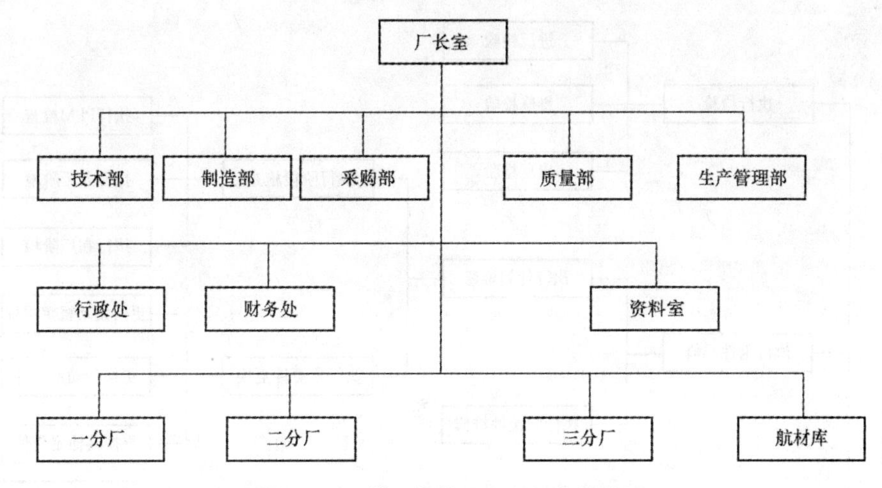

图 8.3.1　某飞机修理工厂组织结构图

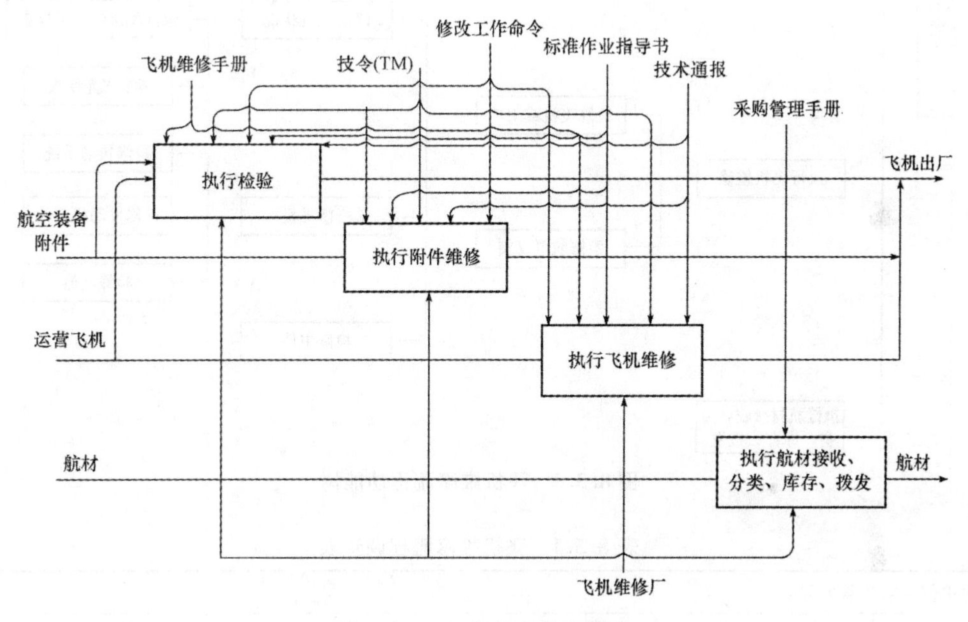

图 8.3.2　飞机维修流程模式

8.3.2　装备维修管理流程诊断与优化

完成 IDEF0 模型后，经过与作业人员及相关部门负责人访谈，得到飞机修理工厂现行维修流程调查表(表 8.3.1)，在此基础上绘制出生产管理流程与组织关系流动路线图。至此，该飞机修理工厂的飞机维修流程及其有关 IDEF0 模型建立完毕，整个从送修、申请到审核、维修的复杂维修管理流程一目了然地呈现在我们目前。

下面对维修管理流程进行诊断分析。首先就流程合理性而言，在维修申请单与补给申请单审核过程中需要层层审核，流程虽简单，但是审核过程中有过多单位或主管参与，可考虑由承办主管直接负责维修申请单的管制、补给申请单的管制、物料管理，不再需要层层审核，以免浪费传递、等候时间与重复相同工作。

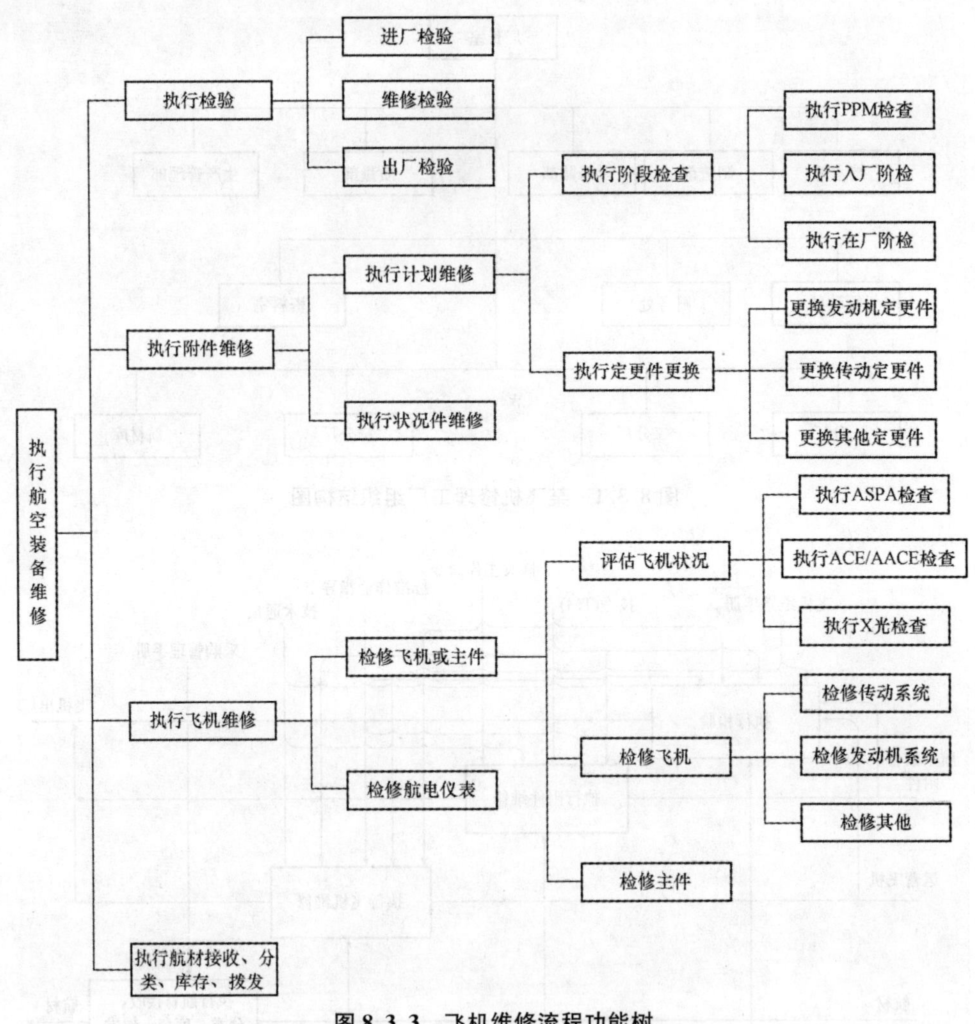

图 8.3.3 飞机维修流程功能树

表 8.3.1 飞机维修流程调查表

作业单位：生产管理部				
作业名称	说明	下一传递对象	所需表单	产出表单
受理送修申请	受理装备送修申请	质量部检验员	维修申请表	维修申请表
进厂检验	清查各项表格记录是否完整、技术通报、定更件及未改正缺点等有无遗漏	生产管理部管制员	维修申请表、飞机基本资料	维修申请表、飞机基本资料、维修记录表
估料	依据以往检修用料经验，提出用料申请	航材库、生产管理部供应处	补给申请表	补给申请表
发工	若进厂检验合格，通知承修厂准备开工	各厂管制员	维修申请表、飞机基本资料、维修记录表	维修申请表、飞机基本资料、维修记录表
拒修	若进厂检验不合格，通知送修单位改进	生产管理部管制员	维修申请表、飞机基本资料、维修记录表	维修申请表、飞机基本资料、维修记录表、拒修表

表 8.3.1 是在对整个维修流程进行了 IDEF0 建模与分析之后对相关的主管部门进行调查走访得到的，由此还可得到生产管理流程与组织关系流动路线，如图 8.3.4 所示。

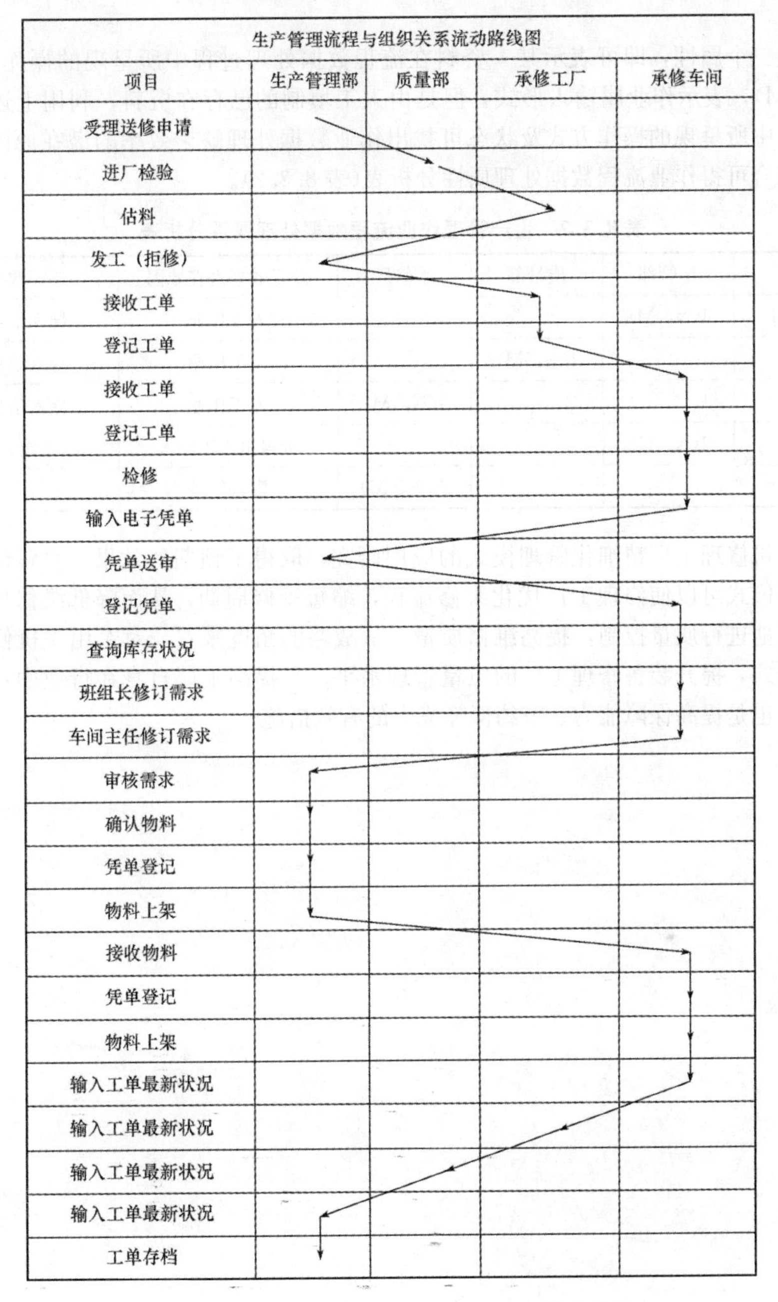

图 8.3.4　生产管理流程与组织关系流动路线图

通过对维修流程的建模分析，我们发现整个过程的数据和信息的处理与传递手续复杂，与精细化管理的思想背道而驰，整个有关飞机维修的管理流程有待改善。在此我们可以利用业务流程再造理论和方法对该企业进行流程分析，可为下一步该工厂的流程改善提供良好的理论基础与方法。作业流程数据处理的方式可归纳为三类：一是作业类别，可分为计算(C)、输入(I)

及核对/调整/参考(A)三种类型；二是资料和数据原始形态，可分为新产生(N)或已存在(E)两种状态；三是操作方式，可分为微机化但人工输入(U)、系统自行产生(S)、人工作业(M)三种方式。

综合以上三个属性，即可表示某一资料在流程数据处理过程中所呈现的操作方式及状态。例如，I(E，M)，表示作业属输入形式，但是由人工填制的已存在资料。利用上述数据处理属性在作业流程中所呈现的操作方式及状态可找出作业数据处理缺乏效率的潜在原因及作业数据处理属性，综合可得作业流程数据处理属性分析表(表 8.3.2)。

表 8.3.2　生产管理作业流程数据处理属性分析表

项目	生管部	质量部	承修厂	缺乏效率潜在原因	改善方向
受理送修申请	I(N，M)			人工作业	导入信息管理系统
进厂检验		I(N，M)		人工作业	导入信息管理系统
估料			I(N，M)	人工作业	导入信息管理系统
发工	I(N，U)			资料由人工输入	由系统自动产生资料
接收工单			A(N，M)	资料复核	删除

通过某飞机修理工厂精细化管理模式的应用研究，取得了预期的效果。实践证明，推行精细化质量管理模式可以使修理工厂优化维修流程，缩短维修周期，从而降低维修成本，改善生产环境，有效地进行质量控制，提高维修质量。从战略的角度来看，对军用飞机修理工厂构建精细化管理模式，提升装备修理工厂的质量管理水平，是提高工厂自身在行业中竞争力的有效方法和手段，也是提高保障能力、节约保障成本的有效措施。

第9章　典型装备大修精细化管理应用实施方案

本章主要从装备修理工厂的大修任务受领、大修准备、大修设计、大修实施、大修总结鉴定五个方面，按照装备大修精细化管理方案模型明确的“工作目标与质量标准、工作思路与实现环节、操作流程与实施办法、训练内容与考核评估、信息反馈与分析处理”五个维度，构建典型装备大修精细化管理的应用实施方案。

9.1　装备大修精细化管理方案模型与实施步骤

9.1.1　装备大修精细化管理方案模型

对于装备修理工厂而言，要建立典型型号装备的精细化管理模式，其通用方案主要由工作目标与质量标准、工作思路与实现环节、操作流程与实施办法、训练内容与考核评估、信息反馈与分析处理五个模块组成，如图9.1.1所示。

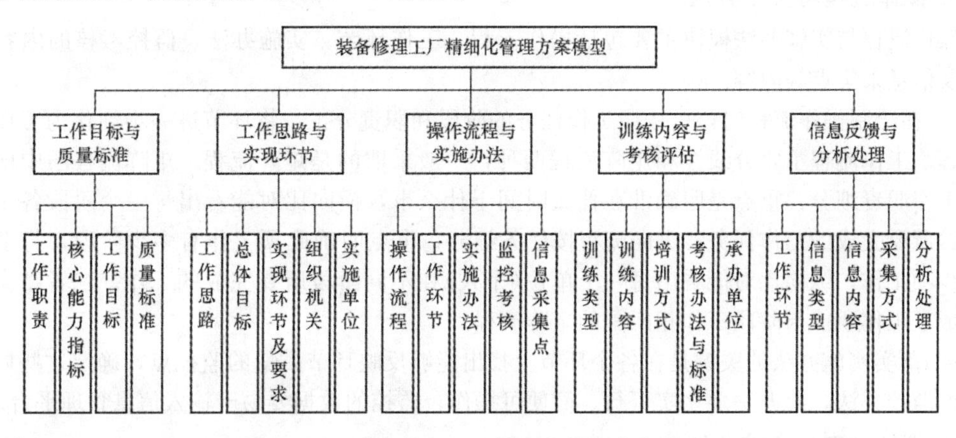

图9.1.1　装备修理工厂精细化管理方案模型

1. 工作目标与质量标准

工作目标与质量标准模块包含了工作职责、核心能力指标、工作目标、质量标准等内容，重点是对装备修理工厂组织实施装备大修各阶段精细化管理方案的目标进行准确定位。

(1)工作职责：它是指在装备大修组织实施过程中相关单位和个人所负责的范围和所承担的相应责任，以及完成的效果。它是对装备大修相关单位、个人操作行为的规范，是组织考核评估的依据。明确相关单位和个人在装备大修组织实施过程中的工作职责，可以最大限度地实现资源的科学合理配置，有效地防止因职责重叠而发生的工作扯皮推诿现象，从而提高装备修理工厂内部的竞争活力和工作质量、效益。

(2)核心能力指标：核心能力是一个组织或个人在竞争中处于优势地位的强项，是其他组织或个人难以达到或无法具备的一种能力。它是组织成长进步和个人职业长远发展的内在优势。如装备修理工厂的火炮维修中心的核心能力可以分解为分析谋划能力、组织协调能力、检查指导能力、维修管理能力、实践创新能力等。

(3)工作目标：结合装备修理工厂实际制订的战略目标和发展愿景，可以是远期的或近期的目标，也可以是一项或多项工作计划。它规定了工作的方向、成果的形成，这个目标应该是一个明晰的、可量化的、全体人员所公认和接受的目标。

(4)质量标准：反映一项工作或一个环节应该达到的程度和水平。要以新的对人才知识、能力与素质的要求作为目标标准，依据岗位需求和承担的任务，将能力标准进一步细化分解为工作质量标准。质量标准是根据装备大修活动的特点，制订出的装备大修各环节标准，使管理人员、技术人员、一线员工等有法可依、有据可查。

2. 工作思路与实现环节

工作思路与实现环节模块主要包括工作思路、实现环节及要求等内容。

(1)工作思路：就是单位和个人在思考问题时思维活动的进展线路和轨迹脉络，每开展一项工作首先必须有一个清晰的工作思路，即先干什么、后干什么、重点干什么、达到什么目标。

(2)实现环节及要求：包括关键环节、环节要求以及各职能部门、人员的职责要求。它是一个以工作环节流程为主线，以明确各部门、各类人员相应工作职责为要求的“鱼骨图”，主线由工作环节和环节质量标准组成，每个环节的上下两侧分别为相关单位、相关人员在该环节中应完成的工作任务及工作要求。

3. 操作流程与实施办法

操作流程与实施办法模块主要包括操作流程、工作环节、实施办法、监控考核的内容和时间以及信息采集点等内容。

(1)在绘制操作流程时，可按照工作任务的阶段和职责分工，将环节进一步细化为工作的操作流程。工作流程主要分线性和矩阵流程两种，一般采取的是矩阵流程。矩阵流程图中横向流程按工作职责细分，重点是明确谁在什么时间干什么事，横向比对能看出每一个阶段各个单位(个人)所要完成的工作任务；纵向流程按任务细分，重点明确此项工作有多少阶段，每个阶段有多少项工作，纵向比对能看出每一个单位(个人)在不同阶段所要完成的工作。二者结合起来就形成了工作职能与阶段工作相匹配的矩阵流程。

(2)落实实施办法的关键是在各个环节上找出能够反映环节质量的监控点，确定这些质量监控点的监控办法，此办法要切实可行、简便可操作，监控的数据要易于输入信息管理平台。

4. 训练内容与考核评估

训练内容与考核评估模块主要是针对各类不同单位和人员的工作岗位，结合核心能力指标，明确其训练类型、训练内容、培训方式、考核办法与标准和具体的承办单位。其目的是提高单位和个人的核心能力，为完成工作目标打牢基础、提供能力素质支持。

5. 信息反馈与分析处理

信息反馈与分析处理模块主要包括各种检查、考核登记的信息等内容，它是信息采集、反馈和量化考核、绩效管理的重要依据。表格可采取电子表格和纸质表格，电子表格可利用信息管理系统在计算机上直接填写。各类信息、记录的分析处理是优化工作目标与质量标准、操作流程与实施办法的基础，为实现装备大修精细化管理提供了持续改进的手段。

以上五个模块和管理活动都是建立在精细化管理信息体系之上，是相互关联、层层递进、步步深入的，是构成精细化管理实施方案的核心，这一过程实质上就是一个P(计划)—D(执行)—C(检查)—A(改进)循环的全过程，如图9.1.2所示。

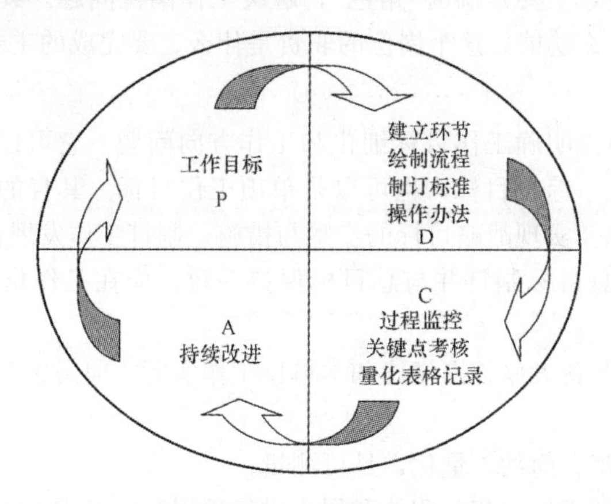

图9.1.2　精细化管理实施方案模块的PDCA闭环图

方案制订之后，要在管理信息系统这个平台上运行。一般来讲，运行先是靠领导亲自推动，然后靠流程和制度来推动，最后靠文化来推动，形成一种自觉的按职责负责、按流程执行、按标准工作、按规则办事的优秀组织文化和良好工作习惯。

9.1.2　装备大修精细化管理实施步骤

对于装备修理工厂而言，要建立装备大修的精细化管理模式，应从装备大修实施细则与计划方案编制、大修保障要素与信息平台完善、大修组织实施与过程质量监管、大修技术标准制订与修竣检验验收、装备大修总结鉴定等基本过程入手，明确每个过程的具体实施步骤，以此指导装备大修工作的顺利开展。根据前期装备大修精细化管理模式与实施方案的研究可知，实施精细化管理可分为八个基本步骤，如图9.1.3所示。

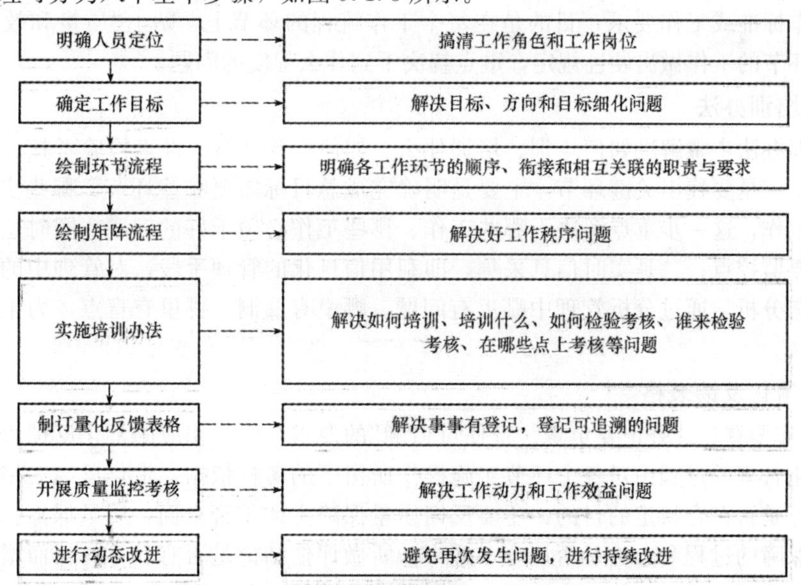

图9.1.3　装备大修精细化管理实施步骤

1. 明确人员定位

对各类人员进行定位，主要是搞清“角色”，解决工作岗位问题。其目的是弄清楚：谁在这个岗位上、这个岗位有什么功能、这个岗位的职责是什么、要完成的主要任务是什么。

2. 确定工作目标

确定工作目标步骤重点明确工作目标细化和工作方向问题。它可以是规划目标，也可以是年度计划目标；可以是某一综合目标，也可以是单项工作目标。其目的是让执行者明确本单位的战略目标、奋斗方向以及实现战略目标的步骤与措施。制订工作发展目标的要求：

(1)工作目标要依据总目标制订并与总目标保持一致，应在工作指导方针的基础上建立和展开；

(2)工作目标要符合装备大修特点规律和本单位工作实际，应考虑装备修理工厂的资源配置等实际情况；

(3)工作目标力求明晰、简约、量化，且可测量；

(4)工作目标内容应便于通过相关职能和层次进行逐层分解落实，并可实施持续改进。

3. 绘制环节流程

绘制环节流程步骤明确各工作环节顺序、衔接和相互关联的职责与要求问题。流程犹如人体的经络，顺则通，通则畅。精细化的流程包括流程的精和细两方面，其中“精”就是在保证关键环节和最终质量可控的前提下，要尽量减少流程中不必要的环节和步骤；“细”就是流程的每一个步骤应规定如何操作、完成的期限和达到的标准，规定得越细，操作性就越强，不细就很可能造成流程执行走样，就有可能回到粗放式管理的老路。

4. 绘制矩阵流程

流程图表达方式一般为责任矩阵流程，其中横向流程是工作职责细分，重点是明确谁在什么时间干什么事；纵向流程是任务的细分，重点明确此项工作有多少个阶段，每个阶段有多少项工作。二者结合起来就形成了职能与阶段相匹配的矩阵流程。这一步重点解决单位和个人在工作环节的任务是什么、工作职责是什么、谁来干、怎么干的问题。依据总目标，制订出每一个环节的工作标准或工作要求，目的是在每个工作流程的环节上，贴上“质量和效益”的标签，为干好这一环节的工作做出硬性规定，重点解决干到什么程度的问题。

5. 实施培训办法

实施培训办法步骤解决如何培训、培训什么、如何检验考核、谁来检验考核、在哪些点上考核等问题。一是要找出关键环节，主要是明确完成总目标需要哪些环节、哪些步骤，需要开展哪些大项工作，这一步重点解决干哪些工作、哪些工作必须干好的问题，同时这也是装备大修过程的重要监控点；二是实时信息采集，即利用信息化的管理手段，对管理中的信息进行实时采集和动态分析，通过分析管理中哪里有问题、哪里有漏洞、哪里有盲点，为工作改进提供可靠数据。

6. 制订量化反馈表格

按照“工作要登记、登记要负责、责任可追溯”的要求，建立相应的量化反馈表格。此表是在执行精细化管理的过程中对各个环节实施操作所留下的考核依据。量化反馈表格不仅要反馈质量保障目标是否符合特定的目的，还要反馈质量保障主体是否全面，质量保障指标体系是否科学，质量保障的过程和方法是否周全、适当，所做评估结论是否有效等，从而增强整个质量保障活动的自我调控能力，使工作处于不断优化、不断完善的运行状态。

量化反馈表格的制作方法及步骤如下：①选准考核点。把那些影响工作质量、工作进度的点作为考核点。②登记要及时。要准确及时地把考核、检查以及其他形式的信息反馈到考核和检查部门，或业务指导部门，可以以文字表格、电子表格两种形式来反馈。③开具不合格项。对考核和检查不合格者要开具不合格项，并进行追踪问效，直至达到标准。

7. 开展质量监控考核

开展质量监控考核步骤主要解决工作的动力和工作效益问题。流程管理与绩效考核密不可分。在整个管理体系中，流程管理是基础，只要流程规范、齐全，各环节的工作标准具体、合理、可测量，就有可能把标准变成一张检查表，或者是一组反馈达标训练情况的数据信息。如果能达到这一步，那么考核体系就比较容易建立起来。考核体系主要包括考核制度、考核方法、考核工具等要素，并能够不受干扰地持续运用。好的考核体系要达到以下标准：考核制度上下认同，考核方法公开透明，考核工具规范统一，考核结果处理行之有效。要达到这个标准，一种有效的方法就是实施流程管理，把每个环节的达标训练、每个人的达标训练都置于标准的监督之下，也就是“训练随着岗位走，考核围绕流程走”。

这一步主要是要求每一项行为都要记录，每次记录都要检查。重点是解决谁来监控、怎么监控、谁来检查、怎样检查、什么时机检查、结果如何处理的问题。没有这一步，精细化管理就难以深入有效落实。

8. 进行动态改进

精细化管理是一个自带监督机制的管理模式，其作用是告诉我们对管理中的问题怎么处理、如何在下一步工作中避免此类问题的再次发生。它重点解决有了问题怎么办的问题。

以上八个步骤是实施装备大修精细化管理的基本流程，它遵循了P—D—C—A的循环规律，构成了每项管理工作环环相扣的闭环周期，以达到全面规范各项活动并持续改进的目的。

9.1.3　典型装备大修方案的精细化拟制

前期研究中，我们在对精细化管理理论与方法及国内外典型应用和装备大修工作组织管理现状及存在的问题进行系统梳理的基础上，提出了包括“基础系统、管理系统、业务系统、测量分析系统、改进系统和方法支持系统”六大子系统的装备大修精细化管理框架体系，构建了包括“目标计划体系、环节流程体系、质量标准体系、过程监控体系、考核评估体系和管理信息体系”六大要素的精细化管理OPSCAI模型和内容体系；在分析装备修理工厂精细化管理共性问题的基础上，提出了基于维修车间层面、生产系统层面和修理工厂层面的装备大修精细化管理模式，从维修车间层面的精细化大修过程优化、生产系统层面的精细化维修质量控制、修理工厂层面的精细化管理流程优化三个方面，提出了开展装备大修精细化管理的应用实施方案；遴选某装备，按照“工作目标与质量标准、工作思路与实现环节、操作流程与实施办法、训练内容与考核评估、信息反馈与分析处理”五个维度，构建了典型型号装备大修精细化管理的应用实施方案，初步寻求到了实现装备大修精细化管理水平改进的有效路径。

1. 任务来源与编制依据

(1)任务来源。根据总部《全军战场建设“十×五”计划》《关于“十×五”全军装备修理能力建设立项事》和装备大修业务主管部门下达的年度装备大修计划要求，××工厂于20××年××月前完成×门××自行榴弹炮装备的大修，为确保装备大修工作顺利进行，特制订本方案。

(2)编制依据。

①“十×五”装备修理能力建设项目工程设计任务书。

②××自行榴弹炮装备大修任务区分表。

③××自行榴弹炮装备技术图纸和相关技术资料。

(3)大修目的。根据××自行榴弹炮装备的结构及性能特点，充分利用工厂已建成的地炮修理线，通过大修达到验证完善技术资料、优化设备工具配置、探索器材消耗规律、制订大修器材标准、明确专业任务分工、确定大修修理工时、制订保障单元标准和提升维修人员技能，形成××自行榴弹炮装备大修能力和支援保障能力。

2. 组织机构与人员分工

(1)领导小组组成与任务分工。为保证××自行榴弹炮装备大修的顺利实施，××工厂成立了××自行榴弹炮装备大修领导小组，厂长任组长，直接领导大修的全面工作。领导小组组成及任务分工见表9.1.1。

表9.1.1 装备大修领导小组组成与任务分工

序号	姓名	厂内职务	组内职务	任务分工
1	×××	厂长	组长	负责全面工作
2	×××	总工程师	副组长	大修具体工作协调
3	×××	技术副厂长	组员	大修物资器材保障
4	×××	副总工程师	组员	技术与质量管理
5	×××	生产副厂长	组员	生产组织、协调管理
6	×××	地炮中心主任	组员	大修组织实施、过程控制

(2)质量保证机构与任务分工。主要职责：负责器材进货检验、装备大修、系统验收等关键节点控制和过程控制，严格执行工厂检验制度，把质量管理贯穿于装备大修全过程，确保装备修理质量符合技术要求。

(3)成本核算小组组成与任务分工。主要职责：负责大修工作各项成本的归集、核算及管理。

(4)各专业组人员组成与任务分工。依据××自行榴弹炮装备的主要结构特点和工厂生产任务划分情况，主要分为火力、火控、电气、光电、底盘、动力、电站、机枪、橡胶制件、焊接、表面处理、维修器材保障和信息管理13个专业。

3. 大修项目与修理类型

××自行榴弹炮装备大修项目与修理类型按照总部机关有关规定和基本要求进行编制，采用“大修任务区分表”形式体现，对修理项目进行任务分配，确定大修工作的资源需求。大修任务区分表规定了××自行榴弹炮装备最小可更换单元基地级大修的维修类型，适用于基地级装备大修，是装备开展大修和技术资料编写的基本依据，也可供装备业务管理机关、各级维修机构参考。具体编制说明及明细见“××自行榴弹炮装备大修任务区分表”。

4. 资源准备与验证要求

(1)技术资料明细及验证要求。

1)产品图样技术文件准备。到装备论证总体单位、生产厂等单位收集××自行榴弹炮装备的成套定型产品图样，经归档、复制、转化为工厂受控文件，新建的图形文档管理系统用于生产技术图纸的管理与查询，既能够确保安全准确，又可为各单位查阅及编制工艺文件提供便利条件。

验证方法：在编制大修技术规程、大修质量检验验收要求、各类工艺文件等装备大修的各项技术准备工作中，采用综合分析法验证、修改和完善产品图样技术文件；在零部件鉴定、修理、加工时，采用实物比对法修改和完善产品技术图样文件；通过咨询承制生产单位，对部分有问题的产品图样及技术文件进行修订。

2)大修技术规程准备。按照“通用武器和光电装备修理技术规程编写导则”编制“××自行榴弹炮装备大修技术规程”(共五个分册)，形成××自行榴弹炮装备大修的指导性文件，为××自行榴弹炮装备各系统、零部件的修理提供依据。

验证方法：在装备大修过程中，要求各修理实施单位严格按照大修技术规程中规定的技术要求进行修理和检验，发现大修技术规程中编写的错误和欠缺的内容、方法等，及时反馈给技术部门并进行修正，在修理过程中不断验证、完善大修技术规程。

3)大修工艺准备。制订××自行榴弹炮装备大修工艺流程图，明确各系统、零部件的修理工艺路线，编写各类分解、修理、装配、安装工艺及工艺指导书。修理工艺严格按照装备大修任务区分表规定的修理类型以及大修技术规程规定的修理方法进行编制；装配工艺及工艺指导书等严格按照产品图样及技术文件规定的要求进行编制；加工工艺的编制主要是把传动、行动、操纵以及军械部分容易损坏的零部件列为重点项目进行编制，然后根据零部件分解鉴定确定的更换件，编制损坏零部件制造加工工艺。

验证方法：在装备大修的零部件分解、修理、加工、装配、试验、安装、调试等过程中对各类工艺进行验证、优化和补充完善，确保每个过程都有可行、合理的工艺作为指导。

4)大修质量检验准备。根据××自行榴弹炮装备大修技术规程及相关技术文件，编制整机技术鉴定记录表和完整状态检验记录表等质量检验文件，确保装备从部件装配、检验、调试到总装、联调、定位定向标定、行军试验、射击试验、淋雨、三防试验、维修保养等全过程质量受控。

验证方法：在××自行榴弹炮装备大修实际检验过程中，验证大修质量检验记录表对质量的控制性、质量记录的追溯性，不满足的进行修改和完善。

5)零部件鉴定准备。根据××自行榴弹炮装备大修技术规程的相关内容，编制零部件鉴别记录表和部件检验记录表，确保××自行榴弹炮装备零部件分解后的鉴定以及部件成装后的检验有法可依、有据可查。

验证方法：在××自行榴弹炮装备大修零部件实际鉴定过程中，验证零部件鉴定记录是否正确、齐全，鉴定条件是否合理、充分，并对零部件鉴定记录及大修技术过程进行修改完善。

技术资料明细见“××自行榴弹炮装备大修技术资料明细表”。

(2)设备工具明细及一般验证要求。在前期新型军械装备大修能力及应急抢修分队建设的基础上，按照“‘十×五’装备修理能力建设项目工程设计任务书”，通过认真分析研究，添置大修必备的设备工装、检测仪器，还需研制、购置××种×件/套。

验证方法：通过在装备大修零部件加工、修理、装配、试验、安装、调试等过程中的试用，进行设备工具的验证、改进和进一步完善。

(3)器材必换件、选换件明细的确定方法和要求。

1)必换件确定方法和要求。必换件是指有损耗性故障规律的器材，在大修时应更换以预防功能故障或引起多重故障。例如：①火炮外部裸露的电缆、部件、接插件；②面板开关、电位器等；③装护具皮件、橡胶件和毛毡件；④寿命器件、高功率器件；⑤炮塔，车体外易损、易锈蚀机械件；⑥专用电池；⑦铭牌、罩衣类；⑧车体外部一些断裂、老化、磨损，涉及行车安全的制动件等器材；⑨油液、密封脂、防尘脂、润滑脂等耗材。

2)选换件确定方法和要求。选换件是指无损耗性故障规律的随机故障性器材，在大修过程中适宜通过检查监控视情进行维修。例如：①锈蚀、老化、损坏的保险管、指示灯；②亮度下降的数码管、发光二极管；③锈蚀、老化的组合内开关、电位器；④锈蚀、变形的组合、机柜把手；⑤破损、老化、锈蚀的组合内部线缆、接插件；⑥磨损空回较大的机械齿轮、传动装置；⑦有划痕、裂纹的保护玻璃；⑧变形、毛头、滑丝的紧固件；⑨其他性能指标下降，不能满足使用要求的器件。

验证方法：在大修过程中，根据各系统必换件、选换件的实际统计情况进行合理调整，逐步完善××自行榴弹炮装备器材必换件、选换件标准。

(4)大修成本的核算方法和要求。工厂财务部门指定专人负责装备大修成本的管理与核算，设立专门科目。按照“会计准则”“企业会计制度”等有关财会法规的要求进行成本确认、归集和核算，做到成本计算准确、真实、完整。

成本包括制造成本和期间费用两大部分。制造成本包含直接材料费、直接人工费、燃料动力费、专项费用、制造费用。其中，直接材料费是指待修装备修理消耗的材料费用，包括必换件、选换件及辅助材料等费用；直接人工费是指待修装备应负担的基本生产工人工资及福利费；燃料动力费是指待修装备应负担的燃料动力费；专项费用是指装备大修时发生的专用工装及试验费等费用；制造费用是指修理车间的管理人员、辅助人员工资及附加、折旧、办公、差旅等费用。期间费用包含管理费用、财务费用。其中管理费用是指工厂管理人员的工资、福利、折旧、办公、差旅等费用；财务费用是指资金成本。

大修装备的直接人工费、燃料动力费、专项费用、制造费用及管理费用、财务费用等各项费用，以修理工时乘以工时费用率计算而来。

(5)大修单元标准及一般验证要求。大修单元标准主要包括人力资源、技术资料、设备工具和维修器材标准。在大修过程中，要对人员队伍的数量和质量，技术资料和设备工具的齐套和完整性以及维修器材的品种、规格和数量进行实用性验证，组织开展改进与调整，以最终形成准确的大修单元标准。

对拟定的人力资源需求，按照××自行榴弹炮大修工艺流程图中各工序涉及的专业、工种，考评修理人员素质；根据装备各系统结构、复杂程度、技术含量等因素验证各类修理人员数量，以确保在规定的时间内完成装备修理任务。

装备单元标准制订在充分参考其他同类装备修理经验数据和专家建议的基础上，结合装备试大修工作开展，按照“平战结合、相互协调、简便易行、费效合理”的原则，既要考虑装备进厂大修的需要，也要考虑支援修理、现场大修需求。

1)大修保障单元人力标准及一般验证要求。在××自行榴弹炮装备大修过程中，根据装备大修工艺流程图，对所需各类人员专业结构、职称结构、年龄构成等进行确定；根据鉴定、修复、装配、安装、试验、调试等全部修理过程的实际工作量，根据装备各系统结构、复杂程度、技术含量等因素对所需修理人员的专业、职别、数量进行验证、调整，确定合理的大修保障单元人力标准。

2)大修保障单元设备工具标准及一般验证要求。通过××自行榴弹炮装备大修过程，对各修理过程所需设备工具类别、数量、功能进行验证，按照实际使用情况整合、优化设备工具，提高兼容性、通用性和可靠性，形成合理的大修保障单元设备工具标准。

3)大修保障单元技术资料标准及一般验证要求。在××自行榴弹炮装备大修过程中，对收集的产品图样、技术文件以及编制的大修技术规程、各类工艺规程、零部件鉴别表、完整状态检查表等进行验证、修改、完善，形成合理的大修保障单元技术资料标准。

4)大修保障单元器材标准及一般验证要求。在××自行榴弹炮装备大修过程中，根据各单位零部件实际鉴定记录情况、缺项上报统计情况分析器材消耗的种类、数量和频度，对必换件、选换件、辅助材料、耗材等进行核对、验证，确定合理的大修保障单元器材标准。

5. 质量检验程序与要求

装备修理质量检验，按照自检、专检的次序，根据大修工艺流程图中规定的检验点开展与实施，本道工序完成经专职检验合格后方可转入下道工序，并按鉴定、修理、调试要求做好相应记录，经检验人员复检合格后签章确认，各种检验记录由检验处统一存档保管，并具有可追溯性，从而使质量监管监控贯穿于整个大修过程，确保××自行榴弹炮大修装备质量得到有效控制。

(1)装备进厂交接检查。装备进厂后，由经营计划处、修理单位技术人员、质检人员和部队送装人员共同进行装备进厂的交接，程序与要求按“装备进厂大修交接管理规定”执行。对装备整体技术状况及各系统总成部件性能进行检查，并填写技术状况检查登记表，办理交接手续。

(2)整机鉴定检查。装备承修人员按“整机技术鉴定记录表”内容对装备进行技术检查，主要包括对待修装备的外观，火力系统、火控系统、光学系统的技术状态，车辆的行驶里程进行检查。根据检查结果结合大修技术规程要求实施装备修理。

(3)各分系统、组件等分解与检查。各专业组对各自承担的分系统、组件等，按照相应的工序或工艺指导书，采取专用工装、专用工具进行分解、清洗，减少零部件的拆损。根据检查结果结合修理工艺要求，对机械零部件、电路板(电子元器件)、电子模块、随装备附件等，实施修理、维护、更换、调整部件和模块等，经验收合格后方可与分机、组合、组件等进行装配。

(4)系统、组合、整机调试检验。部件、组合装配后对各系统、装置、机构进行调试和相关检验、试验。经检验、试验合格后进行整机总调、检验。

(5)总装调试。各修理分厂将修复的分系统、部件检查合格后进行总装和系统联调，对出现的问题通知有关修理分厂进行排除，符合要求后由检验员验收，并将检测结果记入“完整状态检验记录表”。

(6)例行试验。装备整机检验合格后进行例行试验。例行试验主要包括：定位定向精度、行军、水弹射击、淋雨、三防、灭火抑爆等试验。对装备整体性能进行测试，例行试验与交验同时进行。

(7)复修。对例行试验中出现的问题，及时反馈到有关分厂进行故障的排除和修理，并对故障出现原因进行分析和记录。

(8)表面处理及配套性检验。系统整体联调联试检验合格后，进行全系统表面处理(涂覆)，对色泽、附着力、致密度等按照相关标准要求进行检验。合格后进行随机备附件、装护具安装，而后检验其齐全性和固定可靠性。

(9)装备军检。军方质量检验机构检验是一种监督性抽查检验，可选择装备大修过程中的任一节点实施，重点检查修理工艺的执行情况、技术要求的符合情况和装备性能指标的恢复情况。在装备大修过程中随时汇报装备修理质量情况，按照军检项目要求办理相关手续，及时提交军代表检验验收。

(10)装备交付。装备交付时与接装人员进行整机外观状态、完整性、配套性检验，必要时根据接装人员要求对装备的某些性能指标进行核验，合格后办理交接手续。

(11)不合格控制。修理后或调试过程中，经检验发现不符合大修标准要求的零部件、元器件，返回相应工序返修，返修自检合格后须重新提交检验，具体按照工厂“不合格品控制程序”执行。

6. 实施计划与安排

装备大修依据大修任务区分表确定的维修项目实施，一般按照大修准备、组织展开、厂内初审、总结完善四个阶段进行。明确各阶段、各单位工作内容与完成时间节点要求，明确各单位各项工作责任人，并对各阶段工作完成情况进行检查考核，完成人力单元标准、技术资料单元标准、设备工具单元标准、维修器材单元标准的制订工作。

(1)大修准备。

人员场地准备：大修领导小组根据修理计划下达修理任务，地炮维修中心、六分厂、雷达修理中心、二分厂、十分厂等单位根据大修计划做好人员的动员、协调与分工，明确相关任务和要求；协调维修场地，检查供电、供水、消防等相关设施。

物资器材准备：根据年度修理计划和××自行榴弹炮装备大修必换件、易损件、耗材配套清单，准备大修所需器材。

设备工具准备：各修理单位确定相应的修理时间，对设备进行通电检查，使其处于良好状态，并且在检定合格期之内。工具应齐全、完好，保证生产使用。

技术资料准备：各修理单位将原理图、装配图、接线图、修理标准、工艺、记录表、周转清单等资料打印成册，待装备进厂后分发到各相应工序，指导装备修理工作。

(2)组织展开。装备大修工作按"××自行榴弹炮大修工艺流程图"顺序展开。

1)接装及整机鉴定。由各专业组主管工程师分别对火力系统、火控系统、光学系统以及底盘行驶状态进行外观和配套情况的检查，并了解使用中存在的问题，通电检查装备技术状况，记录检查结果，为装备大修提供依据。具体方法是：

①静态检查：主要检查装备外观有无机械损伤；电气零部件、电路板、电子元件有无明显损坏和受潮发霉；机械构件等有无机械损伤、断裂、过荷损伤，并做好记录。

②配套检查：主要检查装备随装配套备件、附件是否齐全、完整及技术状态，并做好记录。

③动态检查：对装备进行完整状态(整机)通电，进行电气性能动态检查，判断基本工作状态，并做好记录。

④试车检查：主要检查底盘动力系统、传动装置、行走装置、操纵装置的基本情况，根据行驶检查，初步判断存在故障的部位和形成故障的原因。

2)装备分解结合。各工序按照大修任务区分表及分解结合修理调试工艺的要求对装备全部进行分解、鉴别、修理，按装配图的要求装配。修理项目按大修任务区分表要求进行，按大修必换件清单，更换寿命即将到期或临界质量的元器件。具体要求如下：

①大部件分解。依据大修要求分别将××自行榴弹炮上装与底盘等进行分解，以满足后续程序对维护保养和相关测试及功能检查的要求。

②分机、分系统等分解。对分机、分系统中机械零部件、电路板、电子模块、大型器件、随装配套件等进行分解。

③对分解后的机械零部件、电路板、电子模块、大型器件等进行擦拭、维护、保养或清洗，使之符合大修的相关要求。具体内容包括：a. 对组合、模块、电路板上的涂漆件、电镀件、化学处理件、涂覆消光漆件进行分解，线缆、元器件损坏的进行修理或更换，电机、继电器、表头、白光产品分解，进行维护检测；b. 漆件、电镀件、化学处理件重新做漆、电镀、化学处理，消光漆损坏件需重新涂覆，其上的各种铭牌、标识换新或做丝印；c. 电机、继电器、表头进行修理维护检测，不符合技术要求的换新；d. 机械零部件表面处理，传动齿轮、轴承进行清洗维护，有磨损情况的进行修复，达不到技术要求的更换，高速轴承更换；e. 瞄准校准装置分解至元器件，进行维护检测；微光夜视系统分解至可分解最小单元，进行维护检测。

④对上述功能单元进行技术鉴定，更换必换件，修复的器件、模块等与分机、组合、部件等进行结合，经验收合格后进行整机大部结合。

3)调试、测试。利用测试设备对火控系统、随动系统的单体、组合、板件、模块进行检测，对方向机、综合传动箱、分动箱、侧传动箱进行磨合试验，对复进机、驻退机、平衡机等进行密封性试验，对水散、油散、油箱等部件进行震动试验，排查修理故障后，按有关调试工艺进行调试，使各项技术指标达到修理标准。

4)总装、总调。将完成修理调试并交验合格的分机(分系统、组合)、模块按装配工艺进行装配、调试，使其各项整机技术指标符合修理标准要求。

5)例行试验。完成性能测试的装备进行例行试验，试验结果要符合技术指标要求，包括定位定向精度、行军、水弹射击、淋雨、三防、灭火抑爆等试验。

6)复修、表面处理。在分解结合工序中和整装调试完成后进行表面处理，需防护的部位进行防护，按技术要求或部队提出的要求进行表面涂覆，制作各种铭牌、标识。

7)装备总检。装备修竣后，对装备性能、外观等进行综合检查。

8)资源验证与完善。装备大修过程中，对各种维修人员编配标准及岗位设置、技术资料、设备工具、器材消耗定额标准等进行验证、调整、修改、优化。

(3)厂内初审。工厂组织技术部、生产处、检验处和车间相关人员，对大修过程中技术资料、评审文件、工艺流程和工装设备等进行审查，对修竣装备从外观、性能、技术指标等方面进行检查。初审完成后提出审查意见，列出不合理和需完善的项目。

(4)总结完善。项目组根据大修过程中发现的问题和厂内初审提出的建议进一步修改完善，提出改进措施和时间节点。内容包括：修订完善技术资料，优化维修设备工具，拟制维修器材消耗标准，确定修理工时定额，培训提升维修人员技能。上述工作完成后根据需要向总部业务主管机关申请待修装备总结鉴定。

7. 过程管理与安全措施

(1)过程管理。大修过程中每个工序都按照“计划、实施、检查、改进”的原则进行。首先制订严格的计划，并按照计划实施，然后对实施效果进行检查，从而总结经验，改进工作方法。加强过程管理，保障产品质量进一步提高。

(2)安全措施。

1)安全技术措施。对操作步骤、仪表设置、数据读取等因素影响测试精度的条款，需在修理标准、调试工艺中特别注明。对因使用仪表和测试方法不同需对指标进行修改的项目，要与承研、承制单位进行充分沟通并进行反复论证，提出修改建议，提请工厂评审。

2)安全组织措施。装备安全：装备在修理过程中要严格按照装备架设、撤收和运输储存的有关要求进行。装备分解、安装按照分解工艺执行，防止分解、装配过程中对装备造成损伤，成品、半成品按规定摆放；发现不安全因素应及时处理或报告，修理调试过程中在加电的情况下禁止拆装组合、组件、电缆和插拔电路板。依据装备操作手册中规定的操作步骤进行，防止因操作不当对装备造成损坏。装备行军前，应对底盘进行严格检查，各部应处于良好技术状态，选派熟悉该车技术性能的驾驶员进行驾驶，保证装备的整体安全。

人员安全：装备修理过程中各工序要遵守工厂制订的操作规程，严格按照要求进行。执行作业前检查防护装置是否完好，作业环境是否安全，防护用品是否穿戴齐全，安全员应每天检查本车间的生产安全情况，发现违章指挥、违章操作现象应立即制止。严格执行装备操作注意或禁止事项。

设备安全：装备修理过程中严格按照装备操作手册进行，架设、撤收、开关机按顺序进行。设备工具按照使用说明书操作，查看防护装置是否完好，通电前保持接地良好，禁止通电情况下插拔电源。

8. 有关要求

为顺利圆满完成××自行榴弹炮装备大修工作，提出如下要求：

(1)在工厂统一协调下，理顺各单位、各工序和各专业的工作；

(2)加强大修过程管理，建立健全各项规章制度；

(3)加强质量控制，确保大修装备质量；

(4)抓好大修各环节中的工作落实，使装备大修工作顺利进行；

(5)为确保××自行榴弹炮装备大修工作汇报片素材的完整性，按照修理工艺流程阶段对大修过程进行录像。

9.2 典型装备大修过程精细化管理应用方案

根据前面研究制订的装备大修精细化管理方案模型，本节主要从装备大修任务受领、大修准备、大修设计、大修实施、大修总结鉴定五个方面，按照"工作目标与质量标准、工作思路与实现环节、操作流程与实施办法、训练内容与考核评估、信息反馈与分析处理"五个维度，构建典型型号装备大修精细化管理的应用实施方案。

9.2.1 工作目标与质量标准

(1)工作职责。其总体职责是通过明确人员机构岗位职能、建立大修组织工作流程、健全装备技术质量标准、完善组织管理规章制度，管住工作目标分解、管住环节流程制订、管住过程质量监控、管住行为规范考核，力求精确掌握装备状态、精准调配保障资源和精细控制维修流程，实现装备大修的精细化管理；具体职责包括制订装备大修实施细则受领大修任务、编制大修计划方案做好大修准备、编制大修技术规程精细大修设计、按照方案技术规程精准大修实施、根据总结鉴定要求做好大修总结等内容。

(2)核心能力指标。其表征指标可总结为"准确受领装备大修任务、全力做好大修各项准备、装备大修精细合理设计、装备大修精准组织实施、全面完成大修总结鉴定"五个方面，每个方面又可包括若干具体指标和目标。

(3)工作目标。其是针对具体型号装备大修而言，如装备大修精细合理设计的工作目标包括编制大修技术文件、设置装备大修过程检验节点、组织所有技术文件审查批准、装备大修工装工具研制或采购、组织装备大修设计评审等内容。

(4)质量标准。如在准确受领大修任务时，其工作质量标准包括编制出的大修实施细则能够规范装备大修工作流程，优化后的大修实施细则应具有更强的操作性和通用性；工厂的经营计划部门负责组织编制装备大修任务计划书，下达大修项目令号、计划大修台数、大修任务启动和关闭时间等；技术部门负责组建装备大修项目组，明确组织机构和任务分工，下达装备大修项目研制任务书，因此质量标准的输出主要包括装备大修实施细则、装备大修任务计划书、装备大修项目研制任务书三项内容。

典型型号装备大修工作目标与质量标准见表 9.2.1。

表 9.2.1　典型型号装备大修工作目标与质量标准

<table>
<tr><td>工作职责</td><td colspan="4">基本目标：
以“系统精心维护、装备精益修理、流程精细管理、资源精确保障”为管理理念，以持续提升装备大修能力、追求卓越绩效为价值取向和根本目的，围绕“修有目标、事有流程、物有标准、评有办法、控有手段、管有系统、人有素养”这一终极目标，通过明确人员机构岗位职能、建立大修组织工作流程、健全装备技术质量标准、完善组织管理规章制度，管住工作目标分解、管住环节流程制订、管住过程质量监控、管住行为规范考核，力求精确掌握装备状态、精准调配保障资源和精细控制维修流程，实现装备大修的精细化管理。根据××自行榴弹炮装备的结构原理及性能特点，充分利用工厂已建成的火炮修理线，通过大修达到验证完善技术资料、优化设备工具配置、探索器材消耗规律、制订大修器材标准、明确专业任务分工、确定大修修理工时、制订保障单元标准和提升维修人员技能，形成××自行榴弹炮装备大修能力和支援保障能力。
具体职责：
1. 根据装备技术特点制订装备的大修实施细则，装备大修实施细则是装备大修工作组织实施的基本依据；
2. 根据装备的技术状况和修理工厂的技术能力编制大修计划，确定工作内容、完成时间、参加人员以及任务分工；
3. 根据装备的技术状况，从人员能力、技术资料、设备设施、材料消耗等方面做出评估，为正式大修做好准备；
4. 根据装备的技术状况，编制装备大修技术文件或大修技术规程，研制设计或采购必要的大修工装设备；
5. 根据装备大修方案和大修技术规程，依据装备的整装、分系统、单体检验表，合理控制装备大修过程，确保修理质量；
6. 根据装备大修工作总结鉴定要求，编制大修总结报告、多媒体汇报片等材料，向主管机关申请召开装备大修总结鉴定会</td></tr>
<tr><td rowspan="3">核心能力指标与质量标准</td><td>表征指标</td><td>工作目标</td><td>质量标准</td><td>工作输出</td></tr>
<tr><td>准确受领装备大修任务</td><td>1. 编制装备大修实施细则；
2. 下达大修项目指令；
3. 成立大修项目组；
4. 下达项目任务书</td><td>1. 编制出的大修实施细则能够规范装备大修工作流程，完善大修技术资料，保证装备大修进度；
2. 优化后的大修实施细则应具有更强的操作性和通用性；
3. 经营计划处负责编制装备大修任务计划书，下达大修项目令号、计划大修台数、大修任务启动和关闭时间等；
4. 技术部负责组建装备大修项目组，明确组织机构和任务分工，下达装备大修项目研制任务书</td><td>装备大修实施细则
装备大修任务计划书
装备大修项目研制任务书</td></tr>
<tr><td>全力做好大修各项准备</td><td>1. 收集大修装备技术图纸资料；
2. 协调待修装备进厂时间；
3. 组织修理人员业务技能培训；
4. 制订装备大修实施计划；
5. 编制装备大修方案并组织评审；
6. 上报装备大修方案</td><td>1. 技术部组织项目组按进度要求，收集装备大修相关技术资料；
2. 经营计划处按计划要求，联系部队协调待修装备进厂；
3. 人力资源部实施修理人员业务培训，形成培训记录和人员能力评估报告；
4. 项目组策划各阶段工作，开展风险分析评估，制订装备大修实施计划；
5. 项目组编写质量保证大纲、标准化大纲、必换件/选换件明细表(初稿)，制订能力建设方案和装备大修方案，经评审形成意见后，报经营计划处；
6. 经营计划处向上级机关上报能力建设方案和装备大修方案提请审批，并将上级机关意见反馈给技术部</td><td>装备大修方案
装备图纸及技术文件
装备大修实施计划
装备大修组织机构图
质量保证大纲
标准化大纲
装备大修方案评审报告
研制任务书</td></tr>
</table>

续表

	表征指标	工作目标	质量标准	工作输出
核心能力指标与质量标准	装备大修精细合理设计	1. 编制大修技术文件，形成装备大修技术文件资料明细； 2. 设置装备大修过程检验节点； 3. 组织所有技术文件按相关规定实施审查批准； 4. 装备大修工装工具研制或采购； 5. 组织大修设计评审	1. 项目组编制大修技术规程(修理标准)、大修工艺流程、大修工艺、大修任务区分表、大修必换件明细表、大修选换件明细表、专业人才队伍配置情况统计表、外购件明细表、外协厂家明细表、关重件明细表等大修技术文件，形成文件资料明细； 2. 检验处根据检验试验节点，编制试验大纲、质量检验记录表格等； 3. 技术部对技术文件进行标准化审查，提出审查意见，形成标准化审查报告； 4. 项目组制订装备大修工装工具配置计划，包括工装工具自制和采购计划，提出技术要求经评审后组织实施。外购工装按厂内规定提交外购明细给能源设备处组织购置；自制工装工具由项目组设计，经技术部组织评审、审计处审价定价后，由经营计划处下达生产计划，检验处负责对工装进行检验或计量； 5. 项目组完成装备大修设计后，向技术部提交装备大修设计评审申请，经技术部审查并组织大修设计评审	大修技术规程(修理标准) 大修工艺流程、大修工艺 大修任务区分表 大修必换件、选换件明细表 专业人才队伍配置情况统计表 外购器材件明细表 关重件明细表 整机技术状态检查表 装备完整状态检验记录表 系统零部件鉴别记录表 部件检验记录表 故障修理记录表 装备试验大纲 标准化审查、工艺性审查报告 自制设备工装操作使用维护说明书
	装备大修精准组织实施	1. 装备入厂后按要求交接装备并做好记录； 2. 项目组按大修方案、大修技术规程组织实施大修工作； 3. 验证自编大修技术资料； 4. 验证自制和外购的工装设备； 5. 统计材料和工时消耗情况	1. 装备进厂后，经营计划处下达装备大修任务指令； 2. 项目组开展大修准备状态检查； 3. 经营计划处牵头，项目组负责按照“武器雷达修理新装备交接管理规定”进行交接和检查，填写交接单； 4. 项目组根据大修方案和大修计划组织实施大修，做好修理记录(故障登记卡)、检验记录和物料消耗、实做工时记录；需要更改的，填写更改通知书(技术通知书)，做好大修过程各项文字及影像记录； 5. 大修过程中，检验处根据大修技术规程(大修标准)负责做好各阶段检验验收，撰写检验、试验报告； 6. 审计处负责做好装备大修过程中材料、工时定额编制及成本定价、审价等工作； 7. 财务处负责装备大修过程中成本归集，编写成本分析报告； 8. 检验处提供质量检验记录，编制性能测试报告、质量分析报告，负责组织做好装备大修质量评审；必要时，经营计划处申请上级业务机关组织开展装备大修质量评审	武器雷达装备大修交接单 专用测试设备检查记录 修理记录(故障登记卡) 各种质量检验记录表 物料消耗统计表 实做工时统计表 更改通知书或更改记录 各种试验大纲 试验原始记录 试验报告 工艺评审结论 性能检测试验报告 质量分析报告 成本分析报告 质量评审报告

续表

	表征指标	工作目标	质量标准	工作输出
核心能力指标与质量标准	全面完成大修总结鉴定	1. 编制大修工作总结； 2. 编制装备大修过程多媒体汇报材料； 3. 向上级机关申请召开装备大修总结鉴定会； 4. 完善各种技术资料	1. 项目组负责装备大修总结鉴定准备工作，完成大修工作总结报告，撰写大修汇报片，由党委工作部负责编辑； 2. 根据计划要求，经营计划处负责向上级机关申请召开装备大修总结鉴定会，并负责做好会议安排； 3. 技术部负责组织，项目组和各相关单位配合，准备装备大修总结鉴定资料；生产处协调主修单位，准备大修总结鉴定的装备； 4. 项目组负责落实大修总结鉴定意见，做好改进记录，完善相关技术资料	大修工作总结报告 质量检验报告 标准化审查报告 人力资源配置分析报告 设备工装、工具明细 外购、外协合同签订情况 大修鉴定大纲 设施建设或改进记录 大修汇报片

9.2.2　工作思路与实现环节

(1)工作思路。工作思路就是装备大修组织管理机关和具体修理实施单位组织开展装备大修工作的进展线路和轨迹脉络，具体思路就是根据装备技术特点，编制装备大修实施细则；依据大修实施细则成立项目组，提出大修计划；依据大修计划，编制大修方案；依据大修方案，设计、组建装备大修所必需的软硬件；按大修技术规程、大修工艺分解、修理、调试装备，组织实施大修，使装备战术技术指标达到要求；完善软硬件，申请召开总结鉴定会，完善装备大修修理线建设。

(2)实现环节及要求。装备大修工作的总体目标就是按照相关标准要求，完成装备大修所需软硬件的配置，组织实施并完成装备大修任务，并通过总结鉴定。针对典型型号装备的大修工作，共设计了装备大修实施细则编制、成立大修项目组、编制大修任务计划书、装备分系统及单体修理、装备总装及调试、装备大修总结鉴定等15个关键环节，每个工作环节明确了其具体要求，以及大修组织管理机关和修理实施单位的具体工作内容，见表9.2.2。

9.2.3　操作流程与实施办法

(1)按照前述绘制操作流程原则，我们构建了横向包括业务机关、待修装备部队、工厂大修工作领导小组、经营计划处、技术部、项目组、检验处、人力资源部、能源设备处9个部门，纵向包括受领任务、大修准备、大修设计、大修实施、大修总结5个主要环节的矩阵流程图。

(2)在受领任务、大修准备、大修设计、大修实施、大修总结5个工作环节中，我们设计了具体的操作实施办法，如在大修设计环节中项目组编制大修技术规程、大修工艺流程、大修工艺、大修任务区分表、大修必换件明细表、大修选换件明细表、专业人才队伍配置情况统计表、外购件明细表、外协厂家明细表、关重件明细表等大修技术文件，形成文件资料明细；检验处根据装备验收规范、大修规程、装备实际技术状况编制试验大纲、检查记录表等质量文件；项目组制订大修工装工具配置计划，包括工装工具自制和采购计划，提出技术要求，经评审后组织实施，在此基础上明确了每个工作环节实施办法的具体监控内容、时机和信息采集点。

典型型号装备大修操作流程与实施办法见表9.2.3。

表 9.2.2　典型型号装备大修工作思路与实现环节（一）

工作思路	根据装备技术特点，编制装备大修实施细则；依据大修实施细则，成立项目组，提出大修计划；依据大修计划，编制大修方案；依据大修方案，设计、组建装备大修所必需的软硬件；按大修技术规程、大修工艺分解、修理、调试装备，组织实施大修，使装备战术技术指标达到要求；完善软硬件，申请召开总结鉴定会，完善装备大修修理线建设							
实现环节								
大修组织管理机关	1. 工厂接到装备大修任务； 2. 督促编制大修细则	组织专家评审大修细则	下达成立项目组指令	审查批准大修任务计划书	与相关的科研院校、装备研制生产单位联系，组织修理人员培训	1. 组织专家评审； 2. 上报大修方案	1. 指定标准化专业技术人员审查修改文件； 2. 组织专家评审	1. 组织专家评审； 2. 限期修改
总体目标： 按照相关标准要求，完成装备大修所需软硬件的配置，完成装备大修任务，并通过总结鉴定	装备大修实施细则编制 环节要求： 1. 确定编制大修细则人选； 2. 按专业分工 3. 按时间完成	装备大修实施细则评审 环节要求： 1. 确定评审人员； 2. 找出方案和细则中的不足及疏漏； 3. 按时间优化	成立大修项目组 环节要求： 按专业特长、技术能力，抽调人员成立项目组，并进行任务分工	编制大修任务计划书 环节要求： 根据上级要求、部队时间安排及工厂实际能力，编制大修任务计划书	人员培训 环节要求： 根据装备大修实际需要，组织修理人员参加跟装培训、专业技术培训	编制大修方案 环节要求： 1. 按要求编制大修方案； 2. 大修方案要经过评审； 3. 按时上报大修方案	大修规程、大修工艺、大修流程图等大修技术文件的编制设计 环节要求： 1. 确定人选； 2. 按专业分工； 3. 按时间完成； 4. 评审修改	试验大纲、检查记录表等质量文件编制 环节要求： 1. 检验节点设置合理； 2. 检验指标与规程要求相符，能够保证火炮性能指标
大修组织实施单位	技术部组织人员编制装备大修实施细则	根据专家组评审意见修改方案和细则	技术部组建装备大修项目组，明确组织机构、任务分工，下达《装备大修项目研制任务书》	经营计划处编制装备大修任务计划书，下达大修项目令号、计划大修台数、装备进厂时间、鉴定和完成时间等	人力资源部组织实施修理人员培训工作，形成培训记录和人员能力评估报告	1. 项目组按照《产品质量保证大纲要求》（GJB 1406A—2005），结合待修装备特点，组织编写质量保证大纲、标准化大纲、必换件/选换件明细表（初稿）； 2. 制订能力建设方案和装备大修方案等； 3. 经技术部评审后，将能力建设方案和装备大修方案及评审意见一并抄报经营计划处	1. 项目组编制大修技术规程（修理标准）、大修工艺流程、大修工艺、大修任务区分表、大修必换件明细表、大修选换件明细表、专业人才队伍配置情况统计表、外购件明细表、外协厂家明细表、关重件明细表等大修技术文件，形成文件资料明细； 2. 火力专业编制火力部分规程； 3. 火控专业编制火控部分规程； 4. 底盘专业编制底盘部分规程； 5. 光电专业及火控专业编制光电及辅助电气规程	检验处根据检验试验节点，编制试验大纲、质量检验记录表等

表 9.2.2　典型型号装备大修工作思路与实现环节（二）

工作思路	根据装备技术特点，编制装备大修实施细则；依据大修实施细则，成立项目组，提出大修计划；依据大修计划，编制大修方案；依据大修方案，设计、组建装备大修所必需的软硬件；按大修技术规程、大修工艺分解、修理、调试装备，组织实施大修，使装备战术技术指标达到要求；完善软硬件，申请召开总结鉴定会，完善装备大修理线建设						
实现环节	及时组织专家评审	1. 经营计划处根据修理计划联系装备进厂； 2. 经营计划处下达装备大修任务指令	技术部组织开展装备大修准备状态检查	1. 巡回检查，发现大修中出现的问题，及时解决； 2. 协调跨车间、跨部门工作	1. 巡回检查，发现大修中出现的问题，及时解决； 2. 协调跨车间、跨部门工作	1. 巡回检查，发现大修中出现的问题，及时解决； 2. 协调跨车间、跨部门工作	1. 经营计划处负责向上级机关申请召开装备大修总结鉴定会，并负责会议安排； 2. 技术部负责组织，项目组和各相关单位配合，准备装备大修鉴定资料； 3. 生产处协调主修单位，准备好大修总结鉴定的装备
	制订大修工装工具配置计划 环节要求： 工装工具配置计划应切合实际需求，既要保证火炮的修理使用，又要杜绝重复建设造成资源浪费	装备进厂 环节要求： 1. 安排接站使装备安全进厂； 2. 认真核对填写交接单，逐项登记跟装备附件	待修装备检测评估 环节要求： 按整机技术鉴定记录表认真检查装备，记录装备的技术状态	装备分解 环节要求： 1. 根据大修方案和计划，组织实施装备分解，做好修理记录、检验记录和物料消耗、实做工时记录； 2. 需要更改的，填写更改通知书，做好大修过程各项文字及影像记录	装备分系统及单体修理 环节要求： 1. 根据大修方案，组织实施装备单体及分系统修理，做好修理记录、检验记录和物料消耗、实做工时记录； 2. 需要更改的，填写更改通知书，做好大修过程各项文字及影像记录	装备总装及调试 环节要求： 1. 根据大修方案，组织实施装备总装及调试，做好修理记录、检验记录和物料消耗、实做工时记录； 2. 需要更改的，填写更改通知书，做好试修过程各项文字及影像记录	装备大修总结鉴定 环节要求： 1. 编制大修工作总结等鉴定会所需文件； 2. 摄制装备大修过程多媒体汇报片； 3. 向上级机关申请召开装备大修鉴定会； 4. 完善各种技术资料
	1. 项目组制订大修工装工具配置计划，包括工装工具自制和采购计划，提出技术要求，经评审后组织实施； 2. 外购工装按厂内规定提交外购明细给能源设备处实施购置； 3. 自制工装工具由项目组设计，技术部组织评审，审计处审价定价后，由经营计划处下达生产计划，检验处负责对工装进行检验或计量	1. 装备进厂到主修单位后，项目组负责按照“武器雷达修理新装备交接管理规定”进行交接和检查，填写交接单； 2. 交接装备时安排摄影、摄像	各专业组按整机技术鉴定记录表认真检查装备，记录装备的修前技术状态，登记缺损零部件情况	1. 各专业组根据大修规程和分解工艺，利用工具、工装、设备按步骤分解装备； 2. 验证自编技术文件，记录、修改文件中存在的错误、不足； 3. 分解时注意做标记； 4. 摄影、摄像	1. 各专业组根据大修规程和单位修理工艺，利用工具、工装、设备按步骤修理各单体及分系统； 2. 验证自编技术文件，记录、修改文件中存在的错误、不足； 3. 检验处验收单体 4. 摄影、摄像	1. 各专业组根据大修规程和总装调试工艺，利用调试工装、设备按步骤总装、调试装备； 2. 调试完毕按检查表检验； 3. 审计处负责装备大修过程中材料、工时定额编制及成本定价、审价等工作； 4. 财务处负责装备大修过程中成本归集，编写成本分析报告； 5. 检验处提供质量检验记录，编制性能测试报告、质量分析报告	1. 项目组编制大修工作总结报告，编辑制作多媒体汇报片，为大修总结鉴定做准备； 2. 财务处负责装备大修过程中成本归集，编写成本分析报告； 3. 检验处提供质量检验记录，编制性能测试报告、质量分析报告； 4. 项目组落实鉴定意见，做好改进记录，完善相关技术资料

表 9.2.3　典型型号装备大修操作流程与实施办法

操作流程	工作环节	实施办法	监控考核		信息采集点
			内容	时机	
详细工作流程图	受领任务	技术部组织各专业技术人员编制装备大修实施细则	组织评审	编制完毕后评审	装备大修实施细则
		技术部组建装备大修项目组，明确组织机构与任务分工	审核组织机构与人员分工	项目组人员分工初稿出来后	项目组成员名单
		经营计划处编制装备大修任务计划书，下达大修项目令号、计划大修台数、待修装备进厂时间和完成时间等	审核大修任务计划书	大修任务计划书编制完成后	大修任务计划书
	大修准备	人力资源部组织实施修理人员培训工作，形成培训记录和人员能力评估报告	对参加培训者进行能力评估	每次培训完毕后	培训完考试成绩单
		技术部组织人员收集装备相关技术资料	检查资料收集是否齐全	相关资料收集齐全后	外来技术资料明细
		项目组编制装备大修方案等技术文件	组织评审	大修方案编制完成后	大修方案
	大修设计	项目组编制大修技术规程、大修工艺流程、大修工艺、大修任务区分表、大修必换件明细表、大修选换件明细表、专业人才队伍配置情况统计表、外购件明细表、外协厂家明细表、关重件明细表等大修技术文件，形成文件资料明细	按文件资料明细，逐项评审自编大修技术文件	每个文件完成后	各大修技术文件
		检验处根据装备验收规范、大修规程、装备实际技术状况编制试验大纲、检查记录表等质量文件	组织评审	编制完毕后	试验大纲、检查记录表等质量文件
		项目组制订试大修工装工具配置计划，包括工装工具自制和采购计划，提出技术要求，经评审后组织实施	组织评审	编制完毕后评审	工装工具配置计划

续表

操作流程	工作环节	实施办法	监控考核		信息采集点
			内容	时机	
详细工作流程图	大修实施	项目组按交接单交接装备，详细记录装备故障单、缺件等情况	检查交接单与实际是否相符	交接期间	待修装备交接单
		按整机技术鉴定记录表认真检查装备，记录装备的技术状态	审查填写的整机技术鉴定记录表是否与装备实际技术状态相符	装备检测评估后	整机技术鉴定记录表
		各专业组按装备大修规程和分解工艺，利用工具、工装、设备按步骤分解装备	检查是否与分解工艺相符	分解过程中检查	分解记录表
		各专业组根据大修规程和单体修理工艺，利用工具、工装、设备按步骤修理各零部件	修后检查技术指标是否合格	修后检测验收	部件检查记录表
		各专业组根据大修规程和总装调试工艺，利用调试工装、设备按步骤总装、调试装备	检查整体技术指标是否合格	总装、调试完后验收	整检表
	大修总结	项目组编制大修工作总结报告，编辑制作多媒体汇报片，完善各种技术资料	检查是否通过大修总结鉴定	大修总结鉴定会结束后	装备大修鉴定意见

9.2.4 训练内容与考核评估

针对××自行榴弹炮装备实际，主要设计了“火控系统修理技术培训、惯性导航系统修理技术培训、底盘系统修理技术培训、总装调试技术培训、修理标准编制培训、火炮电气技能人员上岗培训、火炮机械技能人员上岗培训”七大类培训类型，根据训练类型的不同明确了其具体的训练内容与培训方式、考核方法与标准，以及具体的承办单位，见表9.2.4。

9.2.5 信息反馈与分析处理

表9.2.5列出了××自行榴弹炮装备在受领任务、大修设计、大修实施、大修总结工作环节涉及的相关信息内容及分析处理办法，作为下一步构建精细化管理信息体系的基础，我们重点列出了其中部分信息处理表格的相关内容。

表 9.2.4　典型型号装备大修训练内容与考核评估

训练类型	训练内容	培训方式	考核方法与标准	承办单位
火控系统修理技术培训	火控系统专业技术人员参加装备火控系统结构原理、使用维修方法的培训	1. 专业教师讲解装备火控系统的组成、原理、战术技术指标； 2. 火控系统操作使用	考核方法：笔试、上炮操作。 考核标准： 1. 笔试≥80 分； 2. 上炮操作合格	军械院校
惯性导航系统修理技术培训	火控系统专业技术人员参加装备惯性导航系统修理、调试方法的培训	1. 参观学习惯性导航系统生产流程； 2. 学习使用专用工装设备检测惯性导航系统主要技术指标的方法步骤	考核方法：笔试、上机操作。 考核标准： 1. 笔试≥80 分； 2. 上机操作合格	××型惯性导航系统研制单位
底盘系统修理技术培训	底盘系统技术人员参加××型底盘系统结构原理、分解修理、调试方法的培训	1. 参观学习底盘系统生产流程； 2. 上生产线学习底盘系统的装配、调试方法	考核方法：笔试、上机操作。 考核标准： 1. 笔试≥80 分； 2. 上机操作合格	××型底盘制造厂
总装调试技术培训	项目组专业技术人员参加火炮整炮总装总调方法的培训	1. 参观学习火炮总装总调流程； 2. 上生产线学习火炮总装总调方法	考核方法：笔试、上机操作。 考核标准： 1. 笔试≥80 分； 2. 上机操作合格	装备总装厂

续表

训练类型	训练内容	培训方式	考核方法与标准	承办单位
修理标准编制培训	技术人员参加修理标准的编制方法、编制注意事项的培训	集中学习：标准化专业技术人员担任教师，编制 PPT 课件，为技术人员讲解修理标准编制方法和注意事项	考核方法：笔试。 考核标准： 1. 笔试≥80 分； 2. 填写考核评估反馈表，考查培训效果； 3. 考核不合格者不准参加本装备大修标准编制	本单位
火炮电气技能人员上岗培训	火炮电气技能人员参加装备电气结构原理、使用维修方法的培训	1. 火炮电气技术人员担任教师，编制 PPT 课件，为技能人员讲解火炮电气系统的组成、原理、操作方法、注意事项； 2. 结合装备，上炮培训修理方法及注意事项	考核方法：笔试、上炮操作； 考核标准： 1. 笔试≥80 分； 2. 上炮操作合格； 3. 填写考核评估反馈表，考查培训效果； 4. 考核不合格者不准参加本装备大修工作	本单位
火炮机械技能人员上岗培训	火炮机械技能人员参加装备机械结构原理、使用维修方法的培训	1. 火炮机械技术人员担任教师，编制 PPT 课件，为技能人员讲解火炮机械的组成、原理、操作方法、注意事项； 2. 结合装备，上炮培训修理方法及注意事项	考核方法：笔试、上炮操作。 考核标准： 1. 笔试≥80 分； 2. 上炮操作合格； 3. 填写考核评估反馈表，考查培训效果； 4. 考核不合格者不准参加本装备大修工作	本单位

表 9.2.5　典型型号装备大修信息反馈与分析处理

工作环节	信息类型	信息内容	采集方式	分析处理
受领任务	纸质文件	装备大修实施细则	呈报	1. 按评审意见修改； 2. 存档
	纸质文件	装备大修任务计划书	呈报	1. 按评审意见修改； 2. 存档
	纸质文件	装备大修方案 评审会会议记录、评审意见及审签记录	会后收集	1. 按评审意见修改； 2. 存档
大修设计	纸质文件	大修技术规程 大修工艺流程 大修工艺、大修任务区分表 试验大纲、大修必换件明细表 大修选换件明细表 专业人才队伍配置情况统计表 外购件明细表	呈报	1. 按评审意见修改； 2. 存档
	纸质文件、表格	关重件明细表 关键过程控制明细表 修理（制造）技术标准更改意见单 ××装备修理工时定额表 工艺评审申请报告 工艺评审报告、审签记录 工艺规程编制计划 质量检验记录表格	呈报	1. 按评审意见修改； 2. 存档
大修实施	纸质表格	武器雷达装备修理交接书 武器雷达装备大修交接单 ××装备主要零部件鉴别表 ××年军品基本生产条件检查记录表 产品交付过程记录 顾客财产的问题及处理记录 顾客满意度调查表 顾客满意度调查数据表 出厂产品质量信息反馈单 ××月份顾客反馈和售后服务情况考核表 顾客服务要求记录表	呈报、邮寄	1. 存档； 2. 如有问题，修改完善

续表

工作环节	信息类型	信息内容	采集方式	分析处理
大修实施	纸质表格	整机技术鉴定记录表 ××装备修理交验记录表 重点控制工序质量记录表 工艺纪律巡检记录表 ××系统主要单体检测记录表 完整状态修理验收记录表(××系统) ××装备××(单体)检验记录表 产品试制过程问题记录单 ××月份生产任务执行情况分析 试制产品关键与主要工序“三定”表 过程参数设定正确性与否的抽查记录表 技术状态监督检查表 装备修理返修(工)通知单 ××试验记录表	呈报	留存，便于修理人员查阅
	纸质表格	××装备修理分工表 ××装备分解记录表 ××系统交接单(单位间)，如火控系统交接单(地炮中心－雷达中心) ××系统修前检查表 ××系统分解记录表 ××系统备件计划 产品任务用料发放凭证	呈报	留存，便于修理人员查阅
	纸质表格	工序周转合格证、产品周转合格证	呈报	存档
	纸质表格	装备修理终检申请单/合格通知单 武器雷达装备修理最终检验表	呈报	存档
大修总结	纸质文件	大修总结报告、武器装备大修合格证	呈报	宣读、保存
	多媒体	大修工作总结汇报片	会后收集	观看、保存

第10章 装备数字化大修精细化管理方案

实现装备大修精细化管理的前提和基础是确保计划方案与维修过程的精细化管理，但是如何验证评估装备大修计划方案是否优化可行，如何评估分析装备大修过程精细化管理应用方案与技术路线的有效性和可行性，目前还缺乏有效的度量方法与技术支撑手段。与此同时，近年来我军列装的新型武器装备，其论证设计和研制生产已基本实现了数字化。因此从装备维修保障体系建设和提升装备维修保障能力的长远发展考虑，装备的维修、大修单位也应该建立与数字化论证设计和生产制造相适应的装备数字化大修能力，而且随着近些年新列装的武器装备陆续进入大修周期，装备数字化大修能力建设的需求更为紧迫、刻不容缓。

本章在系统剖析装备数字化大修的内涵和建设内容的基础上，对装备数字化大修精细化管理控制系统的业务需求和建设内容进行了详细分析，提出了装备数字化大修精细化管理控制系统的整体设计思路和系统技术架构。

10.1 装备数字化大修基本内涵与建设内容

10.1.1 装备数字化大修的基本内涵

随着CAX设计类软件在装备设计领域的广泛使用，新型武器装备的设计已在某种程度上基本实现数字化，有些装备厂家为了便于对早期产品进行统一的管理和提供更好的售后技术服务，甚至将早期产品的设计图纸采用当前的CAX设计类软件进行了相应的数字化处理。采用数字化设计的新型武器装备不断交付部队使用，相应的大修工作需求也越来越迫切，而装备大修工厂的传统工作模式仍然是基于纸质的设计图纸和技术资料，更为关键的是，论证设计单位出于种种考虑大多都不再愿意提供纸质图纸而是直接提供电子数据，这对装备大修工厂的维修能力和工作模式造成直接的冲击。这一点，在国内军用飞机、发动机的大修厂表现尤为突出。自主研发的三代及以上新型飞机均采用了全新的数字化设计平台，飞机、发动机、机载设备及其他零部件均采用CAX设计类软件进行设计，其各种几何及性能参数均以数字化的形式进行存储、展示和管理，纸质图纸在设计阶段不再是必需品。对于装备修理工厂而言，面临的挑战如图10.1.1所示。

为了迅速形成相应的大修能力，就必须建立与装备数字化设计相适应的数字化大修平台和体系。装备数字化大修能力的内涵及建设内容如图10.1.2所示。

武器装备大修数字化建设的最终目标是建立与装备的数字化设计、制造相适应的数字化大修平台和体系，形成配套的数字化大修能力。装备数字化大修的具体内涵主要包括四个方面：

(1)大修装备数字化。作为武器装备数字化设计、制造的自然延伸，装备大修过程中也应该实现基于三维的数字化技术，需要三维数字化设计工具的支撑。装备的数字化实现的不仅仅是基于不同视角进行的产品分解，而且应该体现产品分解中每个分解元素相关的各种技术参数及

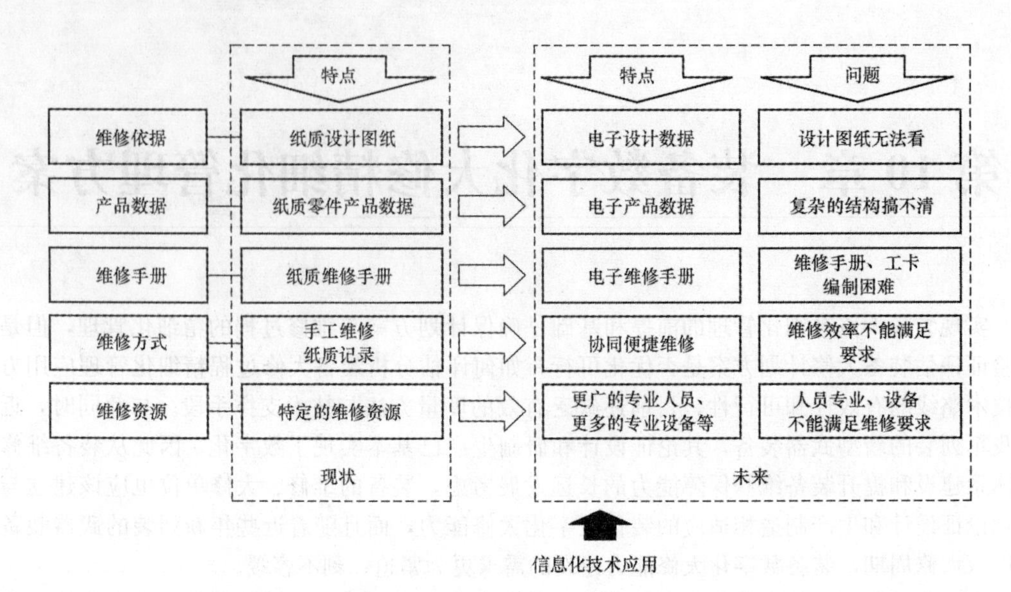

图 10.1.1 装备修理工厂数字化大修面临的问题及挑战

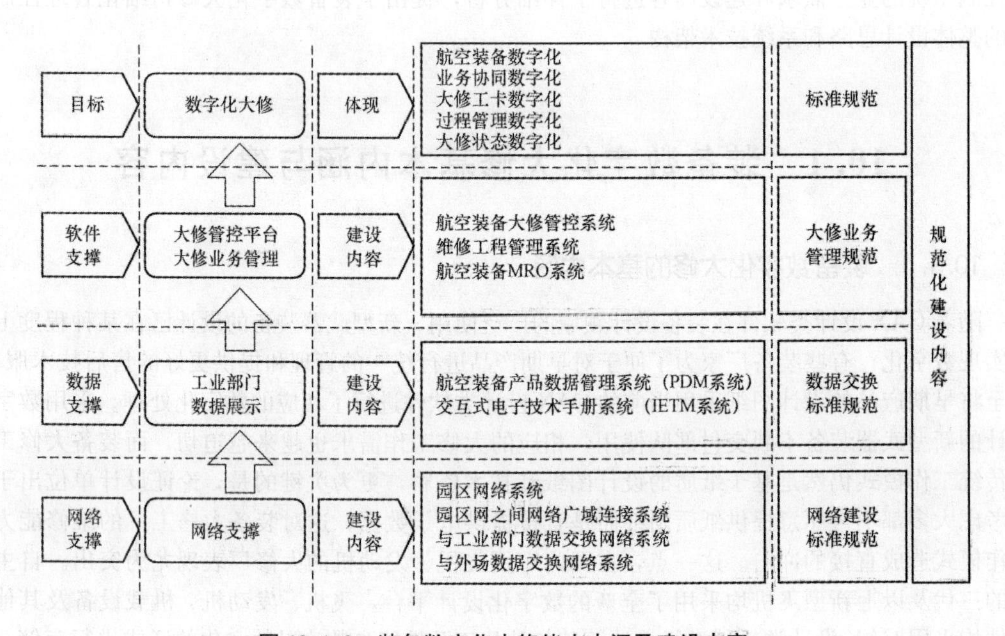

图 10.1.2 装备数字化大修能力内涵及建设内容

技术文档，进行三维立体的数字化展示和装配，实现真正的数字样机。数字样机是数字化大修的先决条件，所有大修工作的标准制订和组织管理在某种意义上都是围绕着数字样机来进行的。

(2)大修业务协同数字化。武器装备的大修业务工作涉及业务主管机关、装备大修工厂、设计单位、制造单位和使用部队等多个实体单位，大修工厂作为装备大修工作的主体负责具体大修工作的执行，设计单位、制造单位负责提供必要的技术支持，部队用户负责提供装备的相关技术质量信息。由此可见，大修厂必须与其他单位保持密切的合作，才能顺利完成大修工作，而要支持不同单位之间的协同，除了常规的协同方式外，还应该建立一个数字化的协同平台，并建立相关的标准体系，以确保各种相关的业务信息在各相关单位之间流动顺畅。

(3)大修工卡数字化。装备的大修工作同时具备通用性和特殊性，大修工卡(装备大修最基本的维修工作分配和管理单元)作为大修工作落实的重要技术文件，同样也要体现这种特性。例如，同一机型飞机的大修工作可能有相当数量的工作内容是完全相同的，但是同一机型下不同型号的飞机或者同一机型、同一型号下的不同飞机之间因其实际构型的差异会导致一定数量的大修工作是不一样的。如何简便有效地为不同的装备制订恰当的大修方案并生成适用的大修工卡(即个性化的大修方案)是大修工作始终要面对和解决的问题。大修工卡的数字化不仅可以实现装备大修组织管理和实施工作的标准化、规范化，还可以非常有效地为装备制订个性化的大修方案。

(4)大修过程管理数字化。装备大修作为维修级别最高、涉及面最广、内容最复杂、质量要求最严格的维修工作，其过程管理的重要性不言而喻。粗放的、基于纸质报表和文档的管理方式已经不能满足现代(特别是自主进行数字化设计研发的)装备大修工作的要求。基于数字样机、数字化协同平台和数字化个性化的维修方案进行装备大修的数字化过程精细化管理是未来发展的方向和必然选择，其不仅可以实时地反映工作状态和遇到的问题，还可以真正实现日常大修业务工作管理流程的标准化和规范化。

总而言之，装备数字化大修(Equipment Digital Depot Maintenance)实际上是一系列与信息技术密切相关的、以可靠性为中心的维修概念的总集成，它将装备技术状态、诊断结果、维修资源、人力配置、器材备件服务、设计制造单位技术支援等各方面的文字、图表、语音等传统维修信息转换为数字信息，并综合运用计算机技术、数字通信技术、网络传输技术、检测和诊断技术、多媒体技术和智能化技术，将相关的功能系统(业务主管机关、装备修理工厂、装备论证设计单位、装备生产制造单位、装备使用部队等)有机地连成一体，使各种数字信息能实时或近实时地传递、处理，达到整个维修体系范围内的信息资源共享，最终实现装备大修的状态诊断、过程监控、维修决策、资源保障高度一体化。

10.1.2　装备数字化大修的建设内容

建立武器装备的数字化大修平台体系、提升数字化大修能力是现代维修理论与技术发展的必然趋势和基本要求，数字化在装备大修领域的应用和实现是一个系统工程，应该按照正确合理的方法，通过建设网络平台、整合信息资源、开发应用软件、完善配套建设，逐步形成与新装备发展相适应，成网络体系、功能完备、智能高效的装备大修综合信息化管理系统。装备大修数字化建设是装备维修保障系统的基础工程和重要组成部分，是信息化条件下各大修工厂组织开展装备大修工作的基础网络和信息平台。根据目前装备修理工厂信息化建设现状和我们开展装备数字化大修能力建设的调研总结，建立并形成装备数字化大修能力的主要标志是：建成一个网络平台、制订三套标准规范、构建四个应用系统、建立四个支撑体系。

1. 建成一个网络平台

构建装备大修系统标准统一的网络平台，主要是按建制单位(大修工厂、分厂或车间等)建立局域网，依托企业的广域网实现大修厂和各分厂的网络连接。在条件具备的情况下，可以与装备大修业务主管机关、装备论证设计单位、生产制造单位和装备使用部队的网络进行互联互通和数据交换，进而形成一个完整的覆盖装备大修各业务流程的网络环境。

(1)大修厂网络。大修厂网络中心部署在装备修理工厂之内，可以充分利用大修厂原有的网络设备，以达到与用户网络和各分厂进行高质量、高效率、安全可靠的通信为主要目标进行改造升级。在设计时，应充分考虑当前各大修分厂的数量及未来可能增加的数量，在网络设备的选型方面建议采用端口密度高、模块容量大的中端设备作为大修厂网络中心的核心，同时选用大容量的光传输设备作为广域网链路的接入保障。

(2)大修分厂网络。利用各大修分厂原有网络设备，以达到与大修厂进行高质量、高效率、安全可靠的通信为主要目标进行改造升级。建议采用三级扩展星形结构，每个层次采用单链路进行连接，层次化的结构设计便于路由协议的部署与IP地址的汇总，也便于不同网络之间的通信。

(3)部队用户网络。部队用户网络建设不属于装备大修工厂的建设范围，如果用户已建成相关的网络平台，则可实现用户与大修厂的无缝信息交换和共享；如果不具备条件，也可通过离线的方式实现信息的上传下载和交互共享。

2. 制订三套标准规范

在装备大修信息化建设的硬件、软件和业务工作三个方面各自建立一套相应的标准规范，每一套标准规范可能包括若干具体的标准或规范，用于指导当前及以后的装备修理工厂信息化建设和大修能力建设工作。

(1)网络建设标准规范。网络建设标准规范主要是根据当前的技术条件和实际需求以及未来的技术升级和业务需求扩展的要求，针对硬件及网络终端设备的性能要求、技术标准和配置标准等进行统一规划，以适应将来的网络扩展和设备升级。

(2)数据交换标准规范。数据交换标准规范主要是指装备论证设计单位和大修厂、部队用户和大修厂之间进行数据交换的标准。该标准规范首先明确各单位之间需要进行交换的数据项目及其来源，再进一步细化每个数据项目包含的具体数据元素的名称、数据类型、大小，最后确定各类数据交换的形式。从长远角度来看，随着有关单位信息化建设的推进和业务拓展的要求，标准规范的内容需要动态地进行相应的调整和更新。

(3)大修业务管理规范。当前的装备大修业务组织管理工作总的来说是在非信息化条件下进行的，现有的管理流程并不完全适用于数字化条件下的工作要求。这里的大修业务管理规范特指数字化条件下装备大修业务工作的管理规范，相应的业务工作流程和管理要求都需要和相应的软件系统协调一致，只有这样才能最大化地实现数字化的预期效果。

3. 构建四个应用系统

装备数字化大修平台体系主要包括装备产品数据管理系统、IETM系统、维修工程管理系统和装备MRO系统四个应用系统。

(1)装备产品数据管理系统。装备产品数据管理系统也称作PDM(Product Data Management)系统，使用单位为大修厂或各大修分厂，主要用于接收装备论证设计单位提供的在产品设计过程中产生的与装备的设计制造相关的原始电子数据，以2D或3D的形式对产品进行全方位展示，便于大修厂进行深度的维修能力开发工作。

(2)IETM系统。IETM系统也称作交互式电子技术手册，使用单位为大修厂或各大修分厂，主要用于接收工业部门提供的各类技术手册相关的原始电子数据，除了可以获得技术手册的电子版外，还可以此为基础实现技术手册数据的二次利用和开发，完成原始大修工卡的数字化编制与管理。

(3)维修工程管理系统。使用单位为大修厂，主要用于管理与装备大修工作相关的各类静态数据和技术文档，此外还可用来编制个性化的大修工卡方案。

(4)装备MRO系统。使用单位为大修厂或各大修分厂，主要用于对装备各分系统及其他部附件的维护(Maintenance)、修复(Repair)和大修(Overhaul)组织管理工作进行全面的数字化管理。此外，还可对装备的大修工作状况进行总体掌控和监管，并以此为依托进行宏观层面的数据分析，为改进大修能力提供决策支持。

4. 建立四个支撑体系

通过建立安全保密、技术标准、管理法规和运行维护四个体系，为装备数字化大修平台体系的安全可靠运行、一体化发展和正规化建设提供有力支撑。

(1)安全保密。网络建设采取技术防护和安全管理等综合措施，构建实体可信、行为可控、资源可管、事件可查和运行可靠的网络安全防护体系。具体包括防火墙、入侵检测系统、安全审计系统、病毒防护系统、非法外联系统、漏洞扫描系统和综合网络安全管理平台等措施。

(2)技术标准。按照装备大修工厂自身的要求，参照相关网络建设经验，结合大修系统网络建设发展的实际需要，梳理、整合、制订装备大修网络建设规范及软件开发标准，重点规范网络技术体制、模式结构、设备配置、数据词典和信息格式等规范、标准。主要包括装备大修网络平台建设标准、装备大修业务管理系统软件开发技术标准、装备大修网络平台安全保密防护设备配置标准，以及其他有关的技术标准等。

(3)管理法规。梳理现有的计算机及网络管理法规，规范装备大修网络平台的组织领导、职责分工、使用管理、运行维护、安全保密、监督检查等内容，形成装备大修网络平台应用系统使用管理规定、装备大修网络平台应用系统运行维护管理规定、装备大修网络平台应用系统安全保密规定、装备大修网络平台应用系统密码设备使用管理规定等。

(4)运行维护。网络系统投入使用后，需要建立运行维护体系对网络运行和业务系统进行统一有效的管理。运行维护体系注重分析网络整体运维的特点，不仅方便运维管理人员随时了解整个网络系统的运行状况，而且能从应用层面对工厂网络系统的关键应用进行实时监测。运行维护体系兼顾多方面的需求，在统一的平台下实现对异构的IT环境的运行、维护的规范化，对用户网络系统的使用效果进行综合管理和分析，主要包括监控系统及服务管理系统两部分。

10.2　装备数字化大修管理控制系统需求分析

装备大修工作环节多、过程复杂、维修周期长，每项工作都需要生产、技术、质控和器材备件等相关部门协调完成，因此迫切需要借助数字化技术来组织管理装备维修工作，利用统一的数字化平台来保证装备大修技术文件的适时有效性和质量控制的准确性以及历史信息的追溯性，构建精细化管理信息系统就成了信息化条件下组织开展装备大修工作的必然选择。

10.2.1　装备数字化大修管理控制系统建设背景

1. 项目背景

随着我军装备现代化的不断推进和军事斗争准备的进一步深入，大批高新技术新装备陆续列装部队，新型装备品种、型号、批次和数量日益增多，具有技术含量高、结构复杂等特点，一种装备就涉及雷达、光学、导弹、火控、检测、电站等诸多专业，仅雷达系统就集成了相控阵、激光测距、电视跟踪、光学指挥镜遥控、频率捷变、脉冲压缩、动目标、多普勒、控制软件等高新技术。这些装备技术含量高、修理难度大，对装备基地级的修理能力提出了很高的要求。如何确保在新的形势下，装备部队的高新技术武器装备能够长期地形成战斗力，是装备修理工厂维修保障现代化建设面临的新问题、新挑战。

长期以来，陆军各装备修理工厂始终担负着部队武器装备的维修保障服务，对于部队不断更新和不断增多的武器装备所出现的各种涉及新技术和新工艺的装备维修问题，各装备修理工厂不断地突破和更新自身的修理能力，全力为部队装备保障服务。由于各种因素的制约，各装备修理工厂不同程度地出现了修理资源跟不上装备发展的需要，本应是随着新技术装备的增加而投入的新保障资源建设未能得到有效落实，本应是修理厂的装备修理任务转交给了装备生产厂，致使修理厂的资源建设得不到有效的资金投入，难以形成人才的聚集和经验的积累。所以，在较长的时间里装备修理工厂都没有形成良好的发展循环，现代化的修理资源建设也始终是装备修理工厂的一个目标和期盼。

为紧跟现代化陆军发展步伐和陆军信息化建设转型要求，全面推动新型武器装备维修管理的信息化水平，大力提升装备修理工厂装备维修保障精细化、规范化、数字化水平，本项目拟研究提出基于精细化管理的装备大修数字化控制系统工程建设方案，即考虑结合现行的××自行榴弹炮装备维修模式和修理工厂的客观设备工装条件，重点以维修管理、维修现场、维修资源、维修调控、大数据中心五个方面的内容开展建设。该建设方案拟以国军标装备质量管理体系要求为依据，在装备大修全过程紧紧抓住质量管理这条主线，以结合实际好用、设计新颖先进、方案贴切易行三个方面为指导原则，在组织各修理分厂车间相关技术人员对方案建设内容进行分解研究、对各车间班组实际工作流程进行检查对照的基础上，通过对提出的初步方案进行剖析研究和反复讨论，形成了对装备修理工厂进行维修信息化全面建设的总体方案。

基于此，装备修理工厂依托计算机网络、软件和物联网等基础 IT 设施，以《质量管理体系要求》(GJB 9001B—2009)质量标准体系为依据，立足于修理工厂装备大修质量管理的实际需求，采用 SOA 技术架构，构建装备修理工厂数字化大修管理控制系统工程总体构架，全面支持装备修理工厂研发、生产、维修过程质量控制，资源管理、维修现场末端数据采集与业务追溯。同时，通过装备大修数字化管理控制工程建立修理工厂大数据中心，实现数据的综合统计分析和维修知识经验沉淀积累，最终实现装备的健康管理。

2. 装备大修业务组织流程

装备大修业务组织流程如图 10.2.1 所示。

10.2.2 现行大修组织管理模式存在的主要问题

目前，某装备修理工厂承担的装备修理任务来源及数量相对稳定，维修质量控制要求高，由于缺乏专业的数字化信息平台支撑，维修业务管理主要采取行政手段，维修作业数据采集主要依靠人工记录，数据存储主要采取纸质记录，信息传递主要采用上传下达，过程控制主要采用人工检查和监督，因此管理方式不够精细、管理难度较大。主要表现在如下方面：

(1)维修业务管理缺少过程控制先进工具手段支撑。目前，装备维修质量管理是技术质量管理工作的重要组成部分，维修质量是在装备修理过程中逐渐形成的，需要全程技术管理行为来配合维修质量管理工作，因此维修质量主要依赖人员个体意识、素质和行政手段，难以在修理过程中及时有效发现事件隐患，难以体现行政管理的有效性。采用事后处理的方式，在出现质量事故时损失将不可避免，难以提高管理效率和效益。

(2)维修过程中质量监督控制环节缺乏必要的设计。维修质量控制主要依靠维修工艺自然结果，当维修人员技术水平波动或差异较大时，维修质量控制存在较大自由度。特别是被修装备零部件技术性能参数在极限状态之间变化时，决策过程缺乏必要的约束。由于装备使用状态和负荷无法控制，零部件技术性能或参数变化可能超出原修理中认定的极限状态，从而产生规定修理间隔期之间的偶然故障。产生这一现象的原因是修理过程中缺乏有效的质量控制，缺乏寿命预测技术，未能在维修中杜绝质量事件隐患。出现类似情况通常要返修装备，这是后处理办法，虽然解决问题但损失不可避免，维修过程经济性差。

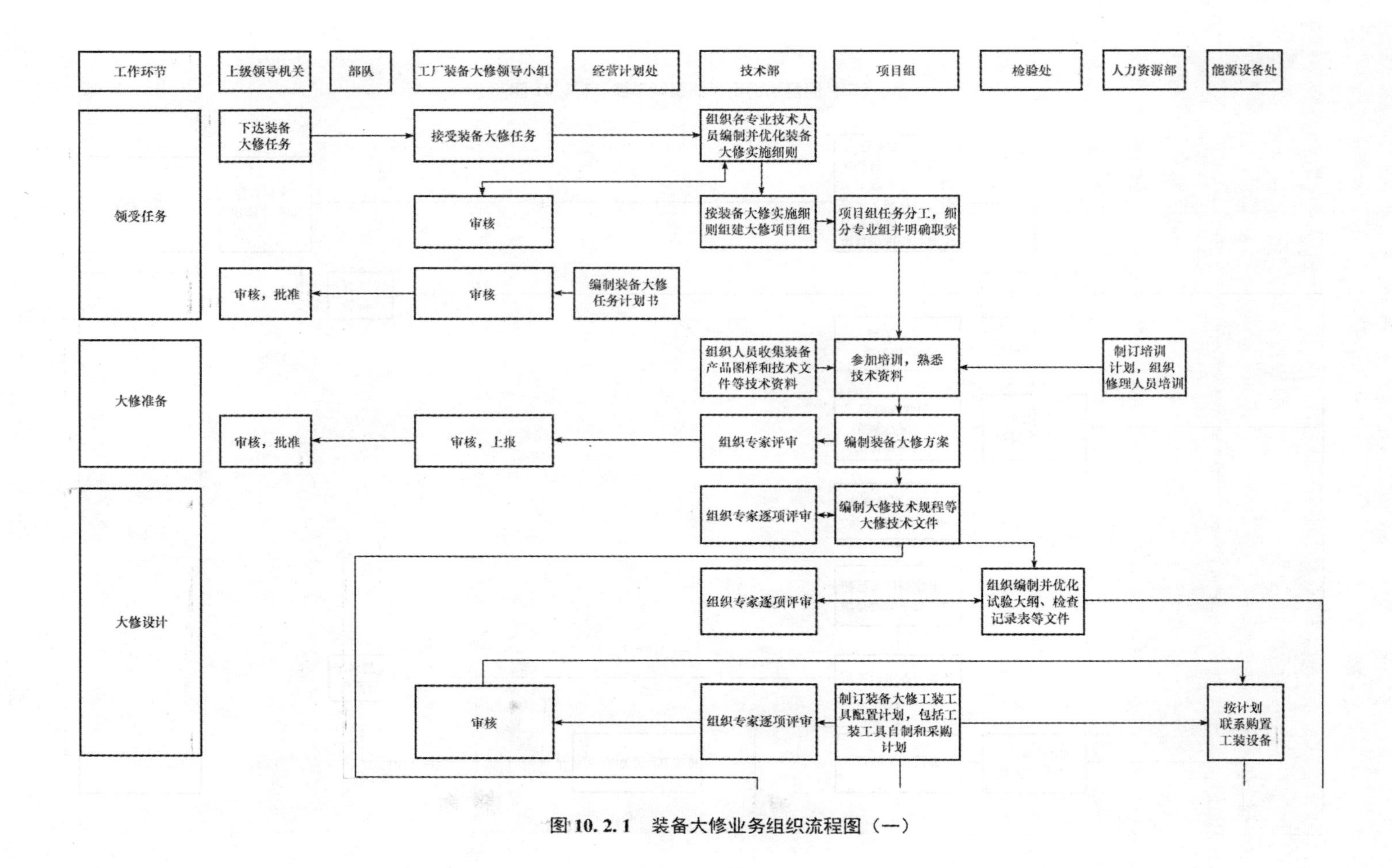

图 10.2.1　装备大修业务组织流程图（一）

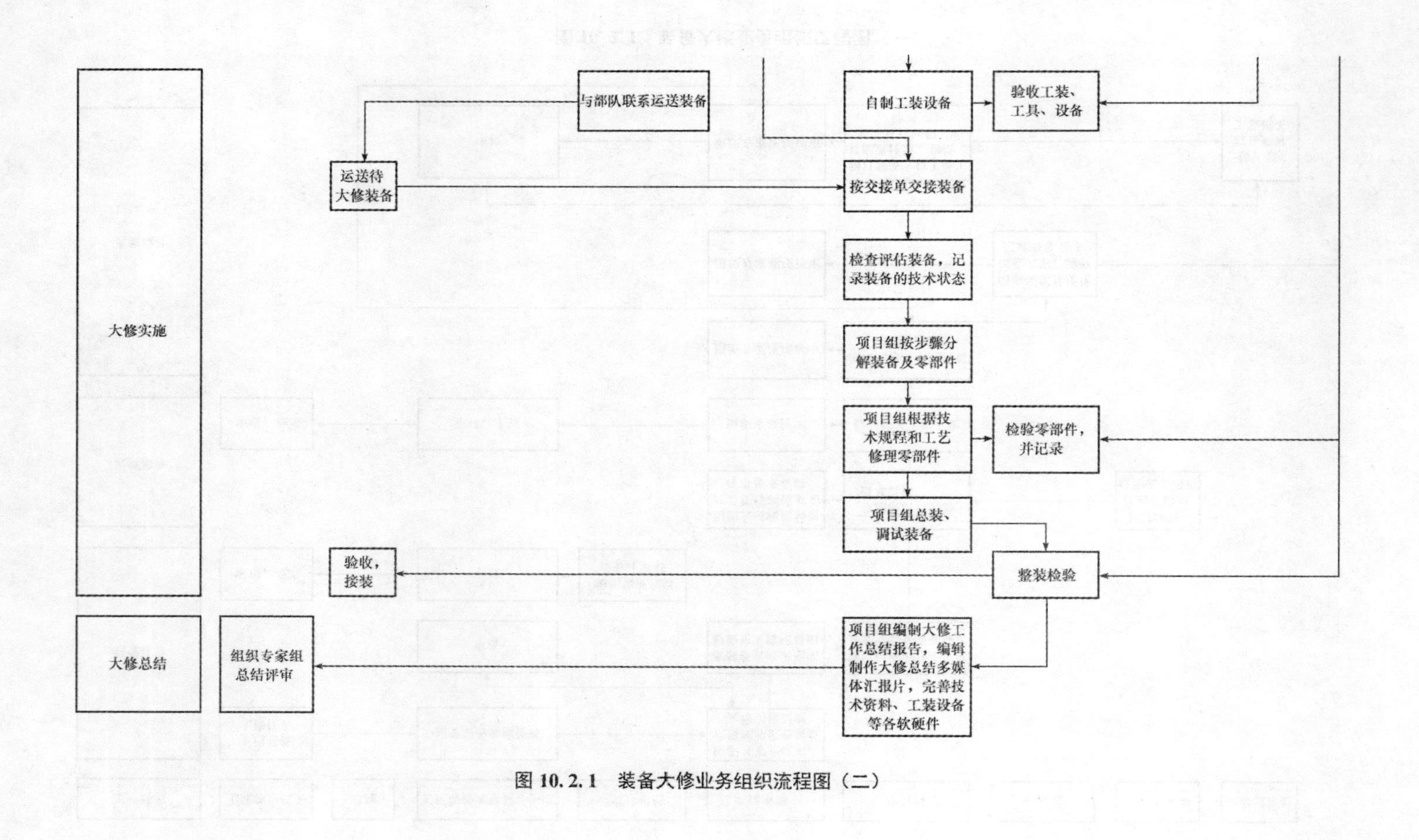

图 10.2.1 装备大修业务组织流程图（二）

(3)维修管理信息不够全面且采集的方式相对落后。新型复杂自行榴弹炮装备维修时涉及工艺要求多，技术调整内容直接影响装备维修质量。但现实维修组织实施中大量技术数据缺乏统计，评定质量主要依靠修理调整结束时的装备状态，忽略了过程信息，在评价和控制维修质量时缺少有效的信息依据。缺乏信息统计，维修数据收集困难，维修中的问题不能得到有效总结，积累的经验和典型案例无法被范围更广的保障人员了解掌握，难以为后续维修和维修质量管理提供有效支持。

(4)无专业的信息管理平台支撑质量管理体系运行。质量标准体系作为装备大修精细化管理内容的重要组成部分，需要按照装备修理工厂的规章制度把各项工作的工作流程、工作方法加以精细化规定，并以标准形式确定下来，通过文件的方式加以保存，使之标准化、明确化，并切实贯彻执行。没有标准化，就没有精细化，要通过建立统一的技术标准、工作标准和管理标准等，使执行者的岗位责任明确化、工作实施流程化、实际操作程序化、检查考核精细化，及时用客观规则发现管理弱点，用可靠数字改善工作效益，用固定尺度衡量能力差异。目前，装备修理工厂依据《质量管理体系要求》(GJB 9001B—2009)建立的质量管理体系需要通过专业的信息管理平台具体落实在各个业务管理环节和维修过程中。

基于以上原因，提高装备修理工厂的精细化管理水平，迫切需要大力加强装备修理工厂数字化大修管理控制系统建设，建立修理工厂信息化网络环境，开发应用信息化管理平台，将生产管理、维修管理、质量管理与生产维修过程紧密结合起来，采取多种技术与管理方法，保证生产维修全过程各类质量管理信息与数据能实时采集、汇总，以利于开展基于质量管控的业务工作，使质量管理工作能在工作环节得以固化和实施，让数据信息反映问题。用稳定、广泛的数据信息流联结与生产维修相关的各项业务活动，形成完整的管理闭环，真正使信息对装备生产维修质量产生反馈和支持，从而解决当前维修质量管理数据不足、规律不清的问题，使修理工厂管理层能够通过该工程系统及时、全面、准确地掌控设计、生产、管理过程的实际质量状态；通过规范的流程设置、预警和监控，实现业务过程受控；通过大数据统计分析，为管理决策提供有效支持；通过健康管理，实现装备信息追溯，同时为工厂质量管理体系的高效运行奠定基础。

10.2.3　装备数字化大修精细化管理控制系统建设内容

装备数字化大修管理控制系统紧密结合《质量管理体系要求》(GJB 9001B—2009)，立足“维修管理、维修现场、维修资源、维修调控、大数据中心”五大要素，顺应“大数据和装备健康管理”两大发展趋势，以精细化管理思想为基础，以品质活动为内容，以数据采集和数据统计为实现方法，协同修理工厂各职能部门全员参与，提升修理工厂装备维修质量和效率、降低修理成本，保障修理工厂维修质量管理和维修效率持续改进。

装备修理工厂数字化大修管理控制系统主要建设内容如下：

(1)建立规范灵活的装备维修业务管理平台。为修理工厂建立全过程可追溯维修业务及质量控制业务运行信息平台，实现从部队需求管理、过程策划、维修服务到质量跟踪等全质量过程的管理和控制，使质量管理体系要求得到充分有效贯彻，有效提高装备修理工厂运营效率，规范各类管理流程，促进修理工厂管理绩效的持续改善。

(2)建立高效快捷的修理现场数据采集平台。通过对修理现场的信息化改造，建立数字化工间，以修理工位为节点，设置末端数据采集装置，实现修理过程的数据采集，确保修理全过程数据的完整性和客观准确性，为大数据中心和装备修理全程追溯奠定基础。

(3)建立可视化的维修调控作业系统。通过在调度中心、修理工间、工位节点、器材仓库等场所设置看板系统，实现装备修理进度、资源调配全程可控。

(4)建立维修资源综合管理平台。利用计算机软件和网络技术，射频、条码等物联网技术，对人员、维修器材、设施设备、工具仪表、图纸资料等装备大修资源进行统一管理，做到人员合理调配、物资设备账卡物相符，为资源的高效合理调配提供支撑。

(5)建立装备修理大数据中心。建立装备修理大数据中心，实现维修业务、维修质量、维修资源、维修专家案例的综合分析与统计，实现数据挖掘与决策分析；利用大数据思想和物联网技术，实现装备修理和使用过程的人、机、料、法、环全域标识与全程追溯，同时通过现代信息技术，将质量管理延伸到装备使用单位，丰富完善装备维修的履历信息，达到对送修装备的全面健康管理。

装备数字化大修精细化管理控制系统主要建设内容如图 10.2.2 所示。

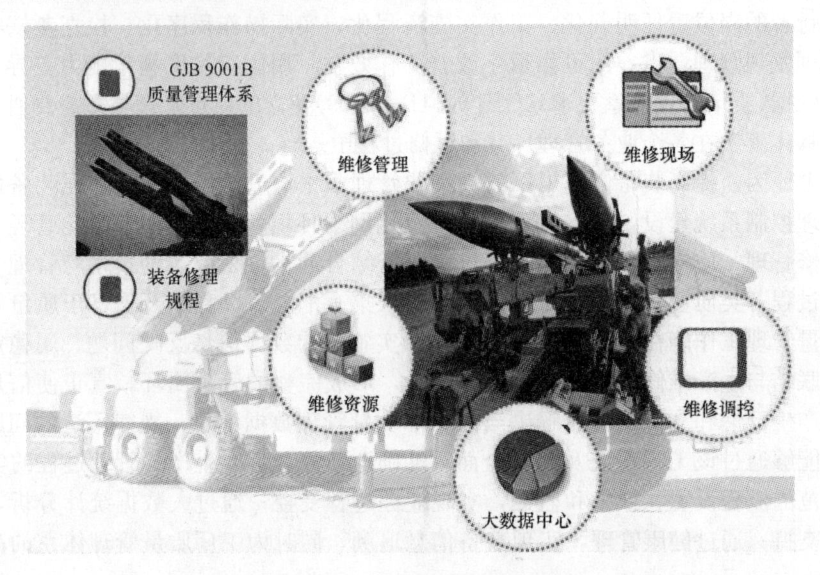

图 10.2.2　装备数字化大修精细化管理控制系统主要建设内容

10.3　装备数字化大修精细化管理控制系统架构

10.3.1　管理控制系统的功能架构与系统部署

1. 功能架构

装备数字化大修精细化管理控制系统的总体功能架构如图 10.3.1 所示。

2. 系统部署

系统部署主要分为装备修理工厂厂区系统和使用部队系统两部分，装备修理工厂厂区系统主要依托于修理工厂内部局域网，通过建立现场数据采集网络的方式实现，系统部署主要包括机关、质量控制部门、生产技术部门、修理车间和维修器材备件库；使用部队系统部署离线数据采集终端，实现装备完整的质量跟踪。整体结构如图 10.3.2 所示。

(1)在装备修理工厂机关，主要设置领导查询管理终端、质量控制室终端、生产技术部终端和相应的调度看板系统。

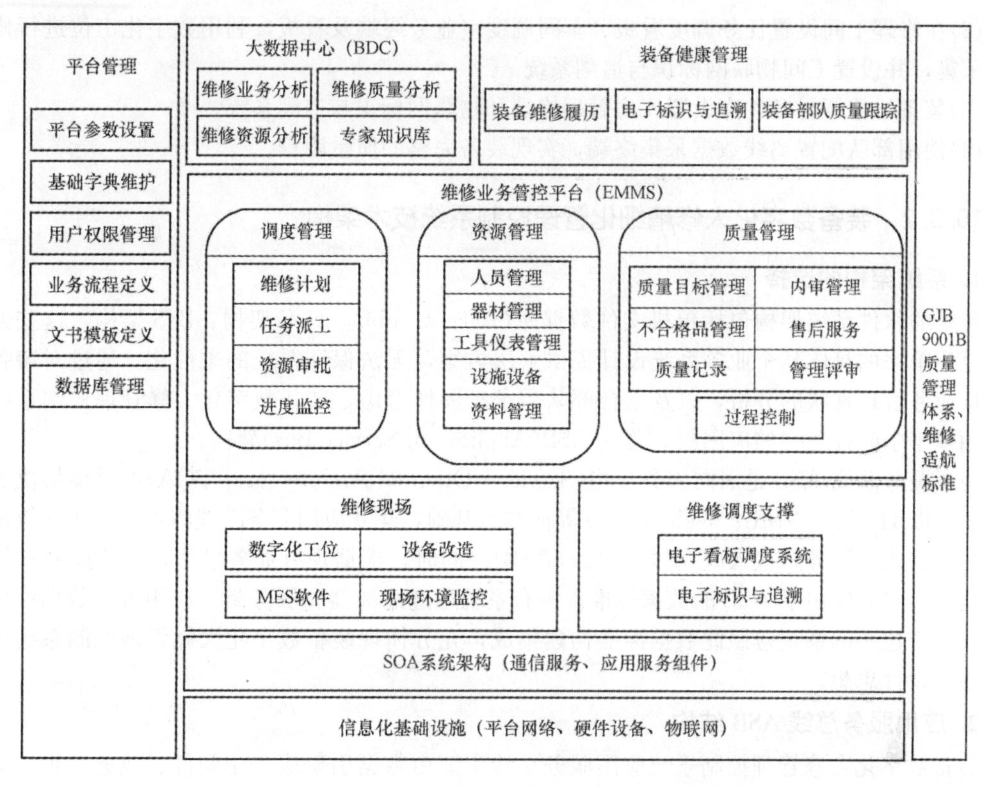

图 10.3.1　装备数字化大修精细化管理控制系统的总体功能架构

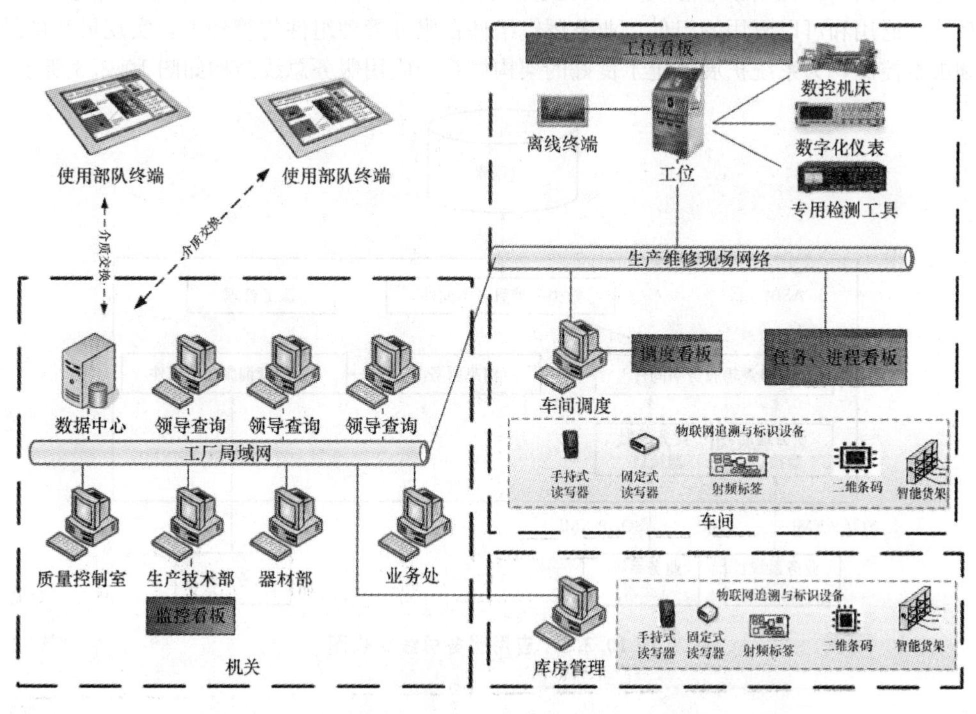

图 10.3.2　装备数字化大修精细化管理控制系统部署示意图

(2)在修理工间设置任务调度看板、车间调度室业务终端及看板，利用数字化工位进行修理数据采集，并设置工间物联网标识与追溯系统。

(3)装备维修器材备件库设置库房管理终端和物联网标识与追溯系统。

(4)使用部队配置离线数据采集终端，实现装备完整的质量跟踪。

10.3.2 装备数字化大修精细化管理控制系统技术架构

1. 系统架构的选择

传统的软件系统架构包括单机文件数据库(Access、dbf)、C/S架构、B/S架构，这些架构通常是为单一的具体某个业务系统设计提供解决方案，无法保证系统的柔性化。通过对装备修理工厂业务管理现状的分析，以及结合部队需求扩展性考虑，装备数字化大修管理控制系统架构采用基于中间件思想的应用服务总线ASB(Application Service Bus)架构。

应用服务总线ASB是面向服务架构(Service-Oriented Architecture，SOA)的具体解决和实现方案，以HTTP、XML、Web Service等标准为基础，建立应用服务总线将业务应用系统的业务逻辑封装成为服务，接入应用服务总线(ASB)。同时，根据现有业务模型，参考原有系统的数据模型，建立应用于ASB的数据标准。现有系统通过适配器和服务封装应用进行数据结构间的转换，新建立的系统遵照此数据标准构建集成，充分体现装备数字化大修管理控制系统架构的柔性化设计思想。

2. 应用服务总线ASB结构

装备数字化大修管理控制系统应用服务总线主要由数据引擎服务中间件、业务逻辑服务中间件、数据查询服务中间件以及消息服务、服务管理五部分组成，以及针对不同业务系统的对应业务适配器接口。应用服务总线采用可复用的机制进行设计，其中数据引擎、消息服务、服务管理等是通用和可以复用的组件，业务逻辑组件在服务管理组件的管理下，实现灵活的挂载/卸载和版本控制，为系统扩展奠定了良好的架构体系。应用服务总线结构如图10.3.3所示。

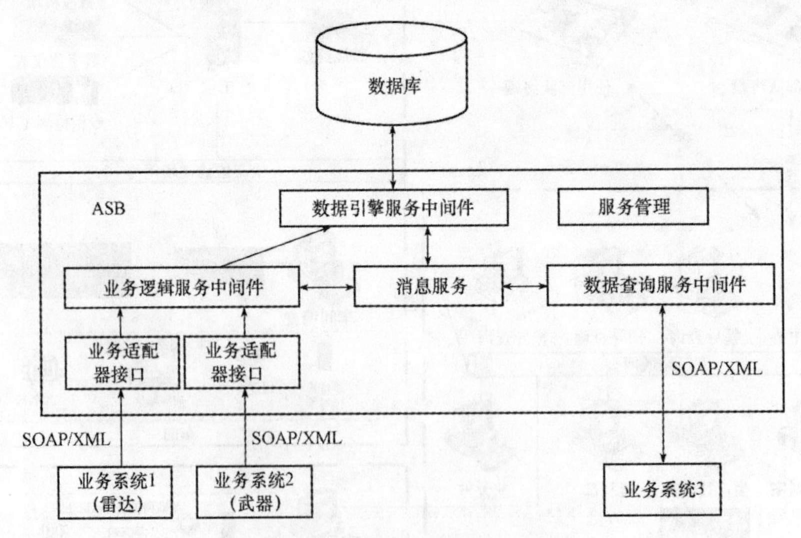

图10.3.3 应用服务总线结构图

3. 技术标准

(1)以XML作为数据交换格式标准。装备数字化大修管理控制系统数据格式标准采用标准的 XML，XML 不仅提供了数据的可移植性，而且提供了一种以不同视图展示数据的机制。例如，格式表单既可以创建 HTML 页，也可以生成数据库表格并插入数据。XML 给应用软件赋予了强大的功能和灵活性，因此它给开发者和用户带来了许多好处，如更灵活的查询、数据的多样显示、不同来源数据的集成、在 Web 上发布数据、升级性、压缩性和开放的标准等。另外，作为一种可移植的数据机制，XML 具有强劲的发展势头。使用 XML 格式做文档交互已经被业界广为接受，易于日后与合作伙伴的业务系统和其他外部系统的有机整合。

(2)以 Web Service 作为服务提供标准。装备数字化大修管理控制系统服务提供采用 Web Service 的方式进行，Web Service 是一种以 SOAP 为轻量型传输协议、以 XML 为数据封装标准、基于 HTTP 的组件集成技术。从系统集成方面考虑，以往有许多用不同语言写成的、在不同平台上运行的各种程序，如果不采用 Web Service，集成这些应用程序将花费很大的开发力量。应用程序经常需要从运行的一台主机上的程序中获取数据，或者把数据发送到主机或其他平台应用程序中去。即使在同一个平台上，不同软件厂商生产的各种软件也常常需要集成起来。通过 Web Service，应用程序可以用标准的方法把功能和数据“暴露”出来，供其他应用程序使用。XML Web Services 提供了在松耦合环境中使用标准协议(HTTP、XML、SOAP 和 WSDL)交换消息的能力，消息可以是结构化的、带类型的，也可以是松散定义的。

第 11 章　装备数字化大修精细化管理控制系统总体设计

基于装备修理工厂数字化大修精细化管理需求分析和具体建设内容，本章重点从“维修业务管理平台、装备维修现场、装备维修调度、维修资源管理、大数据中心”五个方面，对装备数字化大修精细化管理控制系统的总体功能结构和具体功能模块进行详细设计。

11.1　总体功能结构

基于装备数字化大修管理控制系统的装备数字化大修精细化管理流程如图 11.1.1 所示。

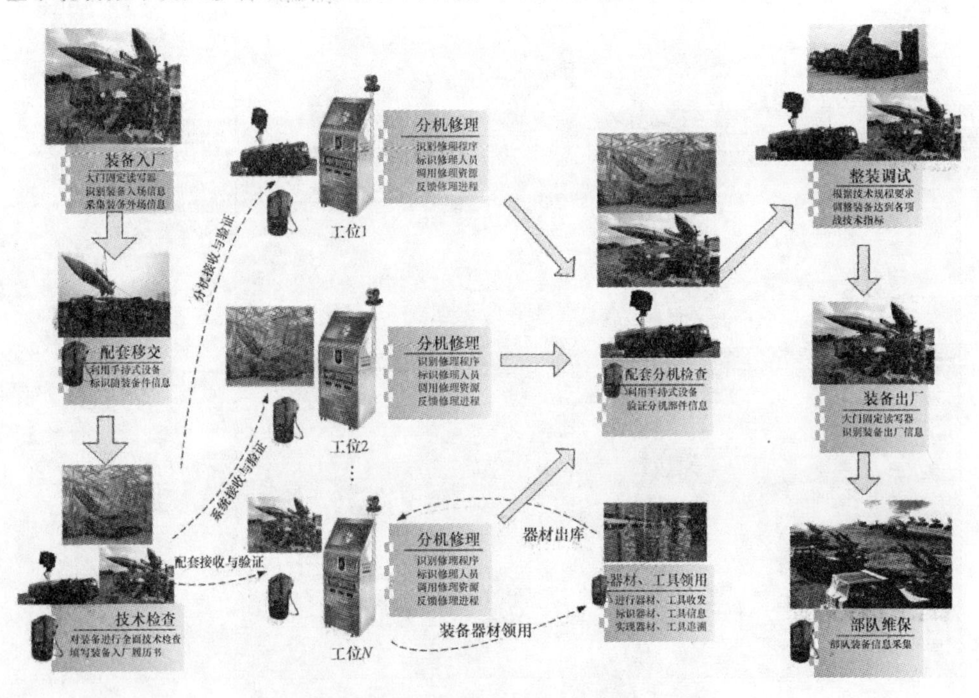

图 11.1.1　装备数字化大修精细化管理流程

装备数字化大修精细化管理控制系统功能模块如图 11.1.2 所示。

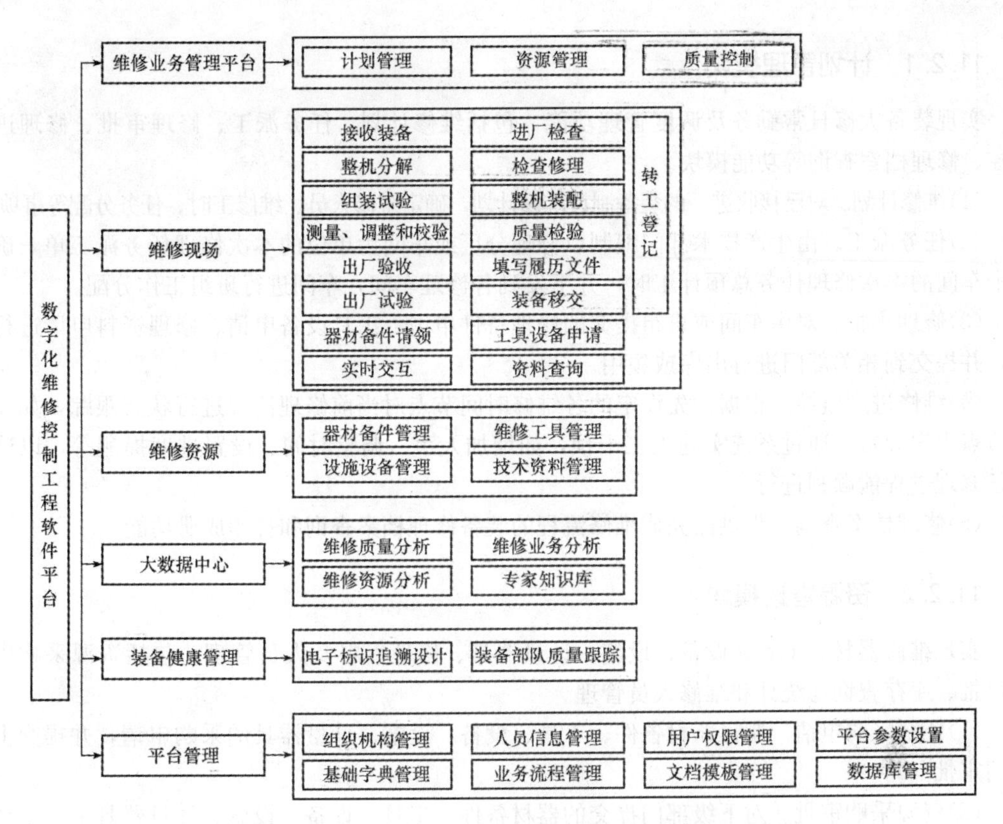

图 11.1.2　装备数字化大修精细化管理控制系统功能模块

11.2　维修业务管理平台

维修业务管理平台功能如图 11.2.1 所示。

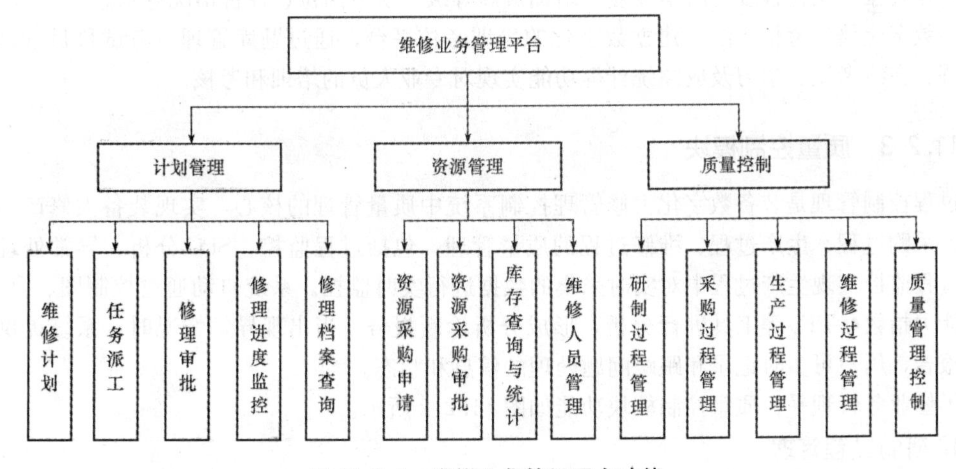

图 11.2.1　维修业务管理平台功能

11.2.1 计划管理模块

实现装备大修日常勤务及调度管理功能，包括维修计划、任务派工、修理审批、修理进度监控、修理档案查询等功能模块。

(1)维修计划。对已接收进厂的装备制订维修计划，确定维修人员、维修工时、任务分配等事项。

(2)任务派工。由生产技术部门编制以修理分厂或车间为单位的本次修理任务派工单，确定每个车间的本次修理任务总预计工时，并下发到各修理车间，车间进行班组工作分配。

(3)修理审批。对由车间或班组提交的修理备件申请、工具设备申请、修理资料申请进行审批，并提交到相关部门进行出库或领用。

(4)维修进度监控。根据预先设定的各维修时间节点对当前修理流程进行状态跟踪，如发现某节点出现异常，通过系统实施人工干预，如增加人手、调整时间、设置进度提醒等，以确保装备修理过程能顺利进行。

(5)修理档案查询。提供已完成维修流程的装备修理档案查询和打印成册功能。

11.2.2 资源管理模块

实现维修器材、工具、设备、设施、计量器具、修理资料及人员管理，包括资源采购申请与审批、库存查询与统计和维修人员管理。

(1)资源采购申请。制订器材备件、工具、设备、设施、计量器具的采购申请，并提交上级部门审批。

(2)资源采购审批。对下级部门提交的器材备件、工具、设备、设施、计量器具采购申请进行审批处理。

(3)库存查询与统计。可对器材备件、工具、设备、设施、计量器具、修理资料进行库存查询，可设定条件进行库存分类统计。

(4)维修人员管理。维修人员管理重点是人员信息管理和建立数字化的培训考核平台。主要包括：

1)专业人员信息维护。实现装备大修专业人员的维护，包括专业人员姓名、职称、政治面貌、毕业院校、文化程度、所学专业、培训最高等级、从事岗位、评价情况等信息。

2)数字化培训考核系统。建立数字化的培训考核平台，通过题库管理、考试科目管理、模拟训练、在线考试、学习及成绩统计等功能实现对专业人员的培训和考核。

11.2.3 质量控制模块

过程控制管理是装备数字化大修管理控制系统中质量管理的核心，实现装备大修产品研制过程、采购过程、生产过程、维修过程的质量管理，包括过程监控、SPC 分析、异常处理等功能。过程监控实现生产过程中对实时采集的数据进行实时监控。系统自动通过控制图、直方图、过程能力指数(CPK)等工具进行分析，形成分析诊断报告。当出现异常情况时，系统提供异常处理报告，用户可实时记录和跟踪问题处理的信息和状态。

维修业务管理平台质量控制模块功能如图 11.2.2 所示。

1. 研制过程管理

研制过程管理主要为装备修理工厂在产品或者项目研制过程中的质量管理工作提供支持，包括研制计划管理、研制阶段评审管理、研制过程试验管理、技术状态管理、技术鉴定管理和

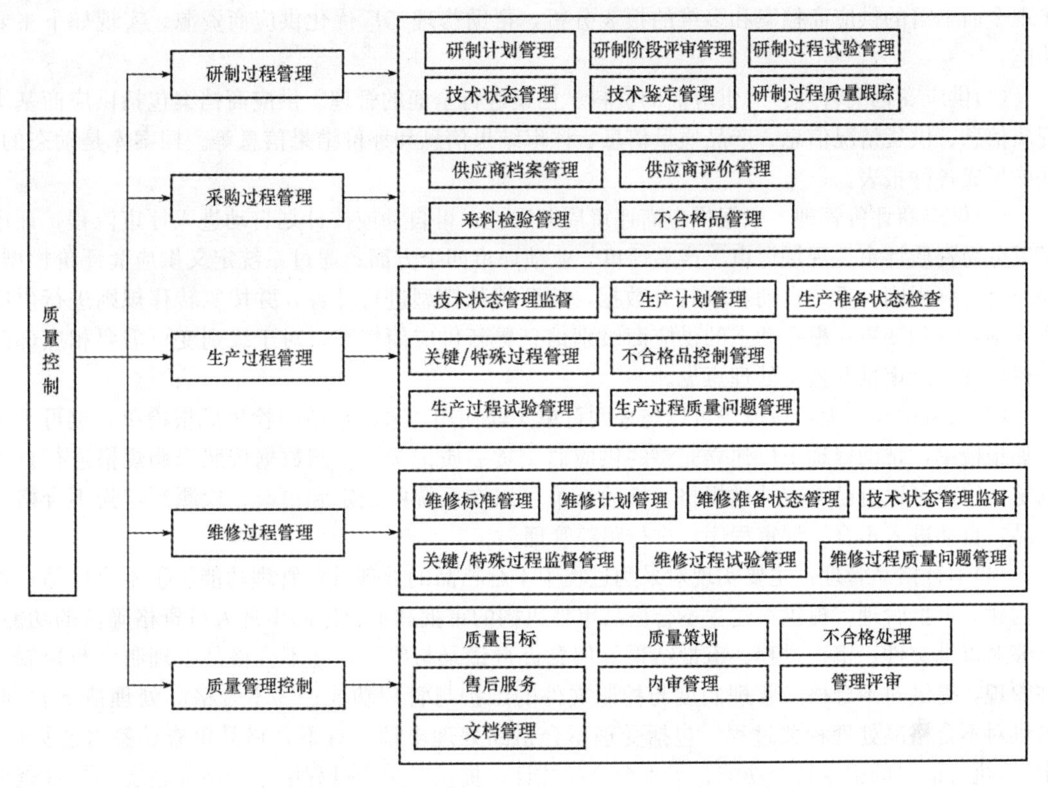

图 11.2.2　维修业务管理平台质量控制模块功能

研制过程质量跟踪等功能。

(1)研制计划管理：主要具备根据合同的要求，实现产品研制计划的编制、内容管理等功能，具体可包括监督计划编制和研制计划进程跟踪等功能。

(2)研制阶段评审管理：主要实现对产品研制的方案、初样、正样等阶段的审查和评审管理功能。

(3)研制过程试验管理：主要实现研制过程常规测试、内外场联试、环境适应性试验、电磁兼容性试验和可靠性试验等各类试验工作的管理功能，具体包括试验大纲、试验准备状态检查、试验数据汇总和试验报告管理、试验问题整改验证等。

(4)技术状态管理：主要实现对研制过程中的技术状态标识、控制、纪实、审核等活动进行监督管理的功能，同时支持对基线管理进行监督，具体功能包括技术状态标识管理、技术状态控制监督管理、技术状态纪实监督管理、基线管理。

(5)技术鉴定管理：主要实现技术鉴定条件检查，鉴定计划、鉴定试验大纲的拟定、评审，鉴定记录、鉴定问题的跟踪功能。

(6)研制过程质量跟踪：主要实现对研制过程中的质量问题进行判定、报告、处理、问题归零和统计分析的功能。

2. 采购过程管理

采购过程管理主要是按照《质量管理体系要求》(GJB 9001B—2009)对采购环节进行控制，以满足质量体系要求，通过对供应商质量信息的全面采集和管理，建立客观、真实的供应商评审、评价和改进体系。系统针对不同类别的供应商资源定义评价模型，实现系统的自动评价和定级，实现全面丰富的供应商档案和多维的报表分析，帮助修理工厂优化供应商资源。实现如下主要功能：

(1)供应商档案管理：对供应商的资料、档案进行全面的管理。供应商档案包括供应商基本资质信息、供货情况信息、产品质量信息、评审结果信息和评价结果信息等。档案库是动态的，并能形成各种报表。

(2)供应商评价管理：根据供应商评审周期属性，可自动或按计划自动进入评审流程，评审可以分为资质评审、现场评审、产品评审、业绩评审四个方面；通过系统定义供应商评价模型，并设定转移规则；系统自动获取打分数据，按照评价模型进行计算，并按照转移规则进行供应商级别划分和变更；根据动态的供应商级别信息更新供应商档案，对于级别变更需要相应部门进行处理记录审批并提交处理意见。

(3)来料检验管理：该模块可以与采购订单关联使用，采购订单报检生成报检单，也可手工添加报检单，帮助修理工厂建立完整的供应商交货品质记录，检测数据按照采购规格进行自动判定，用户可以自己设定抽样规格，检验标准可以在系统中设定和更改；检测判定为不合格的产品，自动进入不合格评审程序，进行跟踪管理。

(4)不合格品管理：主要实现对采购过程中不合格品的处理过程管理功能。①不合格品审理机构建立审批管理，提供对建立不合格品审理机构的审批和不合格品审理人员资格确认的功能，能够对审批文件、审批过程、审批结果等信息进行记录与维护；②不合格品管理制度与控制文件管理，提供对不合格品管理制度与控制文件的维护与管理功能；③不合格品处理情况管理，提供对不合格品处理相关过程，包括受理不合格品处理申请、对不合格品审查、签署意见(判定)等执行情况的记录管理功能；④不合格品统计，提供对生产过程中不合格品情况的统计查询功能。

3. 生产过程管理

生产过程管理主要实现对生产过程进行质量管理提供支持，包括生产计划管理、生产准备状态检查、技术状态管理监督、关键/特殊过程管理、不合格品控制管理、生产过程试验管理和生产过程质量问题管理等功能。

(1)生产计划管理：生产计划管理具备根据合同实现生产计划的编制、内容管理等功能。①质量要求管理，提供对于质量要求的维护与管理功能；②质量计划管理，提供对于质量计划的维护与管理功能；③质量内容管理，提供对于质量内容的维护与管理等功能。

(2)生产准备状态检查：主要实现对生产准备状态进行检查、监督、管理的功能，包括对人、机、料、法、环、测六个环节内容的检查记录的维护与查询。①检查方案管理，提供对检查方案的拟制、输出等功能；②检查结果管理，提供对检查结果的记录、汇总，检查问题处理情况管理等功能。

(3)技术状态管理监督：主要实现对生产阶段的技术状态管理活动进行监督的功能。①技术状态标识管理，提供对生产单位标识技术状态活动进行监督的功能，并能够记录相关信息，支持查询；②技术状态控制管理，提供对技术状态控制更改进行记录管理的功能，包括技术状态文件更改以及对技术状态产生影响的偏离和超差，进行评价、协调、批准或不批准以及实施等的记录；③技术状态纪实管理，提供对生产单位技术状态纪实情况的监督管理功能，技术状态纪实情况包括各种技术状况记录、过程报告和质量问题分析记录等；④技术状态审核管理，提供对生产单位技术状态审核过程的监督管理功能。

(4)关键/特殊过程管理：主要实现对生产单位关键/特殊过程(工序)的识别和质量控制管理功能。①工艺文件审查管理，提供对工艺文件的审查记录的维护与管理功能；②工序审核管理，提供对工序的审核管理功能；③工序能力指数检查管理，提供对工序能力指数检查记录的维护与管理功能；④受控情况考核管理，提供对固定提交项目等受控情况考核记录的维护与管理功能。

(5)不合格品控制管理：主要实现对生产过程中的不合格品的处理过程的管理功能。①不合格品审理机构建立审批管理，提供对建立不合格品审理机构的审批和不合格品审理人员资格确认的功能，能够对审批文件、审批过程、审批结果等信息进行记录与维护；②不合格品管理制度与控制文件管理，提供对不合格品管理制度与控制文件的维护与管理功能；③不合格品处理情况管理，提供对不合格品处理相关过程，包括受理不合格品处理申请、对不合格品审查、签署意见(判定)等执行情况的记录管理功能；④不合格品统计，提供对生产过程中不合格品情况的统计查询功能。

(6)生产过程试验管理：主要实现生产过程例行试验、环境适应性试验、电磁兼容性试验、可靠性试验和专项试验等各类试验工作的管理功能。①例行试验管理，提供对例行试验相关技术资料和记录的管理功能；②环境适应性试验管理，提供对环境适应性试验相关技术资料和记录的管理功能；③电磁兼容性试验管理，提供对电磁兼容性试验相关技术资料和记录的管理功能；④可靠性试验管理，提供对可靠性试验相关技术资料和记录的管理功能；⑤专项试验管理，提供对生产过程中进行的专项试验的相关技术资料和记录的管理功能。

(7)生产过程质量问题管理：主要实现对生产过程中的质量问题进行调查核实、初步判定、报告情况、定位分析、采取措施、归零评审、资料归档和统计分析等功能。①生产过程质量问题调查核实，提供对生产过程质量问题调查核实信息的维护与管理功能；②生产过程质量问题初步判定，提供对质量问题的等级设定等初步判定信息的维护与管理功能；③生产过程质量问题报告情况，提供对生产过程质量问题报告的维护功能；④生产过程质量问题定位分析，提供对生产过程质量问题的定位分析结果的维护与管理功能；⑤生产过程质量问题采取措施，提供对生产过程质量问题所采取的措施进行记录、管理、维护的功能；⑥生产过程质量问题归零评审，提供对生产过程质量问题归零评审记录的管理与维护功能；⑦生产过程质量问题资料归档，提供对生产过程质量问题资料的归档功能；⑧生产过程质量问题统计分析，提供对生产过程质量问题进行统计分析的功能。

4. 维修过程管理

维修过程管理主要是对维修过程中的质量问题处理情况进行监督管理的手段，包括维修标准管理、维修计划管理、维修准备状态管理、技术状态管理监督、关键/特殊过程监督管理、维修过程试验管理和维修过程质量问题管理等功能。

(1)维修标准管理：主要实现对维修标准的采集、维护与查询等功能。①维修标准采集与维护，提供对维修标准文件的采集、维护与管理功能；②维修标准查询，提供按照指定条件对维修标准进行查询的功能。

(2)维修计划管理：实现维修过程计划的编制、内容管理等功能。①质量要求管理，提供对于质量监督要求的维护与管理功能；②修理计划管理，提供对于质量监督计划的维护与管理功能；③修理方案管理，提供对于质量监督内容的维护与管理等功能。

(3)维修准备状态管理：主要实现对维修单位维修准备状态的检查监督情况进行管理的功能，包括对人、机、料、法、环、测六个环节内容的检查记录的维护与查询等。①检查方案管理，提供对检查方案的拟制、输出等管理功能；②检查结果管理，提供对检查结果的记录、汇总，检查问题处理情况管理等功能。

(4)技术状态管理监督：主要实现对维修阶段的技术状态管理活动进行监督的功能。①技术状态标识管理，提供对维修单位标识技术状态活动进行监督的功能，并能够记录相关信息，支持查询；②技术状态控制管理，提供对技术状态控制更改进行记录管理的功能，包括技术状态文件更改以及对技术状态产生影响的偏离和超差，进行评价、协调、批准或不批准以及实施等的记录；③技术状态纪实管理，提供对维修单位技术状态纪实情况的监督管理功能，技术状态纪实情况包括各种技术状况记录、过程报告和质量问题分析记录等；④技术状态审核管理，提供对维修单位技术状态审核过程的监督管理功能。

(5)关键/特殊过程监督管理：主要实现对维修单位关键/特殊过程(工序)的监督功能。①工艺文件审查管理，提供对工艺文件的审查记录的维护与管理功能；②工序审核管理，提供对工序的审核情况的管理与维护功能；③工序能力指数检查管理，提供对工序能力指数检查记录的维护与管理功能；④受控情况考核管理，提供对受控情况考核记录的维护与管理功能。

(6)维修过程试验管理：主要实现对维修过程中进行的各种试验的计划、执行过程、执行结果等信息进行管理的功能。①试验大纲审查，提供试验大纲内容的录入、查看、导出、接收等数据维护功能，同时支持对试验大纲的审查功能；②试验准备状态检查，提供对试验准备状态情况进行记录的功能，同时支持对试验准备状态的审查功能；③试验数据汇总，提供对试验数据结果的汇总、审核等功能；④试验问题整改验证，提供对试验问题记录，整改情况追踪验证等功能。

(7)维修过程质量问题管理：主要实现对维修过程中的质量问题进行调查核实、初步判定、报告情况、定位分析、采取措施、归零评审、资料归档和统计分析等功能。①维修过程质量问题调查核实，提供对维修过程质量问题调查核实信息的维护与管理功能；②维修过程质量问题初步判定，提供对质量问题的等级设定等初步判定信息的维护与管理功能；③维修过程质量问题报告情况，提供对维修过程质量问题报告的维护功能；④维修过程质量问题定位分析，提供对维修过程质量问题的定位分析结果的维护与管理功能；⑤维修过程质量问题采取措施，提供对维修过程质量问题所采取的措施的记录、管理、维护功能；⑥维修过程质量问题归零评审，提供对维修过程质量问题归零评审记录的管理与维护功能；⑦维修过程质量问题资料归档，提供对维修过程质量问题资料的归档功能；⑧维修过程质量问题统计分析，提供对维修过程质量问题进行统计分析的功能。

5. 质量管理控制

(1)质量目标。录入装备修理工厂年度总体质量目标计划和各个业务部门的质量目标计划，并随时关注质量目标的实际完成情况，系统通过对实际业务数据的统计与质量目标对比分析，随时把控修理工厂质量目标的完成情况，出现异常及时报警。

(2)质量策划。管理修理工厂各部门质量管理策划工作记录，例如各种产品策划、设计和生产的策划、采购策划等。系统可根据实际业务进度反馈策划的实际执行状况，并进行关键质量问题报警，以便及时调整策划目标。

(3)不合格处理。预先在系统中设置不合格品审理委员会人员名单和权限信息，设置放行标准。当进料检验、过程检验、成品检验、交互检验等验证活动发生不合格情况时，自动触发不合格品处理程序进行处理。

(4)售后服务。售后服务管理是对产品交付后服务过程和产品使用过程质量信息进行收集和汇总；对客户的投诉进行管理，并跟踪监控问题的处理过程，确保得到纠正和预防。通过以上几个方面全面收集产品在使用过程的质量信息，尤其是故障信息。对产品的故障模式和失效情况进行统计分析，评价产品使用质量水平和失效规律。

(5)内审管理。内审管理目的是验证质量管理体系是否符合标准要求，是否得到有效的保持、实施，对发现的问题进行改进。系统自动根据质量管理策划中内审流程要求，启动内审流程，可通过系统编制内部审核计划，自动根据模板生成各部门内审检查单，内审员根据内审检查单对各部门进行内审工作，记录内审检查结果，形成内部审核报告，对不符项跟踪整改情况。

(6)管理评审。根据管理评审程序，启动管理评审流程，对本单位质量管理体系的运行进行评价，以确保其适宜性、充分性、有效性和效率。主要包括制订管理评审计划，整理和提交评审输入报告(可根据业务数据自动生成)评审记录，评审的改进措施跟踪等内容。

(7)文档管理。文档管理主要分为受控文件、共享资料、个人文档和部分质量记录的管理。通过对受控文件全生命周期的管理，实现电子化的质量文件编制、审批、变更、流转、发放以及版本控制、权限控制和查询检索等；对共享资料的管理主要是实现对共享资料的网络共享和查询检索；对个人文档的管理主要是实现对个人文档进行管理和查询检索；质量记录是质量体系文件执行和质量管理过程控制的证据，对质量记录的管理主要是实现对没有信息系统支持的质量过程，提供质量信息模板，帮助快速编制质量记录，并且实现质量记录的网络共享和查询检索。主要包括如下功能模块：

1)受控文件管理。质量体系文件的基础信息是文件管理和运行的基础。对于受控文件的全生命周期的编制、审批、发放、评审、更改、状态标识、保管、作废等不同环节和流程进行控制。通过工作流与相关文档之间建立关联，系统即可自动触发相关工作流，以推动审核和审批流程。审签状态通知及时提醒相关人员进行审签。对文档生命周期内的所有版本准确记录，便于追溯、核查，并保证文件使用的唯一性。文档被打开、修改、关闭、保存时签入回服务器，同时自动生成为新版，等待审批。新版未通过审批发布时，仍使用旧版文件；新版发布的同时，旧版自动作废。同时，自动保存更改履历和旧版文档备查。

2)共享资料管理。共享资料可以上传后供授权用户查询，共享资料按树状结构提供分类查询。共享资料被打开、修改、关闭、保存时签入回服务器，同时自动保存更改履历和旧版文档备查。

3)个人文档管理。个人文档管理仅对系统用户的个人文档进行管理，按树状结构提供分类查询。个人文档修改、关闭、保存、时签入回服务器，同时自动保存更改履历和旧版文档备查。

4)质量记录管理。根据修理工厂电子文档和纸制文档混合应用的实际情况，系统可对质量记录和技术文档等纸制文档进行综合管理。用户可自定义检索表头，对所有的纸制文档编排目录进行分类管理和检索。对于质量记录等需要保留原始凭证的文档，可以扫描后与检索表头同步管理。系统提供了与其他系统进行数据交互的接口，从而保证能够方便地与其他系统中有关的质量记录文档进行统一归档管理。

5)综合查询检索。系统提供主题性文档搜索，以关键词或模糊信息快捷查询检索所需文档资料。用户不仅可以对文档名称进行查询，还可以根据文档属性对文档进行逻辑查询，以满足用户对各种文件进行查询和检索的需要。

11.3　装备维修现场

11.3.1　总体设计思路

装备维修现场质量控制是整个装备数字化大修管理控制系统的核心功能之一。目前装备修理工厂的实际情况是生产过程质量信息主要依靠手工填写随工单、检验单的方式进行，填写效率低，数据实时性和准确性较差，可能会出现笔误或者人为因素干扰导致质量信息的不准确和不规范，造成质量信息丢失和出现质量问题追溯困难等情况。通过信息化手段获得对生产现场质量数据的全面采集，可以实现对生产过程的信息化质量管理与网络化监控。系统通过对工单信息、检验信息和不合格信息的采集、处理和分析，形成全面的产品质量档案库，实现质量跟踪与追溯；对关键质量特性应用统计过程控制(SPC)技术，进行实时监控和预警，及时发现过程异常加以消除，从根本上降低不合格品率。

装备数字化大修管理控制系统维修现场管控实现的主要设计思路如下：

(1)部署现场 MES 软件系统，保障生产、维修工序规范化、标准化、精细化，实时反馈生产修理进度，保证生产维修现场受控。

(2)部署数字化工位，建立末端数据采集节点，在关键生产、维修、检验工位部署设置数字化工位，实现维修检验数据的采集以及与管理中心之间的实时信息交互，保障现场数据的准确性和现场作业的可控性。

(3)部署 CMCU 协同修理单元，对现有的修理工装和检测设备进行数字化接口改造，建立现场数据采集平台，实现现场数据自动采集。

11.3.2 车间数字化工位建设

1. 主要设备

装备修理展开时，将首先对送修装备进行全面的技术检查登记(通常在调试工间进行)；将配套的分系统、拆卸的各系统分机送到各专业的分机工间进行检查修理；将采用特种工艺和具有特别技术要求的分系统或分机送到特设工间进行检查修理；修理完成后的各系统和分机送回调试工间进行装备技术性能调试。其全过程用工时间长、专业交叉多、修理资源应用多，将产生各种复杂的修理过程数据。实现数字化修理工间的核心是需要一套完整的装备修理过程的质量数据，主要包括现场设备运行技术状态、送修装备修理记录、送修装备检验等数据，其数据采集方式分为自动采集和人工采集两种方式。现场控制系统主要由修理现场网络、工位信息化综合处理装置、CMCU、离线终端和软件系统组成，如图 11.3.1 所示。

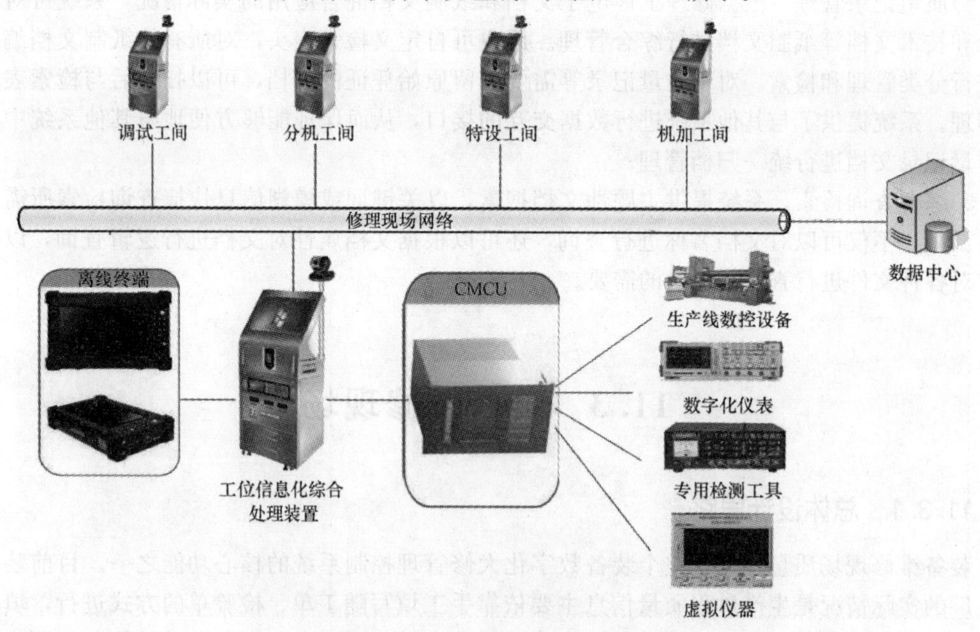

图 11.3.1 现场控制系统组成

(1)工位信息化综合处理装置。生产过程的数据采集和质量控制主要依托于工位信息化综合处理装置实现。工位信息化综合处理装置主要部署在各生产维修工序和检验线上，与前端的生产维修设备、检验设备连接，自动采集设备和检验工具的数据。维修业务管理平台调度系统自动将生产、维修、检验任务推送到各个工位装置上。修理人员通过装置受理相应的任务，录入该工位的生产维修信息，例如生产工序、维修项目、器材消耗、关重件的使用和追溯信息。

在生产维修过程中，设备和仪器产生的数据被自动采集到数字化维修管理控制系统，生产维修任务完成后，由生产工位提交检验信息，检验人员进入工位信息化综合处理装置后，系统自动列出检验项目和检验要求，检验人员将人工检验信息录入系统，检验设备产生的信息自动进入系统，系统自动根据检验数据判定产品是否合格，如果不合格将自动触发不合格品处理流程进行处理。在工位信息化综合处理装置上实现数据查询，例如产品技术资料、维修技术资料、物料请领和库存信息。

(2)离线终端。离线终端可采用大屏幕、多功能、工业级便携式移动平板计算机脑智能终端，如图 11.3.2 所示。它融合了 PDA 的便携移动性和计算机强大的计算功能，融入了触控和手写输入技术，并具备多种通信接口，很方便快捷地实现与数据采集终端连接，实现数据的手动和自动采集，利用其大屏幕特性和高效的计算能力，实现移动环境下或者装备内部与固定工位装置连接困难情况下的质量信息采集和传输功能。

图 11.3.2　离线终端

(3)CMCU。由于修理过程中所使用的各类设备(仪器仪表、修理平台、检测设备等)的接口方式和通信协议没有统一的规范，因此无法直接进入数据中心系统进行统一的管理和利用。CMCU 是实现数据中心和各种修理设备相互连接，进行数据自动采集的核心设备，为修理厂实现数字化装备修理，解决技术水平低、维修质量差等问题创造了有利条件。

2. 调试工间

调试工间工位装置按装备摆放位置配置，离线终端按班组配置，作为 MES 软件的运行终端和实现修理任务受领、作业调度、信息交互、数据查询、质量控制的末端信息节点，接收离线终端数据，实现装备修理进度的实时反馈，与调度中心之间实现实时视频和语音通信，便于修理调度，如图 11.3.3 所示。

3. 分机工间

分机工间工位装置按专业配置，各系统、组合、部件班组配置离线终端，作为 MES 软件的运行终端和实现修理任务受领、作业调度、信息交互、数据查询、质量控制的末端信息节点，接收离线终端数据，实现装备修理进度的实时反馈，与调度中心之间实现实时视频和语音通信，便于修理调度，如图 11.3.4 所示。

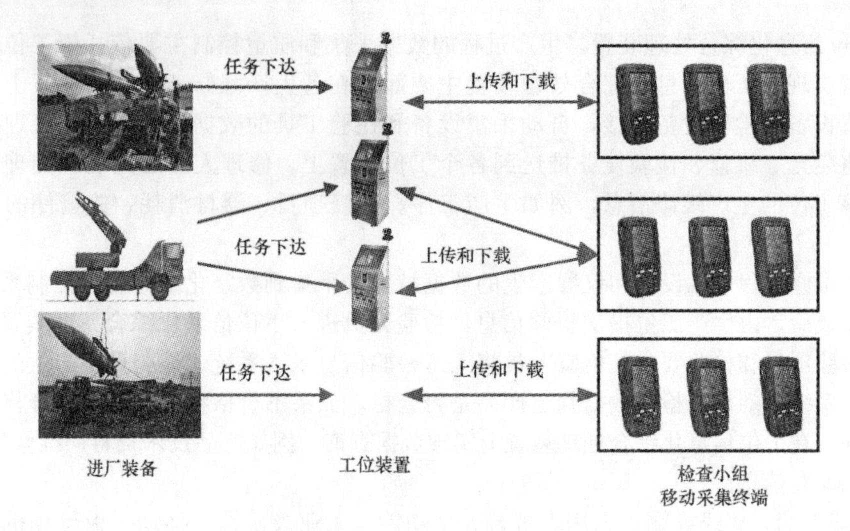

图 11.3.3　调试工间工位装置及移动采集终端配置图

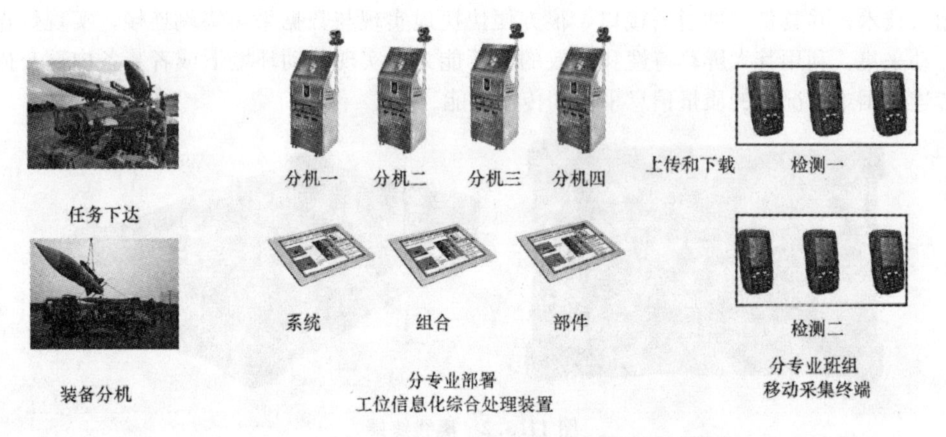

图 11.3.4　分机工间工位装置及移动采集终端配置图

4. 特设工间

特设工间按工位配置，作为 MES 软件的运行终端和实现修理任务受领、作业调度、数据采集、信息交互、数据查询、质量控制的末端信息节点，实现装备修理进度的实时反馈，与调度中心之间实现实时视频和语音通信，便于维修调度，如图 11.3.5 所示。

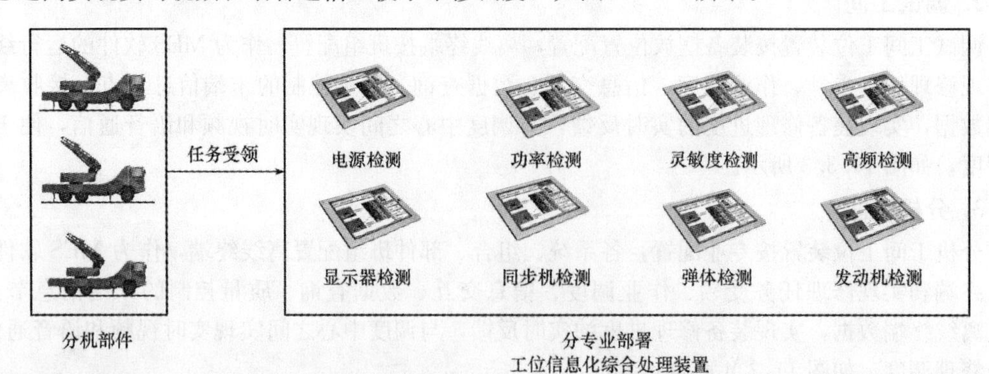

图 11.3.5　特设工间工位装置配置图

5. 机加工间

机加工间按工位配置，作为MES软件的运行终端和实现修理任务受领、作业调度、数据采集、信息交互、数据查询、质量控制的末端信息节点，实现修理进度的实时反馈，与调度中心之间实现实时视频和语音通信，便于修理调度，如图11.3.6所示。

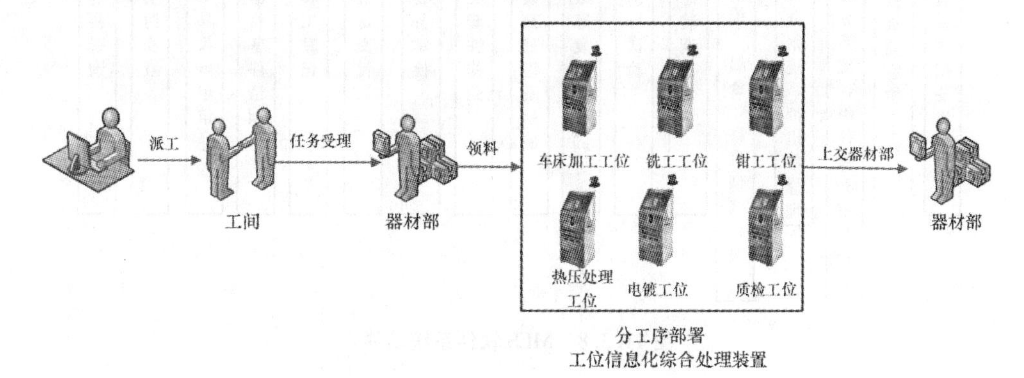

图11.3.6　机加工间工位装置配置图

各专业工间工位装置配置如图11.3.7所示。

图11.3.7　各专业工间工位装置配置图

11.3.3　MES软件系统研发

MES软件系统安装在工位信息化综合处理装置和离线终端上，接收调度管理模块发送的任务信息，实现维修过程中的任务接收、工作项处理、维修转工、维修进度状态反馈、数据采集、资源申请、实时交互及各类信息查询功能，如图11.3.8所示。

(1)装备进厂交接。装备进厂后，由经营计划处、修理单位技术人员、质检人员和部队送装人员共同进行装备进厂的交接，程序与要求按装备进厂大修交接管理规定执行。对装备整体技术状况及各系统总成部件性能进行检查，并填写技术状况检查登记表，办理交接手续。

(2)整机鉴定检查。装备承修人员按整机技术鉴定记录表内容对装备进行技术检查，主要包括对待修装备的外观，火力系统、火控系统、光学系统的技术状态，车辆的行驶里程等进行检查，填写工作检查情况记录。

(3)各分系统、组件等分解与检查。各专业组对各自承担的分系统、组件等，按照相应的工序或工艺指导书，采取专用工装、专用工具进行分解、清洗，减少零部件的拆损，对各分解后的部附件做好相应电子标识。

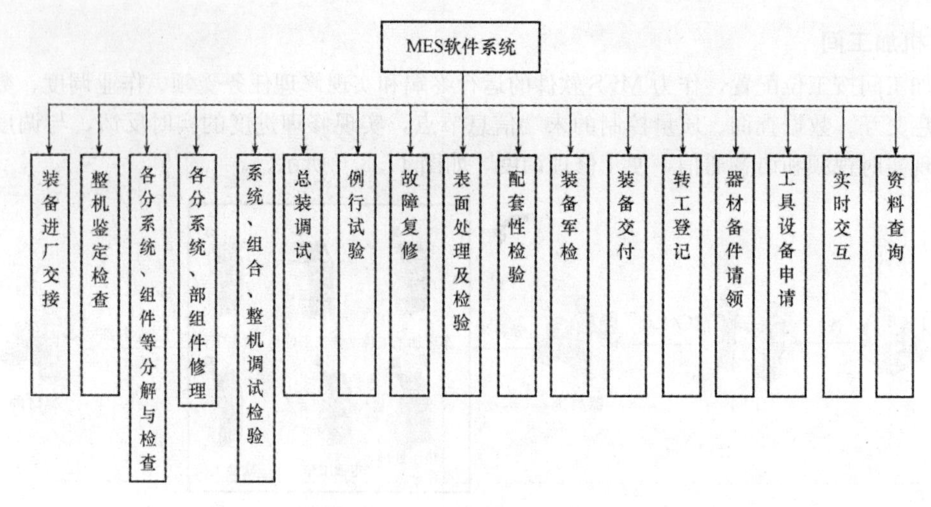

图 11.3.8　MES 软件系统功能

(4)各分系统、部组件修理。根据检查结果结合修理工艺要求，对机械零部件、电路板(电子元器件)、电子模块、随装备附件等，实施修理、维护、更换、调整部件和模块等，经验收合格后方可与分机、组合、组件等进行装配。各车间班组修理流程不同，系统将各班组的修理进度和状态实时反馈至车间、技术部门和质控室，并对检查修理记录进行登记存储。生产技术部根据修理车间的零部件需求申请，向机加工间下发零部件加工派工单，机加工间按照零部件加工流程完成机加工任务。

(5)系统、组合、整机调试检验。各修理车间、班组分别在部件、组合装配后，进行各系统、装置、机构的调试和相关检验、试验。经检验、试验合格后进行整机总调、检验。

(6)总装调试。各修理分厂将修复的分系统、部件检查合格后进行总装和系统联调，对出现的问题通知有关修理分厂进行排除，符合要求后由检验员验收，并将检测结果记入完整状态检验记录表。总装车间装配小组按照整机装配流程进行待修装备的整机装配工作，装配时根据部附件电子标识进行部附件所属装备的装配，并填写装配记录。装配完成后，在移动终端上进行确认和质量检验，并使用摄像设备对关键重要部位进行拍照存储。

(7)例行试验。装备整机检验合格后进行例行试验。例行试验主要包括定位定向精度、行军、水弹射击、淋雨、三防、灭火抑爆等试验。对装备整体性能进行测试，例行试验与交验同时进行。

(8)故障复修。对例行试验中出现的问题，及时反馈到有关分厂进行故障的排除和修理，并对故障出现原因进行分析和记录。

(9)表面处理及检验。系统整体联调联试检验合格后，进行全系统表面处理(涂覆)，对色泽、附着力、致密度等按照相关标准要求进行检验。

(10)配套性检验。上述检验合格后进行随机备附件、装护具安装，而后检验其齐全性和固定可靠性。

(11)装备军检。军方质量检验机构检验是一种监督性抽查检验，可选择装备大修过程中的任一节点实施，重点检查修理工艺的执行情况、技术要求的符合情况和装备性能指标的恢复情况。在装备大修过程中随时汇报装备修理质量情况，按照军检项目要求办理相关手续，及时提交军代表检验验收。出厂验收后由生产技术部组织各相关人员填写装备的维修履历文件，并更新装备电子履历。

(12)装备交付。装备交付时与接装人员进行整机外观状态、完整性、配套性检验，必要时根据接装人员要求对装备的某些性能指标进行核验，合格后办理交接手续。

(13)转工登记。在分厂车间之间或班组之间发生工序流转时，均需填写转工登记表，该功能可设置在需要进行转工登记的节点上，当该节点完成后将自动提示维修人员填写转工登记表。

(14)器材备件请领。分厂车间或班组根据修理需求在工位装置上填写器材备件请领单，并提交业务部门审批。

(15)工具设备申请。分厂车间或班组根据修理需求在工位装置上填写工具设备申请单，并提交工具设备保管中心。

(16)实时交互。调度室可通过工位装置上的视频设备和语音通信设备与维修现场人员进行远程视频控制和语音对讲，了解现场的情况。

(17)资料查询。可查询维修相关资料，包括技术资料、图纸、手册、标准、专家知识库等内容，为维修人员开展装备大修提供技术指导。

11.3.4　检测设备

长期以来，装备修理工厂对装备的修理检测主要依靠自动化程度较低的分立式仪器进行手工测试，依靠修理人员的经验对修理装备进行故障的判断和定位，存在测试周期长、工序复杂、效率低、容易出错等问题。装备数字化大修信息化建设的重要内容之一，就是要实现装备修理全过程数据采集的规范化和自动化。通常情况下，装备修理厂在装备的修理过程中积累和形成了具有一定自动化检测功能而形式各不相同的修理工装和检测平台。为实现规范的和统一的修理数据采集，将对现有的各种检测设备和平台进行数字化改造。

1. CMCU(协同维修控制单元)

由于各种智能仪器仪表、修理平台、检测设备、数控机床等前端设备的通信方式、接口方式、通信协议没有统一的规范，因此无法直接进入信息系统统一管理和利用。(CMCU)是实现装置主机和前端设备相互连接，进行数据自动采集的核心设备，(CMCU)的核心功能是实现工位主机与前端设备之间的通信协议转换，如图 11.3.9 所示。

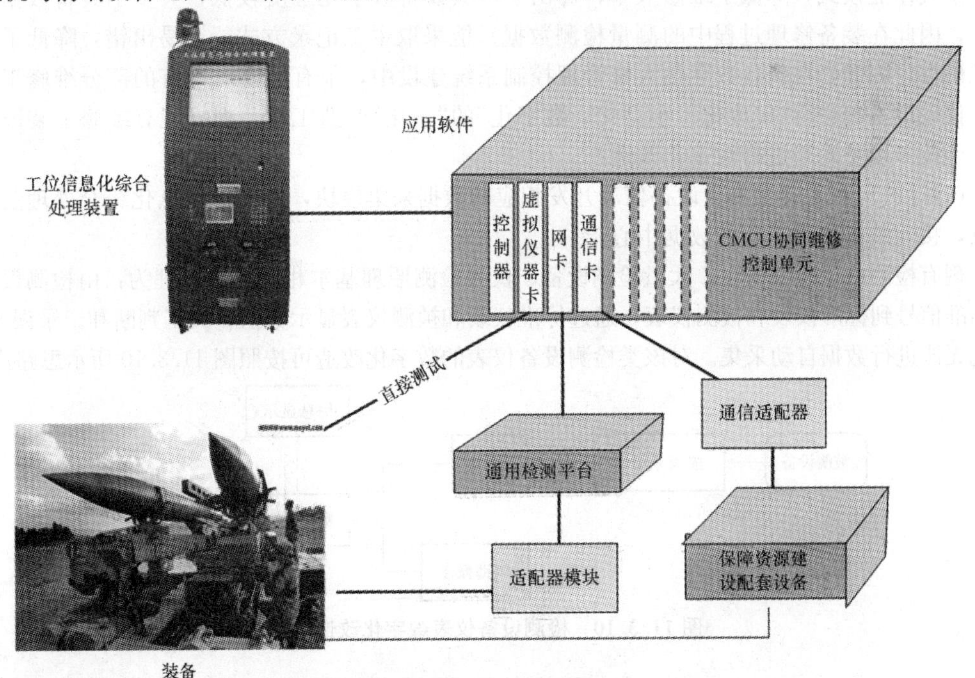

图 11.3.9　CMCU 协同维修控制单元

(1)模块化虚拟仪器功能。在CMCU用户卡槽上配置模块化仪器，将测量硬件与软件结合在一起。使用模块化仪器，可以灵活定义所需要的功能。它是从一系列测量、信号发生、射频、电源与开关模块中进行选择，然后在软件中为特定的测量任务配置这些仪器。由于这些仪器是模块化的，并且是由软件定义的，因此可以快速进行更换，并且方便地重新定义其功能，以满足不断变化的测试需求。模块化虚拟仪器主要包括数字万用表、示波器、信号发生器、各种开关模块等。

(2)通用数字仪表数据采集。通过CMCU与具备通信接口的示波器连接，实时或者批处理采集示波器测试数据。根据目前通用示波器的数据通信接口和传输模式分为两种情况：一种是具有USB通信接口或LAN口的通用示波器，这部分示波器具备测试波形的存储功能，可将测试数据存储到示波器的外接U盘上，可以通过U盘或者LAN口将数据接入CMCU单元，完成数据采集功能。另一种是USB便携式示波器，该类示波器数据能通过USB总线直接接入CMCU单元，完成数据采集和存储，并可通过应用软件中的虚拟示波器模块实时查看示波器数据。

(3)配发设备数据采集。在修理工厂装备修理业务建设中，业务主管机关配发了各种专用检测设备，这些设备有的具备数据交换接口，可以通过软件协议与其通信，实现数据采集和存储。对于没有数据通信功能的，可通过针对性地对设备进行信息化改造实现，研发设备工具相应的数据采集适配器，再与工位信息化综合处理装置连接，实现数据自动采集。

(4)数控生产设备数据采集。系统自动利用RS232、CAN总线或者OPC协议通过设备控制器采集数控设备的各种信息，例如机床的实时状态、运行时间、加工工件量等，并可依此做出各种详细的分析报告。

2. 现有设备数字化改造

通过实地调研，目前装备修理工厂修理检测所使用的设备多为总部统一配发和部分自研的箱组式设备，具有分散性大、集成度低、数字化程度低等特点，因此带来如下问题：①由于工具仪表配置分散性大，因此修理过程中无法按照维修工位的工序进行合理配置，形成装备修理的流水线作业模式，降低了维修效率；②由于工具设备数字化程度较低，大多不具备数据传输接口，因此在装备修理过程中的测量检测数据只能采取手工记录方式，容易出错，降低了数据的准确性。因此，在装备数字化大修管理控制系统建设中，很有必要对现有的部分维修工装工具、仪表设备等进行“集成化、小型化、数字化”的“三化”改造工作。根据现有维修工装设备的特性，按照以下思路进行数字化改造：

(1)针对现有工装工具、设备仪表开发相应的数据采集模块，以工位信息化综合处理装置为节点，接入装备修理工厂的数据中心。

现有检测或试验设备中，大量检测设备、仪表检测原理基本相同，其原理为：由检测设备输出标准信号到标准仪表和被测仪表，通过标准仪表和被测仪表显示数值，人工判断和记录误差值，因此无法进行数据自动采集。对该类检测设备仪表的数字化改造可按照图11.3.10所示思路进行。

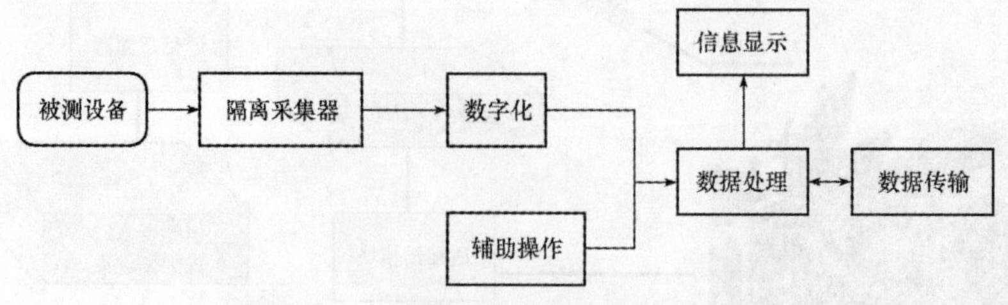

图11.3.10　检测设备仪表数字化改造思路

方法是在原检测设备标准信号输出处并联出原始信号，通过隔离电路接入数据采集模块对其进行数字化处理，调校正确后获得标准值，显示在液晶屏上，人工读出被测仪表测量值并通过键盘输入，系统进行自动比对计算误差值，为被测仪表调校提供依据，系统自动记录并保存标准值、被测值和调校值，通过与工位装置连接，实现数据统一存储。

(2)对部分老旧设备进行改进设计，以工位信息化综合处理装置为节点，接入装备修理工厂的数据中心。

现有检测设备部分老化，使用时调校时间长，操作难度大，需要老师傅凭经验操作和判断检测结果的正确性。对该类设备可利用其原有测试原理和方法，通过改进设计后，使其操作简单、调校快捷，并具备数据采集接口，实现数据自动采集与传输。对该类设备的数字化改造可按照图 11.3.11 所示思路进行。

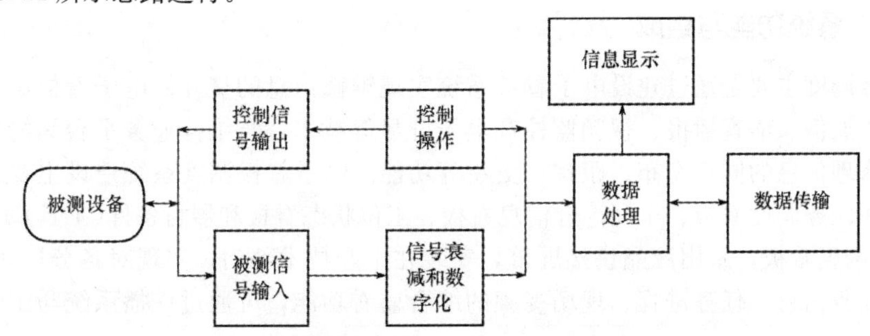

图 11.3.11　检测设备仪表数字化改进设计思路

检测仪为被测设备提供模拟量信号输出，使被测设备正常工作，被测设备输出信号接入测试仪，通过信号整理模块转变为数字信号，再通过数据处理显示在显示器上，测试仪保存操作状态和测试值，实现数据自动采集与传输。

通过以上对装备修理工厂现有各类检测或测试设备的分析，选取温度表检测仪等典型设备进行数字化改造和改进设计，为以后同类改造奠定基础。温度表检测仪数字化改造按图 11.3.12 所示方案进行。

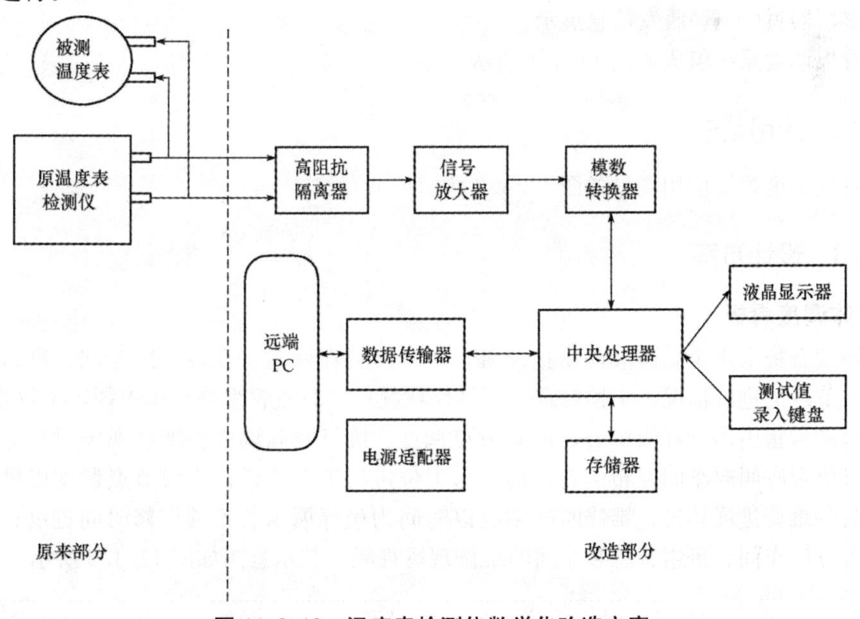

图 11.3.12　温度表检测仪数学化改造方案

该设备改造主要包括增加数模转换模块、显示模块和传输模块。温度表测试仪工作时，测试仪输出 4～20 mA 的电信号，驱动测试标准表具和被测温度表工作。在测试仪输出信号处并联接出信号，通过 10～15 Ω 隔离放大器输入，再做二级放大后进行模数转换，通过定标调整，显示在液晶屏上。通过录入键盘输入被测温度表测试数值，确认后保存。多组测量值测试完成后，通过数据传输模块将数据传输到信息系统。

11.4 装备维修调度

11.4.1 系统功能与组成

装备维修调度主要是通过建设电子看板系统实现维修信息的交互。电子看板调度系统综合集成应用网络通信、语音播报、视频监控和电子屏显等技术，与维修业务平台无缝集成、数据共享，实现修理信息的同步发布、跟踪、更新等功能。电子看板调度系统建设主要包括总体调度看板、车间任务调度看板、车间综合信息看板、工位状态看板和器材备件(工具)库看板五类。

(1)总体调度看板，采用液晶拼接屏幕，安装在生产技术部门，实现对各分厂车间、班组、总装车间的任务信息、任务进程、现场视频的综合监看功能，可通过广播系统与工间进行实时呼叫与对讲。

(2)车间任务调度看板，采用大尺寸液晶屏，安装在各分厂车间的调度室，实现本车间的任务调度功能。

(3)车间综合信息看板，采用 LED 大屏幕，每个车间安装一块，用于对整个车间的工作任务信息显示。

(4)工位状态看板，集成在各工位信息化综合处理装置上，用于实时显示各工位的任务和状态信息。

(5)器材备件(工具)库看板，采用大尺寸液晶屏，安装在各器材备件(工具)库，实现器材(工具)需求、器材(工具)收发信息展示。

电子看板调度系统组成如图 11.4.1 所示。

11.4.2 应用场景

电子看板调度系统应用场景如图 11.4.2 所示。

11.4.3 设计方案

1. 总体调度看板

总体调度看板采用全高清液晶拼接屏幕，实时监管在修装备在各分厂车间、班组、总装车间的各维修节点的进展情况，掌控修理工厂维修状况；实时监看维修现场视频，了解维修动态。

总体调度看板由语音呼叫中心、维修节点调度、维修时间调度、维修现场视频等组成。调度中心通过语音呼叫向车间发布语音广播，与工位进行语音通话；维修节点调度以维修流程为坐标展示装备维修进展轨迹；维修时间调度以时间为坐标展示装备的维修时间进度；维修现场视频显示各分厂车间、班组、总装车间的维修现场视频。其示意图如图 11.4.3 所示。

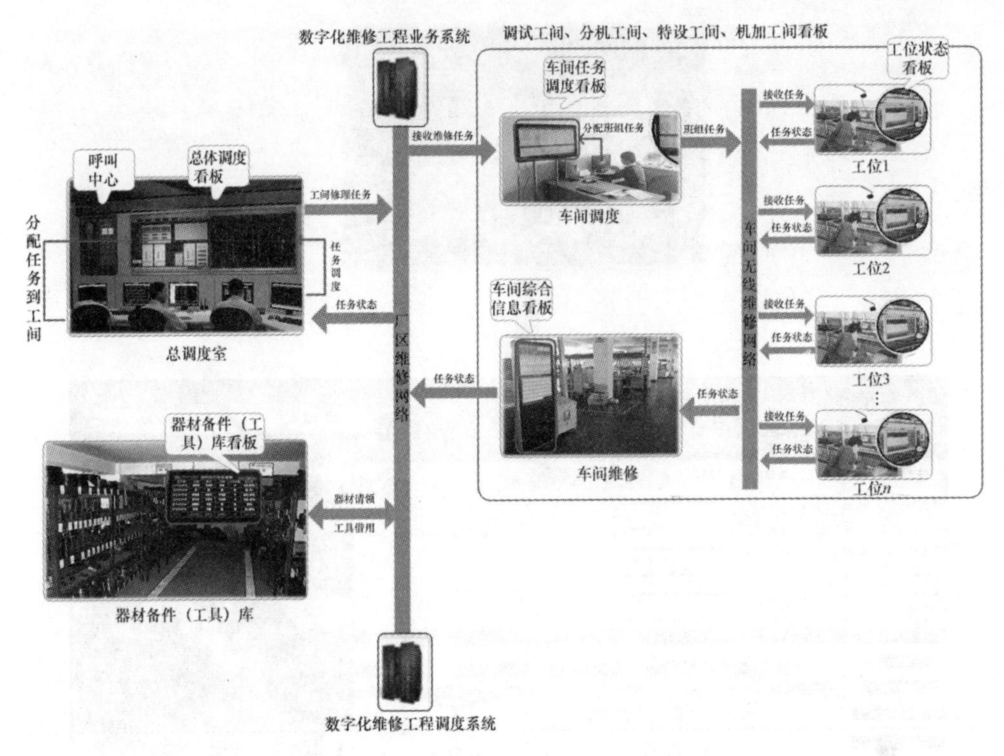

图 11.4.1　电子看板调度系统组成示意图

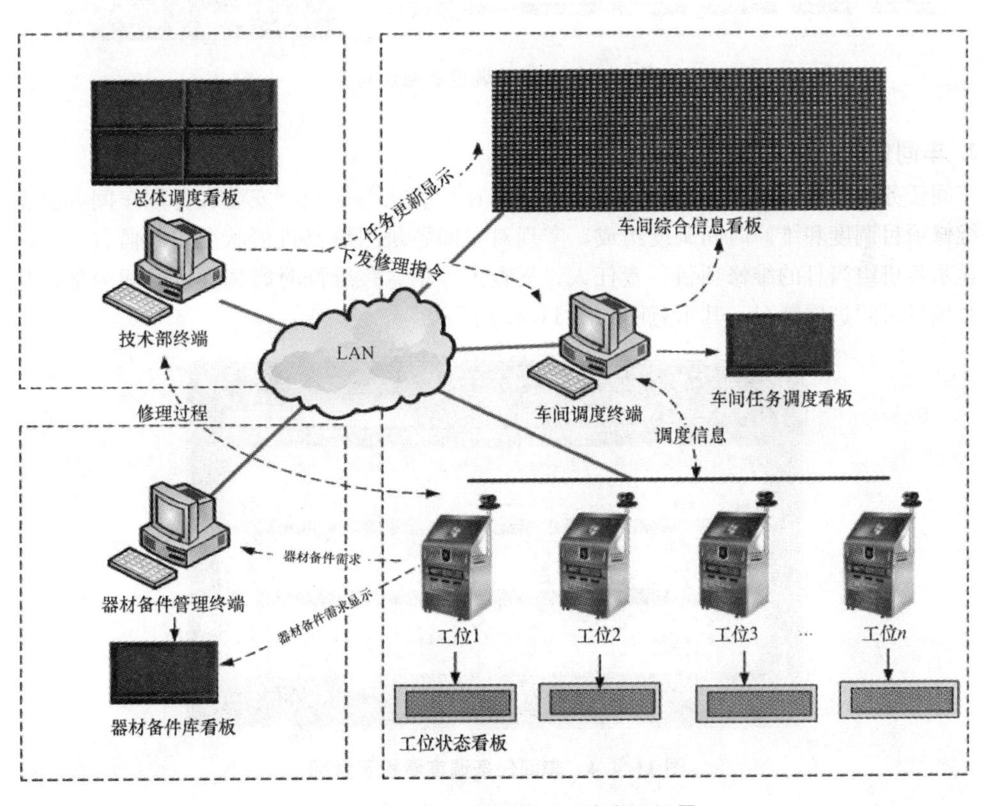

图 11.4.2　电子看板调度系统应用场景

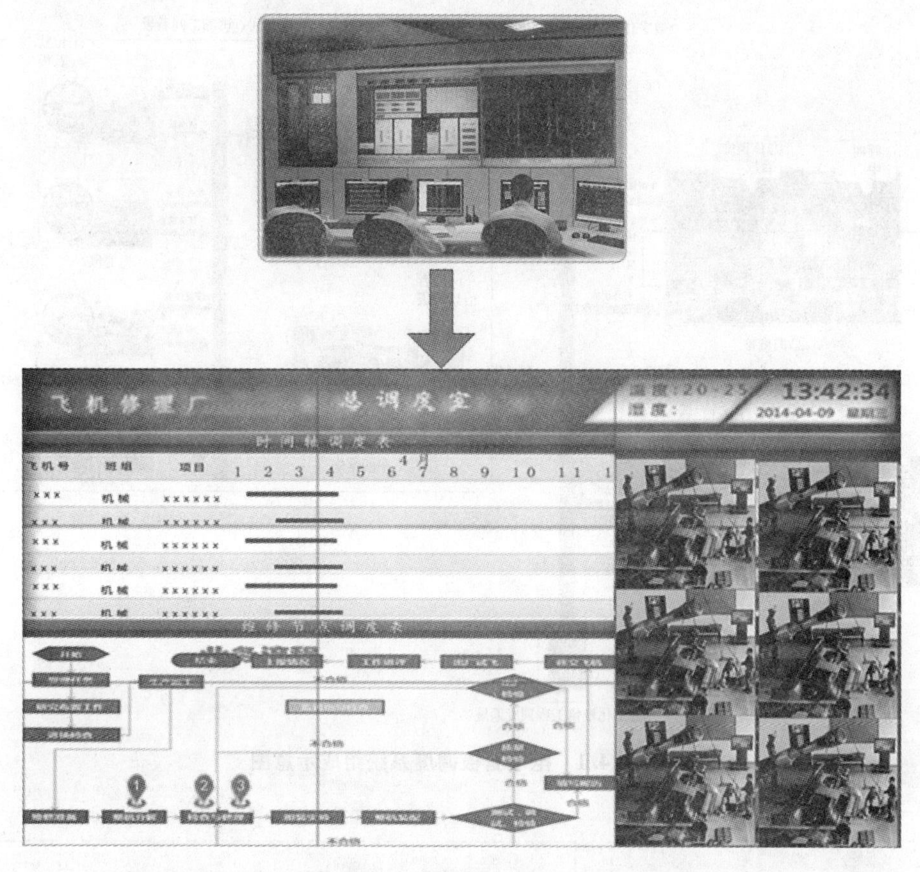

图 11.4.3　总体调度看板示意图

2. 车间任务调度看板

车间任务调度看板采用大尺寸液晶屏或运行在计算机终端上，安装在分厂车间办公室，由车间维修项目调度和维修时间调度组成，实现对车间各班组维修进展状况实时监管。维修项目调度显示各班组当日的维修项目、责任人、复查人等信息；维修时间调度以时间为坐标显示车间维修项目时间进展情况。其示意图如图 11.4.4 所示。

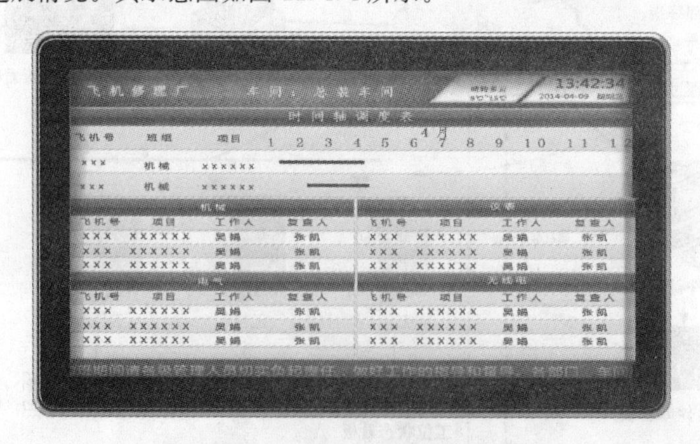

图 11.4.4　车间任务调度看板示意图

3. 车间综合信息看板

车间综合信息看板采用LED大屏幕，安装在车间的显眼位置，显示车间维修生产情况、工位情况、质量状态等信息。其示意图如图11.4.5所示。

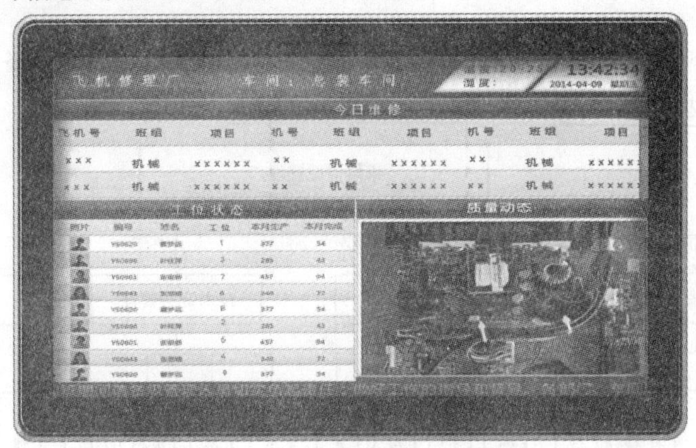

图11.4.5　车间综合信息看板示意图

4. 工位状态看板

工位状态看板集成了工位信息化综合处理装置，显示工位号、工序、人员、维修状态、作业指导书、质量状况等信息。配置语音通话模块，可与调度室进行实时语音通话，方便维修任务调度。其示意图如图11.4.6所示。

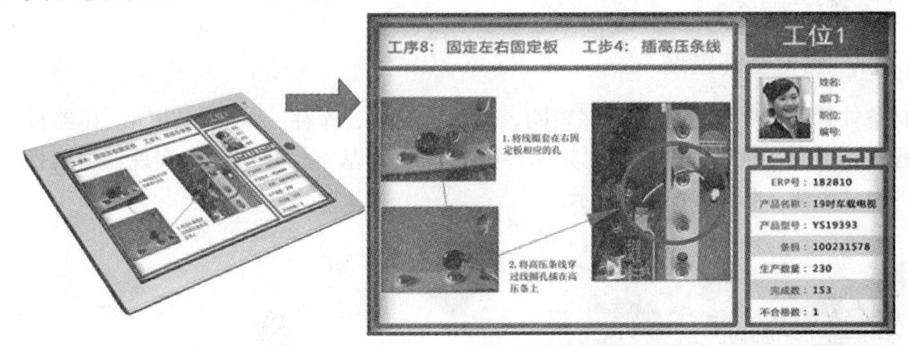

图11.4.6　工位状态看板示意图

5. 器材备件(工具)库看板

器材备件(工具)库看板采用大尺寸液晶屏，安装在器材备件(工具)库，展示器材的请领情况、收发信息(数量、货位)、工具借用情况和库房温湿度信息。其示意图如图11.4.7所示。

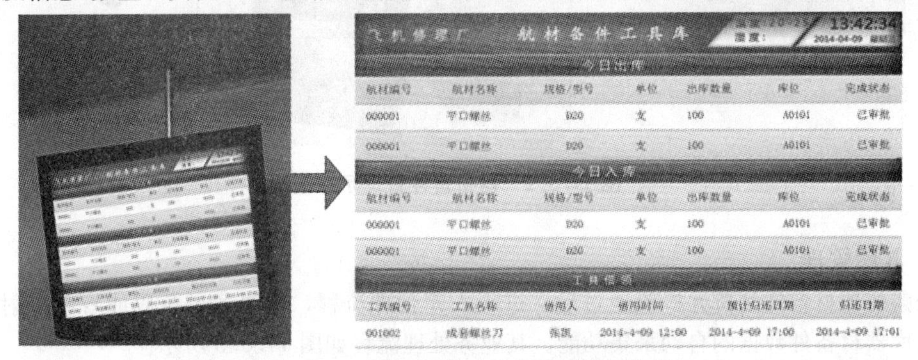

图11.4.7　器材备件(工具)库看板示意图

11.5 维修资源管理

维修资源管理功能实现装备修理工厂的器材备件、维修工具、设施设备、技术资料等装备大修相关资源的管理，如图 11.5.1 所示。

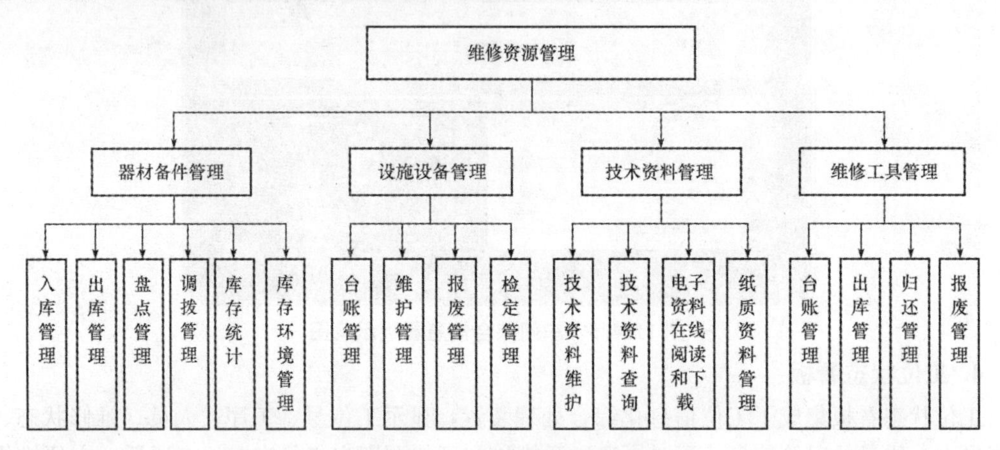

图 11.5.1 维修资源管理功能

11.5.1 器材备件管理

器材备件管理主要实现器材备件采购、入库、出库、库存、盘点等功能。在器材备件管理整个流程中，采用二维条码和电子射频标签（RFID）作为基本信息载体，实现器材备件收发、盘点数据的自动采集，如图 11.5.2 所示。

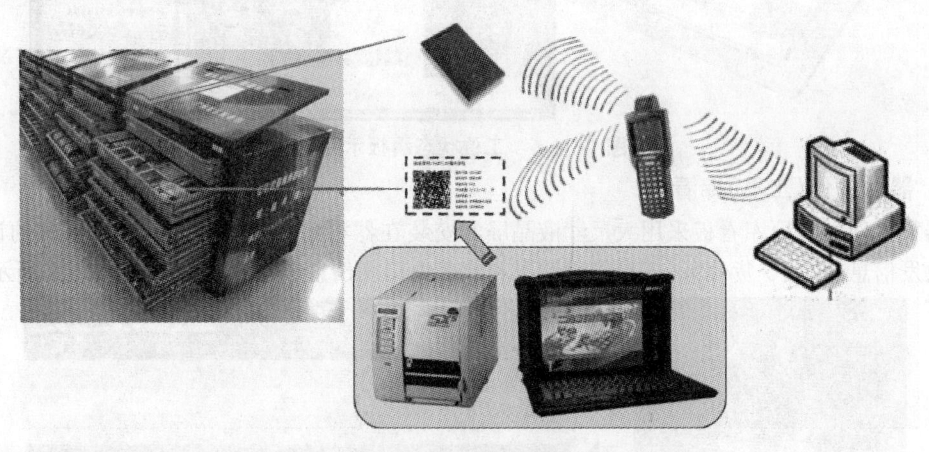

图 11.5.2 器材备件管理示意图

1. 入库管理

采购的器材备件到货并检验通过后，进入入库管理流程，主要通过条码或者电子射频标签进行入库器材备件数据的自动采集功能。其业务处理流程如图 11.5.3 所示。

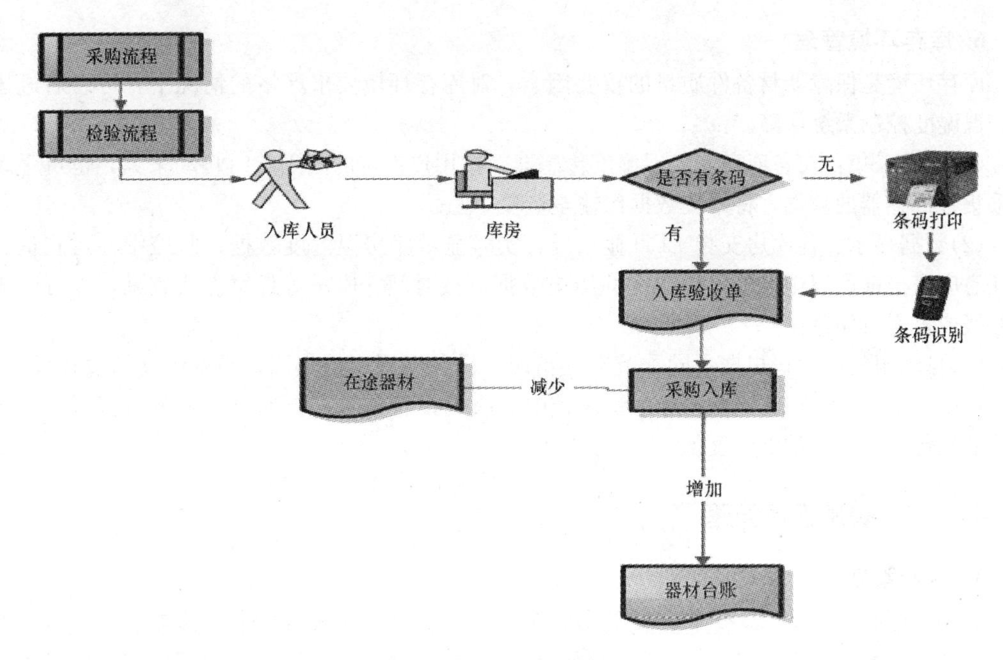

图 11.5.3　入库管理业务流程

2. 出库管理

在生产、维修过程中产生器材备件需求，自动生成器材备件领用数据，库房管理人员通过系统可查询库存情况，如果没有库存，转入采购流程处理；如果有库存，通过 PDA 采集器材备件条码或者射频标签数据，实现出库数据的自动采集。器材备件出库后，系统自动更新器材备件台账数量。其整体业务流程如图 11.5.4 所示。

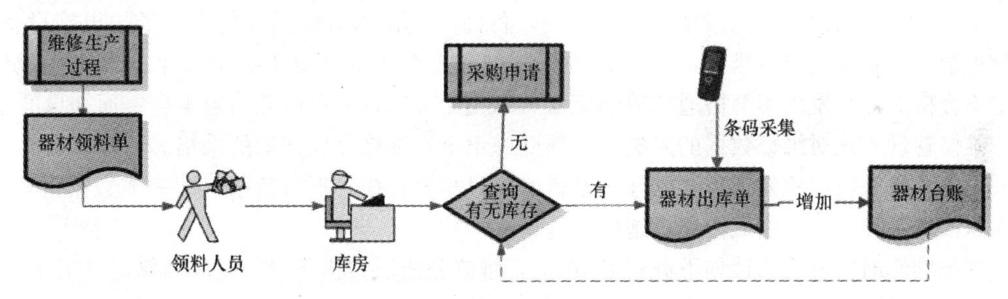

图 11.5.4　出库管理业务流程

3. 盘点管理

生成器材备件的盘点单，通过 PDA 采集器材备件条码或者射频标签数据，实现盘点数据的自动采集和比对。

4. 调拨管理

编制器材备件调拨单据，审批后将自动更新器材备件台账数量。

5. 库存统计

可设置不同的查询条件进行器材备件的库存查询，也可按不同分类进行器材备件的库存统计。

6. 库存环境管理

库存环境是保障器材备件质量的重要因素，对库存环境要求严格的情况下，可以通过建立智能温湿度控制系统保障。

(1)数据采集：在各库房安装温湿度传感器，按用户设定的间隔定时自动采集，也可手动实时采集各传感器的数据，将采集数据传输至监控中心。

(2)数据显示：各库房安装 LED 显示屏，实时显示库房温湿度数据；监控中心可查询、显示任意库房当前的温湿度值；温湿度的历史数据可按时间、库房等任意方式查询，并可生成变化曲线或报表打印输出。

(3)自动报警：用户根据不同季节气候情况，设置温湿度值范围，当温湿度超过预设值时，可将声(光)报警信号传输到监控中心。监控中心收到报警信号，自动显示报警点位置，并同时显示所在传感器当前的温湿度值。

11.5.2 设施设备管理

1. 台账管理

利用条码技术或 RFID 技术，实现装备修理工厂设施设备的信息采集功能，为设施设备建立信息档案，跟踪、查询设施设备生命周期中的使用情况。在设施设备的使用过程中，重要的状态变更、维修、维护都可以在台账管理中体现出来。台账允许用户自定义查询条件，可以查看具体设施设备的各类历史记录。查询结果可以自定义浏览，可以按升序/降序排列，还可以导出 Excel 文件或者是打印出来。

在设施设备上安装 RFID 标签，通过便携式 PDA 读写 RFID 标签信息即可实现设施设备基础信息和质量状态信息的采集、变更、清查工作，保障设施设备账实相符。

2. 维护管理

维护管理包括制订、调整维修维护计划，各部门及技术员根据计划维修维护设施设备，填写维护记录。系统支持对维修维护记录进行查询和汇总统计。对于检定合格的器具生成证书；检定不合格的器具发出不合格通知单到该器具的使用部门，并保留此检定不合格通知单的记录。

维修管理实现对维修数据的采集，包括巡修记录、维修完成记录的采集。

设备维修人员巡检发现需要维修的设备时，只需要扫描一下设备条码即完成数据采集工作，巡查返回后，导入系统生成待修设施设备清单。

现场维修时，将维修计划下载到 PDA 上，维修完成后扫描条码，完成维修记录工作。

3. 报废管理

报废管理包括报废申请和报废确认模块，提交报废申请的设备系统自动纳入待报废范畴管理，报废确认后，设备技术状态更改为报废，结束资产设备的整个生命周期管理。通过该业务模块，系统自动生成报废设备清单和待报废设备清单，有效地统计报废率。其业务流程如图 11.5.5 所示。

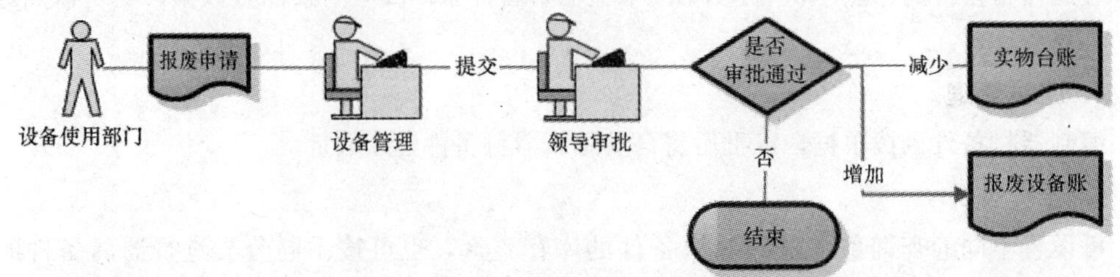

图 11.5.5 报废管理业务流程

4. 检定管理

检定管理包括制订、调整周检、抽检计划，各部门及计量技术员根据计划检定器具，填写检定记录。系统支持对检定记录进行查询和汇总统计。对于检定合格的器具生成证书；检定不合格的器具发出不合格通知单到该器具的使用部门，并保留此检定不合格通知单的记录。

11.5.3　技术资料管理

技术资料管理提供大修装备的技术说明书、维修手册、使用手册和交互式电子手册、维修标准和规程等资料的管理功能。

1. 技术资料维护

提供对技术资料的登记功能，可上传电子书资料、电路图纸、使用手册等。

2. 技术资料查询

提供对资料的综合查询功能，支持按照多种条件进行综合查询。

3. 电子资料在线阅读和下载

提供对通过查询功能查询到的电子资料进行在线浏览和文件下载等功能。

4. 纸质资料管理

利用条码技术实现纸质资料的出入库、借阅、归还和盘点管理等功能。

11.5.4　维修工具管理

利用电子标识技术，实现装备修理工厂维修工具的管理功能，为维修工具建立信息档案，在维修工具的申请、领用和归还过程中通过电子标识来保证工具箱的完整性和进行使用状态查询。

1. 台账管理

利用条码技术或 RFID 技术，实现修理工厂维修工具的信息采集功能，为维修工具建立信息档案，跟踪、查询维修工具生命周期中的使用情况。在维修工具的使用过程中，重要的状态变更、维修、维护都可以在台账管理中体现出来。台账允许用户自定义查询条件；可以查看具体维修工具的各类历史记录。查询结果可以自定义浏览，可以按升序/降序排列，还可以导出 Excel 文件或者是打印出来。

在维修工具上安装 RFID 标签，通过便携式 PDA 读写 RFID 标签信息即可实现维修工具基础信息和质量状态信息的采集、变更、清查工作，保障维修工具账实相符。

维修工具有新入库时，需做好条码或者 RFID 标签等电子标识，除单件工具做标识外，对成套工具箱也应做好电子标识，通过电子标识进行入库数据的自动采集功能，入库后自动更新工具台账数量。

2. 出库管理

根据车间班组人员提交的工具申请，通过 PDA 采集工具或工具箱条码或者 RFID 数据，实现出库数据的自动采集。出库后，系统自动更新工具台账数量。

3. 归还管理

车间班组人员归还工具或工具箱时，通过 PDA 采集工具或工具箱条码或者 RFID 数据，实现工具箱完整性的自动检测，确认无误后，系统自动更新工具台账数量。

4. 报废管理

报废管理包括报废申请和报废确认模块，提交报废申请的工具系统自动纳入待报废范畴管理，报废确认后，设备技术状态更改为报废，结束工具的整个生命周期管理。通过该业务模块，系统自动生成报废工具清单和待报废工具清单，有效地统计报废率。

11.6 装备维修大数据中心

装备修理数据只能在装备的修理实践中得到。长期地对大量装备修理数据进行分析，将是对装备或元器件可靠性和寿命的最权威评价。现代维修理论证明，装备的可靠性与装备的检修周期控制之间没有必然的直接联系，而是与可靠性中心维修(RCM)相关联。RCM数据的分析将决定适合装备的维修类型、维修级别来保证装备的可靠性。采用结构化建模分析，对装备的各种维修数据进行趋势统计分析，可以建立装备发生故障的模型，生成规范的可靠性和维修性数据，从而确定装备或重要元器件的寿命预期和维修间隔期。RCM注重装备的可靠性，提倡根据不同的故障后果进行事前维修，以预防性维修为出发点。而最新的维修理论成果更加提倡装备的健康管理。有效的装备健康管理能够超出监控和修理的范围，深入装备的规范化、科学化和智能化管理之中，即从传统的以“修”为主的思路转变到以“管”为主的思路上来。装备健康管理已经不是单纯的技术性行为，而更像是一种管理活动，它所需要的技术支撑都是在原有的维修技术方法上进行发展改进的，它所需要关注和创新的是如何将技术上可行的维修思想真正转变成一种现实的装备管理模式，这就决定了装备修理工厂在装备的全寿命健康管理过程中承担了重要的角色。因此，通过装备大修数字化管理控制工程系统建设，建立修理工厂的大数据中心，从而实现数据的综合统计分析和维修知识经验沉淀积累，最终实现装备的健康管理目标。

11.6.1 维修数据分析

1. 维修质量分析

质量决策分析系统主要对装备修理工厂的各种质量问题分析提供修理工厂常用的指标，如一次交验合格率、废品率、不合格率的统计分析功能；质量报告提供修理工厂常用质量报告格式及类别，包括质量日报、质量月报等。该系统还应配以多种统计图表，清晰直观地表现分析结果，为装备修理工厂领导层提供决策支持。

2. 维修业务分析

维修业务分析主要实现对大修装备的修理任务量、修复率、器材消耗情况、工时消耗情况等数据的综合统计分析。该系统配以多种统计图表，清晰直观地表现分析结果，提供用户决策支持。

3. 维修资源分析

对装备修理工厂的人员、设施设备、工具仪表、器材备件等维修资源数据的消耗和库存情况进行综合统计分析。

4. 专家知识库

专家库子系统按照不同专业分别设置专家知识库的管理，具有对装备结构性能资料、维修案例、故障库、解决方案资料进行维护、分发、查询功能，为维修过程中的技术资料查询提供强有力的支撑。专家知识库是整个平台的核心数据库，在装备发生故障的时候，根据故障现象，可以在专家知识库中迅速定位所需要的解决方案。

系统的专家知识库具有自学习功能，通过对以往故障的排除情况的记录，实现维修经验的积累和更新。通过专家知识库的审核功能，可以将经典的维修案例输入系统专家知识库，从而实现专家知识库的丰富和完善；通过系统专家知识库的分发功能，可以让各级部队、维修机构共享现有的专家知识库，并且应用在实际的维修排障工作中，实现通过故障现象迅速定位解决方案。同时，因为专家知识库收集了各类故障案例，积累了各种经典维修案例，它也是维修工作学习、培训、考核的资料。

11.6.2　装备健康管理

1. 实现思路

装备健康管理是在事后维修、预防性维修、以可靠性为中心的维修、基于状态的维修等理论的基础上发展起来的，有效的装备健康管理能够拓展装备状态监控和修理的范围，深入装备的规范化、科学化、智能化、精细化管理之中，即从传统的以“修”为主的思路转变到以“管”为主的思路上来。

装备健康管理指导从传统的单纯重视维修技术向重视精细化管理模式转变，通过建立组织机构、控制管理流程、建立规章制度来保证各个环节的顺利进行。同时，装备健康管理本身也需要进行统筹规划，如将健康管理系统作为装备设计的一个有机组成部分，从装备设计之初就作为一项设计特性给予考虑，而不是事后设计成附加系统，从注重个体装备健康扩展到注重型号装备健康，将装备本身和维修保障统筹考虑，淡化以往装备主体与保障系统之间的界限，使信息在装备本身与保障系统之间流通更流畅，提高装备使用维护的经济性等。从这个层面上讲，装备健康管理也是一种管理性行为。

装备大修是一个庞大的系统工程，业务环节多、装备结构复杂、关联要素多，要实现现代武器装备的健康管理，必须实现对围绕着装备修理的各个环节和各个要素进行有效的标识、追溯和管控。需要对装备修理涉及的系统、分系统、器材、人员、工具、设备、设施和资料等感知对象提供唯一的身份识别编码，实现系统数据与感知对象的关联与业务追溯。主要实现思路为通过建设装备修理工厂电子标识追溯系统来实现：

(1)保障正确的人、机、料、法、环数据采集的准确性，异常情况及时报警，避免出错；

(2)实时反馈待修装备的修理进程、工序状况、器材使用，以利于总体调控管理；

(3)与构建的电子看板系统进行实时信息联动，实现可视化调度；

(4)实现重要系统、部件、人员、器材的精确定位管理；

(5)实现与装备使用部队的质量信息交互，及时更新装备履历信息。

2. 电子标识与追溯

(1)系统流程。为了实现维修资源信息的自动采集、维修质量的追溯，确保维修业务流程自动流转，为维修资源设置电子标识和信息识别装置，主要包括在修理车间出入口安装固定的电子标识自动识别装置，工位信息化装置上集成电子标识读卡器和指纹采集器，库房加装移动数据采集终端，以及在总装拆卸工位、仓库入口、机加车间安装条码打印机和RFID发卡机。其主要流程如图11.6.1所示。

流程说明：

①当待修装备进入修理工厂时，通过安装在总装车间入口的RFID识别器自动识别装备身份，读取装备履历等信息，同步到维修业务平台，为维修提供装备使用部队的作战使用、维护保养等信息的数据参考。

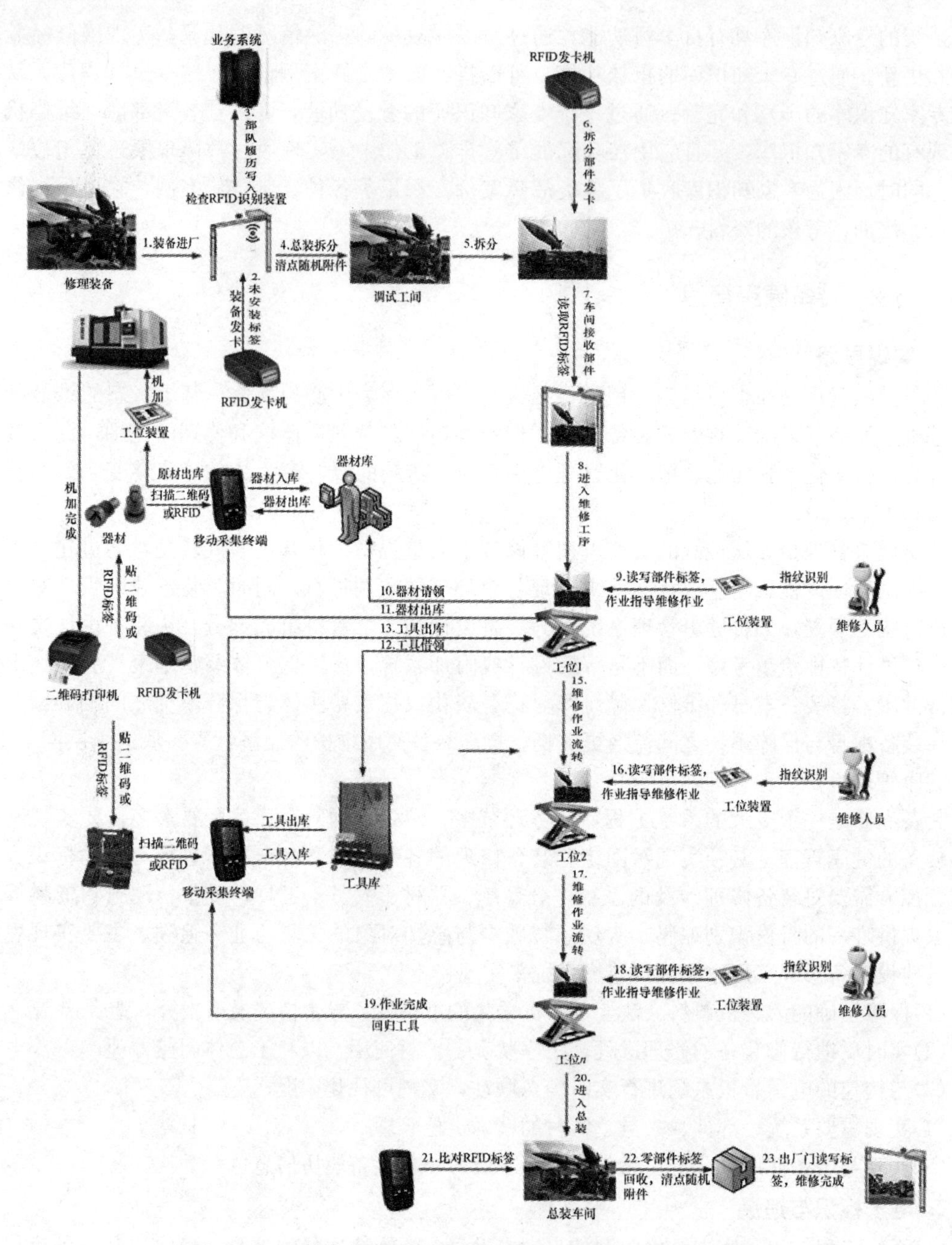

图 11.6.1　待修装备健康管理电子标识追溯系统流程示意图

②待修装备属于第一次进入修理工厂没有加装电子标识的，通过 RFID 发卡机为待修装备配备电子标识，写入装备基本信息。

③装备进入总装车间进行火力、火控、底盘、炮塔、电气、通信等系统和部件拆卸时，通过 RFID 发卡机为部件赋予 RFID 电子标识，固定在部件上，标识写入装备号、部件号等信息。

④装备拆卸部件送入各车间修理，安装在车间大门入口的识别器自动识别装备部件信息，与维修业务平台联动，将部件传送到相应的维修工位。

⑤工位信息化装置采集维修人员指纹，显示该工位的维修工序和维修人员等信息。

⑥当装备部件传送到维修工位时，工位信息化装置自动识别部件信息，维修人员根据维修规程和作业指导进行装备的维修作业，并通过质检人员验收和指纹确认后流转到下一工序。

⑦如果维修过程中需要请领器材，维修人员通过工位信息装置提交器材请领请求，领导审批后，业务单据自动转到器材备件库，保管员通过移动终端扫描器材条码或 RFID 标签准备器材出库，发送到请领车间或工位，修理完成后对器材按质量等级进行回收。

⑧如果请领器材缺件且无法外购或者达到了库存下限，需要由机加工间进行生产，机加工间到仓库领取原料，仓库通过移动终端扫描原料条码和 RFID 标签准备原料，并发送到机加工间的相应工位，机加生产完成并通过质检后，按批次打上电子标识入库到库房。

⑨在维修过程中，工位需要使用专用工具，需向工具房借用，维修人员通过工位装置提交工具借用单，工具房通过移动终端扫描工具标签，清点工具并确认工具箱工具齐套后，发送到借用工位，维修完成后需进行工具清点并归还到工具房。

⑩部件维修完成后回到总装车间进行总装，总装车间入口的电子识别装置自动识别部件信息，并按业务平台流程传送到该部件所在装备的总装工位上，工位装置读取部件标签信息，自动比对部件是否属于该大修装备，部件安装到装备上后应回收电子标识。

⑪待修装备总装并排除故障后，安装在车间出口的电子标识读卡器自动读取装备信息，通过移动终端清点随机资料和备附件进行交接。

(2)类别说明：

①装备电子标识与追溯。装备电子标识是装备作战使用、维护保养、修理的唯一身份标识，记录装备履历信息，实现装备作战使用、维护保养、修理等数据全程追溯。依据待修装备的安全管理和信息存储要求，电子标识可以采用有源大容量 RFID 标签，存储数据可达 256 kbits，900 M 超高频射频信号，读取速度快，作用距离达 3～8 m，IP68 封装，防水、耐低温。装备电子标识与追溯示意如图 11.6.2 所示。

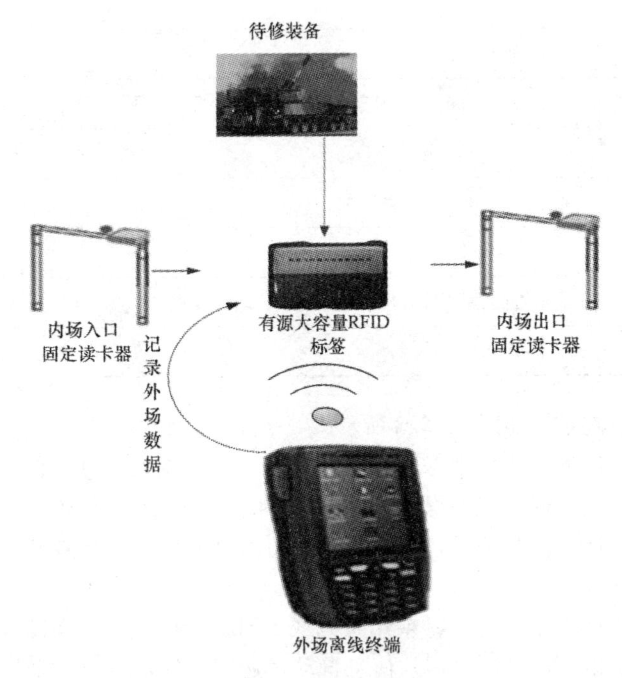

图 11.6.2　装备电子标识与追溯示意图

②资料备附件标识与追溯。待修装备入厂时，需对装备的资料备附件进行清点、交接，主要指随装的履历、操作手册、图纸、资料等。部分备附件已经使用条码进行标识且资料备附件大部分是纸质材料，因此对资料备附件采用条码进行标识。装备入厂时对没有条码的资料备附件粘贴条码，通过移动终端扫描所有的资料备附件的条码进行清点登记；出厂时通过移动终端扫描资料备附件条码，清点并移交。

③部件电子标识与追溯。当前，装备在总装车间拆卸后，为了避免多门装备部件相互混淆，采用铝制刻字铭牌标识部件所属装备号，铭牌在维修工程中容易被腐蚀、污损，辨识比较困难。为了解决辨识困难的问题，确保装备部件按照规程在各维修节点进行流转，在装备分解拆卸时对部件赋予 RFID 标识，记录装备号和部件基本信息。

装备部件进入各分系统修理车间后，安装在车间的 RFID 读卡器自动识别标识读取部件信息，按照业务流程传送到指定工位，工位信息化装置读取 RFID 部件信息，维修人员根据维修规程进行部件维修并通过质检检验和指纹确认后进入下一流程。最终部件会传送回总装车间，总装车间入口的识别器自动识别部件 RFID 标签，将部件传送到标签记录的装备进行总装，装配完成后回收电子标签。部件电子标识必须能适应装备修理环境要求，具有抗污损、抗撞击、抗腐蚀、抗金属干扰能力，抵御酸、碱等化工物质的清洗而不受损坏。部件电子标识采用航空专用 Alien Higgs－3 RFID 标签，其指标见表 11.6.1。

表 11.6.1　装备部件 RFID 电子标识指标参数

序号	项目	指标
1	容量	96－EPC bits，可扩展到 480－bit、512－bit 用户内存，64－bit TID
2	读写距离	10 m
3	外壳封装	工业级尼龙
4	读写频率	902～928 M
5	安装方式	ϕ3.2 mm 铆钉固定；高强度背胶；捆绑、系
6	操作温度	－30 OC 至＋85 OC
7	应用温度	－40 OC 至＋250 OC
8	抗压	1 250 kPa
9	环境	抗金属干扰，抗酸碱、腐蚀、油污等
10	IP 等级	IP68

部件电子标识与追溯示意如图 11.6.3 所示。

④器材电子标识与追溯。装备维修器材品种繁多，数量庞大，材质、形态、价值各异，器材采用个性化标识。对数量巨大、体积小、价值不高的器材采用粗犷式的批次批量管理，采用二维条码进行批次成套标识；对价值较高、体积大的器材采用精细化管理，对每件器材采用柔性 RFID 标签进行标识。

器材调拨或机加生产入库时为器材粘贴条码或 RFID 标签，登记器材数量、规格等信息并入库；当工位提交器材申领通过审批后，信息自动发送器材库，器材库采用移动终端扫描条码和 RFID 电子标签准备器材出库，发送到请领的车间或工位。器材 RFID 电子标识指标见表 11.6.2。

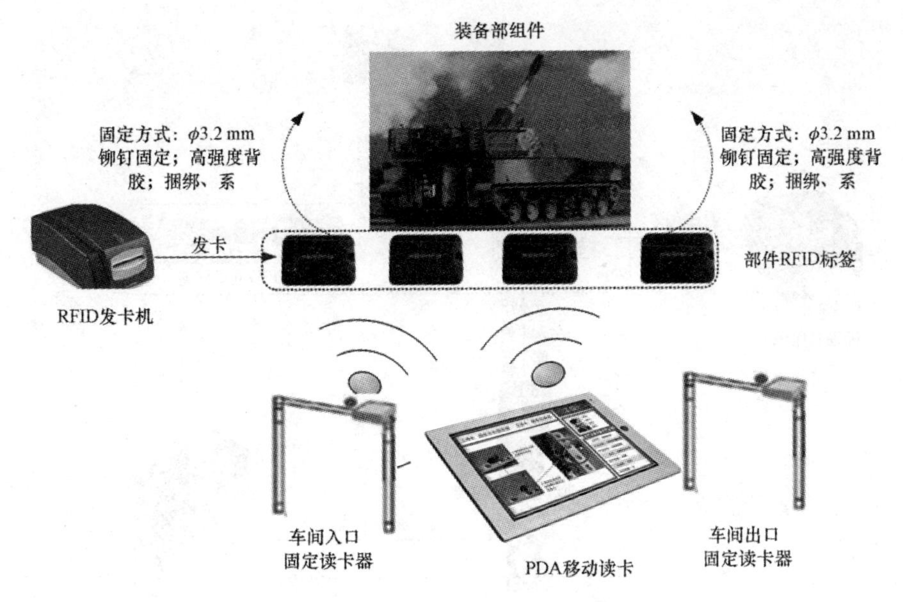

图 11.6.3　部件电子标识与追溯示意图

表 11.6.2　装备器材 RFID 电子标识指标参数

序号	项目	指标
1	容量	496－EPC bits，128－bit 用户内存，648－bit TID
2	读写距离	4 m
3	外壳封装	无
4	读写频率	860～960 M
5	安装方式	高强度背胶；捆绑、系
6	操作温度	－30 OC 至＋65 OC
7	应用温度	－40 OC 至＋65 OC
8	抗压	634 kPa
9	环境	抗金属干扰，抗酸碱、腐蚀、油污等
10	IP 等级	IP68

器材电子标识与追溯示意如图 11.6.4 所示。

⑤修理工具电子标识与追溯。工具管理在维修业务中至关重要，工具落在装备上可能导致安全隐患，所以每道工序完成后必须认真清点工具。必须采用一种有效的技术手段实现对工具进行快速清点，消除安全隐患。通过在工具箱和工具上同时加装 RFID 标签，既便于工具房对工具的管理，同时避免工具落下造成安全隐患。加装的电子标签采用柔性 RFID 电子标签，贴在工具箱和工具上，也可采用小型环形标签环扣在工具上，避免脱落。

维修人员在维修过程中提交修理所需工具请求到工具房，工具房通过移动终端扫描工具箱 RFID 标签，出库，发送到维修工位，维修工位通过 PDA 扫描工具箱和箱内工具标签，清点工具箱工具是否齐备。在维修过程中，工具需在工具箱指定位置定点存放。每道工序完成后，维

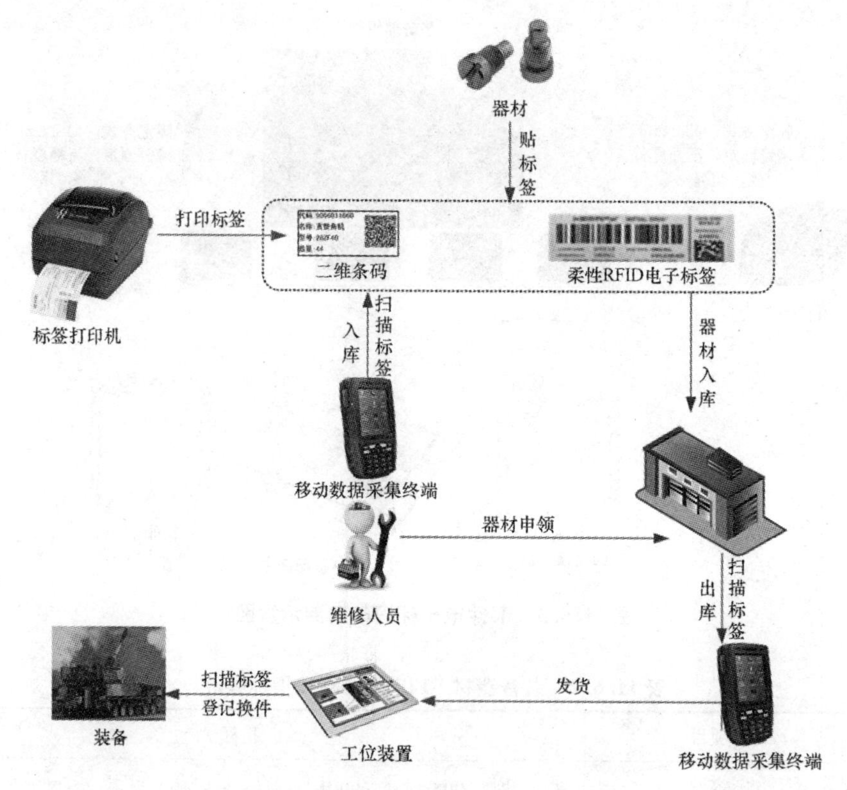

图 11.6.4　器材电子标识与追溯示意图

修人员都要通过 PDA 扫描工具箱和工具标签进行清点，当工具不齐备时，维修人员应及时找回遗失的工具，防止工具落在装备上。维修作业完成后，应当将工具归还工具房，工具房通过移动数据采集终端扫描工具箱和工具标签，清点工具，登记归还时间。

为了提高工具管理的智能化，提升工具管理的效率，在传统工具箱上加装 RFID 自动识别装置，改造成具有工具在位状态监控、离位报警功能的智能工具箱。智能工具箱由 RFID 读写模块、门磁感应器、报警蜂鸣器、报警位置指示灯以及供电等组成，如图 11.6.5 所示。

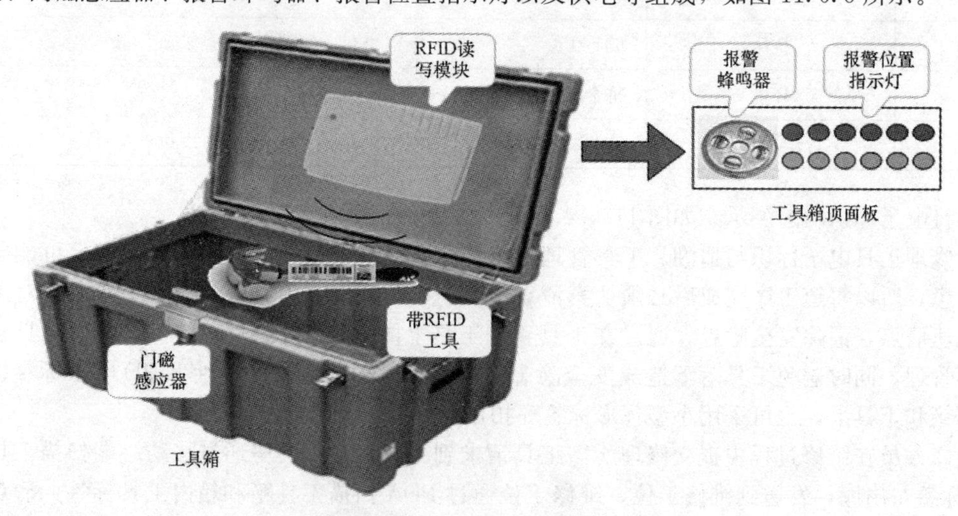

图 11.6.5　智能工具箱组成

智能工具箱有监控和休眠两种工作模式，当工具箱打开时工具箱处于使用状态，门磁感应器将工具箱打开信号传输到 RFID 读写模块，关闭工具在位监控功能，进入休眠模式；当工具箱关闭时工具箱处于未使用状态，门磁感应器将工具箱关闭信号传输到 RFID 读写模块，开启对工具在位监控，RFID 读写模块采集工具标签并与读写模块的工具箱工具数据进行对比，发现有工具离位时立即启动蜂鸣器报警，相应报警位置指示灯变为红色并闪烁。

修理工具标识与追溯示意如图 11.6.6 所示。

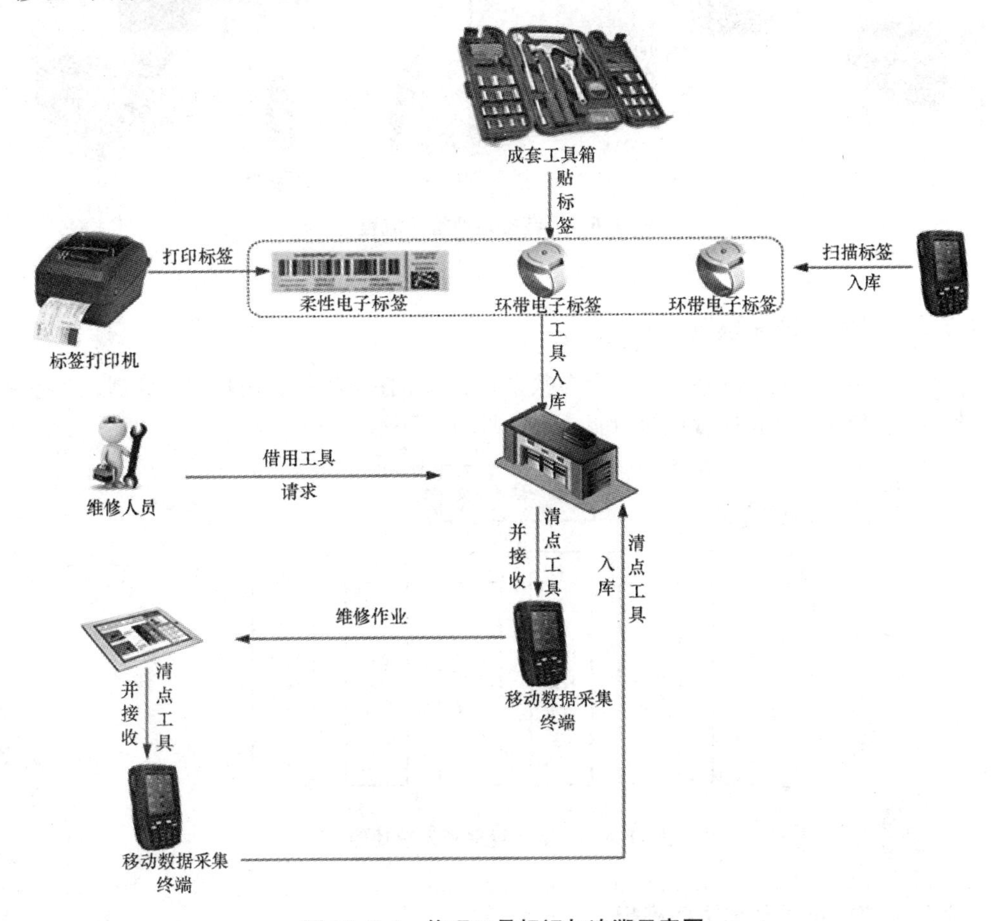

图 11.6.6　修理工具标识与追溯示意图

⑥人员标识与追溯。装备维修相关人员包括装备修理工厂机关业务人员、维修人员(包括质检人员)，人员可通过系统登录、指纹识别、电子签章等方式进行标识，具有防作弊、可追溯的特点。在维修工程中，通过工位信息化装置对维修人员进行指纹识别，记录每个工序的维修人员、质检人员信息，确保装备维修质量可追溯。

⑦资产标识与追溯。修理工厂资产标识包括设备、设施、仪器、仪表等，它们的数、质量直接影响到装备修理的质量，必须进行有效的管理。设备设施采用 RFID 标签进行登记管理；仪器、仪表为了不影响精度，防止电磁干扰，采用条形码进行标识和登记。

3. 部队装备质量跟踪

装备质量跟踪通过部队反馈的装备故障信息和周期性装备维护信息来实现。采用手持装备健康管理终端，根据部队装备维护检查规范的要求对装备进行定期检查登记，终端上固化规范要求的各检查项目，完全替代原有的纸质工作卡片，还可根据终端的流程提示完成有一定难度的技术检查，装备检查完成后可将终端数据及时上传到大数据中心，并更新装备履历文档。装备定期检查流程如图 11.6.7 所示。

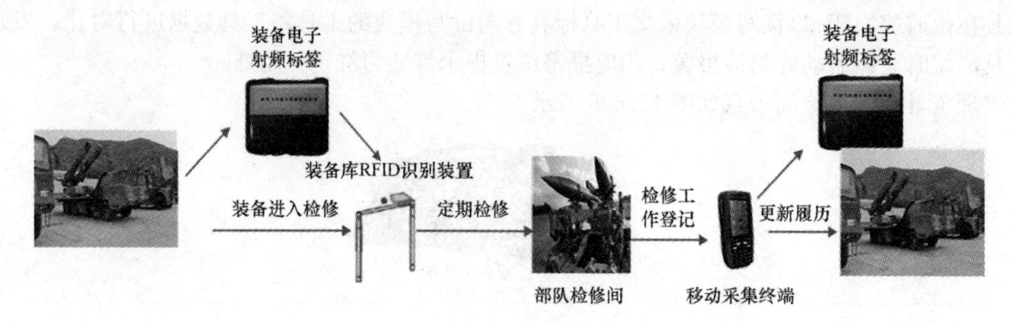

图 11.6.7　装备定期检查流程

11.6.3　平台管理子系统

平台管理子系统主要实现系统的平台参数设置、基础字典维护、用户权限管理、业务流程定义、文档模板定义和数据库管理等功能，如图 11.6.8 所示。

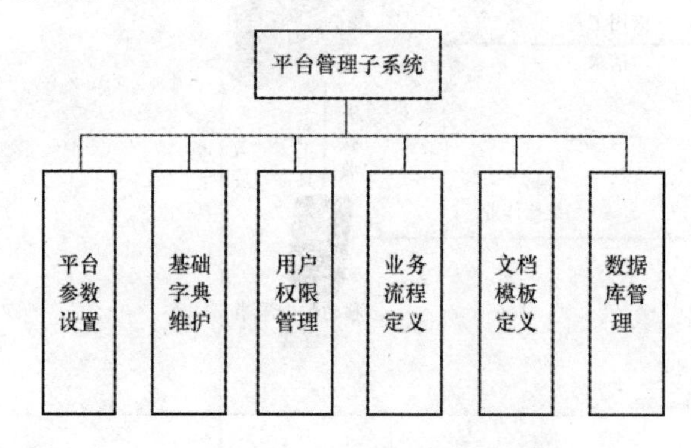

图 11.6.8　平台管理子系统功能

1. 平台参数设置和基础字典维护

设置系统运行的整体基础参数。维护系统字典信息，例如厂商字典、用户分类字典、部门属性字典、人员职位字典、知识库分类字典、地域字典、行业字典、客户类别字典等。

2. 用户权限管理

系统职责与权限是指可按不同的工作范围和角色，管理其享有的资源及访问的范围。通过对一些要素的灵活控制实现权限管理，重点包括两方面的控制：①区域部门控制；②操作员控制。

权限设置可以分为横向模块权限设置和纵向部门权限设置功能，部门权限中按照部门级别进行数据区域管理，相同的角色只能查看本部门以及下属部门的权限。

维护需要统一编码的基础信息资料，例如人员编码信息、产品编码信息、部门编码信息、分析科目编码信息等。

3. 业务流程定义

流程设置是通过将不同环节的操作功能授权给具有相应权限的人，信息自动进入所选人的“待处理事务”中，从而实现信息和业务的流转。

业务流程定义功能主要完成修理工厂质量体系管理各个业务活动要求的表单和质量记录的信息传递流程，例如质量文件的审批流程、质量记录的传递流程、不合格品审理流程、客户服务处理流程、技术状态管理流程等。

4. 文档模板定义

文档模板定义功能是预先在系统中设计质量管理活动所涉及的通用文档模板，在实际业务工作中，可通过模块快速完成相应的质量信息登记和文档编写，例如设计评审模板、内审模板，管理评审模板、各种质量记录模板等。这些模板通过预定义的业务流程在修理工厂中进行传递。

5. 数据库管理

设置数据库的备份与恢复策略，包含如下内容：

(1)备份对象：备份的内容，包括关键数据资料、系统文件等；

(2)备份方式：采用何种方式进行备份，包括完全备份、增量备份、部分备份等；

(3)操作方式：备份如何操作，分为自动备份、人工备份；

(4)备份周期：备份的时间周期，如完全备份每周一次，增量备份每天一次等；

(5)备份介质：将数据备份到何种介质上，如磁带库、光盘库等。

将指定的备份对象按既定的备份策略自动或手工备份到指定介质上；应用系统备份内容至少应涵盖用户数据、历史资料、操作信息、服务档案、系统数据；提供定期或不定期进行系统备份的功能，对可能出现的系统故障或错误操作有足够的恢复能力；备份设备应具有较强的平滑扩充能力，包括系统设备容量的扩充及I/O能力的扩充；备份数据能够迅速、准确地恢复到系统中成为可用数据。

参考文献

[1] DoD Memorandum，Establishment of DoD－wide Continuous Process Improvement(CPI) Programs，May 11，2006.

[2] DoD Guidebook，Continuous Process Improvement Transformation Guidebook，May 2006.

[3] DoD Memorandum，DoD－wide Continuous Process Improvement (CPI)/Lean Six Sigma (LSS)，April 30，2007.

[4] DoD Directive 5010.42，DoD－wide Continuous Process Improvement (CPI)/Lean Six Sigma (LSS) Program，May 15，2008.

[5] 宋太亮，李军．装备建设大质量观[M]．北京：国防工业出版社，2010.

[6] 马林，何桢．六西格玛管理[M]．北京：中国人民大学出版社，2007.

[7] [美]詹姆斯·P·沃麦克，丹尼尔·T·琼斯．精益思想[M]．沈希瑾，张文杰，李京生，译．北京：机械工业出版社，2011.

[8] 赵干，陈玉军，刘红良，等．精益思想在工程机械维修中的应用[J]．机械制造与自动化，2008 (05)：4－6.

[9] 欧渊，曹孟谊，郃海军．精益六西格玛在装备维修保障中的应用研究[J]．价值工程，2010 (11)：67－69.

[10] 亚历山大·B·劳勒森．"精益六西格玛"管理在安妮斯顿仓库中的应用[J]．外国军事后勤，2007(04)：52－53.

[11] 周辅疆，田伟峰，朱小冬．精益六西格玛在美军装备 LCC 中的应用及启示[J]．军事经济研究，2009(09)：75－77.

[12] 李琴．美国军方运用精益六西格玛节省约 2 亿美元[J]．装备质量，2008(03)：61－62.

[13] [美]杰罗姆·格里尔·钱德勒．F－16 的雷达天线精益维修[J]．韩世杰，译．航空维修与工程，2007(05)：15－16.

[14] 刘义乐，张雨，梁斌．故障源分析技术及其在精益维修中的应用[J]．装备与技术，2006 (11)：43－47.

[15] 陈源．精益技术在维修上的应用[J]．航空维修与工程，2008(05)：55－56.

[16] 秦宏康，毛景润．某修理工厂航空装备维修精细化管理的做法[J]．海军航空兵，2009 (02)：48－49.

[17] 中国人民解放军空军．美国空军 21 世纪精细化管理[M]．北京：蓝天出版社，2011.

[18] 徐航，陈春良．装备精确保障概论[M]．北京：国防工业出版社，2012.

[19] 黄海．分析美国空军的精细化管理[J]．世界空军，2010(11)：62－64.

[20] 王岩磊．装备精确保障模式及建设构想[J]．海军装备维修，2010(2)：20－22.

[21] 史松坡．航空装备维修保障精细化管理研究[J]．空军军事学术，2011 (4)：80－82.

[22] 黄秀泉．新模式下开展定检精细化管理的探索与实践[J]．空军装备，2011(6)：42－43.

[23] 刘增勇，王鹏，张爱民，等．车辆维修装备精细化管理问题研究[J]．中国管理信息化，

2012(15)：58—60.

[24] 马建铎．关于航空中心修理工厂推进精细化管理的思考[J]．空军装备，2012(1)：27—28.

[25] 徐国荣．空军部队实施精细化管理需要关注的问题[J]．空军军事学术，2012(1)：55—57.

[26] 刘登斌．装备全过程质量监督精细化管理探析[J]．空军装备，2012(2)：44—46.

[27] 吴宏彪，赵辉．精细化管理持续改善[M]．北京：北京理工大学出版社，2013.

[28] 杨懿，武昌，刘涵，等．基于分形思想的维修保障系统效能评估[J]．火力与指挥控制，2007(9)：69—72.

[29] Longcheen Huwang，Chun—Jung Huang，Yi—Hua Tina Wang. New EWMA control charts for monitoring process dispersion[J]. Computational Statistics & Data Analysis，2010，54(10)：2328—2342.

[30] Babak Abbasi，Montserrat Guillen. Bootstrap control charts in monitoring value at risk in insurance[J]. Expert Systems with Applications，2013(15)：6125—6135.

[31] Jianping Wan，Kongsheng Zhang，Hui Chen. The bootstrap and Bayesian bootstrap method in assessing bioequivalence[J]. Chaos，Solitons & Fractals，2009(05)：2246—2249.

[32] 王海宇．基于未知分布的小批量 Bootstrap 控制图[J]．统计与决策，2014(04)：83—85.

[33] 张斌，杨州木，官琳琳．基于比例赋权方差法的验收控制图设计[J]．统计与决策，2008(22)：28—30.

[34] 王海宇，徐济超，杨剑锋．非正态总体下控制图的优化设计[J]．系统工程理论与实践，2007(01)：125—130.

[35] Air Force Smart Operations for the 21 st Century(AFSO21)，2006.

[36] 吴耀光，吕建宏．军队院校精细化管理理论研究与实践探索[M]．北京：军事科学出版社，2012.

[37] 中国人民解放军空军．精细化管理理论[M]．北京：蓝天出版社，2011.

[38] 李爱民，罗九林，方世源．简析装甲装备维修质量管理中的若干问题[J]．四川兵工学报，2012(03)：65—69.

[39] 刘义乐，朱志杰，王宝坤．精益维修及其支撑技术发展研究[J]．装甲兵工程学院学报，2005(02)：15—19.

[40] Jens Karstoft，Lene Tarp. Is Lean Management implementable in a department of radiology? [J]. Insights into Imaging，2011(03)：267—273.

[41] Alireza Anvari，Norzima Zulkifli，Rosnah Mohd Yusuff. A dynamic modeling to measure lean performance within lean attributes[J]. The International Journal of Advanced Manufacturing Technology，2013(05)：663—677.

[42] 范明华．六西格玛质量管理理论及软件实现[D]．东北财经大学硕士学位论文，2005.

[43] 何桢，岳刚，王丽林．六西格玛管理及其实施[J]．数理统计与管理，2007(06)：1049—1055.

[44] Ediz Atmaca，S. Sule Girenes. Lean Six Sigma methodology and application[J]. Quality and Quantity，2011，47(04)：2107—2127.

[45] Hsi—Chin Chen，et al.. Application of DMAIC process to enhance health effects in caring institution[J]. Quality and Quantity，2013(04)：2065—2080.

[46] 游宇辉．戴尔公司 PC 精益六西格玛组装项目实施研究[D]．厦门大学硕士学位论文，2009.

[47] 刘林．中航工业：创新体系与精益六西格玛推进[J]．中国质量，2011(08)：16－17.
[48] 黄震亚．联想的精益六西格玛[J]．中国质量，2010(07)：16－19.
[49] 李洪广，刘义乐，贾进峰．美国海军装备“精益维修”案例分析[J]．装备与技术，2006(12)：38－41.
[50] 左君伟，杨俊．浅析精益六西格玛在航空维修计划管理中的应用[J]．中国设备工程，2011(05)：27－28.
[51] 关玄义，叶卫民，徐成，等．装备维修精益六西格玛项目价值流分析研究[J]．项目管理技术，2011(10)：112－116.
[52] 刘增勇，欧焘，王鹏，等．精益六西格玛理论在车辆装备保障中的应用探析[J]．中国管理信息化，2012(21)：50－53.
[53] 焦冰，常天庆，梁冰．面向装甲装备维修保障的精益六西格玛应用研究[J]．军事运筹与系统工程，2010(04)：69－74.
[54] 屈剑锋，涂润生．大质量管理模式的理论基础和实践需要[J]．中外企业家，2010(04)：48－51.
[55] 韩广利．部队基层修理分队装备维修质量管理研究[D]．军械工程学院硕士学位论文，2010.
[56] 戴汇川．基于过程方法的装备质量监督管理研究[D]．军械工程学院博士学位论文，2008.
[57] 晏槐．基于 KPI 的企业绩效考核体系探讨[J]．中国商贸，2013(19)：115－116.
[58] 关志民，董恩伏，张莉莉．基于目标规划的标杆自然选择方法及其应用[J]．东北大学学报(自然科学版)，2011(11)：1659－1662，1667.
[59] 叶卫民，刘沃野，赵德勇，等．基于 AHP－相对接近度的六西格玛计分卡改进研究[J]．数学的实践与认识，2013(09)：194－200.
[60] 上海质量管理科学研究院．六西格玛核心教程：黑带读本[M]．北京：中国标准出版社，2002.
[61] 叶卫民，赵德勇，刘沃野，等．测量系统分析方法评述及应用[J]．统计与决策，2013(02)：83－86.
[62] 王亚军，王克勤．统计过程控制方法在制造知识质量控制中的应用[J]．生产力研究，2012(06)：105－107.
[63] Woye Liu，Weimin Ye. KPOVs Analytical Method Based on Improved Weighted Dynamic Pareto Chart[J]. Bio－Technology－An India Journal，2014(07)：551－557.
[64] 关玄义．基于精益六西格玛管理的装备维修保障应用研究[D]．军械工程学院硕士学位论文，2011.